Histoire D'olivier Cromwell
by Jean Marie Dargaud

Address:
HardPress
8345 NW 66TH ST #2561
MIAMI FL 33166-2626
USA
Email: info@hardpress.net

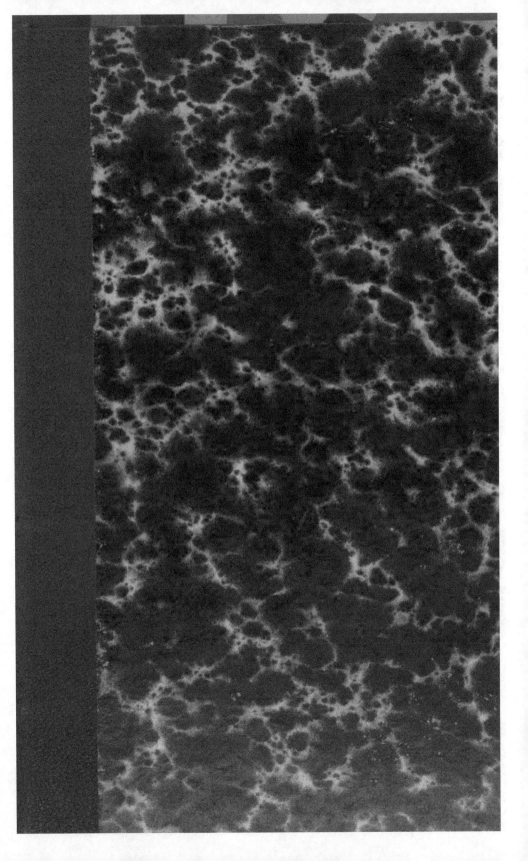

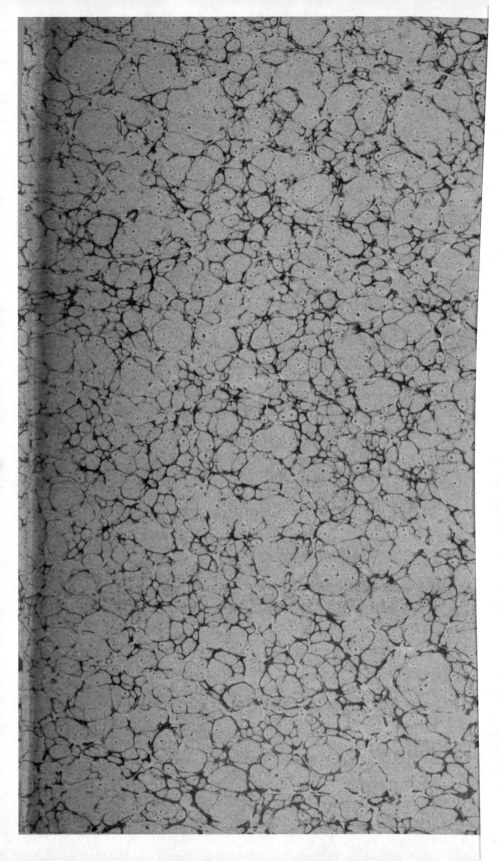

— IG. 186

HISTOIRE

D'OLIVIER CROMWELL

Paris. — Imprimerie L. Poupart-Davyl, rue du Bac, 30.

HISTOIRE

D'OLIVIER CROMWELL

PAR

J.-M. DARGAUD

Vir civici belli magnus in ambiguo.
J. SELDEN.

PARIS

LIBRAIRIE INTERNATIONALE

15, BOULEVARD MONTMARTRE

A. LACROIX, VERBOECKHOVEN ET Cⁱᵉ, ÉDITEURS

A Bruxelles, à Leipzig et à Livourne

1867

Je ne puis m'arracher à l'Angleterre. Cette île tragique. moins battue des flots de l'Océan que des passions humaines et des tempêtes politiques, a de puissants charmes. Elle m'enserre et me retient dans les cercles magiques de ses drames et dans les brumes sinistres de ses horizons limoneux. Cette terre me réclame, depuis que j'ai enseveli en elle, dans de secondes funérailles, les os de Jane Grey, de Marie Stuart, d'Élisabeth, de Marie Tudor et de Henri VIII, avec les dépouilles de Raleigh, de Shakespeare et de Bacon. — D'autres figures m'appellent encore : Charles Ier, Milton, Cromwell surtout, oui, Olivier Cromwell, ce fermier anglo-saxon, qui, aux éclairs de sa Bible et de son épée, changea sa gaule de conducteur de bestiaux en un sceptre de pasteur d'hommes. Comment conjurer ces souvenirs merveilleux? Comment se distraire de ce roi, de ce poëte, de ce héros rustique et terrible? En les écrivant sous la dictée de la conscience. Je raconterai donc ces traditions et ces personnages ; car, si je ne les retraçais une fois, ils m'obséderaient toujours. Je me servirai de ma plume comme d'un soc, et je labourerai cette argile d'Albion toute pétrie de pleurs ; je soulèverai hors des sillons de l'histoire, ainsi que l'agriculteur antique des sillons de son champ, des casques, des armures et de grandes charpentes humaines. Je ferai mieux, si Dieu le permet : j'évoquerai des tombes muettes du temps des âmes sonores, vivantes et formidables.

HISTOIRE

D'OLIVIER CROMWELL

LIVRE PREMIER

Naissance de Cromwell, 1599. — Sa famille, son enfance, ses origines. — Son mariage, 1620. — Sa vie privée à Huntingdon, à Saint-Yves. — Sa nomination au parlement, 1628. — Sa situation en 1640. — Charles Ier. — Son mariage. — Buckingham en France. — Arrivée d'Henriette à Douvres. — Rencontre du roi et de la reine. — Voyage à Cantorbéry. — Arrivée à Londres. — Pierre de Bérulle. — Instructions de Richelieu à la reine. — Opposition du parlement à Buckingham, 1625. — Couronnement du roi, 1626. — Dissolution du second parlement. — Emprisonnement de John Elliot, Hampden, Thomas Wentworth. — Doctrine de l'arminianisme. — Parlement de 1628. — Pétition des droits. — Lutte de l'impôt. — Remontrance au roi contre Laud et Buckingham. — Troubles à Londres et en province. — Mort de Buckingham. — Ses funérailles.

Olivier Cromwell naquit (1599) à Huntingdon sur l'Ouse, pays crépusculaire et mélancolique, dont j'ai traversé les marécages en allant à Fotheringay, la dernière prison de Marie Stuart. Ce fut sous un ciel gris, au murmure lent des flots vaseux, dans une atmosphère de brouillards, mais parmi les saules argentés et les prairies vertes, que le jeune Olivier vécut ses premières années. Paysage du Nord bien fait pour refouler la pensée du dehors au dedans et pour créer dans l'âme, en pesant sur elle, une concentration de poésie biblique et de sombre fanatisme! Contrée de méditation néanmoins, plutôt que de spleen!

Par sa mère, Élisabeth Stuart, alliée à la famille royale d'Écosse, Olivier Cromwell confinait de loin à un trône; par son père, Robert Cromwell, il touchait, quoi qu'en disent les généalogistes, plus au peuple qu'à l'aristocratie.

Robert Cromwell vécut à Huntingdon avec Élisabeth Stuart et leurs dix enfants, dont Olivier, qui fut depuis lord protecteur, était le cinquième. La dot de sa femme avait augmenté le petit bien de Robert, qui cultivait son domaine avec intelligence et activité. Son aisance se composait de trois produits principaux : le bétail qu'il engraissait, le blé qu'il vendait, l'orge qu'il brassait avec d'autres ingrédients et dont il composait une bière excellente.

Le frère aîné de Cromwell, qui s'appelait Olivier comme le futur protecteur, possédait le manoir de la famille, le manoir d'Hinchinbrook. C'était un modeste château, avec une terre d'environ mille livres sterling de revenu, qu'Olivier avait hérités de son père Henri Cromwell. Henri Cromwell les avait reçus aussi de son père Richard. Lui, Richard Cromwell, avait créé ce fief d'Hinchinbrook d'une abbaye de religieuses confisquée à son profit, et complétée de beaucoup d'autres spoliations.

C'était le plaisir, et ce fut le métier de Richard Cromwell de chasser les moines, de piller et de dévaster les monastères. Il est neveu de Thomas Cromwell, le ministre de Henri VIII, en même temps que bisaïeul du futur protecteur de l'Angleterre, lord Olivier Cromwell. Richard fut un terrible instrument de destruction dans la main de Thomas Cromwell, qui, lui-même, dans la main de Henri VIII, est l'exterminateur des couvents, *malleus monachorum*.

Thomas Cromwell est le plus grand ancêtre de celui qui fut lord protecteur d'Angleterre. Quel était-il donc ce Thomas Cromwell que Henri VIII osa faire comte d'Essex, au scandale de toute l'aristocratie des trois royaumes?

J'ai rencontré déjà ce personnage dans mon *Histoire de Jane Grey*, et je l'ai peint.

Il était secrétaire de Wolsey. Lorsqu'au mois de décembre 1529, un bill d'accusation menaçait la tête du cardinal, son bienfaiteur, Cromwell eut la hardiesse de parler et le bonheur de ne pas déplaire à Henri VIII, en sauvant la tête du grand ministre.

Le père d'Élisabeth, le roi schismatique, avait des retours d'affection et des caprices de clémence, qui ne duraient pas, il est vrai. Thomas Cromwell donc, tout en défendant Wolsey, s'insinua dans les bonnes grâces du redoutable Tudor. C'est que ce Cromwell devait être un bon outil contre Rome.

« Il était né (*Histoire de Jane Grey*) pour fouler la tunique de cachemire de la papauté, comme son père, le foulon, foulait le drap grossier du matelot anglais.

« Thomas Cromwell était par-dessus tout un aventurier : — un aventurier de guerre, il avait été un de ces soldats du connétable de Bourbon qui mirent Rome à sac et qui battirent en brèche le château Saint-Ange ; — un aventurier de loi, il remplacera dans les îles Britanniques par le roi Henri VIII le successeur de saint Pierre. Il ajusta deux fois de son arquebuse et de sa politique la papauté, et il renversa dans les décombres des monastères la dictature romaine.

« Il avait le crâne dur, le front hardi, le nez acéré, les yeux impudents, la bouche déterminée, la physionomie opiniâtre, l'attitude populaire, la tête penchée du taureau lorsqu'il va donner un coup de corne. Il entama sans préambule avec le roi la question du divorce. Il avait l'élan d'un reître et les ressources d'un légiste. Ce n'était, certes, pas trop pour défaire un pape sacré et pour faire un pape profane... »

Tel était Thomas Cromwell, le plus illustre ancêtre du lord protecteur et son arrière-grand-oncle. Il était fils d'un foulon, quelques-uns disent à tort d'un forgeron. Ce qui est indubitable, c'est que les grands seigneurs ses contemporains le tenaient pour un très-petit compagnon, quoiqu'il eût été nommé comte d'Essex, et qu'en qualité de vicaire général il eût le pas sur eux tous.

La lumière généalogique s'efface à Thomas Cromwell. Au delà, il n'y a plus que la nuit et de vaines complaisances, qui font remonter le lord protecteur, tantôt aux barons de Cromwell du comté de Lincoln, tantôt aux Williams du pays de Galles. Écartons ces puérilités, et contentons-nous de l'homme

lui-même : il peut se passer d'aïeux et de descendants illustres.
Il est à lui seul une dynastie; à lui seul, il vaut mieux que
toute une race.

Il passait à peine pour gentilhomme à Huntingdon, et se rapprochait beaucoup plus des bourgeois, des francs-tenanciers, que
des nobles. Son influence est marquée d'avance où sont ses
principales relations, dans les couches moyennes et populaires
de la société; elle pourra aussi s'étendre, cette influence, dans
la noblesse. Car Olivier Cromwell est, en quelque sorte, sur la
limite des diverses classes, contigu à chacune, compatible avec
toutes, depuis la chaumière jusqu'au manoir, et même jusqu'au palais. Admirable situation d'un homme également sectaire et ambitieux, qui, pour le développement de sa fortune et
pour ses aspirations croissantes vers le pouvoir suprême, a
besoin de n'être exclu de personne, avant d'être adopté de
tous !

La maison du père d'Olivier Cromwell était fréquentée par
des laboureurs, des commerçants et des bourgeois, tandis que
le demi-château de son oncle, à Hinchinbrook, était visité de la
petite noblesse du comté. Cette résidence d'Hinchinbrook fut
même honorée deux fois de la présence du roi Jacques, au mois
de mars 1603 et au mois de juin 1617. Quoique les apparitions
rapides de Jacques Ier ne fussent que des hasards de route et de
chasse, elles laissent un prestige sur une demeure et sur un
nom ; mais il ne faudrait pas trop y voir une déférence de
parenté, qui inspirait probablement à l'orgueilleux monarque,
s'il en était instruit, plus de dédain que d'affection. Cette parenté même, dont ne se doutait pas vraisemblablement le fils de
Marie Stuart et que Charles Ier n'avoua jamais, est pour nous-
même assez problématique. Tous les blasons, en effet, sont
obscurs, surtout les blasons écossais. Quoi qu'il en soit, le nom
de Cromwell, qui est si éclatant, n'a pu devenir héraldique ni
avant ni après le lord protecteur. Ce n'est pas un nom de
patriciat, c'est un nom de gloire.

Olivier Cromwell étudia successivement à Huntingdon, à
Cambridge et à Londres. Il apprit assez de mathématiques, de
géographie et de latin, quoique nonchalamment et bruyamment.

Son adolescence fut orageuse et tapageuse. Tout en repoussant certaines fables grossières de la tradition, il faut bien admettre les faits irrécusables, authentiques. Il s'accuse lui-même dans une lettre à Saint-Jones, qui épousa successivement deux de ses cousines.

Le jeune Olivier tourmentait les filles et les femmes, dominait ses compagnons, et se moquait des hommes graves. Il bravait même les pasteurs. Les hôteliers redoutaient ce dangereux convive, qui changeait les repas en orgies et qui payait quelquefois en cassant les verres et les vitres. D'aussi loin que l'apercevaient les aubergistes, ils s'écriaient : « Fermez les portes, voici le jeune Olivier ! »

Cette turbulence de Cromwell s'exerçait à tort et à travers, de Londres à Huntingdon, sous le roi Jacques, entre la mort du grand Shakspeare (1616) et la condamnation du glorieux, bien que coupable, chancelier Bacon (1621), pendant les dernières navigations et la dernière captivité de l'héroïque Walter Raleigh (1617-1618). Ces hommes prodigieux, qui s'éteignaient, allaient céder la place à une révolution et à un autre homme extraordinaire que rien ne faisait pressentir, et cet homme est Olivier Cromwell.

Un goût sérieux le distinguait déjà au milieu de tous ses désordres et lui imprimait une grandeur sauvage. Il aimait passionnément la théologie. La Bible était son livre comme elle était le livre de Hampden, son cousin, d'Ireton, de Ludlow, de Hutchinson, comme elle était le livre de l'Angleterre, entre toutes les nations du monde. L'Angleterre est une Judée moderne. Semblable à la Judée antique, elle se nourrit de la Bible, elle est sublime par la poésie, riche par le commerce, monstrueuse par l'orgueil. Milton, un prophète, plus jeune que Cromwell de neuf ans, épelait aussi la Bible, vers 1620, rêvant déjà peut-être son Satan, le type du héros anglais, tandis que Cromwell se rangeant, devenant plus régulier, se liait avec les ministres puritains et se mariait à Londres avec la fille d'un marchand, Élisabeth Bourchier.

Rien n'a été plus constaté et moins compris que l'impétuosité tumultueuse de Cromwell. Un jour, il tirait à poudre sur un ami pour l'éprouver ; un autre jour, il poussait dans l'Ouse un camarade de chasse et il l'arrachait aux flots où il l'avait jeté. C'étaient là ses caprices, ses fantaisies et ses jeux depuis son adolescence jusqu'à son mariage. Je montrerai que jamais il ne se corrigea. Cette étrange gaieté était chez lui involontaire, organique. Plus tard, en manière de plaisanterie, il lancera des charbons ardents à ses officiers, et il les excitera rondement à cette récréation, ou bien il leur fera servir un repas dont, à un signal, tous les mets seront enlevés par de simples soldats en goguette. Jusque dans les moments les plus tragiquement pathétiques, — pour se dispenser de se prononcer sur la question de la république, il lancera un coussin au colonel Ludlow et descendra l'escalier ; — pour diminuer l'énormité du régicide, il forcera en bouffonnant la main du colonel Ingoldsby à signer, ou il barbouillera d'encre le visage de Henri Martyn.

J'insiste, dès le début, sur cette hilarité puissante de Cromwell qui se mêlait à tout et s'élevait de tout, semblable à ces folles vagues que le trop plein de l'Océan soulève en fusées d'eau et de bruit vers le ciel. Quand Cromwell sera dominé par cette hilarité farouche, ce sera de la facétie ; quand il la dominera, ce sera de la politique. Toujours une telle hilarité sera l'épanouissement d'une séve intérieure, le retentissement burlesque d'une verve profonde, le luxe d'une force secrète, l'explosion d'une pétulance de vie qu'aucune convenance ne saurait jamais réprimer. Lui, Cromwell, un homme de tant de bon sens et de tant de tact, il n'est pas toujours un équilibre ; il est surtout un tempérament. Tantôt c'est un gémissement, tantôt ce sont des pleurs, tantôt des prières, tantôt un rire grotesque, une allégresse épique, et toujours ce seront des stratagèmes imprévus qui déconcerteront, soit les amis, soit les ennemis de ce géant de l'action. Ce qui le fera le chef d'une révolution encore plus religieuse que politique, c'est qu'il sera mystérieux, ondoyant, flexible, hardi, soudain et populaire comme elle. Il paraissait sincère, pieux, charitable ; il mentait, il péchait, il blessait, il nuisait. Il cherchait sans cesse Dieu et il trouvait souvent le diable. Plein d'embûches quand on le croyait plein de ferveur et de bonhomie; il était capable de tout bien et de tout mal, selon l'heure.

Je voudrais éclairer, dès à présent, ce Cromwell si multiple et si divers, afin d'éclairer aussi avec lui et par lui l'époque sombrement énigmatique dont il est le représentant colossal. Au fond, Olivier Cromwell n'a été mal jugé que pour n'avoir pas été considéré dans ses proportions complètes. Les uns ont dit : c'est un fourbe ; les autres disent : c'est un fanatique. Je dirai, moi, et, ce qui est mieux, — je prouverai qu'il est l'un et l'autre en même temps. Olivier Cromwell était tout ensemble majestueux et grossier; il avait un air commun ou un très-grand air. Vous pouviez, à l'occasion, le prendre, soit pour un bourgeois, soit pour un lord. Il était capable de la vulgarité d'un franc-tenancier ou de la dignité d'un roi. Visionnaire et positif, il se servait du rêve pour l'acheminement de ses affaires. Possédé d'une idée fixe, d'un désir intense, il s'exaltait encore par le jeûne ou par les versets de l'Écriture, et alors, dans une alternative d'inconséquence et de logique, le sectaire et le politique tendaient à la même conclusion, l'un et l'autre s'entr'aidant sans s'expliquer. Cromwell avait toujours l'extérieur, l'éloquence, le geste et l'adresse du moment. Il pouvait imposer à un cavalier, tromper un presbytérien, séduire un indépendant, et au besoin édifier un niveleur. D'une activité, d'une vigueur et d'une souplesse d'esprit merveilleuses, il avait de plus un génie familier qu'il sentait et qu'on sentait en lui, génie irrésistible, quoique caché, dont bien peu conjuraient le charme, ou le prestige ou la terreur. La seule faculté qui eût le don de lutter avec le génie et de lui résister, ce fut la conscience.

La réforme était descendue des splendeurs du trône à la boue des carrefours par les Tudors ; après avoir couvé dans les foules, elle remonta des masures au palais. Dégagée de la suprématie royale, elle porta son double fruit : la liberté religieuse et la liberté civile. Ce fut une seconde germination de sang et de larmes à laquelle présida Cromwell, et qui fut plus féconde que la première. Aussi l'Angleterre doit plus à sa révolution républicaine qu'à sa révolution théocratique, au lord protecteur qu'à Henri VIII ou à Élisabeth. Le gland protestant sortit lentement de terre pendant plusieurs règnes, avant d'être ce chêne qui abrite toutes les Églises.

Le plus grand ouvrier de la réforme, au delà du détroit, fut certainement Olivier Cromwell. Nous reconnaîtrons en lui beaucoup d'enthousiasme biblique et beaucoup d'ambition. Il n'avouera point son hypocrisie, mais nous la devinerons. La nature humaine est complexe, et c'est dans la variété de ses combinaisons qu'il faut surprendre le mot des plus grandes énigmes.

Je n'ai rencontré, dans les innombrables héros des guerres religieuses, qu'un seul héros entièrement pur, et ce héros, c'est l'amiral de Coligny. Les autres, en France ou ailleurs, et Cromwell entre tous, obéissent à un double mouvement presque simultané de dévouement et d'égoïsme. Tantôt voilés dans un nuage et tantôt inondés de lumière, ils marchent par des labyrinthes successifs, soit à l'affranchissement, soit au pouvoir, ordinairement à l'affranchissement et au pouvoir tout à la fois. Quand ils ont fait triompher leurs principes, ce qui est généreux, ils veulent les gouverner eux-mêmes, et eux seuls, ce qui est machiavélique. S'imagine-t-on, par exemple, que Cromwell se serait reposé sur d'autres du soin d'Israël ? Non assurément, et, si quelqu'un eût essayé de prendre dans sa droite le bâton du commandement, Cromwell l'en eût frappé jusqu'à la mort. — Cette mission, se disait-il certainement, est du Seigneur, mais elle ne doit être remplie que par moi !

Voilà tout l'homme. — Un homme d'autant plus formidable, qu'il est double : personnel et impersonnel.

A l'époque de ses noces où nous sommes (1620), Cromwell avait hérité de six cents livres sterling. Il s'établit près de sa mère et de ses six sœurs avec ce petit accroissement de fortune, et fit valoir le bien de la famille. Il en était le fermier aisé et intelligent, mais absorbé dans la Bible. Il fréquentait les foires, achetait du bétail, l'engraissait dans ses bonnes prairies, sur les deux rives de l'Ouse, et le revendait à son avantage temporel. Cette vie utile ne lui suffisait pas ; ni la tendresse de sa mère et de ses sœurs, ni l'amour de sa femme, ni les berceaux des enfants qu'elle lui donnait. Cromwell était un homme intérieur. Il lisait et chantait les psaumes, il méditait saint Paul et les sermons calvinistes. Dans sa maison, dans ses promenades, sur les bords de l'Ouse, au milieu des pacages, entre les haies, sous le ciel gris, dans le brouillard épais du comté de Huntingdon, partout la théologie l'obsédait. Les Bibles étaient nombreuses sous son toit. Il en porta toujours une, dès cette humble date, à l'arçon de sa selle. Il l'ouvrait en route, et, de texte en texte, il réfléchissait sur la prédestination et sur la grâce, les questions qui agitaient le plus son âme. Peut-être, entre deux découragements, avait-il parfois des pressentiments obscurs de grandeur ! Peut-être le hennissement de son cheval rustique lui sonna-t-il aux oreilles, de temps en temps, comme une prophétie ! Qui sait s'il ne rêvait pas du cheval de Job, et si ce cheval biblique n'était pas le symbole du cheval de guerre qu'il montera plus tard à Naseby et à Worcester ?

Quoi qu'il en soit de ces conjectures, ce qui est certain, c'est qu'il était offusqué de noires mélancolies. Il avait des visions. Lui, qui était fait pour la grande action et la grande politique, il était réellement malade de tous ces problèmes métaphysiques. Il avait des vapeurs, des crises nerveuses, il en aura jusqu'au trépas cet homme robuste de la vieille Angleterre. Souvent, dit Philippe de Warwick, « il envoyait chercher à « minuit le docteur Simcott, médecin de la ville, se croyant « près de mourir. » Son mal, c'était la théologie. C'est le mal de tout le siècle. Cromwell n'en mourra pas ; il en souffrira, et il en vivra. Le docteur Simcott, ni lui-même, ne se doutent pas que le vrai remède à toutes ces angoisses, c'est la révolution qui s'avance, quoique à pas lents. Une chose remarquable, c'est que les préoccupations de Cromwell ne l'empêchent pas plus de gérer les affaires de son ménage, qu'elles ne l'empêcheront dans l'avenir de fonder la prospérité de la république et la sienne propre. Il a deux aptitudes très-distinctes, et il en dégage ce qui est saint sans oublier jamais ce qui est utile.

En attendant le destin, Cromwell, inconnu aux autres et à lui-même, était un chaos de doctrines et d'intérêts. Il abhorrait les papistes. Il flottait entre les presbytériens et les puritains, ces girondins et ces montagnards de l'Angleterre au dix-septième siècle. Cromwell penchait vers les puritains, il était un d'entre eux, mais avec cette netteté et cette liberté d'esprit qui lui permettaient toutes les manœuvres, toutes les stratégies au milieu des théories insolubles.

La réforme effleurée par Henri VIII demandait à être approfondie. Le peuple anglais se prononçait de plus en plus. Il haïssait le catholicisme, il se méfiait de la religion anglicane, la religion officielle, qui rappelait trop la hiérarchie et les cérémonies romaines. De là les ombrages contre l'épiscopat, contre les pompes et les costumes ecclésiastiques ; de là le goût pour le calvinisme et ses missionnaires. Cromwell partageait toutes les passions religieuses de son temps. Il réclamait l'égalité des pasteurs et la discussion des doctrines. Anglo-Saxon et plus bourgeois que gentilhomme, il a l'humeur sombre mêlée de badinages féroces, le caractère entier et altier, la volonté opiniâtre, persévérante, le courage électrique, la piété sincère, mystique, exaltée, et, sous tous les dehors du sectaire, un bon sens assez fin pour débrouiller tous les écheveaux de la paix et de la guerre, de la monarchie et de la république, de la diplomatie, de la religion et du pouvoir. Tant de dons sont cachés dans ce rude Anglais de Huntingdon comme les étincelles sont cachées dans le caillou. Ils jailliront au contact des hommes, des idées et des événements.

Avant de conclure tout à fait sur Cromwell, je le raconterai. Dès à présent toutefois, je puis le juger conditionnellement, en d'autres termes, le préjuger. S'il est un saint, il vivra en saint et il mourra sur un champ de bataille, comme le colonel Thornhay, ou comme le colonel Harrison sur un échafaud, ou en exil comme le colonel Ludlow dans une masure barricadée en face des Alpes de Savoie, ou dans la forteresse de Dean, comme le colonel Hutchinson, si calme au fond de lui-même entre les tumultes de la mer et les vengeances de la restauration. Mais si Cromwell ne vit ni ne meurt comme ces nobles fanatiques ; s'il vit dans la toute-puissance des Tudors et des Stuarts, s'il habite en maître leurs palais : Whitehall, Windsor, Hamptoncourt ; s'il meurt dans l'un de ces palais, plus roi que les rois, après avoir tracé, par d'innombrables lignes courbes, son itinéraire du gouvernement d'une ferme au gouvernement de trois royaumes, — je hasarderai'cette conséquence, selon moi irrésistible, c'est qu'un tel personnage ayant été un puritain, a eu besoin d'être doublé d'un politique de génie. Lorsqu'il y a un effet, dites qu'il y a une cause. Un édifice suppose un architecte et un plan; une statue implique un sculpteur. Or quand un éleveur de bétail devient protecteur d'Angleterre, soyez assuré que sous la déclamation du sectaire et sous l'uniforme du général, il y a eu un homme d'État pour faire ce chemin. Il est quelque chose de plus difficile que la poétique, c'est le poëme. Pour tracer d'une main magistrale et définitive les préceptes de la tyrannie, il faut être Machiavel; mais pour accomplir ces préceptes à travers toutes les passions déchaînées, sans trop abuser de son succès; pour incruster sur le marbre des dynasties traditionnelles de la Grande-Bretagne une dynastie fille de ses œuvres, personnelle, plus rapide et plus illustre que toutes les autres, pour avancer sa fortune en même temps que celle de Dieu ou de la république, il faut être un héros d'épée et de croix, d'échecs et de dés, plus délié, plus habile encore que dévoué; il faut être Olivier Cromwell.

Cromwell avait à Huntingdon la considération que donnent en province une aisance agricole et des mœurs austères. Il y joignait la popularité dont l'investissaient ses opinions de plus en plus puritaines.

Dans de telles conditions, il ne pouvait qu'être nommé député au parlement, et il le fut en 1628. Il y fut presque muet et ne s'intéressa qu'aux affaires ecclésiastiques; mais qui ne comprend tous les enseignements révélés à Cromwell par le spectacle de la lutte engagée entre les parlements et Charles Ier qui venait de monter sur le trône et de se marier avec la fille de Henri IV, Henriette-Marie de France (1625)? Cromwell, qui fut toujours Cromwell et dont le génie eut toujours des percées sur l'inconnu, n'observa pas en vain les ressorts secrets du gouvernement monarchique et des intrigues parlementaires. Il dut, au milieu du mouvement révolutionnaire qui commençait sans le savoir, pressentir les combats du Seigneur. Un

instinct obscur lui disait sans doute que peut-être il serait
un bon soldat du droit contre l'épiscopat et contre le papisme.
Dès cette époque, il n'était pas étranger à ce qu'il regardait
comme la querelle de Dieu. Pendant le parlement de 1628,
Cromwell eut certainement une vision confuse de l'avenir.
Cette vision ténébreuse, incomplète, le suivit de Londres à
Huntingdon et de Huntingdon à Saint-Yves, où il acheta des
métairies et où il se transporta (1631).

Saint-Yves, une résidence qui pouvait bien valoir soixante
mille francs, est à peu de distance de Huntingdon. C'est une
route que j'ai faite en moins de deux heures, le long des bords
de l'Ouse. La contrée est humide, mais les pacages qu'elle ren-
ferme, les canaux dont elle est coupée et les belles verdures y
réjouissent les yeux. Je pense qu'on a exagéré l'horreur de ce
séjour sur Cromwell. La vérité, c'est que ce pays, doux dans
la brume, riant au moindre rayon, où les oiseaux aquatiques
abondent, et sur lequel s'étendent trop souvent les nuages
lourds, porte à la réflexion encore plus qu'à la tristesse. Les
sombres désespoirs de Cromwell dans son domaine de Saint-
Yves ne lui venaient pas seulement du paysage. Ces désespoirs,
qui, d'ailleurs, n'empêchaient pas cet étrange cultivateur de
s'enrichir, naissaient en lui de la lecture assidue de la Bible,
d'une tension trop énergique d'intelligence sur les questions
éternelles, et surtout d'une force intérieure prodigieuse restée
sans emploi. Si jamais cet agriculteur des marais herbeux a devant lui l'horizon d'une mappemonde au lieu de l'horizon d'un
comté ; si jamais, au lieu d'une métairie, il a une armée ou un
peuple à conduire, il ne sera plus malade. Il n'est pas étonnant
qu'il étouffe, faute d'espace et d'air. Il n'a qu'une maison de
campagnard, un petit bien et une influence de canton, tandis
qu'il lui faudrait dix châteaux de roi, une liste civile, trois
royaumes et une prépondérance sur l'Europe, sur l'Asie et sur
l'Amérique.

Exclu de l'univers et de la patrie qui étaient encore hors de
sa portée, à l'étroit dans son hameau, il se replia sur la famille.
Il vénérait sa mère, aimait sa femme, dont il eut six enfants,
deux fils : Richard et Henri ; quatre filles : Bridget, Mary, Éli-

sabeth et Francis. On a dit, sans le prouver, qu'il eut aussi
quelques enfants naturels. Je n'en serais pas étonné, du reste,
et cela rentrerait dans les énergies pleines de contrastes qui
distinguèrent toujours Cromwell. De notre temps on l'a fait trop
vertueux par réaction contre Voltaire et bien d'autres qui en
avaient fait un pur hypocrite. On a diminué le fermier pour
mieux grandir le général et le dictateur. Cromwell, cependant,
fut toujours Cromwell, quoique soumis autant que personne à
la loi du développement et du progrès. Il est fanatique et diplomate d'organisation. Il n'oublie point Dieu, mais il ne s'oublie
point lui-même. Il est, de plus, très-illogique par passion et par
explosion, ou bien par intérêt et par calcul. C'est le plus ardent et le plus algébrique des sectaires anglais. A Huntingdon,
à Saint-Yves, à Ély, où nous l'observons successivement après
son mariage, depuis 1620 jusqu'en 1628, date de son élection
au parlement, et depuis 1628 jusqu'en 1640, Cromwell ne cessa
pas d'être le même. Bien que bon mari, il n'est pas sans distrac-
tion et cède peut-être à une tentation villageoise, comme plus
tard, malgré son austérité, il aura pour maîtresses lady Dysert,
depuis duchesse de Lauderdale, et mistriss Lambert, la femme
du major général. Cromwell est divers et tortueux. Régulier et
probablement coupable envers sa femme, il a des humeurs noires
et des gaietés folles.

On ne saurait assez insister sur le Cromwell d'avant 1640,
car il contient l'autre.

Cet homme, moitié action et moitié rêverie, se livrait aux
rudes travaux des champs. Il inventait des méthodes, simplifiait
des instruments, perfectionnait des cultures, multipliait des
produits. Il ensemençait savamment la terre. Il avait les meilleurs blés. Il regrettait que l'Angleterre ne pût acclimater la
vigne. Il recommandait d'autant plus l'orge et les arbres frui-
tiers pour la bière et pour le cidre, ces deux breuvages tristes,
aussi inférieurs au vin que le nuage l'est au rayon. Cromwell
s'en contentait. Il fumait bien ses pâturages, et il les sillonnait
de rigoles, afin de les préparer à souhait pour ses taureaux, ses
poulains, ses vaches, ses bœufs et ses moutons. Le lin et le
chanvre environnaient sa résidence rustique, et de gras trou-

peaux remplissaient ses étables. Cet habile propriétaire, qui
gérait si bien son domaine, conseillait les paysans et les classes
moyennes du canton. Son influence était presque toujours salutaire. Absolu, inflexible et grand dans sa bonhomie, Cromwell ne rusait que lorsqu'il le fallait, mais alors il rusait en
maître. Tandis qu'il soignait ses moissons, vendait son bétail,
gagnait, prospérait, il exerçait une sorte de magistrature officieuse, et il s'enfonçait dans les abîmes de l'interprétation biblique. Que voyait-il à travers? Nul ne le sait. Qui oserait affirmer, pourtant, que ce sombre Cromwell, le moins virgilien de
tous les hommes, malgré ses habitudes champêtres, ne tourmentait pas ses Géorgiques anglaises au point d'en faire jaillir
une épopée régicide, l'épopée de la guerre civile? Les plus
douces images rurales avaient peut-être une ironie secrète
pour lui. Peut-être le miel de ses ruches lui laissait-il à la
bouche une amertume. Peut-être en disciplinant ses abeilles
songeait-il à une autre discipline; peut-être l'*airain* de ces
filles de l'air lui présageait-il l'*airain* des batailles suprêmes.
En attendant, il se plongeait dans les extases du Seigneur, et
il prêtait un concours enthousiaste aux prédicateurs calvinistes,
dont il était le disciple, le défenseur, dont il inspirait les sermons et dont il quêtait le budget. L'originalité de ce mystérieux
Anglo-Saxon, c'est donc de n'être pas tout d'une pièce. Il avait,
en effet, plusieurs cordes à son arc, il était très-fin dans l'exaltation, il voulait aider Dieu, mais tout en s'aidant soi-même
pour la plus grande gloire de Dieu. Tel fut Cromwell à toutes
les époques de sa vie : tel il était en 1640, à l'aube de la révolution.

Ce rude éleveur de bestiaux, à peine *gentilhomme*, mais tout
rempli de la Bible et d'une passion publique née de la Bible, va
rencontrer sur son chemin une dynastie, la séduisante dynastie
des Stuarts. Que fera-t-il? C'est ce que nous raconterons. Semblable à Knox, dont il s'inspirera, il ameutera ses Anglais
contre Charles Ier, comme le grand réformateur d'Édimbourg
exaltait ses Écossais contre Marie Stuart. Le petit-fils trouvera
dans Cromwell un Knox d'épée non moins implacable que le
vieux Knox, le persécuteur de son aïeule.

Aussi le génie de cette maison des Stuarts est un génie fatal. Même lorsque Jacques eut hérité du trône d'Élisabeth et du trône de Marie Stuart, quoique protestant, il ne fut pas sage. Les folies du droit divin le possédèrent. Il les rendit savantes afin de leur donner plus de poids. Son fils Charles Ier, un protestant aussi, ne renonça pas au droit divin; seulement il le fit chevaleresque. Van Dyck marquera dans une toile immortelle la noblesse suprême de ce roi gentilhomme, mais le peuple anglais s'exaspérera contre ce théoricien du pouvoir absolu. Il le combattra de la parole, de l'arquebuse et de la hache.

Remonter des effets aux causes, c'est faire la lumière en histoire aussi bien qu'en métaphysique.

Le droit divin, le grand principe des Stuarts, fut un ciel orageux d'où la foudre extermina cette dynastie. Marie Stuart croyait au droit divin et mourut en l'invoquant; Charles Ier eut le même principe et la même destinée que sa belle et pathétique aïeule.

Entre la grand'mère et le petit-fils, Jacques Ier soutint aussi le droit divin. Il le prêcha et le professa avec un sérieux grotesque. Ce pédant couronné fit du droit divin sa thèse de prédilection. Cette thèse stupide, tolérée par Bacon, applaudie par Buckingham, fut adoptée par Charles Ier.

Charles Ier, pour son malheur, eut plus qu'aucun de sa race le fanatisme du droit divin. Les parlements étaient, selon lui, en dehors de ce droit. Ils n'avaient à ses yeux qu'une fonction, celle de lui fournir de l'argent. Dès qu'ils lui refusaient de l'argent, ils devenaient rebelles. Et voilà ce qui devait le perdre à la longue, car les conflits avec les parlements étaient inévitables, et il ne sut pas comprendre que ces représentants du droit divin des peuples le briseraient dans un choc formidable, en même temps que le droit divin et suranné des rois.

Une dictature permanente et sacrée, telle avait été, nous le répétons, la doctrine de Jacques Ier d'Angleterre : ce roi mort (1625), ce ne fut pas moins la doctrine de Charles Ier. Buckingham, le favori du fils comme du père, les fortifia l'un après l'autre dans leur préjugé d'orgueil contre les parlements, dont dont il était l'ennemi naturel en sa qualité de voleur public.

Peu de semaines avant d'expirer, Jacques avait envoyé à Paris une ambassade afin d'y négocier un mariage entre le prince de Galles et la princesse Henriette, sœur de Louis XIII, fille de Henri IV et de Marie de Médicis. Le 1ᵉʳ mai, ses noces avec le prince de Galles, devenu le roi Charles Iᵉʳ, furent célébrées par procuration à Notre-Dame de Paris. Une grande pompe fut déployée en cette cérémonie. Le duc•de Buckingham, qui vint quelques jours après, éclipsa tout luxe officiel. Il étonna par ses prodigalités. Il jetait à pleines mains les guinées. Il voulait plaire à la reine Anne d'Autriche, femme de Louis XIII, et il y réussit. Il plut moins à Louis XIII, qui se montra jaloux, tandis que le cardinal de Richelieu écrasa le présomptueux insulaire d'un mépris d'autant plus lourd qu'il tombait de très-haut, — des lèvres d'un homme de génie sur les broderies d'un fat.

La connétable de Luynes, qui n'avait pas perdu de temps, s'était remariée en 1622 avec le duc de Chevreuse. Ce fut ce duc qui reçut dans son hôtel Buckingham, et qui logea une suite anglaise de sept cents personnes. La duchesse de Chevreuse, maîtresse de lord Holland, un protégé de Buckingham, entoura de ravissements l'hôte nouveau et traita son second mari comme le premier. Elle était facile aux entraînements, toujours prête à se jeter, à travers une intrigue amoureuse, dans l'intrigue politique dont elle brouillait étourdiment les cartes, selon ses goûts et sous les auspices de ses amants.

Son début en amants, si l'on ne compte pas le duc de Chevreuse, son second mari, avait été ce beau et efféminé comte de Holland qui, à la fin de 1624, demanda la main de la princesse Henriette, sœur de Louis XIII, pour le prince de Galles, depuis Charles Iᵉʳ. Lorsqu'en 1625, Buckingham vint chercher la princesse, au nom de son maître, madame de Chevreuse, la surintendante et la corruptrice d'Anne d'Autriche, aima pour elle-même le favori de Whitehall, si l'on en croit Retz, qui se connaissait à cela mieux qu'aucun philosophe du dix-neuvième siècle. Impudique et entremetteuse à la fois, la belle duchesse essaya d'ouvrir à Buckingham les bras d'Anne d'Autriche.

Ce favori de deux rois frappa vivement l'imagination de la

femme délaissée de Louis XIII. Elle était fort coquette. La duchesse de Chevreuse et son propre caprice l'empêchaient de penser à autre chose qu'aux futilités merveilleuses de Buckingham. La reine Anne s'éprit donc de cet Anglais dédaigneux pour tous, humble pour elle, et dont les magnificences surpassaient les magnificences dynastiques. Il était irrésistible avec son costume de velours blanc tout couvert de nœuds de rubans et d'étoiles de rubis. Son manteau, semé de perles mal attachées, était un miracle de faste, car ces perles précieuses tombaient à chaque mouvement sur les tapis, et Buckingham priait, avec un sourire de demi-dieu, les personnes qui les lui rapportaient de vouloir bien les garder en souvenir de lui. De tels présents, relevés par une galanterie originale, gagnaient tous les cœurs, même le cœur de la reine Anne. Le cardinal de Richelieu, qu'on appelait « le cardinal d'Estat », n'était pas de force, auprès des dames et des princesses, contre un pareil rival. Il savait mieux gouverner un peuple, mais il savait moins bien fasciner une femme.

Après un séjour de peu de durée, Buckingham, à bout de témérités et de fantaisies, comprit qu'il était temps de quitter la France et de conduire la reine Henriette à Charles Ier.

La reine Anne accompagna avec Marie de Médicis la reine d'Angleterre jusqu'à la ville d'Amiens. L'amour continua entre Anne d'Autriche et Buckingham. Le plus mystérieux épisode de cet amour éclata dans le parc de la maison que la reine de France occupait au bord de la Somme. Cette reine était sous le charme, tentée par sa jeunesse, par son abandon, par les habitudes espagnoles, par les enchantements de Buckingham, par l'exemple et par les maximes de la duchesse de Chevreuse. Un soir que cette libre duchesse et son auguste amie se promenaient à distance dans les jardins, à la fraîcheur de l'air et des eaux, la reine au bras de Buckingham, madame de Chevreuse au bras de lord Holland, un cri s'échappa au détour d'une allée, derrière une palissade. C'était Buckingham qui avait été entreprenant, et c'était la reine qui avait appelé. Putange, l'écuyer de la reine, s'était précipité, mais Buckingham n'était plus là. Il avait disparu.

Quand le duc prit congé de la reine de France, hors des murs de la ville d'Amiens, il s'approcha du carrosse, en ouvrit la portière, et baisa, tout en larmes, la robe d'Anne d'Autriche.

A Boulogne, il feignit d'avoir reçu des lettres de son maître, qui l'obligeaient de revoir Marie de Médicis. Il revint à Amiens, s'acquitta de sa fausse mission auprès de la reine mère, et courut chez la reine Anne. Elle était indisposée et couchée. Il força la chambre, se mit à genoux au chevet de la reine, plus émue qu'offensée, et là, malgré les rudesses de madame de Lannoi, une sévère amie des convenances, il soulagea son cœur de toutes les tendresses qui l'oppressaient.

Il repartit alors, rejoignit la reine d'Angleterre à Boulogne, et, le 22 juin, il était avec elle à Douvres.

Entre ses adieux à la France et son débarquement en Angleterre, la reine avait été malade de la mer, de cette belle mer qu'elle devait traverser dans des fortunes si diverses, et dont l'agitation grandiose lui sembla l'image de la vie des cours. Elle était si fatiguée et si troublée, qu'elle fut bien aise de se reposer et de se recueillir seule, le premier jour. Charles avait eu la délicatesse de ne pas venir à Douvres au saut du navire. Mais le lendemain, pendant que la reine Henriette déjeunait dans un palais qu'elle trouvait délabré, le roi arriva de Cantorbery où, après une courte et cérémonieuse entrevue, il retourna soucieux avec sa jeune femme.

Henriette était étonnée. Elle avait remarqué tristement qu'en Angleterre tout était moins galant, moins brillant qu'en France. Son mari était plus négligé, moins bien escorté, presque moins roi que son frère Louis XIII, et le Stuart lui parut moins illustre que le Bourbon.

Au sortir de Douvres, Charles, ou plutôt son favori, avait destiné à la reine un carrosse plein de dames anglaises, afin d'éloigner les dames françaises de Henriette. Ce n'est pas sans peine, c'est à force de pleurs et à l'aide des ambassadeurs qu'elle obtint, à ses côtés, dans sa voiture sa dame d'honneur. Les Anglaises de haut rang qu'on avait introduites dans le carrosse d'apparat étaient la femme, la sœur et la nièce du duc de Buckingham.

A Cantorbery, le roi servit la reine à souper. Il lui offrit du faisan et du pâté de chevreuil. Bien que ce fût un vendredi et malgré les recommandations du père Sancy, son confesseur ordinaire, la reine mangea le gibier de Charles. Ces complaisances-là ne durèrent guère. Le 26, le couple royal quitta Cantorbery, et Charles mena Henriette à Londres par la Tamise. Il amarra sa barque à Somerset-House, qui fut assigné à la reine comme son palais particulier.

Elle fut mécontente de la froideur de Charles, de l'arrogance de Buckingham, qui lui conseilla, si elle prétendait à être heureuse, d'être d'abord gaie pour le roi et docile pour lui, en adoptant comme dames privilégiées sa nièce, sa sœur et sa femme. La reine n'était pas seulement déchue de sa liberté française, mais de son élégance parisienne. A Witheball, dit Richelieu (*Mém.*, année 1625), « elle eut pour lit de parade un de ceux de la reine Élisabeth, qui était si antique de forme, que les plus vieux ne se souvenaient pas d'en avoir jamais vu la mode de leur temps. »

Malgré les apparences, Charles d'Angleterre fut attiré vers Henriette de France. Ce qui le prouve, c'est que Buckingham mort, il la chérira plus que tout et plus que tous. Buckingham seul était avant elle dans son cœur. Pour elle, on peut se rassurer : elle en préférera d'autres, *singulièrement* un autre au roi. Mais je ne veux pas anticiper : l'histoire doit se raconter, juger et intéresser à mesure.

Buckingham, lui, dès ces premiers moments, cédait à son humeur. Il persécuta les catholiques pour montrer à la reine sa puissance, au parlement son zèle. Il n'était pas non plus fâché de triompher de Henriette, en s'attirant à son détriment toutes les bonnes grâces du roi. Déjà même, il avait le projet de chasser les serviteurs français de la reine pour y substituer des Anglais et des Anglaises, ses parents et ses parentes, ses espions et ses créatures. Il ne se refusait aucun arbitraire. Les courtisans murmuraient tout bas, les patriotes se plaignaient tout haut, et le fou du feu roi, Archie, qui connaissait les excentricités despotiques du favori, disait : « Mon fils Buckin-

gham est ivre ; il fait comme mon père Jacques, lequel ne mettait jamais d'eau dans son vin. »

La jeune reine était fort séduisante. Le roi avait vingt-cinq
ans, elle en avait seize. Charles, timide et beau, recouvrait de
noblesse sa médiocrité naturelle. Il avait d'ailleurs des manières
accomplies, et Marie Stuart l'aurait nommé son petit-fils. Elle
en aurait été fière. Henriette avait un peu amoindri le roi ;
moins imposante que Charles, elle était passionnée, mobile,
légère, aveuglément catholique. Cette fille de Henri IV avait
de son père la vivacité gasconne et le courage héroïque, mais
elle ne jouait pas comme lui avec Dieu. Elle était sincère et
violente dans sa foi. Son front était charmant sous les cheveux
fins qui le bordaient en haut et qui descendaient en boucles de
toutes parts, selon la mode de la cour de Louis XIII. Les yeux
de la reine étaient spirituels et un peu défiants. Sa bouche
était dédaigneuse et toute sa figure frémissante. On comprend
à cette physionomie, où plus tard l'horreur apparaîtra sous les
grâces, que Henriette de France est déjà en pays hérétique.

Elle y était, il est vrai, bien accompagnée. Elle amenait avec
elle Pierre de Bérulle, le fondateur des Carmélites et de l'Oratoire. Ce savant théologien était entouré de douze disciples de
son ordre auxquels se mêlèrent les franciscains et les jésuites,
et les ambassadeurs secrets, et les nonces officiels du pape,
pour entretenir la ferveur de Henriette. Urbain VIII, un Bar-
berini, parrain de la reine, espérait tout d'elle pour effacer le
schisme et pour reconquérir l'Angleterre. Son guide le meilleur et le plus écouté était le cardinal de Bérulle, ferme et
doux, son confesseur, après avoir été celui de la reine mère,
l'ami de saint François de Salles, l'admirateur du cardinal de
Richelieu qu'il croyait trop mondain, mais nécessaire à cause
de ses talents transcendants et de son dévouement à l'État.

Dans les premiers mois de son mariage, la jeune reine reli-
sait souvent l'instruction que sa mère Marie de Médicis avait
écrite pour elle-même sous la dictée du cardinal de Richelieu
ou plutôt du père de Bérulle. Cette instruction, exagérée dans
l'application par l'ardeur même de Henriette de France, expli-
quera bien des conjonctures et en donnera le sens intime.

« ..... Vous n'avez plus que Dieu pour père, dit Marie de Médicis à sa fille. Le feu roi votre père (Henri IV) a desja passé, et n'est icy bas qu'un peu de poudre et de cendre cachée à nos yeux.

« Souvenez-vous que vous estes fille de l'Église, que c'est la première et principalle qualité que vous ayez et que vous aurez jamais... Rendez grâce à Dieu chaque jour de ce qu'il vous a fait chrestienne et catholique... Vous estes petite-fille de saint Louis... Soyez à son exemple ferme et zêllée en la religion. Fréquentez les sacrements qui sont la vraye nourriture des bonnes âmes et communiez les premiers dimanches des mois, toutes les festes de notre Seigneur Jesus-Christ et celles de sa sainte mère, à laquelle je vous exhorte d'avoir une dévotion particulière.

« Ayez soing de protéger envers le roi, votre mari, les catholiques... Après Dieu, votre premier debvoir est à ce prince votre époux... Prenez auprès de luy d'aultant moins d'autorité en apparence que plus il se portera par sa bonté à vous en accorder en effect. Votre estude doit estre de l'aymer et honorer et non pas de regner... Vous lui debvez encore une autre sorte d'amour, c'est un amour chrestien... Par cette saincte affection, priez chaque jour et faicte prier Dieu extraordinairement pour luy, à ce qu'il daigne le tirer à la vérité, à la religion en laquelle et pour laquelle mesme est morte sa grand mère (Marie Stuart) : c'est un soing qu'elle a dans le ciel pour son petit-fils et ce doibt estre votre ardent désir en la terre.

« Votre qualité de reine vous lie à l'Angleterre et partout vous debvez désormais en considérer les intérêts, et parce qu'un des principaux est d'estre inséparablement amie avec ce royaume (la France) à qui cette union importe également, vous est obligé de vous rendre le lien et le ciment de ces deux couronnes et contribuer tout ce que vous pourrez à leur bien mutuel : il vous sera d'aultant plus aysé de satisfaire en ce point aux prescriptions de votre naissance et de votre mariage que vous n'aurez qu'à suivre votre inclination et la bonté et l'intelligence qui est entre deux roys, dont l'un est votre frère et l'autre votre mary. »

La vraie pensée du cardinal est là. Ce qu'il désirait surtout, c'était d'avoir à Londres dans la sœur de Louis XIII un charmant oracle qu'il ferait parler à l'oreille de Charles Ier, de telle sorte qu'il gouvernerait des deux côtés du détroit par insinuation seulement. A l'aide de cette combinaison, il espérait devenir, lui qui était le roi d'un roi, le roi de deux rois.

Mais cette partie de son instruction ne fut pas celle qui s'imposa le plus à Henriette de France. Elle songea surtout à protéger le catholicisme et le pouvoir absolu. Double et sinistre antagonisme contre l'Angleterre qui était dévouée à la liberté, au protestantisme, et qui serait prête à tout pour triompher des agresseurs quels qu'ils fussent !

Le malheur de Charles est dans deux goûts exclusifs. Son âme est tout entière à la reine et surtout à Buckingham. Lui, le roi, qui est appelé à gouverner un peuple schismatique et orgueilleux, de qui s'inspirera-t-il? D'une princesse follement orthodoxe et d'un favori aussi insolent que frivole. Comment ne pas prévoir de loin les catastrophes? Cette jeune reine opiniâtre, avec la petite Église qui l'attendra dans ses arrière-cabinets, en costumes noirs, au delà de la fête de la cour dorée, et ce baladin élégant de Buckingham, toujours cupide et toujours ambitieux, avec ses brigues diverses de concussion et d'opposition, voilà une double cause d'impopularité flagrante pour Charles. Une troisième cause d'impopularité, indépendamment de ses idées rétrogrades, était une cause toute personnelle. Il avait beaucoup de hauteur et de roideur, moins peut-être dans le caractère que dans l'attitude. Sa morgue venait surtout de son embarras. Il était fier et morose par défaut d'ouverture de cœur, de spontanéité d'esprit, et aussi pour ne pas ressembler à son père, dont les habitudes familières, les vêtements négligés et débraillés le révoltaient. Ce roi Jacques aimait le vin, la chasse et les bouffonneries. Il ne se contraignait pas, et l'étiquette souffrait en lui. Ce n'est pas certes qu'il oubliât sa royauté, mais il oubliait sa dignité privée et quelquefois toute décence. Il ne se lavait presque jamais les mains, se contentant de les essuyer avec un linge mouillé. Il buvait trop, et ses affabilités étaient parfois équivoques. Il avait de la naïveté et de la corruption, de la pédanterie et de l'abandonnement. Faible sur ses jambes grêles, il s'appuyait pour ne pas tomber, soit à un meuble, soit à un arbre, soit à la première personne qui se présentait. Ce qui le rendait comique d'aspect, c'est que, d'une taille moyenne, l'amplitude de ses habits augmentait outre mesure son embonpoint. Il avait une mode à lui. Le plus peureux des hommes et des princes, le roi de la peur, il portait un pourpoint matelassé à l'épreuve du poignard. Et ce pourpoint, il le déboutonnait comme sa conversation, plein de réserve en théorie, sans souci du décorum dans sa vie facile. Charles Ier eut de la morgue par contraste, et cette morgue, malgré la beauté du prince, fut blessante. Telle était par moments sa gaucherie, qu'en voulant obliger il désobligeait. Il n'avait pas plus l'insinuation électrique de Marie Stuart, que sa jeune femme, la reine Henriette, n'avait l'habileté sérieuse de Jeanne d'Albret, Marie Stuart et Jeanne d'Albret pourtant leurs deux grand'mères.

A cette époque, Charles ne s'inquiétait pas de continuer le règne maritime de son père; car tandis que Jacques méditait sur l'oraison dominicale et commentait l'Apocalypse, l'Angleterre, dont il ne s'occupait seulement pas, s'était agrandie par des expéditions en Asie et par des colonies dans l'Amérique septentrionale. Charles ne se souciait pas de ces progrès magnifiques. Il ne songeait qu'à fonder et à concentrer plus énergiquement dans la royauté le pouvoir suprême, en même temps qu'il avait résolu de recouvrer sur la maison d'Autriche le Palatinat de son beau-frère l'électeur Frédéric V, roi de Bohème. Ce double plan était contradictoire. Comment aurait-il réussi? Vouloir reconquérir le Palatinat, c'était vouloir la guerre; or pour la guerre, il fallait de l'argent, et pour trouver de l'argent, il fallait le vote des communes et des lords. Telle était la logique d'un esprit futile comme Buckingham et d'un esprit court comme Charles Ier de viser à l'impossible.

Le roi, tout entier à son favori, négligeait jusqu'à la jeune reine. Elle en était naïvement surprise et haïssait Buckingham. Charles, lui, assemblait parlement sur parlement et en prónonçait inévitablement la dissolution, dès que les parlements touchaient au favori, et ils y touchaient tous. Ils l'accusèrent sans relâche de 1625 à 1628. Le comte de Bristol en parlait la rougeur au front dans la chambre des lords. Il l'accusait d'avoir scandalisé l'Espagne par le cynisme de ses immoralités, par l'audace de ses débauches. Sir Dudley Diggs et plusieurs autres membres des communes accumulèrent sur lui les délits et les crimes. Il avait usurpé le monopole des emplois les plus considérables; il avait pillé à son profit le trésor, comblé ses parents, ses créatures au détriment de la nation; il avait ruiné le commerce, volé la compagnie des Indes orientales, vendu les charges publiques, trafiqué de son crédit, attenté même à la vie du feu roi, son bienfaiteur, en lui administrant une potion suspecte sans l'ordonnance des médecins. « C'est un Séjan, s'écria sir John Elliot (8 mai 1626), le mal des maux est en lui et sur lui le remède! »

Voilà ce que le comte de Bristol, d'une part, et, d'une autre part, sir Dudley Diggs et sir John Elliot articulèrent devant les lords contre le duc de Buckingham. C'étaient là quelques-unes des plaintes qui grondaient sourdement, lorsqu'elles n'éclataient pas contre Buckingham. Elles avaient des rejaillissements qui montaient jusqu'au roi et qui le rendaient fou de colère. Alors il dissolvait ou prorogeait ses parlements. Mais comment s'en passer? Il envoyait en prison les adversaires et les ennemis. Sir Dudley Diggs et sir John Elliot étaient jetés dans des cachots, les comtes de Bristol et d'Arundel étaient écroués à la Tour. Charles, qui n'avait pas de subsides et qui avait une guerre à mener contre la maison d'Autriche, un peuple à gouverner, des maisons à entretenir, d'innombrables dépenses à supporter, était conduit à des actes d'une vraie tyrannie. Il taxait les approvisionnements de la cour, et tout était acheté pour elle à un prix fixé arbitrairement. Il condamnait à des emprunts forcés que chacun était obligé de payer illégalement. Il percevait, sans l'autorisation des chambres, les droits de *tonnage* et de *pondage*, qui étaient le meilleur du budget, car ils s'étendaient aux exportations et aux importations dans tout le royaume. Charles abordait cet élément de l'opinion, si fertile en naufrages, avec la témérité de l'ignorance, comme un pilote inexpérimenté aborde la mer.

Au milieu de ces orages politiques, il avait des troubles domestiques. Le même homme qui le séparait de la nation l'éloignait de la reine. Pour que Buckingham fût le maître dans l'État et dans le palais, il était nécessaire que Charles fût en hostilité avec l'Angleterre et avec Henriette de France. Le favori divisait pour régner.

Charles, couronné à Westminster, le 2 février 1626, avait dissous son second parlement le 15 juin. Le mois d'août ne s'écoula pas sans qu'il eût chassé les serviteurs français de la reine. Ce fut une exécution. Tandis que le roi entraînait Henriette au château de Nonsuch, le secrétaire d'État Conway payait les gages des chapelains, des officiers et des domestiques non anglais de la reine. Cette petite suite était dirigée militairement sur Somerset-House, puis sur la France. Plus enfiévré que Buckingham, Charles écrivait à ce favori : « Délivrez-moi de ces étrangers, forcez-les, poussez-les comme des bêtes sauvages, et que le diable les accompagne. » Ce qui acheva de révolter la reine, c'est qu'on lui nomma trois chapelains inconnus et six dames insulaires, dont quatre étaient schismatiques.

Heureusement Bassompierre arriva comme ambassadeur à Londres. Il mit de l'huile dans sa diplomatie. Charles Ier trouvait sa femme inconvenante, remuante et séditieuse ; Henriette trouvait son mari pesant, despote, taciturne, à mille lieues des agréments du Louvre et de la gaieté française. Bassompierre ne prit pas de parti exclusif. Il calma le roi par des arguments d'homme d'esprit et par des flatteries d'homme de cour ; il adoucit la reine, avec l'approbation du roi, par l'organisation autour d'elle d'un groupe nouveau où il entrait une minorité française, un évêque, deux confesseurs et dix prêtres. Cette petite-fille de Jeanne d'Albret ne se contentant pas de la chapelle qu'elle avait à Saint-James, on promit de lui en bâtir une à Somerset-House.

La concorde fut ainsi rétablie entre les deux époux ; mais la lutte continua entre le roi et son peuple, entre les gouvernements de la France et de l'Angleterre. Ce qu'il y a de certain, c'est que Buckingham était l'instigateur de ces dissensions, soit intimes, soit nationales, soit étrangères. Le roi subissait aveuglément la fascination du favori et lui sacrifiait tout sans effort : femme, nation, considération européenne.

Après la dissolution du parlement de 1626, qui succomba comme les autres pour avoir flétri Buckingham et qui s'était retiré sans voter de budget, sir John Elliot, Hampden et sir Thomas Wentworth furent emprisonnés pour s'être refusés au prêt forcé. Cette noble opposition éclaira chacun de ces hommes d'une auréole.

Hampden, cousin d'Olivier Cromwell, se servit de sa popularité pour faire nommer ce jeune puritain des marais d'Ely au parlement de 1628. Cromwell, à ce moment, marchait avec l'opinion publique, il ne la précédait pas. Il avait applaudi le roi comme tout le monde, lorsque le roi, après bien des hésitations et dans l'intérêt de Buckingham menacé, donna son assentiment à *la pétition des droits*. Par cet assentiment, le roi semblait consacrer la liberté personnelle, l'*habeas corpus ;* il semblait renoncer aux prêts forcés et aux taxes illégales. Ce n'était malheureusement pas son dernier mot. Quand il comprit que le parlement ne retranchait pas un des coups destinés à Buckingham, il se démentit, mais vainement. Le peuple anglais s'attacha si bien à *la pétition des droits*, il la serra si fortement dans sa main vigoureuse, qu'aucun monarque ne put l'arracher. Cette pétition était de papier, l'amour d'une grande nation la fit de métal. C'est sous cette forme qu'elle subsiste encore aujourd'hui.

Olivier Cromwell s'intéressait à ces questions sans aucun doute, mais les questions religieuses le saisissaient tout autrement. L'arminianisme épouvantait alors l'imagination de l'Angleterre, et Cromwell le redoutait comme un fléau.

Qu'était-ce donc que l'arminianisme, dont on a tant parlé pour l'obscurcir et qu'il est indispensable pour l'intelligence de cette histoire de dévoiler un peu? L'arminianisme ne fut d'abord qu'une doctrine théologique. Son fondateur, Jacques Arminius, était un simple ministre de l'Évangile à Amsterdam. Il mourut en 1609. Il n'entendait pas la prédestination à la manière de

Calvin. Il niait que personne fût réservé capricieusement de toute éternité, soit au salut, soit à la damnation. Il affirmait que nous sommes des agents libres, mobiles dans la grâce, qui est plutôt un moment qu'un état, qu'une permanence.

Comme cette doctrine, très-raisonnable d'ailleurs, était peu calviniste, et que beaucoup de ceux qui l'adoptaient, Laud entre autres, se montraient partisans du pouvoir absolu ; comme de plus elle ne supprimait pas les pompes et les cérémonies du culte, les presbytériens et les patriotes en conclurent que l'arminianisme était diabolique, puisqu'il menait au despotisme et au papisme.

En ce sens, Charles Ier et Buckingham étaient tenus pour des arminiens, surtout pour des tyrans. Les parlements de 1625 et de 1626 avaient été indociles au roi, impitoyables envers Buckingham. Afin de regagner l'opinion publique, Charles avait investi son favori du commandement d'une expédition pour défendre les protestants de la Rochelle contre le gouvernement de Louis XIII. Cette expédition, après des évolutions diverses, échoua définitivement, et revint en Angleterre. Une autre expédition moins sérieuse, entreprise bien plus pour la diplomatie que pour la guerre, fut imaginée. Les ambassadeurs vénitiens à Londres et à Paris devaient réconcilier les deux couronnes, et guider Buckingham, malgré les apparences belliqueuses, à un accommodement avec le cardinal de Richelieu. Cet accommodement était une nécessité, car la maison d'Autriche, la commune ennemie, profitait de la guerre entre Charles Ier et Louis XIII. Buckingham comprenait cela ; mais il lui était triste de renoncer à sa réhabilitation en Angleterre par une comédie de dévouement aux réformés de la Rochelle ; il lui était triste aussi de renoncer à sa vengeance contre Louis XIII et contre Richelieu. Il avait été leur victime. Lui, qui avait plu à la reine Anne d'Autriche et qui avait intéressé toutes les dames de la cour de Saint-Germain, il avait été éconduit par le grand cardinal, et il le haïssait. Cette rancune féroce de fat avait plus qu'aucune autre considération décidé la guerre contre la France. Les vingt-sept habillements complets et merveilleux avec lesquels il avait assiégé Anne d'Autriche, les diamants inestimables de son

manteau, de son épée, de ses doigts, de son chapeau et de
ses éperons, ses prodigalités fabuleuses avaient réussi auprès
de la reine. S'il eût pu reparaître en France comme ambassadeur, son triomphe était assuré. Et Richelieu l'avait écarté
obstinément! Il aurait voulu incendier la France par la guerre
civile, afin de rendre au cardinal de Richelieu mal pour mal.
Et voilà que Charles Ier désirait renouer son alliance avec
Louis XIII pour mieux combattre la maison d'Autriche et pour
reconquérir sur elle le Palatinat de son malheureux beau-frère !

Buckingham, obligé de courber la tête, attendait ses instructions à Portsmouth. Le parlement de 1628 venait de fulminer
contre lui, à l'exemple des précédents parlements. La haine des
rues s'était allumée aux discours des orateurs. Buckingham
n'était pas seulement exécré : le titre de son ami, de son serviteur était un arrêt de mort. Le 19 juin, la plèbe égorgea dans
un carrefour de Londres le docteur Lamb, dont le seul crime
était d'être le médecin de Buckingham. Des centaines de pla-
cards furent affichés sur les murs. Ils portaient tous le même
texte que voici : « Qui gouverne l'Angleterre? Le roi. Qui
gouverne le roi? Le duc. Qui gouverne le duc? Le diable. Que
le duc y prenne garde, ou il sera traité comme Lamb, son
médecin ! »

Tandis que ces fureurs s'exerçaient autour de Westminster,
d'autres fureurs éclataient dans les provinces au bruit des anathèmes du parlement contre Buckingham. Ce parlement de
1628, dont était Olivier Cromwell, alors peu compté, ce parlement, où fermentaient de si ardentes passions religieuses et
politiques, avait lancé presque au moment de sa prorogation
une remontrance formidable. Laud y était attaqué comme chef
de l'arminianisme. « Les opinions de cette secte, disait la
remontrance, Votre Majesté le sait bien, ne sont qu'un moyen
artificieux pour introduire le papisme, et ceux qui en font profession sont des perturbateurs des Églises réformées. Ils semblent
protestants, et dans leurs opinions ils sont de véritables
jésuites. » Après ces préliminaires et l'énumération des calamités publiques, la remontrance ajoutait : « La principale cause
de ces maux, c'est le pouvoir excessif du duc de Buckingham

et l'abus qu'il fait de ce pouvoir. Nous laissons à Votre Majesté le soin de considérer s'il est à propos pour le royaume qu'un si grand pouvoir par mer et par terre demeure entre les mains d'un seul sujet, quel qu'il puisse être... Nous désirons aussi humblement qu'il plaise à Votre Majesté de considérer s'il est de votre intérêt et de l'intérêt du royaume de conserver au duc de si importantes charges, dont il a trop abusé, et s'il convient de le souffrir plus longtemps auprès de votre sacrée personne. »

Cette remontrance, qui désolait le roi, incendia le peuple. Elle désignait Buckingham à la colère universelle. Charles était contristé. Buckingham, lui, était troublé ; mais il cherchait à dissimuler son émotion sous le dédain. Il s'était hâté vers Portsmouth pour une expédition en faveur de la Rochelle. C'était une dérision. Buckingham se résignait à finir par nécessité une guerre qu'il avait commencée par vengeance. Il allait, sous un appareil belliqueux, faire de la fourberie et trahir sans remords les protestants français, qu'il avait aidés sans vertu et sans génie.

Il avait passé le pont qui joint au comté de Southampton la petite île de Portsea, où est bâtie Portsmouth. Le roi avait traversé aussi ce pont. Il s'était logé à la campagne, à cinq milles de Portsmouth, chez Daniel Morton. Buckingham s'était installé à Portsmouth, dans la ville, afin de mieux surveiller la flotte qu'il devait commander. Un autre personnage, un aventurier puritain, avait franchi le même pont et se trouvait sur la même petite île que le roi et Buckingham. Il avait rôdé autour de l'hôtel du favori ; il avait erré sur le rivage de Portsmouth, et il avait regardé, sans les voir, les beaux parages de Spithead qui séparent de la côte du Hampshire l'île de Wight. Cette rade de Spithead, qui peut être un havre de salut et de sûreté pour plus de douze cents vaisseaux de ligne, cet établissement maritime de Portsmouth, le plus colossal de l'Angleterre depuis la reine Elisabeth, n'attiraient pas l'attention du rude étranger, qui avait fait cependant un long chemin pour atteindre la petite île. Sa préoccupation était intérieure et farouche.

On était au 23 août 1628. Le duc de Buckingham se leva de bonne heure. Il est permis de supposer qu'il n'avait pas dormi.

Quelle que fût sa légèreté, il avait reçu une vive commotion Il essayait de sourire à la réprobation de son pays, mais il en souffrait. Il avait perdu son calme ; ses sommeils étaient courts. Il avait d'ailleurs beaucoup à faire. Ce jour-là donc, sa voiture l'attendait à sa porte, dès le matin. Il avait le roi à visiter et des ordres innombrables à donner çà et là. Debout aux premières lueurs de l'aube, il avait expédié plusieurs affaires, lorsqu'il s'interrompit pour répondre à une députation de Français protestants, parmi lesquels était M. de Soubise, frère du duc de Rohan. Le duc eut bientôt fait. Il eut presque une altercation avec ces hardis huguenots, qui se méfiaient de lui et qui niaient une nouvelle reçue par le duc, la délivrance de la Rochelle par elle-même. Ils craignaient que cette nouvelle ne retardât l'expédition. Le duc abrégea la séance et acheva de s'habiller. Son négligé le plus simple eût été une parure pour d'autres. Quand il sortit de son cabinet de toilette et qu'il entra dans sa galerie, les Français y étaient encore. Il y avait aussi dans cette galerie un inconnu mystérieux et tranquille dont personne ne savait le nom. Le duc s'avançait vers le perron. Il s'arrêta et se retourna un peu de gauche à droite pour écouter le colonel Frier. C'est dans cette attitude qu'il fut percé d'un couteau qui lui resta au sein. Il le retira vivement et cria un mot de colère à l'assassin : « Manant ! » dit-il, et il tomba roide. Ses serviteurs s'empressèrent. Il ne respirait plus. Il rendait le sang par la plaie, par la bouche et par les oreilles. Il avait été frappé au cœur.

La duchesse accourut aux lamentations de ses gens et demeura comme foudroyée de douleur. Les Français, très-innocents de ce crime, en furent d'abord accusés. Ils auraient pu être victimes ; mais, par un de ces coups de conscience qui arrachent parfois aux coupables l'aveu de leurs fautes, le meurtrier caché dans la foule s'écria soudain : « C'est moi qui suis l'homme. » Il fut assailli aussitôt, et il eût été mis en pièces sans Carleton et quelques autres amis du malheureux duc, qui sauvèrent l'assassin, afin de découvrir par lui ses complices. Il n'en avait pas. On le fouilla, et on trouva sur lui la preuve de son fanatisme. C'était une note écrite de sa main et ainsi conçue : « Celui qui n'est pas prêt à sacrifier sa vie pour l'honneur de son Dieu, de son roi et de son pays est un lâche, qui ne mérite pas le nom de gentilhomme ou de soldat. Si le courage ne nous était pas ôté à cause de nos péchés, ce duc ne serait pas depuis si longtemps impuni. — JOHN FELTON. »

Le meurtrier avait signé son nom. Il était Irlandais; il avait été lieutenant dans l'armée. Il avait lu la remontrance du parlement contre Buckingham. C'était, selon Felton, une sentence, et il était venu dans un tourbillon de justice pour l'exécuter. Du reste, il ne connaissait pas personnellement le duc et n'avait contre lui aucune inimitié. Dans la prévision d'une autre vie, il s'était même attendri sur Buckingham, et il avait prié pour son salut éternel en le tuant. « Mon Dieu! avait-il dit, ayez pitié de son âme! »

Pendant que la duchesse sanglotait près du cadavre de son mari, un courrier portait au galop la cruelle nouvelle à Charles I⁰ʳ. La maison de campagne qu'il occupait n'était pas loin de Portsmouth. Ce prince apprit une si grande catastrophe avec sérénité. Il n'était pas seul, et il eut la force de cacher son émotion. Dès qu'il fut sans témoins, il fondit en larmes. Il pleura silencieusement cet ami dont les grâces le fascinaient et auquel il n'avait jamais résisté. Il adopta sa veuve, ses enfants, jusqu'à ses créatures, qu'il maintint en place. Le comte de Holland, le favori de Buckingham, comme Buckingham était le favori du roi, n'aura qu'à demander pour obtenir. Laud, le confesseur du brillant duc, sera fait évêque de Londres et archevêque de Cantorbery. Tout ce qui rappellera le martyr, comme le nommait Charles, lui sera sacré. Il décida que Buckingham reposerait à Westminster, au milieu des rois et des grands hommes de l'Angleterre; mais afin que le peuple ne profanât pas ce cercueil, le corps fut inhumé secrètement dans l'abbaye, le 17 septembre. Ce fut donc furtivement et parmi les ombres de la nuit, que Charles accorda au mignon de son père et au sien la gloire d'une tombe à Westminster.

Buckingham, certes, ne méritait pas cet honneur. Il avait été brave, et sa beauté impertinente éclate encore dans ses portraits. Le front est hardi par la hauteur, et les cheveux

2

longs retombent en boucles sur les épaules ; la moustache et la
royale sont aiguisées en sarcasmes ; les yeux écartés ont un
clignement de moquerie, et la bouche a un sourire de dédain.
L'attitude est noble, avec une pointe d'insolence et des fantaisies de costume merveilleuses. Les ordres de la Toison d'or et
de la Jarretière, les diamants et les perles fines étoilent des
vêtements d'une coupe exquise, que surmonte pittoresquement
une fraise de dentelles carrée et découpée en feuilles de chêne.
Rien de plus galant, si l'on ajoute à tout cela l'épée étincelante
au côté.

Voilà le Buckingham qui plaisait tant à Jacques et à Charles,
le Buckingham qui fut pour eux un si dangereux compagnon,
un si mauvais conseiller. Il les lança dans une voie pleine de
périls, au bout de laquelle était l'abîme. Il n'était ni un marin,
quoiqu'il fût grand amiral, ni un capitaine, quoiqu'il eût commandé des armées, ni un homme d'État, quoiqu'il dirigeât trois
royaumes. Il n'était pas davantage un financier, quoiqu'il eût
les clefs du trésor. Il n'avait qu'une maxime : trouver de l'argent
à l'aide de la prérogative royale. C'est ainsi qu'il prépara sa
propre ruine et la ruine des Stuarts. Il exaspéra le parlement.
Il fut le provocateur exécrable d'un duel à mort entre la nation
et le roi sur le terrain de l'impôt.

LIVRE DEUXIÈME

John Selden. — Laud. — Thomas Wentworth, lord lieutenant d'Irlande. — Son apostasie. — Soumission du roi à la reine. — Condamnation de Prynne (1632). — Déportation de Bastwick et Barton. — Opposition de Hampden au *ship money*. — Son procès. — Son portrait. — Voyage du roi en Écosse (1633). — Il veut lui imposer la liturgie anglicane. — Le Covenant écossais (1638). — Marche du roi vers Berwick. — Lesley. — Charles traite avec l'armée écossaise (1639). — Le parlement refuse les subsides. — Sa dissolution (1640). — Combat de Newburn. — Le long parlement. — Ses illustrations : Hampden, Saint-John, Denzil Hollis, Pym, Henry Vane, Selden, E. Hyde, sir Kenelm, lord Falkland, Cromwell. — Chambre des lords. — Le comte d'Essex. — Milton. — Sidney. — Les cavaliers. — Les têtes rondes. — Les puritains. — Les presbytériens. — Retour de Prynne (1640). — Le parlement fait arrêter lord Strafford et Laud. — Procès de Strafford. — Son jugement. — Sa mort (1641).

Il fallait que le duc de Buckingham eût bien profondément blessé le sentiment public en Angleterre, puisque je trouve parmi ses accusateurs obstinés le noble et modéré John Selden.

Cet homme de tant d'érudition et d'un esprit si lumineux, qui acquérait la science par amour de la vérité et qui la répandait à flots par amour de l'humanité, se fit emprisonner par amour de la liberté, sous Charles Ier. L'opposition d'un tel homme, si bon et si grand, est une condamnation de Buckingham et du maître de Buckingham. Il les reprit avec sa douceur et sa supériorité lorsqu'ils violaient les lois, comme il confondait la fourberie ou l'ignorance des prêtres de son temps, qui citaient à faux l'Écriture sainte. Il se contentait de dire aux théologiens : « Peut-être est-ce traduit ainsi dans votre Bible de poche dorée sur tranche, mais voici ce que signifie soit l'hébreu, soit le grec. » A Buckingham il disait : — « Prenez garde, le tonnage et le pondage sans l'approbation des communes, les prêts forcés dans les maisons de la vieille Angleterre amèneraient le divorce entre la dynastie et le peuple. Or, c'est le mariage qu'il faut maintenir par de meilleures mesures. » Il disait cela, John Selden ; il parlait tour à tour ainsi soit au clergé, soit au gouvernement, et cet homme admirable triomphait avec modestie.

On crut, à la mort de Buckingham, que tout allait changer, et rien ne changea. Car la reine devint la favorite comme Buckingham était le favori. Il était arminien, elle fut catholique. Elle fut aussi avide d'argent, aussi éprise du pouvoir absolu pour en percevoir, au mépris du parlement.

« L'affection du roi pour la reine, écrit le grand comte de Clarendon, était une sorte de mélange extraordinaire ; c'était un composé de devoir, d'amour, de générosité, de gratitude et de tous les sentiments qui élèvent la passion au plus haut degré. Aussi ne voyait-il que par les yeux de cette princesse, et ne se décidait-il que d'après son opinion. Ce n'était pas assez pour lui de payer à la reine ce tribut d'adoration ; il voulait encore qu'on sût bien qu'il était dominé par elle, ce qui n'était bon ni pour lui ni pour cette princesse. A une grande beauté la reine joignait un esprit et un caractère excellents ; elle répondait à la tendresse du roi par les plus nobles sentiments, et tous deux étaient le véritable idéal de l'union conjugale. Le duc de Buckingham avait, pendant sa vie, tenu soigneusement cette princesse éloignée des affaires ; dès qu'elle fut admise à connaître les plus secrètes et à y prendre part, elle trouva un tel charme d'abord à les étudier et à les discuter, ensuite à les décider, qu'elle y apporta toujours l'énergie de la passion.

« Elle avait tant souffert de se voir condamnée, tant qu'avait duré le règne de ce fameux favori, à ignorer tout et à ne se mêler de rien, qu'elle ne connaissait plus d'autre plaisir que de savoir tout et de prononcer souverainement sur tout. Il ne lui paraissait que juste qu'elle disposât de toutes les grâces et de tous les emplois comme l'avait fait ce favori, qu'au moins le roi ne se déterminât sur rien sans sa participation. Cette princesse ne réfléchissait pas que l'envie générale qui se déchaîna contre cet homme puissant, ne s'attachait pas à sa personne, mais à son pouvoir, et qu'un pouvoir semblable exciterait également la plainte et le murmure, tant qu'il résiderait dans une autre personne que le roi. Sur ce point, ses désirs étaient si parfaitement d'accord avec ceux de son mari, qu'elle souhaitait avec une égale ardeur, et de se voir en possession d'une autorité sans bornes, et d'être bien publiquement connue pour maîtresse absolue de tout.

« Ce fut là, au fond, quelles que soient d'ailleurs les autres circonstances qui concoururent aux désastres de ces temps, le principe des premières et funestes préventions qui s'élevèrent contre le roi et son gouvernement, et ne cessèrent de le poursuivre. Le malheur de la reine et de l'État voulut que cette princesse n'eût autour d'elle personne qui eût assez d'habileté ou de dévouement pour lui faire connaître les dispositions du royaume et le caractère de la nation. »

Ce que ne dit pas Édouard Hyde, bien qu'il l'insinue souvent, et ce qui ressort de tous les documents sérieux, c'est que la reine était une princesse remuante, orgueilleuse, capricieuse, élevée à la française et à l'italienne, dans tous les préjugés du droit divin et du catholicisme. Toute la différence donc entre elle et Buckingham, c'est qu'il était arminien, un papiste de tendance, et qu'elle était une vraie papiste. Tous deux étaient également absolutistes, tous deux aspiraient également à constituer un budget tyrannique, sans le concours du parlement. La reine continua donc Buckingham plutôt qu'elle ne le remplaça. Cette ressemblance et presque cette identité ravit le roi. Il retrouvait son favori dans sa femme.

Charles Ier n'était pas homme à comprendre les difficultés religieuses, politiques et financières qui devaient l'assaillir. Il s'imaginait, ce beau gentilhomme des toiles de Van Dyck n'avoir rien de tragique à craindre. N'interposerait-il pas sa prérogative royale? Ne suffirait-elle pas à dénouer ou à trancher tous les nœuds?

La question était double. Il fallait régler le culte sans consulter les consciences et régler l'État sans assembler le parlement. Pour la solution de ces grands problèmes, le roi s'adjoignit Laud, la créature et le casuiste de Buckingham, puis Thomas Wentworth, que Buckingham avait distingué et qu'il avait commencé à corrompre.

Laud, que l'on tenait pour le chef de l'arminianisme, c'est-à-dire de la secte la plus rapprochée du catholicisme, était en réalité un anglican despotique. Nommé successivement évêque de Londres et archevêque de Cantorbéry, il résolut de soumettre toutes les sectes dissidentes à une liturgie qu'il rédigea et où il ne manqua pas de consacrer la hiérarchie épiscopale. Il était naturellement à la tête de cette hiérarchie en sa qualité de primat du royaume. L'archevêché de Cantorbéry était une sorte de vice-papauté ecclésiastique sous le pontificat royal.

Guillaume Laud était d'une naissance obscure. Son éducation avait été nulle. Ses manières étaient d'un rustre d'Église. Gauche et brutal, il offensait ceux qu'il cherchait à gagner. Son esprit par surcroît était si peu souple, que la sécheresse de sa parole trahissait ses intentions les plus bienveillantes. Il voulait ne pas froisser, plaire même, et il blessait. Désobliger n'était pas seulement son malheur, c'était sa faculté, presque son génie. Du reste, tellement religieux, tellement intègre, que la tentation n'approche que rarement de sa vertu. Il céda quelquefois à la cruauté, il fut souvent persécuteur. Il avait néanmoins de la droiture jusque dans le mal. Il était aussi impossible de l'aimer que de ne pas l'estimer. Quoique généralement irréprochable, il fut toujours odieux. Ses portraits confirment l'histoire. Le visage est large, plat et bourru. Le hérissement des sourcils annonce l'étonnement, et leur froncement l'opiniâtreté. La bouche maussade exige la soumission et persuade la révolte, accomplissant infailliblement par la brusquerie le contraire de ce qu'elle désire. Les yeux, doux et fixes cependant, expriment la piété et la résolution, une piété étroite, il est vrai, et une résolution de sectaire.

Tout autre est sir Thomas Wentworth. Il était allié aux Stuarts. Il possédait de vastes terres dans le comté d'York. Il y avait une irrésistible influence de grand propriétaire et de grand esprit. Ce qui ajoutait un charme à sa demeure, c'était sa jeune femme, que des estampes authentiques montrent encore la tête penchée, avec un cou de cygne, une perle à chaque oreille, une lueur aux yeux, un sourire aux lèvres, une candeur adorable dans toute la physionomie. Wentworth aimait cette femme, mais il aimait aussi les libertés de l'Angleterre. Nul ne les défendit d'abord mieux que lui. Il contesta toutes les prétentions iniques de la couronne avec un éclat incomparable. Impôt de tonnage et de pondage sur l'importation et l'exportation; impôt de *ship money* pour la construction d'un certain nombre de navires; impôt déguisé sous le nom d'emprunts obligatoires; impôts de toute espèce inventés pour les desseins et les prodigalités de la cour, Wentworth rejetait tout, à moins que le parlement n'eût tout consacré par son intervention. Il poursuivit Buckingham comme une proie (1526), et il préféra la prison avec Elliot et Hampden à l'humiliation de contribuer au prêt forcé. Nul plus que lui ne marqua d'une empreinte virile la pétition des droits, et ne contraignit davantage (1528) l'assentiment de Charles Ier à cette seconde grande charte.

Wentworth était alors le plus illustre chef de l'opposition. Malheureusement la conscience ne fut pas assez riche pour le payer. Il lui fallait des récompenses vulgaires. Il écouta la voix secrète de Buckingham, aussi persuasive que celle du serpent. Il fit volte-face, et, sous les auspices de Richard Weston, il se dévoua tout entier à la cour. Ses rares partisans affirment qu'il voulut sauver la prérogative royale trop affaiblie. J'incline à croire qu'il y eut quelque sophisme de délicatesse dans la détermination de Wentworth. Il excellait à justifier ses moins nobles passions par de spécieuses théories. Certes l'indulgence est un devoir et un plaisir, pourvu qu'on ne la pousse pas jusqu'à la trahison de la vérité. Jusqu'à de nouvelles preuves, je persisterai donc à penser que dans l'apostasie de Wentworth il y eut plus d'ambition que de vertu. Je me défie d'une vertu qui stipule si bien ses récompenses. La progression est rapide. Sir Thomas Wentworth, à peine reconcilié (1628), est nommé successivement baron, puis vicomte de *Wentworth*, puis lord président du Nord.

Dans cette nouvelle situation, Wentworth s'occupa très-peu des affaires extérieures. Le beau-frère de Charles Iᵉʳ, le malheureux électeur palatin Frédéric V, ne fut pas même rétabli par Gustave-Adolphe, et mourut à Mayence quinze jours après Lutzen (6 novembre 1632), où succomba le héros suédois. Richelieu, d'une autre part, s'était emparé de la Rochelle, le dernier boulevard des protestants. Ni la maison de Bourbon, ni la maison de Habsbourg n'offraient de prise sérieuse à la maison de Stuart, qui allait être assez absorbée chez elle dans ses îles de tempêtes. Le vicomte de Wentworth porta son effort où étaient les difficultés, — à l'intérieur. Il se retourna contre l'opposition qu'il avait servie. Il dit et il fit le contraire de ce qu'il avait dit et fait. Il laboura la politique à contre-sens de sa tradition. Il avait réprouvé le despotisme, et il le propagea. Il avait subi volontairement la prison plutôt que d'adhérer à une taxe illégale, et les imitateurs de son héroïsme, il les emprisonne. La Tour de Londres et les cachots de l'Angleterre se ferment sur les personnages les plus honorables. Wentworth déchire d'une main sacrilége *la pétition des droits*, dont il avait été le généreux promoteur. Sur la proposition du garde des sceaux Finch, la majorité des juges de Westminster-Hall reconnut au roi la faculté de fixer seul la taxe pour l'entretien de la flotte; cette majorité corrompue ou effrayée reconnut aussi au roi une seconde faculté, celle d'incarcérer tous les réfractaires à cet impôt monstrueux appelé *ship money*. C'était rayer d'un trait de plume les parlements et la nation.

Le vicomte de Wentworth, qui était lord député d'Irlande, célébra ce crime de la prérogative royale par des paroles qui méritent d'être conservées. « Depuis que le roi, dit-il, peut imposer légalement une taxe pour l'équipement de la marine, il peut le faire pour la levée d'une armée; et la même raison qui l'autorise à réunir une armée pour résister l'autorisera à conduire cette armée en pays étranger pour prévenir une invasion. De plus, ce qui est loi en Angleterre l'étant aussi en Écosse et en Irlande, cette décision des juges rendra désormais le roi aussi absolu au dedans que formidable au dehors. Qu'il s'abstienne de la guerre quelques années, qu'il habitue ses sujets au payement de cette taxe, — à la fin il se trouvera plus puissant et plus respecté qu'aucun de ses prédécesseurs. » (*Mémoires de Strafford.*)

Voilà le secret de Wentworth. Ce n'est plus un tribun, c'est un visir. Il supprime les parlements, il diminue les peuples, il grandit le roi. Charles Ier est au comble de la joie. Buckingham semble ressuscité avec les vices de moins et le génie de plus. Il se nomme Wentworth. Le roi est conseillé selon son cœur et son esprit. Laud était le ministre théologien : il rapprochait de Rome l'anglicanisme par les cérémonies et la hiérarchie épiscopale. Wentworth était le ministre politique : il poussait à la tyrannie par l'usurpation de l'armée, de l'impôt et même de la propriété. Il était ami de Laud, et leur correspondance témoigne de leur accord. Ils voulaient l'un et l'autre gouverner à outrance, et leur devise mutuelle était : *Thorough and thoroug*, « Tout au travers et de part en part ». Ils se montrent en toute occasion ennemis des demi-mesures et partisans d'une pénalité draconienne. Ils sont uns et Charles est un avec eux. Il était un avec eux par conviction et par orgueil ; avec la reine, il était un par passion. Au fond, il n'aimait qu'elle ; elle lui était tout. Le meurtre de Buckingham le riva entièrement à cette princesse, l'exclusif Charles Stuart. Henriette lui était une femme, une reine, une maîtresse, un favori, un suprême ministre. Il s'humiliait de ses soumissions. Se subordonner à elle, s'éteindre, s'effacer en elle était son bonheur. Il mettait sa gloire *à s'humilier* devant cette idole capricieuse et charmante. Peu lui importait l'opinion. Son amour lui ôtait tout amour-propre. Sa personnalité paraissait abolie. Il était fier de ce prosternement ; Henriette en était contente. Le nonce, qui résidait auprès de la reine, profitait de tout.

La reine était catholique et féodale. Elle souriait à l'arminianisme de Laud, qu'elle considérait comme un acheminement au papisme. Elle tressaillait aux vastes desseins de Wentworth, qui rétablissait la royauté dans la plénitude de la toute-puissance. Il ne s'y épargnait pas, en effet. L'Irlande le gênait moins encore que l'Angleterre. Il y arriva, en 1633, lord lieutenant, tandis que le siége de Cantorbery était déféré

à son ami Laud. Wentworth s'entoura d'abord de toutes les
pompes de la royauté qu'il représentait. Il savait ce qu'il faisait.
« Les Irlandais, disait-il, doivent tout ce qu'ils possèdent à
l'indulgence du vainqueur. Les concessions anciennes peuvent
être retirées ou modifiées. L'Irlande est pays conquis. » Aussi
Wentworth n'est pas un magistrat, mais un proconsul. Il
adjuge la quatrième partie des terres à la couronne ; il prononce des amendes arbitraires ; il viole la parole royale. Et
pendant qu'il avait le bras, un bras impitoyable, dans l'oppression de l'Irlande, il avait l'esprit de direction dans l'oppression
de l'Angleterre.

Ni les fureurs, ni les héroïsmes ne manquèrent contre la tyrannie. L'avocat *Prynne* fut condamné par la chambre étoilée
pour un pamphlet intitulé : *Histriomastix*. C'était une instruction semée d'injures. *Prynne* y stigmatisait le théâtre, les ac-
teurs, les mascarades ; il y faisait des allusions au roi, à la
reine, à toute la noblesse qui donnaient l'exemple du paganisme. La danse était maudite par le puritain, la danse dont
chaque pas était un pas vers l'enfer. La chasse, les fêtes populaires, les chansons pour la plantation des arbres de mai, les
repas de Noël n'étaient pas épargnés non plus. Le cachot où
Prynne avait été jeté (1632), loin de le refroidir, l'échauffa,
l'exalta. Il accusa du fond de cette geôle humide, les évêques,
il leur reprocha de substituer à la doctrine primitive l'arminianisme, ce vestibule du paganisme et de la corruption romaine. Il embaucha contre les prélats impies le médecin Bastwick et le théologien Burton. A eux trois, ils dénoncèrent les
exactions du gouvernement, les simonies du haut clergé. Les
évêques étaient tous des lords de Satan, des soldats de l'Ante-
christ, des profanateurs d'âmes. Traduits par ordre de Laud
devant la chambre étoilée, les trois puritains, après des dé-
fenses violentes, furent frappés d'une sentence cruelle.
L'amende fut pour chacun de cinq mille livres. La prison devait être perpétuelle et solitaire. Ils subirent de plus (30 juin
1637) deux heures de pilori et l'amputation des oreilles. Ces
oreilles sanglantes tombées sur l'échafaud, les intrépides libel-
listes les ramassèrent et les montrèrent à la foule. L'émotion

du peuple fut grande et alla croissant après le supplice, pendant le voyage de ces malheureux vers les îles qui leur étaient assignées jusqu'à leur dernier soupir. Ils n'étaient plus des coupables, mais des martyrs. Les hommes criaient de colère, les femmes pleuraient de pitié. Des milliers d'ouvriers, de paysans, suivirent ces sombres cortéges, avant-coureurs sinistres de la guerre civile. Prynne fut envoyé à Jersey, Bastwick dans l'une des Sorlingues, et Burton à Guernesey. Séparés par la mer, chacun de ces fiers puritains n'eut désormais pour patrie qu'une petite île et pour demeure qu'une forteresse.

Il y eut d'autres dévouements plus purs, plus éclairés et non moins intrépides, le dévouement de Hampden, par exemple.

Hampden était un gentilhomme de Buckingham shire. Il avait l'âme romaine. La liberté lui était plus chère que la vie. Rien ne lui paraissait plus doux que de souffrir pour ses convictions. Il s'était refusé en 1626 au prêt forcé, et il avait payé son courage de la prison. En 1637, il se disposait avec Olivier Cromwell, son cousin, et d'autres amis, à faire voile vers l'Amérique pour y fonder une colonie de patriotes, lorsqu'un ordre du conseil les retint sur le sol de l'Angleterre. Hampden y protesta en déniant les vingt shillings de sa taxe des vaisseaux. Cette taxe, il la rejetait comme illégale parce qu'elle n'avait pas été consentie. Il fut cité devant les barons de l'échiquier. Là, pendant onze jours, à partir du 6 novembre, M. Holborn prouva, d'après des traditions, que Hampden devait payer le subside du *ship money*, et Saint-John, parent aussi de Cromwell, soutint que Hampden ne devait pas payer, puisque le Parlement n'était pas intervenu pour légitimer l'impôt. Il invoqua la *pétition des droits* approuvée par Charles Ier. Toute l'Angleterre était de cœur avec Hampden. Les barons de l'échiquier gardèrent trois mois la cause. Après une si longue délibération, ils jugèrent contre Hampden, qui eut cinq voix sur douze; le roi en eut sept. Seulement, derrière le roi il n'y avait que la cour; derrière Hampden il y avait la nation.

Ce procès est un événement dans l'histoire d'Angleterre.

Hampden est le prophète, par son opposition opportune, de l'affranchissement. Depuis douze années les parlements étaient suspendus et comme supprimés. Hampden les rendit nécessaires, inévitables. De là sa popularité immense. Il était digne d'une telle popularité. Nul ne fut plus modeste, plus brave, plus éloquent. Il était honnête comme la conscience. Ses portraits de cette date ont un charme d'expression extraordinaire.

Hampden est jeune encore dans sa maturité hardie. Une grâce de candeur voile à demi l'audace du grand patriote. On la sent néanmoins cette audace contenue. L'aspect de cet Anglais noblement résolu est d'une fermeté sublime. Tout en lui semble grandir en résistant. Son menton est solide, sa bouche un peu serrée, son regard assuré, pénétrant, et son front bosselé semble sillonné par une foudre intérieure. Ses longs cheveux doués de vie rappellent ceux de Samson et paraissent un symbole de force. L'esprit de la Bible a passé par là. Hampden serait un héros hébraïque, s'il n'était, avant tout, le patriote de la vieille Angleterre, le précurseur invincible des parlements, le presbytérien politique bien plus que le puritain religieux du dix-septième siècle.

La victoire donnée à Charles par les barons de l'échiquier était une victoire décevante et funeste. L'arbitraire royal s'en accrut. Il s'étendit avec plus de sécurité à tout, à l'impôt sous toutes les formes, à la marine, à l'armée, à la religion. La reine, d'une intolérance superbe qui lui fut trop rendue, prodiguait les faveurs au catholicisme, les dédains à l'hérésie et au schisme; le roi humiliait la ville de Londres, un peu rebelle aux taxes, il la provoquait même jusqu'à détenir captifs les magistrats, jusqu'à interdire l'épée au *lord maire;* Wentworth frappait de sa canne les officiers irlandais, comme de ses exactions la pauvre île de sa vice-royauté hautaine; Laud enfin torturait la presse, multipliait les pompes de la liturgie, recommandait les amusements le dimanche, exagérait la hiérarchie épiscopale, et faisait craindre par ses imprudences un acheminement systématique vers ce qu'on appelait le papisme.

Tout semblait facile en Angleterre et en Irlande, mais l'Écosse inquiétait, l'Écosse toujours redoutable, quelquefois fatale aux Stuarts. Charles Ier avait mécontenté cette nation turbulente et fière, en reprenant (1628) les propriétés ecclésiastiques livrées par la réformation à la couronne et vendues, pendant la minorité du roi Jacques, par les régents Murray et Morton. Les possesseurs de ces propriétés troublés dans leur fortune devinrent des ennemis mortels. Les indemnités ne les apaisèrent pas. Lors de son couronnement et du voyage qu'il fit à cette époque (1633) dans son pays natal, Charles fut indigné de l'énergie avec laquelle le parlement d'Edimbourg lui contesta le droit de régler les costumes ecclésiastiques et la juridiction des évêques, deux prétentions très-ardentes de sa prérogative suprême. Les Écossais n'étaient pas mieux disposés aux complaisances, lorsqu'en 1637, le roi, selon l'expression de Ludlow, ordonna de leur tâter le pouls. Il leur envoya un formulaire de prières et une liturgie conformes aux plans de Laud et à l'anglicanisme mitigé du prélat. La hiérarchie épiscopale y était entière. Les Écossais, peuple, nobles, prêtres, s'échauffèrent. Presque sans se concerter, ils s'entendirent.

Le puritanisme régnait dans les âmes. Le prophète de cette doctrine, son apôtre, son théologien et son législateur avait été Knox. Une telle doctrine était une démocratie. Elle était radicale et implacable. Elle n'avait pas rejeté le pape pour admettre des évêques, une monnaie du pape, des papes au petit pied. Quand on avait horreur du pape de Rome, comment s'inclinerait-on devant les papes de Winchester, d'York ou de Peterborough? Cette haine contre les évêques était un feu, et ce feu, qui embrasait, qui dévorait le cœur des hardis sectaires, alluma la guerre civile.

Charles Ier, qui éprouvait non moins que son père le dégoût du puritanisme, était bon protestant, comme Wentworth et Laud, malgré leurs concessions à la reine. Mais tout contraire qu'il fût au pape, il était favorable aux évêques, lesquels, par reconnaissance, préconisaient le *droit divin*. L'autorité du roi et l'autorité des évêques se prêtaient donc un mutuel appui. La hiérarchie ecclésiastique n'était pas seulement pour Charles Ier une théorie politique; elle était une sorte de dogme et il y avait mis le sceau de sa conscience. La hiérarchie, c'était à ses yeux une chose sacrée. Il pensait comme son père qui avait dit : « Pas de roi sans évêque. »

Quelle que fût sa conviction, une des grandes fautes de Charles fut de vouloir assujettir l'Écosse à la liturgie anglicane, c'est-à-dire à l'autorité des évêques. Le peuple cria au papisme. Les nobles, qui ne pouvaient supporter des rivaux d'influence tels que les évêques, approuvèrent la passion fanatique du peuple. Le clergé applaudit à la colère des foules et de l'aristocratie; il la porta au comble et la bénit.

C'est que le clergé écossais, depuis Knox, était presbytérien et voyait dans chaque ministre de l'Évangile l'égal d'un évêque. Ce radicalisme des presbytériens s'enflamma de plus en plus parmi les puritains, qui n'étaient au fond que des presbytériens violents.

Voilà comment les Écossais se soulevèrent pour la défense de la foi.

Ils formèrent une association, une ligue hérétique. Ils s'emparèrent de la grande église de Saint-Gilles, où la voix de Knox avait retenti, et là, sous les voûtes sonores, ils tinrent un meeting et jurèrent le *covenant*, un acte de protestation contre le papisme et la hiérarchie ecclésiastique (1er mars 1638). Un peu plus tard, au mois de novembre de la même année, dans l'assemblée de Glasgow, ils excommunièrent les évêques et ils abolirent l'épiscopat.

Le roi eut recours à la force. Il réunit une armée à York. Le comte d'Arundel en était le général en chef, et le comte d'Essex le lieutenant général. La cavalerie était sous les ordres du comte de Holland, qui avait été l'ami de Buckingham, le favori du favori. Charles, à la tête de cette armée qui ne comptait pas moins de vingt mille hommes, s'avança vers Berwick. Les Écossais ne s'étaient pas déconcertés sous les menaces royales. Une armée de volontaires s'était improvisée autour du général Lesley. Les ministres de l'Évangile avaient demandé quatre hommes par paroisse, et ils avaient été obéis. Euxmêmes, les plus braves et les plus éloquents, l'élite du clergé, marchaient avec ce troupeau de lions dont ils étaient les pasteurs. Lesley commandait à une Église plutôt qu'à un camp. Ses soldats entendaient deux sermons par jour, un le matin, un autre le soir. Avant et après le sermon, ces covenantaires, au nombre de vingt mille aussi, se livraient aux exercices militaires, discutaient les Écritures ou chantaient les psaumes. Chaque tente avait un étendard avec cette devise, sous le chardon d'Écosse : « Pour la couronne du Christ et le covenant. » — « Je ne me suis jamais trouvé dans de plus heureuses dispositions, écrivait Baillie, l'un des presbytériens qui firent cette campagne, pour le Seigneur. J'étais comme un homme qui a pris congé du monde et j'étais dévoué à ce service sans retour, jusqu'à la mort. Il me semblait que la grâce de Dieu était répandue sur moi ; il me semblait qu'un esprit de douceur, d'humilité, et cependant de hardiesse et de courage, m'animait. » Les plus humbles étaient électrisés du même enthousiasme.

Lesley avait marché dans la direction de Berwick au-devant du roi, et il prit position à un mille et demi des Anglais près de cette ville. Les Écossais criaient : « Des parlements et plus d'épiscopat ! » Ils entonnaient leurs hymnes bibliques, et leurs voix montaient plus haut que le bruit des flots de la Tweed, que les mugissements de la mer. Charles sentit sa faiblesse. Les vœux de son armée ne différaient guère des vœux de l'armée écossaise. Il s'arrangea donc pour traiter au lieu de combattre. Il promit dans les trois mois une assemblée générale pour les questions religieuses et un parlement pour les questions financières et civiles. Les deux armées furent licenciées (juin 1639).

Tandis que les covenantaires espéraient tout de leur parlement écossais, le roi, qui avait son arrière-pensée, convoquait, après douze ans de pouvoir absolu, un parlement anglais (3 avril 1640). Charles se flattait d'obtenir par là de l'argent pour une armée nouvelle. Il se proposait de dompter, à l'aide de cette armée, l'insolence des covenantaires. Mais le parlement, peut-être à cause de cela et dans la crainte d'un redoublement d'oppression, ne vota pas de subsides, exigeant préalablement le redressement d'un certain nombre de griefs et la concession de garanties constitutionnelles. Le roi s'irrita. Wentworth, qui

avait été fait comte de Strafford, le 12 janvier, appuya auprès de Charles la dissolution du parlement, qui fut déclarée
le 5 avril.

Le parti national se prononça pour les covenantaires et
contre le gouvernement de White-Hall. Charles leva des contributions de sa seule autorité. Il reparut à York. Le comte de
Northumberland s'étant dérobé au commandement en chef sous
prétexte de maladie, Strafford se chargea de ce fardeau. Le
grand orateur devint général. Cette fois lord Conway dirigeait la cavalerie. Les troupes royales entrèrent dans le
Northumberland.

Lesley, cependant, n'avait pas eu de peine à réformer son
armée presbytérienne. Il avait le plus soudain et le plus puissant des recruteurs, l'enthousiasme religieux. Les ministres,
en descendant de leurs chaires, partaient avec le contingent
des paroisses. Les psaumes étaient leur Marseillaise. Autant de
soldats, autant de Bibles. Les Écossais cheminaient en ordre,
comme dans une procession, sous les regards de Dieu. Nul
blasphème, mais des exhortations, des prières, des conversations pieuses. Beaucoup souhaitaient la mort ; car la mort,
ce serait le martyre, ce serait le ciel. N'allaient-ils pas combattre le papisme, l'arminianisme, l'épiscopat ? Pour eux,
c'était tout un. Ils affranchiraient l'Angleterre en même temps
que l'Écosse. Les deux pays n'étaient-ils pas en proie aux fils
de Satan, aux tyrans déchaînés d'Israël ? *Lesley*, stimulant
cette ardeur, traversa la Tweed, cette rivière boréale que j'ai
vue rouler autant de nuages que de flots, et dont l'embouchure dans la mer du Nord est dominée par les toits rouges de
Berwick. Le général écossais continua son mouvement straté-
gique vers la Tyne. Lord Conway, détaché par son chef le
comte de Strafford, attendit de pied ferme à Newburn les
Écossais. On m'a montré le champ de cette escarmouche qui
eut de si grandes suites. Les Écossais se lancèrent de la rive
gauche de la Tyne. Culbutés une première fois dans l'eau
noire du fleuve industriel qu'ils teignirent de leur sang, ils se
précipitèrent de nouveau et s'établirent sur la rive droite, d'un
rude élan. Les Anglais se retirèrent les uns par Newcastle,

les autres par Durham sur York. Le comte de Strafford ne
chercha pas, comme l'ont affirmé plusieurs historiens, à prolonger et à passionner la guerre. Les délibérations du conseil,
le témoignage de lord Conway, les Mémoires de Hardwick
ne laissent pas de doute à cet égard. Les motifs de Strafford
pour dissuader, au contraire, son maître des hostilités ne se
devinent que trop. L'armée anglaise était brave, mais elle
n'était pas sûre. Le vent du siècle soufflait sur elle. Dans le
cœur, elle était *covenantaire*. De son coup d'œil d'homme
d'État, Strafford pénétra la situation à laquelle, du reste, il
avait tant contribué. Son courage fut vaincu par son intelligence. Il ne s'opposa pas à une suspension d'armes ni au dessein
suggéré au roi d'assembler à York une élite de noblesse. Le
roi fut entraîné par les pairs (septembre) à convoquer un parlement, afin de régler, de concert avec la nation, toutes les
affaires. L'armée écossaise devait recevoir jusqu'à cette convocation vingt mille livres sterling par mois.

Charles fit enfin ce grand pas sous l'aiguillon de la nécessité. Depuis 1628, il hésitait. Au commencement de cette
année (1640), le roi avait tenté un parlement et l'avait brisé.
Ce parlement n'avait pas duré un printemps. Au bout de quelques semaines, Charles avait reculé avec angoisse. Il ne se
résigna pas sans horreur, après le *court parlement*, au nouveau
parlement, qu'il ouvrit le 3 novembre 1640 et qui fut le *long
parlement*, le plus illustre de tous les parlements de l'Angleterre.

Ce parlement, dont Lenthall, un avocat, fut l'orateur (le
président), absorba tout. L'opinion lui communiqua sa force
invincible. La reine, Laud, Strafford, le roi et la cour furent
annulés. La majorité était des deux tiers contre les abus. Les
chefs du parlement eurent une popularité soudaine qui centupla
leur influence.

C'était d'abord Hampden, un patriote intrépide, dont la
beauté relevait encore le courage et qui avait bravé en face
la tyrannie. A côté de lui, on distinguait Saint-John, son défenseur dans le retentissant procès du *ship money*. Saint-John
restait l'ombre sinistre de Hampden ; il apparaissait, cet avocat

4

subtil, avare et dissimulé, dans un contraste singulier avec le héros de la résistance légale, ce généreux Hampden, à qui il devait toute sa célébrité.

Denzil Hollis, le second fils du comte Clare, avait le cœur d'un chevalier et la bouche d'un orateur. Aristocrate hautain, ami chaud, ennemi implacable, il voudra toujours une liberté modérée ; presbytérien humoriste et immuable au début de la révolution, wigh superbe à la fin.

M. Pym était un tacticien d'assemblée, un grand capitaine de parlement. Il logeait chez sir Richard Manley, dans une ruelle derrière Westminster. C'est là qu'il donnait des dîners aux collègues qu'il désirait gagner. Comme il n'était pas riche, Hampden et d'autres patriotes se cotisaient pour lui venir en aide. Ils contribuaient avec lui aux frais de ces conciliabules gastronomiques où beaucoup de mesures importantes étaient prises d'avance. Les délibérations de ce club amical et diplomatique précédaient les délibérations du parlement. La grande supériorité de *M. Pym*, c'était l'équilibre. Il ne se troublait ni ne se déconcertait ; mais moins il s'étonnait lui-même, plus il étonnait les autres. Ses paroles étaient simples, son geste rare, sa dialectique serrée, ses conclusions mortelles, semblable à cet ange infernal de la persuasion que Milton introduit dans l'Éden, et qui, de replis en replis savants, vous étouffe discrètement par un redoublement soudain de ses étreintes de serpent. Tel était *Pym* comme logicien. Il semblait d'abord peu redoutable; mais quand il vous avait saisi, vous ne sortiez pas vivant de sa prise. Il y a de lui des estampes fidèles. Son front est très-élevé. Les tempes se creusent profondément. Les yeux regardent de côté, et soupçonnent ou combinent un piége. La bouche entr'ouverte retient plus de plans qu'elle n'en confie. Toute cette figure puissante est celle d'un chef de parlement; elle pourrait être celle d'un chef de guerre. Le mot de ce visage énigmatique est stratégie. Il y a du calcul, un calcul immense dans ces traits, mais un calcul si facile, si détendu, qu'il ne voile pas la gaieté, une gaieté visible, bien que contenue, la gaieté de la force.

Sir Henri Vane se fit le disciple de Pym, mais un disciple

libre. Moins politique, plus religieux, plus éloquent, plus universel que son maître, Vane parlait un peu par la fenêtre de
Westminster, et s'occupait du peuple avant de s'occuper du
parlement. Il était un agitateur plutôt qu'un législateur. Il
appartenait, dès lors, à ce groupe des *chercheurs*, dont Bossuet
s'indigne, parce que ces esprits turbulents « dix-sept cents ans
après Jésus-Christ, cherchent encore la religion, et n'en ont
point d'arrêtée. » Singulière naïveté du génie qui, s'étant
établi dans un certain ordre d'idées, ne permet à personne
d'y échapper, comme si la plus éclatante, la plus sainte marque
de notre grandeur n'était pas cette éternelle inquiétude de
l'esprit humain que rien ne saurait satisfaire de ce qui est
borné, et qui, de coups d'ailes en coups d'ailes, s'élève obstinément vers l'infini ! Qu'importe, au contraire, que cet infini
soit impossible ici-bas? Quand bien même il ne nous serait
donné de ne le trouver que dans un autre monde, qu'avons-nous
de mieux à faire que de le chercher dès ce monde? Qui oserait
affirmer que devant Dieu cette curiosité du cœur, cette impatience de l'âme, qui entraînait le patriote anglais dans les
hasards sublimes de la métaphysique religieuse, ne valaient
pas mieux que la sécurité magistrale et la dictature théologique de l'évêque de Meaux?

Vane était donc un chercheur d'idéal à travers les tristes
réalités. Ludlow et Hutchinson, deux futurs colonels, montraient déjà deux caractères. C'étaient des novateurs mo-
destes, moitié militaires, moitié bibliques, sérieusement dévoués à l'Angleterre.

Selden jouissait d'une considération immense. Il était le
plus grand philologue et le plus grand jurisconsulte des trois
royaumes. Ses décisions, qui n'étaient pas toujours équitables
cependant, étaient recueillies comme autant d'oracles. Hors
de la politique et de la théologie, dans la sphère de la législation pure, il était à lui seul un parlement. Grotius publiait-il
en 1634 son *Mare liberum?* Selden en 1635 y répondait par
son *Mare clausum*, où, loin de concéder à son illustre antagoniste la liberté des mers, il revendiquait pour la Grande-Bretagne « un domaine souverain sur les mers d'Écosse et d'Ir-

lande, interdisant à toutes les nations le droit de pêche. » Or ce domaine souverain était élastique et s'étendait au détriment des autres nations. Charles Ier, Cromwell, Guillaume III et jusqu'à George III, des gouvernements si divers, se rattachèrent tous à la doctrine de Selden, leur publiciste international. Dans cette circonstance pourtant, Grotius avait été vaste et généreux comme le droit naturel, tandis que Selden fut égoïste et borné comme le droit anglais. Le prodigieux érudit avait ordinairement des inspirations plus larges. Seulement dans l'action il avait un grave inconvénient. Il hésitait toujours, et le danger, qui ne le rendait pas lâche, le rendait trop prudent et trop silencieux.

M. Édouard Hyde, qui fut depuis lord Clarendon, était plus hardi. On sentait en lui l'homme de loi. Il avait de grandes lumières, mais les nouveautés le blessaient. Il se serait mieux accommodé des abus. Il était avant tout un Anglais et un anglican de la vieille roche. De là une conscience ferme, un peu étroite, qui correspondait parfaitement au goût de Charles Ier. M. Hyde se défiait beaucoup de Whitelocke, un législateur très-fin dans son presbytérianisme, et il s'entendait mieux, tout en restant lui-même, avec sir Kenelm Digby ou lord Falkland, deux autres de ses collègues. Il aimait, il admirait lord Falkland, et sir Kenelm Digby lui plaisait infiniment.

Bon protestant sous Charles Ier, bon catholique sous Charles II, sir Kenelm, qui devint comte de Bristol, était d'une instabilité perpétuelle. Il changeait sans scrupule. Il échappait aux rois, aux femmes et à Dieu, toujours supérieur au milieu de ses mobilités. Bien que personne n'eût confiance en lui, il charmait et fascinait tout le monde. D'une grande naissance, d'une belle taille, d'une figure noble, d'une éloquence spontanée, d'une bravoure brillante, il imposait par l'audace de son humeur autant qu'il séduisait par la grâce de son esprit et de ses manières.

D'un berceau aristocratique aussi, lord Falkland était un contraste vivant avec sir Kenelm. Ce noble Falkland était petit de stature, presque difforme de visage. Sa physionomie avait une candeur si simple qu'elle provoquait l'ironie. Elle se dissipait bientôt, cette ironie frivole, sous le beau regard de Falkland. Dès que ses yeux s'ouvraient aux lueurs et aux pensées, sa bouche aux paroles, il captivait le respect toujours, quelquefois l'adoration. Il avait des éclairs d'imagination, de raison et de sacrifice qui s'éteignaient dans des prévisions lugubres. Il pressentait l'anarchie de l'Angleterre, et des jours néfastes où l'amour et le devoir, la royauté et la patrie le solliciteraient à la fois. Comment concilierait-il tous ses sentiments au milieu des contradictions tragiques du temps? Que de douleurs intimes et de déchirements cruels il lui faudrait traverser! La seule consolation de lord Falkland, c'était de compter les périls innombrables qui l'attendaient. Lorsqu'il aurait prodigué ses conseils, son dévouement, son éloquence, il lui resterait encore son épée, et il lui serait loisible de sortir des troubles civils par un beau trépas.

Il songeait à mourir parmi cette foule de représentants qui songeaient à se venger, à s'enrichir, à s'avancer. Sous les ténèbres de cette foule sans gloire, il y avait un homme inculte de costume, d'attitude, d'éducation, un homme presque rustique, peu complaisant, brutal à l'occasion et de beaucoup d'aspérités. Et cependant ce même homme, si dur à ses adversaires, avait par moments des adresses et des courtoisies merveilleuses, s'il voulait gagner à ses opinions. Bien plus, en de certaines circonstances, il lui échappait des saillies de caractère ou d'idées qui commandaient l'attention et qui faisaient longtemps réfléchir. Ce député obscur était néanmoins remarqué de plusieurs à cause de ses manéges avec les puritains, de sa familiarité avec les Écossais et de ses conversations avec Saint-John et Hampden, ses cousins. Hampden fut son prophète. Il dit, après une séance, à ses voisins qui se moquaient de l'accoutrement provincial de cet étrange inconnu : — « Qui sait si ce vendeur d'orge et de houblon ne sera pas l'un des plus grands personnages de l'Angleterre? » Le député dont parlait Hampden n'était autre qu'Olivier Cromwell. Nous le connaissons déjà ; mais lui, en 1640, se connaissait à peine, et les autres ne le connaissaient pas du tout. Hampden ne fut pas seul peut-être à le deviner. Car, quoique mystérieux dans la religion autant que dans la politique, Cromwell avait un rayonnement profond et un génie prêt à toutes les fortunes. S'il n'était pas encore, il allait être. Le présent le portait et l'avenir l'appelait. On pourrait lui appliquer ce mot de Tacite : « Il était désigné aux destins, *monstratus fatis*. »

Tels étaient les plus éminents des députés de la chambre des communes. La chambre des lords fut remarquable aussi par la décision. Quoique le roi eût là beaucoup de partisans, la révolution qui s'avançait sous le nom de réforme y eut encore plus d'amis. Le comte d'Essex eut d'abord une grande influence. Il était fils du célèbre favori d'Élisabeth. Son illustre naissance, ses grandes qualités, sa grâce, ses lumières, sa modération inspiraient confiance. D'une bravoure héréditaire dans sa maison, il n'était pas chimérique et léger comme son père, ni fanatique et troublé comme son siècle. Il avait la tête calme : mais cette froideur et la sagesse de son esprit ne le prédisposaient-elles pas assez à gouverner longtemps une révolution qui demanderait des hommes analogues à sa nature, des tempéraments volcaniques, des âmes de feu comme la sienne? Le comte d'Essex n'était pas épiscopal, mais presbytérien, un presbytérien tolérant. Les comtes de Bedford, de Warwick et de Hertford se prononcèrent dans le même sens. Ils entraînèrent la majorité. Les lords Say, Wharton, Brook et quelques autres ne se tinrent pas dans cet équilibre. Ils rejetaient le presbytérianisme autant que le comte d'Essex rejetait l'épiscopat, et ils allaient jusqu'à l'égalité des indépendants.

Il y eut toutefois à l'aurore de la révolution anglaise, au milieu des diversités de partis et de sectes dans le parlement, une magnifique unanimité contre les abus. Cette unanimité se brisera peu à peu au branle des événements, si bien que ces hommes, qu'une communauté de sentiment unissait si ardemment, nous les retrouverons en face les uns des autres, l'insulte à la bouche dans l'assemblée, et hors de l'assemblée l'épée au poing sur tous les champs de bataille de la révolution.

Je n'exclurai pas de ce dénombrement des hommes de 1640 en Angleterre, deux hommes vraiment grandioses. Ces hommes n'appartenaient pas au parlement, mais ils appartiennent à

l'histoire. Ils s'appelaient John Milton et Algernon Sidney.
Milton, né en 1608, avait trente-deux ans. Il logeait dans un
appartement modeste, tenait école de belles-lettres et donnait
des leçons de langues. Il avait voyagé en Italie (1638). Il annonçait un grand poëte et un grand prosateur. Il avait imprimé
le *Comus*, une sorte de drame lyrique ; il publiait des pamphlets contre l'épiscopat. Il entassait les mitres et les crosses,
les surplis, les aumusses, les reliques, et il les brûlait aux
flammes de son génie.

L'originalité du poëte et du prosateur venait de l'homme en
Milton. Bien qu'il eût vécu à Florence, à Rome et à Naples,
bien qu'il eût contracté de nobles amitiés sur cette terre du
soleil, l'Anglais et l'hérétique éclataient chez le hardi voyageur. La liberté était sa vraie muse, sa muse religieuse, et la
Bible son livre, quoique son idéal fût au delà. Il avait conçu
dès lors son *Paradis perdu*, et il l'avait conçu en puritain, lui
qui était plus qu'un puritain. Mais la poésie se nourrit de
légendes et de fictions, non moins que de passions et de sentiments. Milton buvait à ces deux sources. Les querelles politiques de l'Angleterre agitaient ce grand esprit, autant que les
merveilles de l'Ancien Testament et de la théosophie juive
éveillaient son imagination. Il y avait en Milton, dès 1640, un
pamphlétaire et un poëte épique, un Burke et un Homère,
mais un Burke transcendant, mais un Homère théologique.
Milton portait au fond de lui, avec le ciel de l'Italie et le ciel
de l'idéal, toutes les brumes orageuses de sa patrie. Les ténèbres se mêlent aux rayons dans ce grand homme. De là un
sublime qui lui est particulier, une horreur énigmatique et
sainte qui frémit sous chaque mot. Milton est toujours sérieux
et ne joue pas comme le Tasse. C'est l'une de ses grandeurs.

Une autre grandeur du poëte, c'est qu'il n'abaisse point son
intelligence devant aucune secte. S'il lui eût fallu choisir entre
les sectes, il eût adhéré plutôt aux sociniens, qui étaient les
Ariens modernes, et qui nient la Trinité, la prédestination, la
divinité de Jésus-Christ. Les sociniens sont les précurseurs des
théistes. Et même dans ce cadre, Milton restait libre, original.
Ce qui le distinguait dans ses rites, non moins que dans ses

pamphlets et dans ses poëmes, c'est l'enchantement, c'est l'évocation. Il était plus qu'un prêtre. Il avait le don des mètres sacrés, et il n'enseignait pas seulement, il charmait, il magnétisait, il ensorcelait. L'Angleterre avait bien des Églises, mais aucune n'eut cet honneur de faire plier devant ses dogmes le front prophétique de Milton. Il fut à soi sa propre Église, et il n'admit jamais d'intermédiaire entre lui et Dieu, ce qui ne l'empêcha pas d'être plus religieux que son temps, ni même d'en avoir un peu les goûts sectaires. Il eut dans son théisme la teinte socinienne, comme Henri Vane dans le sien l'auréole des *chercheurs*. Henri Vane inclinait même à croire que le cycle millénaire serait sa récompense et celle de ses amis. Il devait être, selon ses enthousiastes, après le jugement universel, le dictateur de ce cycle, placé pour les purs et pour les bons, comme un paradis terrestre et temporaire avant le paradis céleste et perpétuel.

Certes, Henri Vane était moins visionnaire que ses partisans. Milton ne l'était presque pas, excepté en poésie. Algernon Sidney, lui, ne l'était pas du tout. Il n'avait que le culte de l'âme, dégagé des cérémonies frivoles et des pompes superstitieuses.

Algernon Sidney n'avait que vingt-trois ans au début de la révolution (1640), et cependant il comptait déjà plus que beaucoup d'hommes mûrs. Il avait passé une partie de son enfance et de son adolescence à Penshurst, dans le Kent, au milieu des parcs, des prairies et des bois de ce comté. Son château n'était pas éloigné du château de Henri Vane, qui habitait aussi le Kent, et Milton était leur voisin du Middlesex. Ces trois grands esprits avaient de grandes affinités. Vane s'était aventuré en Amérique, Milton en Italie, Sidney avait voyagé avec son père en Danemark et en France. Ils avaient rapporté de leurs courses au delà des mers, un théisme plus fanatique chez Vane, plus poétique chez Milton, plus philosophique chez Sidney. Le jeune Algernon faisait de ce théisme le couronnement de la république. Un dieu sans liturgie, un peuple sans chaînes, une patrie heureuse et glorieuse sous le ciel, voilà quelle était la théorie ardente d'Algernon Sidney.

Il était le second fils de Robert, comte de Leicester. Sa bravoure était fabuleuse. Il la montrera comme capitaine d'une compagnie en Irlande, comme colonel sous Fairfax, comme lieutenant général et comme citoyen, en exil, en Angleterre, partout et toujours, jusqu'à l'échafaud. Son esprit était vaste, sa volonté indomptable. Il avait dans le caractère ce que Milton eut dans le génie : la fascination. Cette fascination était électrique et un peu impérieuse en Sidney. Dès sa jeunesse, il eut une dignité imposante, quoique simple. Nul n'aurait osé le regarder avec hauteur, et, s'il n'était pas toujours le premier, il ne fut jamais le second de personne. Il était naturellement l'égal des plus grands.

Du reste, une des difficultés les plus insurmontables de Sidney, comme de Milton, fut leur supériorité. Cette supériorité, qui n'était pas hypocrite, ni rusée, ni fourbe, ni ambitieuse, les isolait. Ils n'eurent qu'une élite, Milton le socinien et Sidney le théiste ; ils n'eurent pas le nombre. Le nombre allait ailleurs.

Les catholiques étaient à la reine Henriette, qui les exaltait par ses imprudences, à l'aide du nonce, du confesseur, des prêtres et des agents de Rome dont elle était entourée. Les anglicans étaient au roi, à Laud et à Strafford. C'est de ces deux cultes que sortira le parti des cavaliers, et c'est là qu'il ne cessera de se recruter.

En face de la cour ainsi défendue et contre elle s'organisait le peuple anglais, sous les auspices du parlement. Ce peuple, terrible dans sa fierté si longtemps méconnue, se divisait en presbytériens et en puritains. Les presbytériens anglais étaient des calvinistes incompatibles avec la hiérarchie épiscopale et avec le papisme, mais nullement hostiles à l'aristocratie et au trône. Les puritains étaient, au contraire, des calvinistes irréconciliables. Ils avaient leurs radicaux, leurs indépendants, leurs niveleurs. Ils s'acheminaient à la république. Les puritains avaient un maintien, un costume, un langage étranges. Ils méprisaient les lettres et les arts. Ils se reconnaissaient à la négligence de leurs habits et à la coupe de leurs cheveux. Ils taillaient leurs cheveux très-bas, et ne laissaient en relief que

leurs oreilles. De là leur surnom de *têtes rondes*. Voilà le petit
côté ; mais ces fanatiques grandioses défient le ridicule que les
cavaliers, ces gais et futiles compagnons, auraient bien voulu
leur infliger. Les puritains, au lieu de séduire les filles, de vider
les pots de bière et les flacons de vin, méditaient pieusement
des journées entières. Ils détruisaient deux Églises et une dynastie ; ils fondaient une nation, ils créaient une armée, une
marine ; ils établissaient partout des colonies dans le monde.
Ils étaient à eux-mêmes leur concile perpétuel, et chaque inspiration était une loi. Ils avaient la poitrine pleine d'oracles
qui éclataient sur leurs lèvres frémissantes. Chaque maison,
chaque tente était pour eux l'antre de la pythonisse ; chaque
ville, chaque champ de bruyères était une Endor où ils prophé-
tisaient. Pauvres, éloquents par le cœur, familiers avec la
Bible, ivres de l'éternel, de l'infini, escortés de légions invi-
sibles, ils s'estimaient plus que des rois. Ils tenaient leur conscience pour tout, leur vie pour peu de chose, et, comme ils ne
craignaient rien, rien ne leur était impossible. S'ils combattent,
ce ne sera pas seulement en frappant, mais en priant, et ils
combattront d'autant mieux.

Les puritains étaient le parti de l'avenir. Cromwell les observait attentivement et les caressait comme les instruments
futurs soit de sa grandeur personnelle, soit de sa politique, soit
de sa théologie. Les presbytériens, qui étaient le parti du présent, avaient le haut du pavé. Ils dominaient la situation. Leurs
chefs, dans la chambre des communes, étaient Pym, Hampden,
Hollis ; dans la chambre des lords, le comte d'Essex et le comte
de Bedford. Par ses chefs et par les masses qui l'avaient élu,
la révolution, en 1640, était dans le parlement.

Il se saisit de la toute-puissance et la consacra en l'exerçant.
Il se constitua magnifiquement par une suite d'actes décisifs. Il
déclara son intervention nécessaire pour légitimer l'impôt,
nomma un comité des abus et prononça l'abolition soit de la
chambre étoilée, soit des autres tribunaux d'exception. Il prépara le bill triennal, qui fut adopté avec acclamation. Ce bill
établissait que, selon les lois fondamentales du royaume, un
parlement serait réuni tous les ans. A défaut de convocation

pendant trois années, le peuple pouvait se passer de toute convocation et spontanément élire une représentation nationale.

Ce n'est pas tout. Le parlement s'empressa de reviser les jugements iniques, de redresser les torts individuels et de réparer les désastres privés. On se rappelle avec quelle férocité Prynne, Bastwick et Barton avaient été marqués, mutilés et proscrits. Ils furent amenés *des trois* et délivrés des trois forteresses où on les détenait. Leur rentrée en Angleterre fut une ivresse publique. Les paysans et les ouvriers, en habits de fête, encombraient les routes des campagnes et les rues des villes. Les femmes avaient tressé de leurs mains des couronnes de laurier qu'elles jetaient aux héros de la presse puritaine. Les hommes portaient à leurs chapeaux des branches de romarin, la plante du souvenir. Toutes ces foules poussaient jusqu'au ciel des *vivat* de bon augure. Barton, Bastwick et Prynne furent acquittés solennellement par les deux chambres. Leur sentence fut non-seulement révoquée, mais flétrie, et les juges furent contraints de payer à chacun des pamphlétaires réhabilités une amende de cinq mille livres sterling (7 novembre 1640).

Non content de ces satisfactions données à l'opinion, le parlement s'empressa de citer à sa barre les ministres prévaricateurs. Le secrétaire d'État Windebank et le lord garde des sceaux Finch, l'un le protecteur des prêtres catholiques, l'autre l'instigateur du *ship money*, furent arrêtés, mais ils s'échappèrent. Strafford et Laud, plus odieux, furent mieux gardés. Ils furent écroués à la Tour de Londres, au mois de novembre 1640. Tous deux étaient accusés du crime de haute trahison.

Lord Strafford était un de ces hommes qu'on ne saurait ni aimer, ni haïr à demi. Il avait été l'idole de la patrie, il en était devenu l'horreur. Lui qui avait autrefois proposé la *pétition des droits*, la seconde grande charte; lui qui avait inscrit en tête de tous les droits le droit du parlement, et qui l'avait appelé le droit de naissance de tout Anglais; lui qui, avant Hampden, s'était voué à la prison plutôt que d'acquitter un emprunt non consenti par les communes, — il avait oublié pendant douze ans la pétition des droits; il avait, pendant douze ans, adhéré à l'ajournement du parlement; pendant douze ans, il avait laissé ravager le pays de taxes illégales. Comment ne pas s'écrier avec Charles Fox : « C'était un grand coupable », d'autant plus grand, qu'il était un apostat, et que sa conduite était pleine de reniements?

Il pressentit l'orage qui allait fondre sur lui. Ses amis alarmés le pressèrent de rester à la tête de l'armée dans le Yorkshire, ou de passer soit en Irlande, soit sur le continent. Strafford résista. Il avait trop de vigueur d'âme et de courage, il était trop fier, trop hautain pour reculer. Le roi, d'ailleurs, l'assurait de sa protection efficace. Il vint donc à Londres, le lieu même du danger, le foyer de toutes les passions. Pym l'attendait, Pym, qui prévoyait lentement de loin, et qui de près agissait vite. Il enveloppa Strafford dans la promptitude de son attaque soudaine comme dans la surprise rapide d'un filet. Presque à l'arrivée du comte, Pym fit fermer les portes des communes. C'était le 11 novembre. Il développa devant un auditoire de députés travaillés d'avance et disposés au blâme, une série de griefs contre Strafford. La chambre entraînée nomma un comité de sept membres : Pym lui-même, Strode, Saint-John, sir Clothworthy, sir Gautier Earl, le lord Digby et Hampden. Ce comité se retira dans son bureau, et, après une très-courte délibération, il rentra dans la chambre, et déclara que les plaintes contre Strafford étaient fondées. Immédiatement, les communes chargèrent Pym de se rendre à la chambre des lords et d'y accuser le comte de félonie. Les lords accueillirent la requête des communes avec faveur. Pym parlait au milieu d'une bienveillance générale, lorque Strafford parut. Il se dirigeait vers son siége, mais on lui cria de sortir de l'enceinte jusqu'à la décision des lords. Le comte obéit. Quand les poursuites eurent été admises, il fut mandé avec injonction de s'agenouiller à la barre de la chambre. Ce fut dans cette posture humiliée qu'il entendit la première sentence des lords. Ils avaient statué que Strafford, jusqu'à sa justification, si elle était possible, serait sous la surveillance de l'huissier à la verge noire. Le comte essaya de se défendre, mais la parole lui fut refusée, et Maxwell, l'huissier, l'emmena. Peu de jours

après, Strafford était remis à la garde du lieutenant de la Tour.
Il demeura plus de sept mois dans le tragique donjon, en proie
à toutes les tortures d'un prisonnier d'État, retranché de sa
maison, privé des lueurs de l'âtre domestique, et déjà sous
l'ombre de l'échafaud. Le comte de Strafford avait beaucoup
d'orgueil, mais plus de tendresse encore. Il s'était marié trois
fois. Sa seconde femme, celle qu'il aima le plus, fille du comte
de Clare, est cette Arabella Hollis, dont les portraits ont
tant de charme. Il semble qu'on l'ait connue. Elle a de beaux
cheveux flottants sur les épaules, un cou de cygne, une perle
à chaque oreille et une flèche à chaque œil. La séduction est
involontaire, car une candeur angélique règne dans toute la
physionomie. Telle est la femme que Strafford regrettait toujours. Son cœur énergique se brisait sous les lourdes voûtes de
la Tour, à la pensée de laisser les enfants de cette chère morte,
dévastés de toute providence maternelle et paternelle. Son
honneur outragé, la royauté compromise, l'insolence de ses
ennemis, la brièveté de sa vie qui allait être tranchée avant le
temps, toutes ces choses s'ajoutaient aux angoisses de famille
et oppressaient Strafford. C'est dans ce trouble intérieur, augmenté encore par la captivité de son ami Laud, son voisin de
cachot, que le comte était plongé, lorsque, le 22 mars 1641, il
fut transféré par la Tamise, pour une première séance, de la
Tour à Westminster.

La grande salle du parlement était changée en prétoire. Les
communes siégeaient à gauche et à droite des lords. Deux dé-
putations, l'une irlandaise et l'autre écossaise, étaient présentes
pour accuser aussi. Les trois royaumes s'unissaient contre un
seul homme. Il y avait, au delà de la barre de la chambre, un espace pour le public, une sorte de parterre. La galerie supérieure était remplie par des femmes de qualité, quelques-unes
de la plus haute distinction. Elles payaient fort cher les pliants
et les banquettes de velours qu'elles se disputaient souvent
avec vivacité. Enfin deux tribunes mystérieuses, voilées d'un
rideau, étaient réservées au roi et à la reine. Charles tirait ordinairement le rideau, et il n'était pas l'auditeur le moins ému
de l'assemblée. Chose singulière, et qui peint les temps, ni le

roi ni la reine n'attiraient l'attention. Cette indifférence est
constatée par plusieurs, entre autres par Baillie. Toute l'ardeur se concentrait sur Strafford. Elle était si vive, que, dès
cinq heures du matin, Westminster était assiégé. A sept heures
il n'y avait plus de places. L'accusé était introduit à neuf heures.
Il lutta pendant treize jours contre treize commissaires sur ce
champ clos sans issue. Quand les lords se retiraient pour déli-
bérer sur un incident, ou pour donner à Strafford la facilité de
se consulter avec ses avocats, il y avait dans toute la salle des
explosions de curiosité et de vœux. Le silence ne se rétablissait
que peu à peu. La malveillance était presque universelle au
commencement. Elle continua dans la Cité, mais dans la salle
de Westminster, surtout parmi les dames aristocratiques de la
galerie et auprès des lords, elle s'adoucit.

Les vingt-huit chefs d'accusation cependant étaient terribles. Strafford s'était tout permis. Il s'était substitué à la
loi en Angleterre et en Irlande. Il avait eu le cynisme de s'é-
crier aux assises d'York : « Les juges de paix invoquent sans
cesse la loi et ne parlent que de la loi, eh bien, je leur ap-
prendrai que les reins de la loi sont moins forts que le petit
doigt du roi. » Et, en effet, Strafford avait imposé dans ce
comté une taxe pour la milice. De son palais de Dublin, il
avait confisqué des terres, ruiné des familles, dicté des arrêts
de mort, accompli des malversations inouïes. Il empêchait de
transporter certains produits hors de l'Irlande, afin de concéder aux propriétaires et aux négociants des licences à un
très-haut prix. Il organisait toutes sortes de monopoles à son
profit, le monopole du tabac par exemple. Il en avait interdit l'importation en Irlande sous prétexte qu'il nuisait à la
santé publique. Ce règlement obligeait tout le pays, excepté le
lord lieutenant, car Strafford faisait venir des vaisseaux chargés de tabac qu'il vendait très-cher, au mépris de sa propre
ordonnance. Il avait traité cette pauvre Irlande comme une
colonie d'esclaves, il l'avait infestée de garnisaires. Et non-
seulement il avait dérobé les fortunes, mais il avait opprimé
les citoyens, il les avait emprisonnés, insultés, frappés. Il avait
excité le roi à la guerre contre les Écossais, il l'avait pressé,

le court parlement dissous, d'exiger l'impôt en vertu de sa seule prérogative et de réduire l'Angleterre au besoin avec l'armée d'Irlande. Voilà ce que ce grand transfuge de l'opposition avait réellement fait comme président de la Cour du nord et comme lord lieutenant. Il fut d'une habileté suprême dans sa défense. Toujours maître de lui-même, toujours prêt à la logique, à l'éloquence, au pathétique, il atténua tout ce qu'il ne put nier, s'enveloppant de subterfuges, s'attendrissant, puis reprenant la chaîne de ses déductions, ajoutant les larmes aux raisons, noble d'attitude, avec son costume noir et son Saint-George attaché à son cou par une chaîne d'or, pénétrant d'onction, étonnant de ressources, inépuisable en arguments, en adresse, en hardiesses, en émotions, presque sacré au milieu des splendeurs de son génie, dans les angoisses de son abaissement, à travers l'aspect lugubre de ses enfants et les crêpes de leurs vêtements funèbres. Les conclusions de Strafford n'étaient pas mauvaises. « Cent crimes de félonie, avait-il dit à plusieurs reprises, ne feront jamais un crime de haute trahison, pas plus que cent chiens blancs ne formeront jamais un cheval blanc. Ne me condamnez donc pas à la peine capitale sur des actes que vous avez besoin d'accumuler pour votre tragique dessein, car aucun de ces actes n'emporte la condamnation à mort. » En cela il se trompait, car le projet de réduire l'Angleterre avec l'armée d'Irlande était à lui seul un forfait de haute trahison, et ce forfait ressortait d'une note transmise par Henri Vane à Pym. Selon cette note, puisée dans les papiers de son père, Henri Vane constatait qu'après la dissolution du *court parlement*, le comte de Strafford avait conseillé au roi de soumettre à l'aide des troupes irlandaises ses sujets rebelles. Mais ce témoignage, au fond très-véridique, était contesté et détourné de l'Angleterre sur l'Écosse ; d'ailleurs plus d'un lord était attendri. Les communes doutèrent du succès de l'acceptation. Pym leur fit faire une évolution formidable. Elles quittèrent les lords et se replièrent dans leur chambre particulière, (10 avril 1641). Là, renonçant à l'accusation de tendance, à l'argumentation cumultative, Pym proposa un bill d'*attainder* (de proscription) contre le comte de Strafford, qui avait tenté

de renverser les lois fondamentales de l'Angleterre et les libertés publiques. Ce bill d'*attainder* n'impliquait plus la félonie
simple, mais la haute trahison entière, et la hache était au
bout. Pendant que les communes discutaient sous la présidence
de Lenthall, les lords, sous la présidence du grand sénéchal, le
comte d'Arundel, écoutaient la défense désespérée de Strafford.
Il récapitula toutes ses preuves, glissa ou appuya, selon le moment, avec un tact admirable, avec une dialectique insidieuse,
adroit jusque dans ses repos, jusque dans ses gémissements,
toujours noble, quelquefois sarcastique, le plus souvent modéré,
indulgent pour ses ennemis, respectueux pour ses juges, pénétrant et déchirant dans les inflexions de sa voix et dans les
soupirs de sa poitrine, éloquent et grand comme les orateurs
et les caractères antiques. Avant que la fatigue eût gagné son
auditoire, il se résuma en traits de feu, puis, d'un accent plus
sourd, quoique distinct, il termina par ces mots entrecoupés :

« Mylords, ceci est mon malheur présent, il peut devenir le
vôtre. Si Vos Seigneuries ne s'y opposent, mon sang sera le
précurseur de votre sang. Vous et votre postérité, êtes intéres-
sés à mon sort. Les gentilshommes qui sont mes adversaires ne
vous ménageraient pas plus que moi à l'occasion. Eux si ins-
truits, si formidables dans de telles luttes, s'ils se déchaînaient
contre vous, s'ils faisaient taire vos amis et parler vos ennemis,
s'ils incriminaient chaque phrase de vos lèvres, chaque intention de votre cœur, s'ils vous imputaient une trahison collec-
tive construite d'actes dont chacun serait exempt de félonie, je
demande à Vos Seigneuries quelle serait pour le triomphe de si
odieux sophismes l'autorité de ma condamnation et de mon supplice.

« Ces gentilshommes prétendent qu'ils parlent pour la nation
contre mes lois arbitraires. Et moi, je réponds que je parle pour
la nation contre leurs trahisons arbitraires. Ceci, mylords, est
votre affaire et celle de vos descendants; car pour moi, si ce
n'était votre intérêt, si ce n'était, ajouta-t-il en désignant ses
enfants en deuil, si ce n'était l'intérêt de ces chers gages
qu'une sainte (sa seconde femme, Arabella Hollis), maintenant
au ciel, m'a laissés sur cette terre (ici les pleurs de Strafford

coulèrent, et son agitation intérieure éclata; après une pause, s'étant un peu calmé, il reprit) : Oui, mylords, si ce n'eût été tout cela, j'aurais dédaigné de disputer ma vie. Quel moment meilleur de mourir que celui où je donne par mon sacrifice un témoignage irrécusable de ma fidélité? Ce qui m'est personnel n'est rien, mais si je devais nuire par ma faute à ces orphelins, mon cœur serait navré. Pardonnez donc mes efforts et ma faiblesse. Mylords, j'aurais encore bien des choses à vous exposer; je n'en suis pas capable et je me tais; je n'ai plus ni voix ni forces; seulement, je désire de toute mon humilité et de toute mon affection être pour vous un phare qui vous sauve du naufrage. Pour ce qui n'est que de moi, je sais le néant de ce monde comparé à nos éternelles destinées ailleurs. Ainsi, quel que soit votre jugement, je m'y soumets d'avance avec beaucoup de tranquillité d'esprit; que ce soit la vie ou la mort, je dirai : *Te Deum laudamus!* »

Telle fut la suprême harangue de Strafford le 10 avril. Ce qui est vraiment tragique, c'est qu'il se défendait à vide, et qu'à l'instant où il réfutait l'accusation judiciaire, elle n'existait plus. C'est une accusation politique, un bill d'*attainder* que les communes forgeaient comme une arme meurtrière. Elles discutaient isolément dans leur salle, où l'évolution de Pym les avait attirées, hors de cette enceinte aristocratique où Strafford venait de remuer si profondément son auditoire, hommes, femmes, juges. Vaine et lamentable entreprise! Ce que l'illustre accusé faisait à la chambre des lords, les presbytériens le défaisaient à la chambre des communes. Pym, le sombre tacticien parlementaire, animait ses collègues contre l'apostat de la liberté. Saint-John, cet homme morose, fourbe, énigmatique et sans entrailles, qu'on appelait l'*homme à la lanterne sourde*, Saint-John s'écria : « Il est des personnes auxquelles on ne doit pas accorder la protection de la loi, et qu'il faut abattre, n'importe comment. » (*Mém. de Hallès.*)

Quelques députés furent indignés, lord Digby plus qu'aucun autre. Soit réaction soudaine contre tant de haine, soit pitié tardive pour le comte de Strafford, soit dévouement secret au roi, Digby, qui avait toujours été de l'opposition, se retourna.

5

Il résolut de sauver Strafford sans cesser de l'insulter, espérant agir d'autant plus efficacement pour lui qu'il parlait contre. Tout en inclinant à la clémence, à la peine au-dessous de la peine capitale, par ce motif que Strafford avait conseillé d'employer l'armée d'Irlande à réduire l'Écosse, et non l'Angleterre, ce qui renversait le principal argument de Pym, lord Digby maintenait les plus draconiennes sévérités de langage. — « Monsieur l'orateur (le président), disait-il, je suis encore dans le même sentiment à l'égard du comte de Strafford. Je ne balance point à le regarder comme le plus dangereux ministre, le plus insupportable à des sujets libres, que l'on puisse imaginer. Je crois que ses menées sont en elles-mêmes aussi tyranniques et aussi orgueilleuses qu'on l'a proclamé si hautement; je crois que sa perversité a été singulièrement aggravée par ces rares talents dont Dieu l'a revêtu et dont le démon lui a enseigné l'application. Mais rien ne doit nous éloigner de l'équité; rien ne doit nous faire renoncer à l'accusation judiciaire pour y substituer le nouveau bill... » Lord Digby échoua devant la passion publique. Il perdit en un jour toute sa popularité. Le 21 avril le bill d'*attainder* fut voté à la pluralité de 204 députés contre 56. Le comte de Strafford fut déclaré convaincu d'avoir cherché à renverser les lois fondamentales du royaume et à fonder un gouvernement absolu, ce qui était le plus grand des crimes, le crime de haute trahison.

Le bill d'*attainder* fut porté à la chambre des pairs, et le roi fit dire au comte de Strafford que pas un cheveu ne tomberait de sa tête. Il avait la ferme intention de lui venir en aide. Il avait combiné plusieurs plans. Le meilleur était d'augmenter de cent soldats déterminés et sûrs la garnison de la Tour. Ils seraient commandés par le capitaine Billingsby, qui était déjà considéré comme le libérateur de Strafford. Tout allait bien, mais Pym et ses amis avaient leur police. Ils avertirent les lords, qui avertirent le chevalier Balfour, lieutenant de la Tour de Londres. Balfour ne balança pas, et c'est au parlement qu'il obéit avec une fidélité inflexible. Il refusa l'entrée de la Tour au capitaine Billingsby, aux cent hommes choisis par cet officier, et il veilla lui-même avec les gardes spécialement consacrés au service de la forteresse. Ces gardes, nommés les *Ham-lets*, étaient parlementaires. Le chevalier Balfour les électrisa de son zèle, et repoussa personnellement deux mille livres ster-ling qu'on joignait à l'offre d'un mariage brillant pour sa fille, afin de le suborner. Il rejeta ces propositions avec hau-teur, et le comte de Strafford fut de plus en plus rivé à la Tour.

Le bill d'*attainder* étant adopté par les communes, le roi manda les deux chambres avant le vote des lords, le 1er mai. Il déplora le bill qui allait faire de lui un juge. Il déclara que ja-mais Strafford ne lui avait même insinué soit de châtier l'An-gleterre avec l'armée d'Irlande, soit d'abolir les lois, soit d'éta-blir un gouvernement absolu. Il n'était donc pas un traître, et le roi ne pouvait pas le condamner selon la rigueur du bill d'*attainder*. Seulement il le punirait de sa malversation, en le privant de toutes ses dignités et de toutes ses fonctions. Le roi pria les lords de ménager des scrupules aussi légitimes, et de chercher une solution plus humaine par laquelle il satisferait à la fois au devoir et à l'opinion.

Ce discours de Charles irrita le parlement. Était-ce au roi de dicter les arrêts? Empiéterait-il toujours sur les priviléges de la nation? Voilà ce que se disaient entre eux les députés et les pairs. Strafford sentit le péril de cette démarche. — « La bonté du roi, dit-il, me sera fatale. Il ne me reste plus qu'à me préparer à la mort. » Il ne se trompait pas. Les esprits s'en-flammèrent. Pym échauffa ses collègues dans les dîners qu'il leur donnait, il déchaîna les pasteurs, dont les sermons retom-bèrent en charbons de feu, il organisa des rassemblements qui erraient autour de White-Hall et de Westminster criant : » Jus-tice! justice! » Plusieurs vociféraient : « La tête de Strafford ou la tête du roi! » C'est dans ces conjonctures tumultueuses que le bill d'*attainder* fut approuvé par les lords à la majorité de vingt-sept suffrages contre dix-neuf (7 mai).

Le roi, dont les deux chambres réclamèrent la sanction, vacillait dans une perplexité cruelle. Il avait toujours été de cœur avec Strafford, le plus grand de ses serviteurs et de ses amis, le plus magnanime ouvrier du *droit divin*, du pouvoir ab-

solu, comme l'entendaient les Stuarts. Charles abandonnerait-
il son ministre intrépide? Mettrait-il la main dans le crime de
son parlement? Indépendamment de toutes les raisons qui lui
imposaient le courage, le prince et l'homme, dans Charles Iᵉʳ,
n'étaient-ils pas enchaînés par la générosité de Strafford? Le
4 mai, le noble prisonnier avait écrit à son maître une lettre
dont voici quelques fragments :

« Si je vous disais, sire, que je n'éprouve aucun combat, je
me ferais moins homme que je ne le suis. Dieu connaît ma faiblesse ; et, lorsque avec un cœur innocent, il s'agit d'appeler la
destruction sur ma tête et sur celle de mes jeunes enfants, on
peut croire qu'il n'est pas facile d'obtenir pour un tel sacrifice
le consentement de la chair et du sang.

« Je me suis décidé, cependant, et pour le parti que je crois
le plus noble, et pour l'intérêt qui est incontestablement le plus
grand ; car que devient un particulier mis en balance avec Votre
Majesté et avec tout l'État? En deux mots, sire, je rends à
votre conscience sa liberté... Ne luttez pas davantage contre la
nécessité. Mon sang sera le prix de votre réconciliation avec
vos peuples.

« Sire, mon consentement vous acquittera plus devant Dieu
que tout ce que pourrait faire le monde entier. Aucun supplice
n'est inique envers celui qui veut le subir. Puisque la grâce du
ciel m'a rendu capable de pardonner à tous avec facilité, c'est
de bien plus grand cœur, sire, que je vous donne ma vie éphémère comme un juste retour de vos anciennes faveurs. Je vous
demande seulement d'être bon pour mon pauvre fils et pour ses
trois sœurs à proportion des réhabilitations réservées peut-être
à leur malheureux père. » Les anxiétés de Charles augmen-
tèrent. Du 7 au 9 mai, il flotta dans une indécision formidable.
Les deux chambres étaient d'accord avec l'opinion publique, et
le bill d'*attainder* attendait la sanction royale. Que résoudre?
Charles, au lieu de chercher, comme les forts et les braves,
son point d'appui en lui-même, appela les juges, puis les
évêques (9 mai). Les magistrats et les prélats lui dirent qu'il
avait deux consciences, que sa conscience privée devait céder

à sa conscience politique, et son devoir envers un sujet à son devoir envers sa dynastie. Ils lui conseillèrent tous, excepté l'évêque de Londres, Juxon, de confirmer le bill du parlement et d'envoyer Strafford au bourreau. La reine Henriette, une Ève homicide, se joignit aux interprètes de la loi et de la religion. Jusque sur l'oreiller des insomnies de Charles, elle le supplia, au nom de leurs enfants, de sacrifier le comte de Strafford. Un assentiment apaiserait tout; une obstination provoquerait des tumultes où elle-même serait engloutie avec le trône. Le 10 mai au soir, Charles résistait encore; il ne résista pas longtemps. Il fléchit, se *redressa*, fléchit de nouveau, se rétracta plusieurs fois, pleura et finit par signer le bill fatal. Cela fait, Charles dépêcha son secrétaire Carleton pour informer Strafford des raisons qui avaient déterminé, lui, le roi : la principale, c'était le consentement du comte lui-même. Strafford, comme étonné, demanda au secrétaire si réellement le roi l'avait chargé de lui parler ainsi. « Oui, » répondit Carleton. Alors, malgré sa résignation, le comte eut un murmure contre cette indignité. Il se leva de la chaise de sa prison, parcourut à pas convulsifs sa sombre cellule, et, la main sur son cœur, il s'écria dans l'amertume : *Nolite confidere in principibus et filiis hominum, quia non est salus in illis*. Ne mettez point votre confiance dans les princes, ni dans les enfants des hommes, car le salut n'est pas en eux! »

Cependant, après une nuit sans sommeil, le roi, qui avait scellé le bill de son approbation le 10 mai, envoya le 11 un message aux lords afin de solliciter du parlement une commutation de la peine de mort en une détention perpétuelle. Le porteur de ce message était le prince de Galles. Il avait la séduction de la naissance, de la jeunesse et de la grâce; mais tous ces avantages et le désespoir du roi furent comptés pour rien. La cour, travaillée par la reine, était aussi indifférente ou hostile, que les chambres et le peuple, remués par Pym, étaient implacables. Un sursis de trois jours, le sursis jusqu'au samedi, fut même refusé.

Le comte de Strafford, qui, depuis la signature du roi, n'avait

plus d'espérance, était prêt le matin du 12 mai, lorsque Usher,
archevêque d'Armagh et primat d'Irlande l'instruisit de la part
du roi que toutes les demandes qu'il avait faites pour son fils et
pour ses amis lui étaient accordées. Le roi avait dit au primat :
« Assurez le comte que s'il ne se fût agi que de ma vie, jamais
je n'aurais signé le bill. » Strafford avait à peine reçu ces confidences, que le lieutenant de la tour vint lui annoncer que
c'était l'heure. Le comte, s'adressant au primat, dit : « Partons. »
Il s'était habillé lentement et avec soin ; la décence du costume
était relevée par la majesté simple et naturelle du comte. Il
avait retrempé sa force d'âme dans deux autres forces, le sommeil et la prière. N'ayant pu s'entretenir avec Laud, il avait
été convenu entre eux, par l'intervention d'Usher, que Laud,
renfermé aussi à la Tour, bénirait Strafford à son passage. Une
foule de cent mille personnes avait envahi les cours de la citadelle et les abords de Tower-Hill, le lieu de l'exécution, lieu
barbare qui avait tellement bu le sang que le sang y coulait
dans les filons de la terre, comme il coule dans les veines de
l'homme. Le comte de Strafford désira se rendre à pied de sa
cellule à la colline tragique. Il s'avança gravement, tout vêtu
de noir et ganté de blanc, à travers la multitude ennemie qui
contenait sa colère, mais dont la physionomie était menaçante.
Strafford regardait à droite et à gauche avec sérénité, consolait
le comte de Cleveland, le primat d'Irlande, et son frère, et ses
serviteurs, qui lui servaient de cortége. Par instants, il dirigeait de loin ses yeux vers une petite fenêtre grillée de fer du
donjon que l'archevêque Laud occupait. Lorsqu'il fut près de
ce donjon et sous cette fenêtre, le comte s'arrêta. Les gardes
et le lieutenant de la Tour s'arrêtèrent aussi, attentifs et respectueux comme si Strafford eût été encore le grand ministre
d'autrefois. Lui, tout absorbé dans une espérance religieuse,
contemplait deux mains tremblantes et amaigries que Laud
lui tendait par des barreaux de fer. Tout à coup, s'agenouillant,
il dit de sa voix sonore : « Votre bénédiction, monseigneur ! »
Les deux mains s'agitèrent, puis disparurent aussitôt. Laud,
qui n'était pas seulement un prélat, mais un ami, avait été suf-
foqué par son émotion, et il était tombé évanoui sur les dalles

de son cachot. Strafford, comme s'il eût deviné, se remit en route et s'écria : « Monseigneur, Dieu soit avec vous ! » Il poursuivit son chemin funèbre sans qu'une pitié, excepté celle de Cleveland, du primat d'Irlande, de son frère et de ses serviteurs, perçât les ombres de la mort qui l'enveloppaient déjà. La veille, il avait dit adieu à sa femme, à sa sœur et à ses enfants. Beaucoup de ses amis étaient changés ou intimidés, son souverain Charles Ier l'avait livré, et sa maîtresse la duchesse de Carlisle, aussi infidèle que la fortune, faisait à Pym des sourires, vils préludes d'un autre amour. Elle allait au sermon et y prenait des notes pour plaire à ce nouveau maître. Le comte de Strafford, haï et abandonné, n'avait plus que Dieu en montant les degrés de l'échafaud. C'est donc là qu'il aboutissait, après tant de plans déliés ou hardis dans ce labyrinthe tortueux et glissant de la politique. Ce qu'il y eut de beau en Strafford, c'est que sa fermeté fut entière jusque sur ces planches lugubres recouvertes de noir et qu'il allait colorer de son sang. Il n'oublia rien et ne manqua dans cette agonie morale à aucun devoir. Il prit congé de son frère par un tendre et long embrassement, de ses domestiques par un geste d'affection, des citoyens innombrables qui entouraient Tower-Hill, comme la mer un îlot, par un discours où il déposa ses derniers vœux pour sa famille et pour l'Angleterre.

Il ne lui échappa qu'une plainte : « Je crains, dit-il, que ce ne soit un mauvais commencement de bonheur public qu'une réforme écrite en caractères de sang. » Il fit le tour de l'échafaud, donna la main au comte de Cleveland, à Usher, primat d'Irlande, et à quelques autres. Il pria une demi-heure avec son chapelain, tous deux à genoux, puis il appela George Wentworth, son frère. « Cher George, dit-il, il faut nous séparer. Recevez ma dernière bénédiction et portez-la à ma femme, à ma sœur, à mon fils, à mes filles Anne et Arabella ; portez-la aussi à leur petite sœur. Recommandez à mon fils de vivre sur ses terres, sans ambition ; qu'il songe où mènent les grandeurs. » Le comte s'arrêta un instant et ajouta en montrant la hache : « Cette arme va ravir à ma femme son époux, à mes enfants leur père, à mes pauvres serviteurs un bon maître, à vous et à notre sœur un frère tendre, à mes amis un ami dévoué. Dieu vous protége et vous console tous ! » Quand il eut achevé et que le bourreau lui demanda pardon de ce qu'il allait faire, « Oui, dit Strafford, pardon à vous et à tout le monde. » Alors il ôta son habit, dégagea son cou de ses cheveux, et pria encore entre le primat et son chapelain, puis, se couchant sur le parquet, il posa la tête sur le billot. D'un coup le bourreau l'abattit.

Le comte de Strafford avait quarante-huit ans lorsque la hache le frappa. Quel avenir n'aurait-il pas eu sans la révolution ! Il aurait gouverné l'Angleterre. Son forfait fut de vouloir la gouverner tyranniquement. Il avait voulu asservir le peuple, et le peuple eut le droit de punir par les lois cet ennemi des lois. Mais Charles 1er, dont Strafford avait élargi la prérogative, Charles Ier pour lequel Strafford avait apostasié, menti, opprimé, suborné, commis des exactions, allumé la guerre civile, Charles Ier se déshonora en participant par une sanction odieuse aux vengeances du parlement contre son ministre. Le bill d'*attainder* avait été le devoir du parlement, il fut la flétrissure de Charles Ier bien plus que de Strafford. Je sais que Charles souffrit de sa faiblesse : — qu'importe? Il valait mieux qu'il souffrît de sa vertu. Il consulta des juges, des évêques, la reine Henriette, — qu'importe? Dans les grandes conjonctures, il ne faut interroger que son cœur. Il n'y a que le cœur qui ne trompe pas ; le cœur, cet oracle sacré qui parle en cris infaillibles au fond de la poitrine humaine.

La reine fut l'instigatrice de ceux dont Ludlow a dit : « Tous, excepté un seul (Juxon), conseillèrent au roi de jeter Jonas à la mer pour apaiser la tempête. ». Lord Clarendon et l'évêque Burnet déclarent l'un et l'autre que, sans la reine, Hollis, le beau-frère de Strafford, serait peut-être parvenu à le sauver avec l'aide de Charles. Hollis fut déjoué par la reine comme tous les autres. Un égoïsme de dynastie dépravait Henriette en tout. Rien ne lui paraissait précieux sous le soleil que le trône des Stuarts. — « C'était une femme d'une grande vivacité dans la conversation, dit Burnet, et qui aima toujours à être mêlée dans des intrigues de tout genre, mais incapable

d'y porter la réserve et le mystère indispensable en de telles
affaires, au milieu de temps aussi orageux. Cette princesse
manquait de jugement, avait l'invention pitoyable et l'exécution pire ; et néanmoins le feu de ses discours faisait une
grande impression sur le roi. C'est à ses petites pratiques autant qu'au caractère personnel de Charles qu'il est équitable
d'attribuer tous les malheurs de ce monarque... Lui, ajoute
Burnet, ne mettait dans ses concessions ni à-propos, ni bonne
grâce ; elles parurent toutes extorquées. » Par ses ardentes
superstitions et par ses légèretés chevaleresques, la reine
n'était bonne qu'à répandre la discorde et à semer la confusion,
tandis que le roi, par ses entêtements, ses parjures, son opiniâtreté aveugle dans le système du *droit divin*, n'était propre
qu'à perdre la couronne de ses pères et de ses fils !

Et voilà cependant la reine dont Bossuet dit : « Sa main habile eût sauvé l'État, si l'État eût pu être sauvé. » Et voilà le
roi dont Bossuet dit : « Ses ennemis mêmes lui accorderont le
titre de Sage et de Juste, et la postérité le mettra au rang des
grands princes. »

Ah ! certes nul ne sera jamais plus vif que moi pour Bossuet,
pour cet orateur aussi antique et aussi simple que la Bible,
aussi moderne et aussi éclatant que la tribune hardie de 1789
et de 1792. Ses lèvres toutes frémissantes d'éloquence et son
front tout rayonnant d'idéal annoncent un prophète. Sa langue
est un miracle perpétuel, parce qu'elle est une germination
continue. Les choses qu'elle exprime ont un enchantement
soudain, et d'anciennes qu'elles étaient deviennent nouvelles.
On s'imagine les rencontrer pour la première fois, tant elles
donnent le ravissement de l'inconnu. Ces surprises de l'art dans
leur chaste enivrement ont je ne sais quoi des jeunes surprises
de l'amour. Elles jettent dans un monde de création. Comme
écrivain, Bossuet n'est pas moins incomparable qu'il l'est comme
orateur. Aussi, plus je sens ce grand homme, plus je lui demande compte de la vérité.

Qu'il fasse souvent de la religion une légende et de la doctrine évangélique un paganisme, c'est une habitude de son éducation et de son siècle ; mais qu'il démente et dénature l'his-

toire, elle ne le souffrira pas. L'histoire, tout en saluant l'oraison funèbre, cette ode en prose, comme elle salue la poésie,
éteint d'un souffle sacré l'encensoir de Virgile devant Octave,
l'encensoir de Bossuet devant Henriette de France et Charles Ier.
C'est le noble privilége de l'histoire de reprendre le flatteur
quel qu'il soit, qu'il porte une couronne de laurier ou une mitre,
et de raconter ce qui est. Le génie même de Bossuet s'efface
devant la vérité, comme le nuage devant la lumière, et il ne
reparaît qu'au delà des mensonges du temps dans la splendeur
métaphysique des questions éternelles. Oui, Bossuet, pour être
lui-même, a besoin de plonger dans les puissances de l'esprit,
in potentias Domini, et c'est à ce prix seulement qu'il est irrésistible. Hors de l'infini, l'idolâtrie est trop la muse de Bossuet.
L'idolâtrie lui grandit le passé et le présent, comme la tradition lui cache l'avenir. D'un prophète qu'il est, ce qu'il a de
meilleur, ce n'est pas la vue, ce sont les ailes; offusqué, aveu-
glé, il vole parmi les éclairs et colore d'un reflet de foudre
Henriette de France et Charles Ier. Voilà un courtisan sacer-
dotal, le seul courtisan qui ait été sublime, et il ne parvient
pas à relever ce fils des Stuarts et cette fille des Bourbons qui
abandonnèrent Strafford. Les médiocrités, pour être royales,
ne sont pas moins des médiocrités, surtout si elles ont en face
d'elles la véritable grandeur, la grandeur intellectuelle. Aussi
Strafford, tout criminel qu'il soit, est une apparition bien autrement pathétique. Il honore, lui, la chute d'une dynastie, le désastre d'un monde. Pour illustrer de tels naufrages, il ne suffirait pas d'une reine frivole, d'un roi borné, il faut une renommée non de l'étiquette, mais de la gloire, une renommée non du
jour, mais du lendemain, d'un lendemain non pas héraldique
seulement, ce ne serait pas assez, mais historique. Tel est le
comte de Strafford, le précurseur des catastrophes de la révolution d'Angleterre.

Il y a de tout dans les portraits de cet homme, un peu avant
la date de l'échafaud. Ils sont conformes à sa vie, où se mêlent
le talent et le courage, les attentats politiques et les vertus
monarchiques, les succès et les revers. La taille est haute, un
peu courbée. Le visage respire une énergie de soldat et d'ora-

teur. Le front est sillonné et déterminé dans son plissement, les yeux sont sinistres dans leur éclat. Le nez est fin, la bouche parlante le menton ferme. Voilà bien la mélancolie dans la force, l'auréole sous la hache, au milieu des brouillards les plus noirs du destin.

LIVRE TROISIÈME

Progrès du parlement. — Sa garde. — Voyage du roi en Écosse, novembre 1641. — Insurrection d'Irlande. — Tentative d'arrestation du comte d'Argyle et du marquis de Hamilton. — Colère du parlement. — Sa lutte avec le roi. — Il fait accuser Pym, Hampden, Hollis, Strode, Halerigh. — Entrée du roi au parlement et à la cité. — Conseillers du roi : Falkland, Hyde, Colepepper. — Le parlement obtient la sanction du bill sur l'expulsion des évêques de la chambre des lords. — Départ de la reine. — Lord Digby conseille la guerre civile. — Départ du roi pour le Nord, York, 1642. — Préparatifs de guerre. — Marche du roi vers Hull. — Le parlement nomme Warwick et Essex au commandement de la flotte et de l'armée, 12 juillet 1642. — Politique de Cromwell. — Le roi proclame la guerre à Nottingham, 24 août 1642. — Armée du parlement. — Bataille de Keynton, 23 octobre 1642. — Escarmouche de Brentford, 14 novembre.

Cette mort du comte de Strafford, dont Charles Ier avait été le complice avec horreur, accrut sa haine contre la révolution. Elle ne se contentait pas, cette révolution, de le dépouiller, elle le blessait jusque dans les dernières fibres de son cœur. Les deux chambres, que l'opinion regardait comme tout le parlement, étaient unies contre la royauté. L'autorité était surtout dans les communes, qui entraînaient tout. Charles détestait le parlement qui, craignant d'être dissous, demandait sa permanence légale, c'est-à-dire un bill d'après lequel les chambres ne pourraient être séparées sans leur aveu. Charles céda sous la pression de la reine. C'était abdiquer, puisque c'était rendre perpétuelle une représentation toute-puissante (mai 1641).

Le parlement entreprit de plus en plus. Il paya les arrérages dus à l'armée d'Angleterre et à l'armée d'Écosse. Il fit licencier ces armées. Il obtint même que les huit mille Irlandais organisés par Strafford seraient congédiés. Après quoi, le parlement voulut une garde. Charles espérait la délivrance du dehors. Il fit un voyage en Écosse (août-novembre 1641), afin de soulever par toutes les faveurs ce pays contre le parlement d'Angleterre.

« Le roi, la reine, leurs partisans, dit un écrivain distingué (1er février 1862, *Revue des Deux Mondes*, p. 568-569), étaient exaspérés contre Pym. Plusieurs tentatives contre sa vie eurent lieu précisément à cette époque. La peste régnait à Londres. On lui remit en plein parlement un pli cacheté, renfermant, avec une lettre injurieuse, un lambeau d'étoffe qui avait servi au pansement d'un pestiféré. Un homme, dont la tournure et le costume étaient à peu près ceux du redoutable tribun, fut poignardé dans le vestibule de la salle des séances. Par un stratagème plus odieux encore, quoique moins tragique, la reine essaya d'atteindre mortellement dans son honneur celui dont la vie échappait aux maladroits sicaires de la monarchie. Il existe des lettres d'elle où elle avait glissé à dessein les insinuations les plus compromettantes sur les prétendues relations établies entre elle et le « roi » des communes. Dans un de ces venimeux paragraphes, elle allait jusqu'à mentionner le chiffre d'une somme promise à Pym et « dont, disait-elle, il attendait le payement avec impatience. » (V. les lettres de la reine dans M. Forster, *the Great Remonstrance*.) « Étonnons-nous maintenant, ajoute l'écrivain, des colères et des haines qu'inspirait cette princesse au parti populaire anglais. »

Pendant son séjour en Écosse, Charles Ier apprit l'insurrection d'Irlande. Si l'on en croit une confidence du comte d'Essex à Burnet, le roi fut étranger à cette insurrection. La reine, au contraire, aurait été dans cette intrigue formidable qui fit couler des torrents de sang et dont les Irlandais attendaient deux avantages principaux : la conquête de leur gouvernement national et la liberté de leur religion, la religion catholique. Ils comptaient s'acquitter de la reconnaissance que leur inspirait le concours de la reine, en affranchissant White-Hall de Westminster. Tel était le plan primitif, que des passions sauvages dépassèrent par l'accumulation des hécatombes et des massacres. Les prêtres étaient considérés par les Irlandais comme des anges, mais c'étaient des anges exterminateurs. (Voir l'*Histoire de mon temps*, t. IV, p. 85.) Dans une semaine, près de cent mille personnes, hommes, femmes, enfants, furent massacrées. (Philippe de Warwick, *Mém.*, p. 167.)

Le parlement regardait au loin comme auprès. Il avait des espions en Écosse autour du roi, et s'empara de la direction des affaires d'Irlande. C'était la guerre civile avec toutes ses barbaries. La chambre des communes la soutint vivement, écarta le roi qui aurait pu abuser contre la liberté intérieure d'une armée victorieuse, trouva des hommes et de l'argent pour cette expédition terrible, en payant très-cher les volontaires et les créanciers avec les biens confisqués sur les rebelles. Cela enlevé, le parlement réclama une garde pour la sécurité de ses délibérations. Le roi ne se refusait pas à lui en donner une de sa main, mais le parlement voulait la choisir lui-même. Du reste, les chambres empiétaient sans cesse. Elles blâmèrent la destitution de Balfour, ce gouverneur intègre de la Tour de Londres qui avait empêché la fuite du comte de Strafford. Ni Lunsford, ni sir John Conyers, les successeurs de Balfour dans ce commandement, ne convinrent au parlement qui le confirma au lord maire.

Ulcéré de plus en plus contre les chambres, le roi, qui fut bien reçu de Londres, changea de ton avec le parlement, comme s'il eût rapporté contre lui d'Édimbourg des armes cachées. Montrose, une sorte de boucanier, avant d'être un héros, lui en avait fourni en effet. Il lui avait remis les documents d'une entente certaine entre le comte d'Argyle, le marquis de Hamilton et les chefs de l'opposition en Angleterre. Le roi réserva ces renseignements pour accabler ses ennemis dans les deux chambres.

Montrose avait proposé à Charles, comme mesure politique, l'assassinat d'Argyle et de Hamilton. Pour plus de célérité et de secret, il se chargerait, disait-il, de la besogne. Le roi repoussa vivement ce double crime, et se borna au projet d'une arrestation. Argyle et Hamilton devaient être saisis par Crawford et par Cochrane au moment où ils se rendraient à la cour ; ils devaient être tués, s'ils résistaient, sinon entraînés vers la

rade, et gardés sur une frégate du roi. Avertis par le colonel
Hurry, — Argyle et Hamilton ne sortirent pas le soir indiqué
pour le guet-apens, et se retirèrent le lendemain à Kinneil, où
ils étaient en sûreté. Le roi désavoua les ordres qu'on lui
imputait, et les deux lords furent rappelés sur leurs siéges.

Tel est l'*incident*, c'est le nom de cet événement fortuit, qui
porta au comble l'animosité du parlement d'Angleterre contre
le roi, et du roi contre ce parlement séditieux. Charles connaissait par Montrose les relations des presbytériens de
Londres avec les presbytériens d'Édimbourg. Au lieu de jeter
un voile sur sa tyrannie ancienne et sur la mort récente de
Strafford, au lieu de sauver peut-être la monarchie en choisissant ses ministres dans l'opposition, au lieu de ménager du
moins, s'il ne les employait pas, le vieux Pym et son génie cal-
culateur, l'irrésistible Hampden, d'une prudence si audacieuse,
l'entreprenant Denzil Hollis et le séduisant lord Kimbolton,
qu'allait faire le roi? Rendre, par ses attaques, tous ces chefs
plus irréconciliables. Le roi avait tout pardonné au delà de
Berwick, il avait créé Argyle marquis et Hamilton duc, il avait
comblé les Écossais pour s'en aider à l'heure de la lutte. Il se
disposa par une stratégie contraire, aussi imprévoyante qu'in-
opportune, à écraser sous les preuves de leur trahison les tacticiens éprouvés des deux chambres qui avaient pour eux la force
des forces : l'opinion publique. Le roi le prit donc de haut avec
le parlement. Il lui tint des discours sévères. Il s'entoura
d'aventuriers, de jeunes nobles exaltés qui tenaient les propos
les plus étranges et qui étaient prêts à tout. Le colonel Lunsford était le lieutenant de cet escadron doré dont lord Digby,
un réactionnaire violent depuis le procès de Strafford, était
comme le capitaine. Toute cette organisation militaire s'agitait
dans l'ombre de White-Hall. Mais la provocation, pour être
secrète, n'en était pas moins irritante. Elle accroissait le désir
du parlement d'avoir à lui aussi un noyau de troupes. En attendant, il ne fléchissait pas devant les rodomontades de la cour.
Le roi tenta un acte imprudent. Désirant frapper le parlement
dans ses chefs, il ordonna à sir Edward Herbert, procureur
général et membre des communes, d'accuser de haute trahison

cinq de ses collègues, MM. John Pym, John Hampden, Denzil Hollis, William Strode et sir Arthur Hallerigh. Un membre de la chambre des pairs, lord Kimbolton, fut enveloppé dans la même procédure. Le procureur général les déclara conspirateurs. N'essayaient-ils pas chaque jour d'attribuer *aux sujets la dictature*, n'embauchaient-ils pas les troupes de Sa Majesté, n'envahissaient-ils pas le gouvernement, n'en modifiaient-ils pas la forme par leurs intrigues au grand détriment de l'Angleterre, du roi et même du parlement? Les communes prirent les accusés sous leur protection et envoyèrent en prison le procureur général.

Charles résolut de se faire justice lui-même. Escorté de sa garde de *pensionnaires*, à laquelle s'étaient joints plus de deux cents des aventuriers de White Hall, il se rendit bruyamment à Westminster. Il entra néanmoins à la chambre des communes avec un seul homme, qui était le prince Charles, son neveu, l'aîné des trois fils de l'électeur palatin Frédéric V. Le roi considéra d'abord avec attention la place de M. Pym, à la droite de la barre de la chambre; cette place était vide. Il se dirigea ensuite vers le fauteuil de l'orateur, et s'y assit. Il parcourut d'un regard scrutateur et rapide toute l'étendue de la salle, mais ne reconnaissant pas les députés conspirateurs, il s'écria : « Les oiseaux se sont envolés. » Se tournant alors vers Lenthall dont il occupait le siége : « — Monsieur l'orateur, dit-il, voudriez-vous m'indiquer où sont les représentants Pym, Hollis, Hampden, Hallerigh, Strode, et même lord Kimbolton? — Sire, répondit Lenthall avec une fermeté respectueuse, ici je n'ai des yeux, des oreilles, une bouche qu'à une condition, c'est que cette assemblée me permette de voir, d'entendre, de parler. » — « C'est bien, » reprit le roi impatiemment. Puis, s'adressant à la chambre, il dit qu'en venant au milieu d'elle il n'avait pas voulu faire violence mais justice, qu'il respectait ses priviléges, qu'il souhaitait seulement une chose du parlement, c'est qu'il lui enverrait les cinq députés séditieux, qu'autrement il saurait bien les trouver. Se levant ensuite de son fauteuil, le roi sortit de l'assemblée émue avec le prince palatin. Plus la colère des communes avait été muette et comprimée, plus elle fut formidable. Elles ne se contentèrent pas d'ordonner aux cinq députés incriminés de rester où ils étaient, dans la cité de Londres, elles nommèrent un comité qui alla s'installer et résider à Guidhall, afin de veiller solennellement au salut de leurs collègues suspects. Le roi se rendit à Guidhall comme il s'était rendu à Westminster. Il espérait que le comité et la cité de Londres lui livreraient plus facilement que les communes les accusés. Vaine tentative! Charles échoua de nouveau, et le parlement protesta contre une telle violation de ses privilèges. Malgré une proclamation du roi, il persista et rappela les proscrits de la cour, les favoris de la nation, les députés patriotes. Le comité des communes les ramena de Guidhall à Westminster au milieu des acclamations de la cité et du peuple. Le roi avait menacé sans frapper. Désobéi, moqué, bravé, il n'osa pas agir. Le retour triomphal des cinq députés et de lord Kimbolton fut une déroute pour le roi, et même pour la royauté (9 janvier 1642).

Le roi se retira précipitamment à Hampton-Court avec la reine et ses enfants. Son coup de tête avait été un coup de surprise. Il avait cédé, en franchissant le seuil du parlement, à une puérile ostentation de force. Il ne pouvait plaire par là qu'à la reine et à quelques aventuriers. Il n'avait consulté aucun homme sérieux sur une démarche aussi décisive.

Il avait alors cependant trois conseillers d'une haute distinction d'âme et d'intelligence. Ces conseillers étaient lord Falkland, Edward Hyde, depuis lord Clarendon, et sir John Colepepper. Ce triumvirat occulte se réunissait chaque nuit dans l'appartement que M. Hyde avait aux environs de Westminster. Là, les trois amis discutaient, et lorsqu'ils étaient d'accord ou à peu près, ils tâchaient de convaincre le roi. Les lumières, la délicatesse, le talent et la vigueur de ces éminents personnages retardèrent un peu et honorèrent infiniment la chute de la monarchie. Mais leur vaisseau était trop faible et la tempête trop forte.

Lord Falkland était tempéré en tout, excepté en courage. Il s'appliquait à maintenir l'équilibre entre ses sentiments qui étaient royalistes et ses idées qui étaient libérales. C'était le

plus accompli des gentilshommes de l'Angleterre. Il était trop
chevalier pour être assez politique. Lui qui était fait pour vivre
en sage, ne pensait qu'à mourir en héros. Il avait plus qu'aucun
autre ce spleen moral qui suit les malheurs publics et qui pré-
cède l'immolation personnelle.

M. Hyde adorait lord Falkland sans lui ressembler. Ses discours et sa conduite dans la chambre des communes l'avaient
désigné vite à Charles Ier. Ce prince se le fit amener mysté-
rieusement par le frère du comte de Northumberland et lui
donna toute sa confiance, copiant ses lettres avant de les brûler,
pour les méditer sans le compromettre, adoptant ses proclamations et disant toujours en son absence, soit à lord Falkland,
soit à sir John Colepepper : — « Que pense Edward Hyde? » Et
en cela le roi avait raison. Car Edward Hyde avait plus que la
science d'un jurisconsulte, il avait une portée d'homme d'État.
Il était probe, austère, délicat sur l'honneur, inaccessible à la
cupidité, infatigable au travail, à la franchise, au dévouement,
quelquefois, seulement, un peu étroit et opiniâtre dans ses
déterminations.

Sir John Colepepper ne ressemblait à aucun de ses amis, plus
liés entre eux du reste qu'avec lui. Il avait été militaire et
grand duelliste. C'était un homme d'un courage résolu et d'un
esprit incertain. Il discutait à merveille, et l'escrime de sa dialectique n'était pas moins redoutable que celle de sa bravoure.
Mais sa conclusion était molle, et, quand il eût fallu se déter-
miner, il continuait de discuter avec lui-même, toujours vaillant,
jamais fixé, un flot au lieu d'un rocher.

Tels étaient les trois meilleurs conseillers du roi après l'exécution de Strafford. S'ils eussent été auprès de Charles Ier, dès
le commencement de son règne, à la place de Buckingham,
de Wentworth et de Laud, ils auraient peut-être sauvé la
monarchie. C'étaient au fond des constitutionnels. Ils désiraient
une église nationale et une prérogative limitée par les lois et
par une liberté sage. Ils n'auraient pas abusé de l'emprunt
forcé, des garnisaires, de la prison, de l'impôt sans parlement
et sans contrôle. Anglicans sans fanatisme et royalistes sans
tyrannie, leur étude était de maintenir la prérogative des

Stuarts, tout en évitant les forfanteries et les imprudences. Ils sentaient leur faiblesse autant que les prestiges de leurs ennemis. Eux n'étaient que de nobles défenseurs du passé. Ils avaient l'hésitation de ce qui n'est déjà plus, tandis que les presbytériens avaient la hardiesse de ce qui est, comme les puritains la témérité de ce qui sera. Dans cette situation où la circonspection était si nécessaire, qu'on juge de l'étonnement et des regrets de lord Falkland, d'Edward Hyde et de sir John Colepepper, lorsqu'ils apprirent la tentative étourdie du roi à Westminster et à Guidhall. C'était une double défaite.

Le parlement poussa vivement ses avantages. Il réclama la sanction du bill sur l'expulsion des évêques du sein de la chambre des lords, et du bill qui remettait le commandement des forteresses, de la marine et de l'armée à des officiers institués par les deux chambres. Sir John Colepepper obtint par la reine le consentement du roi au premier de ces bills. La reine avait besoin d'une popularité passagère, afin de pouvoir partir et de mener la princesse Marie au prince d'Orange, son époux. Elle eut cette éphémère popularité et s'éloigna ulcérée de l'Angleterre. Lord Digby s'était échappé presque en même temps. Il avait persuadé au roi et à la reine la guerre civile. La reine emportait avec ses diamants les diamants de la couronne, dans le dessein de trouver sur ces gages de l'argent, des vaisseaux, des soldats, des armes et des munitions. Charles Iᵉʳ, qui avait accompagné la reine à Douvres, au lieu de retourner à Londres comme le parlement l'y conviait, s'achemina vers le nord par Cantorbery, Greenwich, Théobalds et Newmarket. Il était entouré d'une cour peu nombreuse, ainsi qu'il arrive aux rois qui tombent. Son fils aîné, le prince de Galles, brillait dans ce sombre cortége. Le plus jeune fils restait à Richmond. Il ne fut mandé que plus tard dans la ville d'York, où s'était installé le roi (19 mai 1642). York devint par là le centre des affaires de la cour, la capitale de Charles, comme Londres était la capitale du parlement.

Le roi cependant n'avait répondu au bill sur la milice que par des paroles évasives. Le parlement ne s'étonna de rien et mit le royaume en état de défense. Qui aurait le commandement de l'armée et de la marine par le choix des officiers et des généraux? Le roi s'acharnait à garder ce commandement, le parlement à le conquérir.

La guerre commença ainsi sans déclaration préalable. On ne se battait pas encore, mais on se préparait à se battre.

La place de Hull était fort importante pour le roi. Elle contenait beaucoup d'armes et de munitions; elle serait plus tard le grand arsenal des cavaliers et elle était située à souhait pour les troupes qu'on attendait de Hollande. Sir John Holham était gouverneur de cette ville. Bien que nommé par le parlement, il n'était pas, disait-on, fort attaché au parti populaire. Le roi lui envoya d'abord son fils, le duc d'York, et son neveu, le prince Rupert. Ils furent reçus comme des *promeneurs* illustres, et sir John Hotham leur montra une courtoisie pleine de déférence. Le roi y fut trompé. Le 23 avril 1642, il se présenta lui-même devant Hull, à 11 heures du matin, et fit dire au gouverneur qu'il désirait dîner avec lui. Hotham refusa, et ni promesses, ni menaces ne purent soit le séduire, soit l'intimider. Le pont levé, les portes fermées, il parut sur le rempart en grand uniforme. Il salua, se mit à deux genoux et pria le roi de l'excuser si, institué par le parlement, il tenait ferme pour lui-même contre Sa Majesté. Il mêla ainsi l'étiquette à la révolte, et il donna, pour ainsi parler, à sa désobéissance solennelle un air de cour. Il y eut, sans intention de la part d'Hotham, dans ce cérémonial irritant une pointe d'ironie qui blessa Charles. A bout de patience, après six heures de négociations inutiles, il ordonna de proclamer, à son de trompe, sir John Hotham déloyal et traître. Il se plaignit au parlement qui se hâta de glorifier sir John Hotham pour avoir accompli un devoir si difficile, et M. Hotham fils qui apporta la nouvelle d'une aussi patriotique résistance. Le parlement déclara que c'était à lui de décider quand et comment il fallait employer les milices au service de la nation.

Charles, qui ne reconnaissait pas le parlement pour juge, lui disputa de plus en plus l'armée, la marine, les citadelles. La guerre civile, quoique dans un crépuscule, était déjà partout. Edward Hyde décida lord Littleton à porter le grand sceau à

Charles (5 mai 1642). Tous deux, l'un après l'autre, rejoignirent le roi à York. Le parlement, privé du grand sceau, en fit faire un autre pour marquer l'empreinte de sa souveraineté. Il permit que le comte de Warwick fût amiral de la flotte, et il créa le comte d'Essex capitaine général de l'armée (12 juillet 1642). Essex fut l'homme de ce grand moment. Les acclamations le suivaient en tous lieux. Il était très-populaire parmi les chambres. Les lords et les députés jurèrent de combattre et de mourir avec lui dans cette grande lutte de la patrie.

Au delà de ces deux partis : les anglicans dévoués au roi, et les presbytériens dévoués au comte d'Essex, il y avait un troisième parti, celui des puritains, qu'un homme encore obscur travaillait en secret et qu'il exaltait pour la révolution, en attendant qu'il essayât de le dresser à un gouvernement. Cet homme qui se flattait de dompter plus tard l'anarchie, la soulèvait d'abord sans repos ni trêve. Il avait pris une part véhémente, quoique le plus souvent muette, à tous les empiétements du parlement. Il avait soutenu les prédicateurs indépendants, anabaptistes, niveleurs ; il avait réclamé le redressement de toutes les iniquités, la réhabilitation de Prynne et de ses compagnons pamphlétaires, la mort du comte de Strafford, l'attribution aux communes de la guerre d'Irlande, l'organisation d'une garde parlementaire ; il avait protesté contre la vengeance du roi sur lord Kimbolton et les cinq autres membres patriotes poursuivis jusque dans la cité. Il s'était adjoint des puritains, ses coopérateurs, des presbytériens, ses précurseurs, et il les avait électrisés. Il n'était pas orateur et il saisissait plus par certains mots incorrects que les orateurs par des discours étudiés. Comment il fut député des communes et de quelle manière il se conduisait au parlement, deux petits faits l'indiqueront. En 1640, le secrétaire de Prynne, un puritain bien autrement redoutable que Prynne lui-même, fut incarcéré comme rédacteur et colporteur de libelles. Il avait été déposé presque mourant à la prison. Brisé, saignant des deux cents coups de fouet dont le bourreau l'avait frappé, Lilburn adressa une pétition à la chambre, et ce fut Cromwell qui la présenta. « J'entrai au Parlement un matin, en novembre 1640, dit un témoin (sir

Philippe Warwick). Je vis un gentilhomme qui parlait; je ne le connaissais pas. Il était vulgairement vêtu, en habit de drap tout uni et qui semblait avoir été fait par quelque méchant tailleur de village; son linge était grossier et n'était pas excessivement frais; je me rappelle qu'il y avait une tache ou deux de sang sur son col de chemise, qui n'était pas beaucoup plus grand que son collet. Son chapeau était sans ganse. Ce gentilhomme était d'une assez belle stature, avait l'épée collée sur la cuisse, le visage rouge et boursouflé, la voix stridente, implacable, et il s'exprimait avec une éloquence farouche... L'assemblée écoutait avec une profonde attention. »

Une autre circonstance de la vie politique de Cromwell nous a été retracée par un écrivain plus grave que sir Philippe Warwick. Cette fois, c'est Edward Hyde, depuis lord Clarendon, qui nous raconte une scène où il ne fut pas seulement témoin, mais acteur.

« Je me trouvai, dit-il, président d'un comité particulier convoqué à propos de grandes étendues de terres incultes qui appartenaient aux manoirs de la reine, et que l'on avait encloses sans le consentement des fermiers; ces enclos avaient été donnés par la reine à un serviteur très-intime, et celui-ci avait aussitôt vendu les terrains au comte de Manchester, lord du sceau privé, lequel, ainsi que son fils Mandeville, faisait en ce moment tous ses efforts pour maintenir les clôtures; contre eux s'élevaient les habitants des autres manoirs, lesquels réclamaient les droits de pacage sur ces communes, et les fermiers de la reine sur les mêmes terrains; tous se plaignant hautement d'avoir été soumis de vive force à une grande oppression que la couronne autorisait.

« Le comité siégeait à la cour de la reine, et Olivier Cromwell, qui en faisait partie, semblait s'intéresser beaucoup aux réclamants, qui étaient nombreux ainsi que les témoins. Lord Mandeville, comme partie, était présent, et, par l'ordre du comité, assis et couvert.

« Cromwell, que je n'avais jamais entendu parler dans la chambre des communes, dirigeait les témoins et les plaignants dans la conduite de leur affaire; il appuyait et développait

avec beaucoup de chaleur ce qu'ils avaient dit ; les témoins et
autres personnes engagées dans le débat, étant rustres et gros-
siers, interrompaient avec clameurs l'avocat et les témoins de
la partie adverse, lorsqu'on disait quelque chose qui ne leur
convenait pas, de sorte que moi, dont c'était le devoir de maintenir dans l'ordre les personnes de tous rangs, j'étais obligé
d'adresser de vifs reproches et de faire des menaces pour que
l'affaire pût être entendue tranquillement. Cromwell me reprocha avec beaucoup de véhémence d'user de partialité et
d'intimider les témoins. J'en appelai au comité, qui m'approuva,
et déclara que j'agissais comme je devais le faire ; cela enflamma encore Cromwell, déjà trop irrité.

« Quand lord Mandeville voulait être entendu sur quelque
point de fait ou de formalité ou sur le moment de la clôture,
et qu'il racontait avec beaucoup de modération ce qui avait été
fait, ou expliquait ce qui avait été dit, M. Cromwell répliquait
avec tant d'indécence et se servait d'un langage si insultant,
que tout le monde reconnaissait que leurs natures et leurs
manières étaient aussi opposées que leurs intérêts. A la fin, les
procédés de M. Cromwell furent si durs et sa conduite si insolente, que je me vis obligé de le reprendre, et de lui dire que
s'il se comportait de cette sorte j'ajournerais immédiatement
le comité, et porterais plainte à la chambre le lendemain.
Cromwell ne me pardonna jamais. »

M. Hyde ne fut pas moins inexorable que Cromwell ; il le
fût peut-être plus. Tous deux étaient de ces caractères entiers
chez qui la haine ne s'efface pas. Cromwell la comprimait davantage, il la subordonnait à ses desseins. Son suprême bon
sens dominait déjà ses âpres instincts de sectaire. Violent avec
les puritains, il était logique avec Saint-John, enthousiaste
avec Hampden ; il s'assouplissait dans des conversations avec
lord Falkland, qui lui plaisait et auquel il plaisait par suite, peut-
être, de cette admiration que lord Clarendon reproche à son
ami pour les grands talents même pervers. Cromwell, que lord
Falkland devinait déjà, eut peu d'assiduité avec Pym, un tacticien comme lui cependant. Il avait une antipathie contre
Denzil Hollis, qui la lui rendit au centuple.

Tel était Cromwell au commencement de la guerre. Hostile aux anglicans, il attisait les presbytériens, et il ménageait les puritains pour l'avenir. Il prévoyait un grand rôle. Il n'aurait jamais été le premier par le parlement; il lui fallait l'armée. Aussi avec quelle ardeur, en 1642, au mois de février il leva une compagnie, et, au mois de juillet un régiment de cavalerie! A cette seconde date, qui est l'aurore de sa fortune, Cromwell était colonel.

Rien n'est plus intéressant que de le voir à l'œuvre. Il quitta les souliers rustiques des marécages pour chausser les bottes aux longs éperons, l'habit provincial dont s'est moqué sir Philippe Warwick pour endosser la cuirasse de fer, pour ceindre la grande épée de combat, le baudrier et l'écharpe. Il remplaçait de temps en temps le chapeau par le casque. Il n'était plus un patriote parlementaire, mais équestre. Il équipait ses soldats et ses officiers. Il les mettait à de rudes épreuves, renvoyait les lâches, les faibles, et ne gardait que les braves des braves. Ceux-là il les honorait de son estime. Il les prêchait et le résumé de tous ses sermons était : « Ne buvez jamais, ne jurez, ne blasphémez jamais ; chantez intérieurement les psaumes et faites-vous tuer comme il convient à des saints. Heureux ceux qui meurent pour le Seigneur. » C'est ainsi que, leur parlant et les exerçant, il ébaucha dans sa compagnie et dans son régiment l'idéal de la future armée révolutionnaire.

Cromwell payait de sa bourse et de sa personne. Il donna huit cents livres sterling pour l'organisation des milices du royaume, bien qu'il s'occupât spécialement des comtés de Lincoln, d'Essex, de Cambridge de Hertz et de Norfolk. Il visitait les centres royalistes, les châteaux des nobles, les presbytères des ministres suspects. Il recommandait la patrie, les Écritures, s'emparait des vivres et des armes. Il suscitait la révolution partout, intimidant les royalistes, protégeant, enflammant les puritains. Il interceptait avec une vigilance infatigable les migrations des gentilshommes qui s'efforçaient de rejoindre le drapeau des Stuarts. Ces migrations se dirigeaient du Midi, sur lequel dominaient les chambres, vers le Nord, où le roi prévalait. L'une des tâches que s'était imposées Cromwell était de troquer les volontaires sur tous les chemins. Il chassait les uns, emprisonnait ou enrôlait les autres. Il accoutumait sa petite troupe à l'activité sans oublier la discipline. Il avait la sagesse autant que l'audace. L'éclat sinistre de son imagination hébraïque, de son éloquence puritaine, était le rideau de pourpre sous lequel il voilait ses plans d'hommes d'État. Tout en formant des soldats, il ne mécontentait pas les paysans, les tenanciers, les bourgeois, le peuple. Il défendait toute maraude et punissait avec rigueur toute infraction. Il mesurait lui-même les sacrifices des villes, des hameaux, des particuliers. Hors de ces contributions indispensables, il enjoignait de respecter le bœuf et la vache si nécessaires au labourage, le cheval aussi utile à la paix qu'à la guerre, les poules, ces pourvoyeuses du ménage, et le coq, ce sonneur matinal des travaux champêtres. Cromwell mêlait tous ses ordres de versets prophétiques. Il n'en était pas moins bien compris, il en paraissait plus vénérable. C'était un homme biblique, fort à la base, religieux au sommet, semblable à ces chênes des environs d'Ely, chênes robustes par leurs racines qu'ils plongent dans la terre, sacrés par les cimes qui portent le gui jusqu'au ciel.

Un des traits caractéristiques de la diplomatie de Cromwell et qui prouve combien en lui le politique primait le sectaire, c'est sa tolérance d'esprit envers les soldats et les officiers. S'ils sont seulement braves et honnêtes, que lui importe leur foi! Il faut l'entendre lui-même. Le major Crawford avait non pas destitué, mais suspendu, pour opinion religieuse, son lieutenant-colonel, un hardi compagnon qui alla se plaindre à Cromwell. Cromwell se hâta d'écrire au major : « ... J'ai conseillé à cet officier de se rendre promptement auprès de vous. Vous êtes certainement mal conseillé... « Quoi! me direz-vous, « et cet homme est un anabaptiste! » Êtes-vous bien sûr de cela? Admettons qu'il le soit, cela le rendra-t-il incapable de servir? « Il est indiscret. » C'est possible en certaines choses : nous avons tous des infirmités humaines. Je vous déclare que, si vous n'aviez pas de tels « hommes indiscrets » autour de vous et qu'il vous plût de les traiter avec égards, ils vous serviraient de rempart aussi solide que ce que vous avez eu jusqu'à présent.

« L'État, monsieur, en choisissant des serviteurs, ne s'occupe pas de leurs opinions ; s'ils consentent à servir avec fidélité, cela suffit. Je vous ai conseillé précédemment d'user d'indulgence envers ceux qui pensent autrement que vous : si vous l'aviez fait quand je vous en ai donné l'avis, j'estime que vous n'auriez pas tant trouvé de difficultés sur votre chemin... »

Voilà Cromwell ! Il commandait en priant. Il réussit en cette petite circonstance ; il réussira toujours. Dès ses premiers pas dans l'action, il a la fortune, parce qu'il a la volonté et le génie, toutes les énergies de la volonté, toutes les souplesses du génie.

Tandis que Cromwell suscitait la révolution dans les comtés de l'est et que le comte d'Essex rassemblait l'armée du parlement, le roi leva son étendard à Nottingham (24 août 1642). Cet étendard, sur lequel était brodée la couronne des Stuarts, avec cette devise : « Rendez à César ce qui est à César, » fut déployé dans une prairie, en présence d'une multitude curieuse. Charles Iᵉʳ était là, entouré de seigneurs, de ministres et d'officiers. Son armée était peu nombreuse encore. Un héraut d'armes lut une proclamation contre le comte d'Essex et ceux qui lui viendraient en aide, — tous séditieux, déclarés traîtres, à moins que, dans les six jours, ils ne reconnussent leur devoir, qui était l'obéissance. Après cette proclamation, la foule se dispersa, le roi rentra dans la ville, et l'étendard fut arboré sur le château de Nottingham. Les chambres répondirent à la proclamation de Charles et renvoyèrent le crime de trahison aux conseillers du roi.

Une espérance consolait le parlement de la guerre : il se flattait d'arriver par elle à des résultats. Les concessions de Charles n'avaient jamais été définitives ; elles n'avaient jamais été sincères, et le peuple croyait avec raison à la duplicité du roi. Lucy Hutchinson, la véridique et charmante contemporaine de Charles, a dit de lui ce qui se dégage avec évidence de l'ensemble de sa conduite et de la comparaison de tous les documents authentiques. « Il ne se faisait pas scrupule, écrit-elle, lorsqu'il accordait quelque chose à la nation, de ne se tenir pour engagé qu'autant que cela lui était utile ; car ce prince n'était ni loyal, ni juste, ni généreux. C'était la personne la plus entêtée qui fût jamais, et comme il avait la résolution d'être souverain absolu, il prétendait le devenir ou cesser de régner. » Quiconque saura le fond de l'Angleterre au dix-septième siècle ne démentira pas madame Hutchinson. Sa sévérité sur Charles Ier n'est que de l'équité. Cette femme supérieure, si exacte dans son éloquence persuasive et dans sa grâce puritaine, a été une Clio incorruptible. Son arrêt est l'arrêt même de l'histoire. Elle, ennemie, elle a buriné une sentence que les amis ont presque tous crayonnée avec des circonlocutions et des ambages d'église ou de cour.

Charles, dont l'idée fixe était le droit divin, avait sans cesse levé des taxes illégales, s'était joué des chambres et ne se comprenait que comme un roi sans contrôle. Il avait soulevé l'orage populaire ; il l'avait attisé, tourmenté, par des provocations, des déceptions, des parjures, des dissolutions de chambres. En 1642, cet orage ne murmurait plus, il rugissait, et plus il rencontrait d'obstacles, plus il déracinait de traditions. Il y avait enfin un parlement sérieux, qui avait obtenu de la faiblesse du roi une permanence ; il discuta d'abord, puis il accepta la guerre.

Les nobles, leurs vassaux et la haute bourgeoisie se groupèrent autour du roi, beaucoup plus certainement par fidélité de race que par conviction. Ils formèrent le parti des *cavaliers*. La petite bourgeoisie des villes et des campagnes, les tenanciers et les marchands composèrent, sous le nom de *têtes rondes*, le parti du peuple et de Dieu. C'est de cette couche intermédiaire que sortit la première armée du parlement. Elle se compta à Northampton comme l'armée royale à York.

Charles n'avait que six mille hommes, Essex en avait seize mille. Cette disproportion était de mauvais augure pour le roi. Il se détourna de l'ennemi et marcha sur les frontières du pays de Galles. Il séjourna à Shrewsbury, où il battit monnaie et où son armée s'accrut peu à peu jusqu'à dix-huit mille hommes. Le comte de Lyndsey la commandait.

Les deux armées à peu près égales partirent l'une de Shrewsbury, l'autre de Northampton, et se joignirent dans le comté de Warwick, à Keynton, entre Stratford, le village natal de Shakespeare, et Banbury.

Le 23 octobre 1642, Essex était campé à Keynton avec douze régiments d'infanterie et quarante escadrons de cavalerie, — en tout dix mille hommes. Il avait dispersé trois régiments à Worcester, à Coventry et à Banbury, pour la sûreté des places et pour la sécurité de ses opérations ultérieures. Il attendait deux régiments, dont les colonels, Hampden et Grantham, devaient lui amener un surcroît d'artillerie de huit canons. Tout à coup Essex fut en éveil. Ses coureurs lui annoncèrent que le roi occupait une colline voisine, la colline de Edge-Hill, avec quatorze mille fantassins et quatre mille chevaux. Le lord général se mit aussitôt en bataille dans la plaine, en face de la colline. Il plaça trois régiments de cavalerie à l'aile droite, ving escadrons à l'aile gauche, à l'avant-garde la brigade de sir John Meldrum, à l'arrière-garde son propre régiment, celui de lord Brook. Il massa au centre l'infanterie sous ses ordres immédiats.

L'armée du roi descendit la colline. Le centre était conduit par le comte de Lyndsey, l'aile gauche par lord Wilmot, l'aile droite par le prince Rupert, qui arrivait d'Allemagne avec son frère Maurice. Il y avait deux réserves sous lord Byron et sous lord Digby. La cavalerie du prince Rupert, et même celle de lord Wilmot, accélérée par les réserves, qui s'ébranlèrent à l'élan du prince, enfoncèrent les deux ailes de l'armée parlementaire et les poursuivirent dans leur fuite. Le prince Rupert fut aussi épique et ne fut pas plus stratégiste qu'un Niebelung du Necker. Au centre la mêlée fut plus savante. Le comte de Lyndsey avait électrisé son infanterie. Il avait fait tout haut cette prière : « Seigneur, si je t'ai oublié autrefois, ne m'oublie pas aujourd'hui, » et il avait ajouté : « En avant, mes compagnons ! » Malgré ces paroles, appuyées par le plus magnanime exemple, Essex l'emporta. Son infanterie défit successivement l'infanterie de Lyndsey. Les deux généraux en chef avaient été frères d'armes au delà des mers. Ils se connaissaient. Ils furent dignes de leur renommée et de leur estime mutuelle. L'un et l'autre, une pique à la main, donnèrent des ordres en capitaines expérimentés et se battirent en soldats intrépides. La cavalerie du prince Rupert pilla Keynton, et, dans son ardeur, s'avança jusqu'au régiment de Hampden, qui tira le canon contre elle et la ramena à toute bride.

Les incidents de la bataille appelée Keynton par les uns, et Edge-Hill par les autres, furent aussi variés que pathétiques.

Le roi parvint à dissimuler son anxiété intérieure avec son habitude d'impassibilité, sans ressource d'esprit mais sans faiblesse de cœur. Lord Falkland s'exposa aux plus grands périls pour sauver les prisonniers. Le comte de Lyndsey, froidement ulcéré de l'insubordination du prince Rupert, avait résigné le commandement au général Ruthven, Écossais. Il fut blessé et pris à la tête de son régiment, jusqu'au bout le modèle et l'inspirateur de toute l'armée.

Le prince Rupert, le second fils de l'électeur palatin Frédéric V et de la fille aînée de Jacques Ier d'Angleterre, était naturellement le fléau des généraux en chef ; car il prétendait ne recevoir des ordres que de son oncle Charles Ier. Il n'y avait pour lui qu'un général en chef, et c'était le roi. A Edge-Hill l'impétuosité de ce jeune prince fut plus fatale aux royalistes qu'aux patriotes. Par impatience du triomphe, il empêcha le triomphe des siens. Il annula sa cavalerie en ne la rabattant pas sur le centre de la bataille. Ce prince, quoiqu'il eût quelque goût pour les sciences, n'était pas une intelligence militaire. C'était un brillant officier d'avant-garde, un cœur et un bras de partisan plutôt qu'une tête de capitaine.

Les gentilshommes qui se distinguèrent le plus parmi les parlementaires furent lord Gray et sir Arthur Haslerigh. Sir Philippe Stapleton, sir William Balpour et le colonel Essex furent incomparables. Ces lieutenants du comte d'Essex se précipitèrent avec un élan irrésistible, sous les yeux du lord général, contre le corps de bataille du roi. C'est là que le combat fut le plus acharné, et c'est là que fut pris l'étendard de Nottingham. Il y avait à cette place un monceau de morts. Dans un petit espace, Ludlow reconnut soixante royalistes qui s'étaient fait tuer avec sir Edmond Varney, qui portait l'étendard. Ce qui est vraiment tragique dans le dévouement de sir Edmond, c'est qu'il donna sa vie à une cause qui n'avait pas son cœur. Il en avait fait l'aveu à M. Hyde, tandis qu'ils étaient encore à York. « Vous êtes plus heureux que moi, dit-il à son ami, vous avez la conviction intime de la justice des priviléges que vous défendez et de l'obligation où était le roi de refuser ce qu'on lui demandait ; vous obéissez ainsi tout ensemble à votre devoir et à votre sentiment. Mais, pour ma part, je n'aime pas cette querelle et j'aurais souhaité vivement que le roi pût accéder d'un plein consentement à ce qu'on désirait de lui. Ce n'est donc que par la reconnaissance que je me trouve engagé à suivre mon maître. Il m'a nourri de son pain, je le sers depuis près trente ans, et je ne ferai pas une chose si basse que de l'abandonner. Je préfère mourir, ce qui, j'en suis certain, m'arrivera, et cependant ce sera pour conserver des choses qu'il est contre ma conscience de conserver. » (*Mém. de lord Clarendon*, XVIII, p. 201-202.)

Quelle détermination pathétique ! Quelle raison supérieure chez un gentilhomme qui ne portait pas seulement le drapeau des Stuarts, mais qui était grand maréchal de la maison du roi et qui pourtant le jugeait si bien ! Quelle sombre prophétie ! Quel culte désespéré de l'honneur ! Une déloyauté égale à la délicatesse de sir Edmond Varney fut la déloyauté de sir Faithful Fortescue. Il s'était engagé volontairement dans l'armée parlementaire. Au lieu de charger les royalistes, il fit volte-face et chargea avec eux ses compagnons d'armes. Il avait prévenu Charles Ier de cette évolution, il espérait qu'elle serait contagieuse et qu'elle entraînerait beaucoup de défections. Il se trompa ; mais que sa trahison préméditée demeure à jamais sur sa mémoire, et flétrissons-la d'une flétrissure égale à notre vénération pour Varney.

Ce qui rendit plus périlleuse dans cette journée la situation du corps d'infanterie royale, c'est que les deux réserves de cavalerie n'étaient pas restées à leur poste et que, de plus, Charles avait promis à sa garde de trois cents seigneurs ou gentils-hommes de prendre part à l'action. Il était par là fort à découvert. La garde du comte d'Essex, composée de cent hommes, fut vigoureusement lancée par son capitaine, sir Philippe Stapleton. On remarquait dans cette garde du lord général plusieurs noms, qui plus tard devinrent célèbres, tels que Ludlow, Fiennes, Flutwood, Harrisson et Tomlinson.

Ce fut le colonel Middleton qui arracha aux mains sanglantes de Varney, mort, l'étendard royal. Il le remit au comte d'Essex, qui le confia à M. Chambers, l'un de ses secrétaires. Le capitaine Smith s'étant ceint d'une écharpe orange, couleur des armoiries d'Essex, déroba l'étendard et le porta au roi à fond de train. Charles Ier remercia le capitaine en le faisant chevalier.

Les pertes du roi furent plus considérables que celles des patriotes. Le comte de Lindsey, son général en chef, le colonel Monroy et le colonel Lunsford périrent glorieusement. Lord Willoughby, fils du comte de Lindsey, fut fait prisonnier. Du côté des parlementaires expirèrent aussi lord Saint-John, de la maison de Bolingbroke, le colonel Essex et le lieutenant-co-colonel Ramsey. Ces trois héros eurent comme une allégresse du trépas en songeant au drapeau pour lequel ils mouraient.

Le comte d'Essex était vengé de la cour qu'il détestait. Le roi se retirait devant lui. L'épée que son père, le favori d'Élisabeth, avait tirée dans une sédition de palais pour une ambition personnelle, lui l'agitait dans une révolution pour les droits de l'Angleterre. Il souhaitait d'accomplir par des succès éclatants une conciliation entre le roi et la nation. C'était un noble but.

Essex coucha sur le champ de bataille. Mais s'il sut vaincre, il ne sut pas profiter de la victoire. Bien loin de poursuivre l'ennemi, comme le lui conseillaient Hollis et Hampden, qui avaient avec eux quatre mille hommes frais, il marcha sur Warwick. Ce fut une faute; car le roi s'avança sans obstacle jusqu'à Banbury, s'empara de la ville, même du château, et fit chanter un *Te Deum* à Oxford comme le parlement en faisait chanter un à Londres. Charles n'eût pas osé donner le change à l'opinion si le comte d'Essex l'eût chassé devant lui. Il le pouvait. Son excuse est dans l'organisation de son armée, qui avait besoin d'être recrutée et exercée sans cesse.

La bataille avait été terrible. Elle dura depuis deux heures de l'après-midi jusqu'à cinq heures du soir. Six mille hommes périrent et furent enterrés dans cette plaine de Keynton.

Des survivants, beaucoup étaient blessés ; tous étaient exténués de fatigue, de faim ou de froid. Edmond Ludlow lui-même, un démon de jeunesse, de patriotisme et de guerre, était aux abois. Il avait l'estomac vide. Il s'était battu comme un lion, et la sueur ruisselait de son visage. Ne trouvant pas son domestique, auquel il avait remis son manteau, il se promena toute la nuit pour se réchauffer. Le lendemain, il eut beaucoup de peine à manger, et ses mâchoires, engourdies par un long jeûne, autant que par un froid aigu, avaient perdu presque toute énergie, presque tout mouvement.

Essex, après un court repos à Warwick, se replia sur Londres. Le roi prit la direction d'Oxford et s'avança jusqu'à Brentford, tout en assurant une députation du parlement de ses désirs pacifiques. Malgré cette déclaration, il attaqua inopinément le régiment de Hollis, afin de traverser Brentford et d'enlever l'artillerie du lord général à Hammersmith. Ce régiment de Hollis, déjà écharpé à Edge-Hill, aurait été exterminé complétement à Brentford, sans les régiments du colonel Hampden et du lord Brook qui le soutinrent. Ils arrêtèrent avec une poignée de braves tout l'effort de l'armée royale. On entendait de Londres la canonnade.

Le comte d'Essex, qui siégeait à Westminster sur son fauteuil de législateur, le quitta brusquement pour la selle de son cheval. Il réunit en quelques heures toute son armée et se porta sur Brentford. Les milices de Londres le suivaient sous les ordres du major général Skippon, qui courait de compagnie en compagnie de volontaires et qui disait : « Allons, mes enfants, mes braves enfants, prions de bon cœur et battons-nous de bon cœur. Je serai avec vous. Souvenez-vous bien que c'est ici la cause de Dieu et qu'il s'agit de défendre vos femmes, vos filles et vous-mêmes. Allons, mes braves enfants, prions de bon cœur et battons-nous de bon cœur, et Dieu nous bénira! » Le 14 novembre, à Brentford, le comte d'Essex, qui avait vingt mille hommes pleins d'enthousiasme, aurait peut-être pu écraser le roi et le prince Rupert ; il se contenta de les contraindre à la retraite. Il fut blâmé, comme à Edge-Hill, d'avoir manqué une occasion décisive., Mais il se méfiait de ses miliciens, qui étaient des novices au feu. Il lui suffisait, d'ailleurs, d'avoir protégé et calmé Londres. Le roi se déroba par Kingston et prit ses quartiers d'hiver à Oxford. Le comte d'Essex prit les siens à Windsor.

LIVRE QUATRIÈME

Situation de l'Angleterre. — Retour de la reine en Angleterre, 22 février 1643. — Pym l'accuse de trahison. — Trahison de Waller. — Complot. — Son arrestation. — Mort de Godolphin. — Succès de Waller, général puritain. — Sa défaite à Bath. — Succès des cavaliers. — Rappel d'Essex à l'armée. — Rencontre de Hampden et de Rupert, 18 juin 1643, à Chalgrave. — Mort de Hampden. — — Siége de Glocester par le roi. — Essex marche au secours de Glocester. — Ses succès à Chichester. — Combat de Bigs-Hill et Newbury. — Sa retraite sur Londres. — Retraite du roi sur Oxford. — Mort de lord Falkland, 1643. — Rentrée triomphale d'Essex à Londres. — Cromwell à Grantham et Gainsborough. — Mort de Pym. — Mort des Rotham. — Convocation du Parlement à Oxford, 22 février 1644. — Second covenant écossais. — Siége d'York par l'armée parlementaire. — Bataille de Murston-Moordant. — Victoire de Cromwell. — Prise de Newcastle. — Catastrophe d'Essex. — Fuite de la reine en France. — Presbytériens et indépendants. — Discours de Cromwell au Parlement, 9 décembre 1644. — Bill du *Self d'enying*. — Procès de Laud. — Sa mort, 16 janvier 1645. — Fairfax, général en chef de l'armée parlementaire. — Conférences d'Uxbridge. — Bataille de Naseby, 14 juin 1645. — Prise du château de Basing.

L'Angleterre, à cette époque, était une mêlée de guerre civile et religieuse. Chaque comté, chaque cité, chaque hameau, chaque maison était un champ de bataille. Les frères se séparaient des frères, les pères des fils. La violence était partout, l'ordre nulle part. Le pillage devenait une habitude. Le carnage et le vol sévissaient ou menaçaient. L'émotion des mères tuait dans leur ventre les enfants, et les femmes accouchaient avant terme. Au milieu de tant de calamités, le peuple ne trahit pas le parlement. Pour le peuple, Charles était un despote. Le vrai roi du peuple, c'était le parlement. Charles n'avait-il pas sans cesse violé la loi? Ne voulait-il pas des évêques plus près de Rome que de Genève ou d'Edimbourg? Ne voulait-il pas surtout une milice commandée par ses créatures, par des généraux hostiles à la liberté? Y avait-il autre chose à faire qu'à prendre pour arbitre le dieu des armées?

Le roi n'éprouvait pas moins de défiance qu'il en inspirait. Il ne songeait, lui aussi, qu'à la guerre.

La reine l'avait rendue possible, et en avait augmenté toujours les chances propices. Elle avait disposé sans scrupule des diamants de la couronne. Elle avait envoyé successivement de Hollande le colonel Goring avec deux cents officiers, le général King avec des armes et des munitions pour six mille hommes. Elle-même débarqua, le 22 février 1643, à Bridlington, après avoir déjoué la vigilance du vice-amiral parlementaire Batten, qui croisait sur cette côte pour la capturer. Elle apportait des approvisionnements de toute espèce et le prestige électrique de sa présence. Une maison lui avait été préparée à Bridlington sur le quai. Elle y reposa deux nuits, mais le 24 on lui signala le vice-amiral Batten. Averti par sa police du rivage, exaspéré d'avoir été évité dans des parages qu'il connaissait si bien, il envahit la rade de Bridlington et y jeta l'ancre, puis il mitrailla pendant deux heures la maison que la reine occupait. Une personne de sa suite fut atteinte mortellement près d'elle. Épouvantée, elle s'échappa de sa demeure et alla se réfugier dans la campagne, derrière une colline où elle s'abrita contre la colère brutale de Batten. Le comte de Newcastle, qui commandait dans le nord pour le roi, accourut vers la reine et l'escorta jusqu'à la ville d'York. Elle gagna bientôt à sa cause sir John Hotham et son fils, qui commandaient à Hull, et sir Hugh Cholmley, qui était gouverneur de Scarborough. Elle séjourna quatre mois dans le comté d'York et visita Edge-Hill, où le roi lui montra comme un champ de victoire cette plaine de Keynton, où pourtant il avait été plus défait que triomphant. La reine désirait que l'on marchât sur Londres. Elle n'admettait pas les obstacles. Elle voulait avoir raison une fois pour toutes du parlement, comme si la cour des Stuarts, cette cour au quart papiste, aux trois quarts anglicane et toute absolutiste, eût tenu la Grande-Bretagne révolutionnaire à sa merci. Ce projet tomba : c'était une illusion chevaleresque; c'était

une tentative vaine de femme légère et de reine aventurière
contre une nation puissante, déjà presque républicaine et puritaine. Pym, au nom des communes, accusa cette princesse de
haute trahison (mai 1643).

Vers cette époque, le poëte Edmond Waller, parent du général William Waller, neveu de Hampden et cousin de Cromwell,
travaillait à un plan moins sensé encore que celui de Henriette.
Le brillant conspirateur était encore plus chimérique, — car
la reine avait une armée, et lui n'en avait pas.

Au mois de janvier 1643, il avait été envoyé avec plusieurs
de ses collègues du parlement à Oxford pour faire au roi des
propositions de paix. D'un rang inférieur aux membres de la
députation, il ne fut convié que le dernier à baiser la main au
roi. « Quoique le dernier, lui dit Charles à voix basse, vous
n'êtes point le pire, ni le moins en faveur auprès de moi. »
C'était une amorce. Edmond Waller y fut pris. Son imagination s'enflamma. Il résolut de livrer au roi, si bon pour lui, les
principaux membres du parlement, le lord maire et tout le comité de la milice. Trois mille hommes venus d'Oxford seraient
prêts, des lords et des députés seraient complices. Il faudrait
introduire les troupes royales, s'emparer de Westminster, de
la Tour, et tuer tout ce qui ne se rallierait pas.

Il y avait plusieurs conjurés ardents, Challoner entre autres. Tomkins, le beau-frère de Waller, était le confident le
plus intime du poëte. Leurs entretiens mystérieux attirèrent
l'attention, aiguisèrent la curiosité de Roe, domestique de
Tomkins. Le serviteur épia son maître et Waller. Caché derrière une tapisserie, il entendit les secrets de la conjuration et
s'empressa de les communiquer à Pym, un Cromwell politique
de l'Angleterre, avant que Cromwell en fût le Pym général.
Pym écouta Roe, le 30 mai, et garda le silence. Ce ne fut que
le lendemain, au sermon, que, recevant par un billet la confirmation du complot, il se leva de son fauteuil. Son visage était
inquiet, mais déterminé. Les députés qui se trouvaient là, l'en-
tourèrent aussitôt et l'interrogèrent sourdement. Pym répondit, se concerta rapidement avec eux, et tous ensemble disparurent du temple. Le sermon continua au milieu d'un trouble

inexprimable. Dès qu'il fut fini, les communes s'assemblèrent, et Pym leur révéla toute la conjuration. Un comité de poursuites fut à l'instant nommé. Waller et Tomkins furent arrêtés avec une demi-douzaine de complices. Une cour martiale les condamna sans délai à mort. Deux seulement, Challoner et Tomkins, subirent leur sentence.

Waller, le chef du complot, dénonça ses amis, témoigna son repentir, s'humilia devant le comité des communes, se prosterna sous l'éloquence et sous la doctrine des ministres puritains, supplia Pym et se sauva par tant de bassesses. Il était fort riche. La peine capitale fut commuée pour lui en une amende de dix mille livres sterling. Il en fut donc quitte pour un peu d'or et pour beaucoup de honte. Il passa sur le continent, se fixa d'abord à Rouen, puis à Paris, où il connut Saint-Évremond. Cromwell continua d'aller voir la mère de Waller. Elle, qui était bonne royaliste, l'accablait de reproches, et Cromwel prenait de là occasion de terminer plus vite le repas. Il jetait sa serviette au visage de mistriss Waller, et il ajoutait' en badinant, que le respect ne lui permettait pas de disputer avec sa tante. Le poëte sut profiter de cette familiarité et de cette parenté pour faire cesser son exil. Il vécut très-vieux, après Cromwell qu'il chanta, après Charles II qu'il flatta, méprisé de chacun jusqu'à sa mort et recherché de tous.

Telle fut la singulière destinée de Waller. C'était un de ces fats de la métaphysique et de la théologie qui, n'ayant pas la foi dans la pensée, n'ont pas le courage dans l'action, et qui roulent des tâtonnements de l'intelligence jusqu'au fond des abjections de la peur. Nul homme ne fut plus indéchiffrable que Waller. On ne pouvait ni l'estimer ni s'empêcher de l'admirer, et, tout en détestant son caractère, on aimait son intimité. Sa conversation était incomparable, soit dans la gaieté, soit dans la profondeur. Ses discours parlementaires étaient des chefs-d'œuvre d'inspiration, d'esprit, de science même, où l'éclair toujours, souvent le rayon, traversaient les ténèbres des questions les plus difficiles et les illuminaient. Moins étonnant comme poëte, il était là encore d'une distinction rare. Seulement, ce n'était pas un poëte de la famille du Dante, grand

dans la fiction et dans la réalité, un héros de la patrie autant
que des muses ; non, c'était un poëte de la famille de Lucain,
un héros dans l'idéal, un lâche dans la vie. Tacite aurait pu
dire de lui ainsi que de l'auteur de la Pharsale : « *Promissa im-
punitate corruptus, non omittebat passim conscios edere.* Cor-
rompu par la promesse de l'impunité, il dénonçait complice
sur complice. » Waller, comme Lucain, dénonça ses amis
les plus intimes. Il n'atteignit pas néanmoins à l'infamie déna-
turée du poëte latin ; il ne fut pas le délateur de sa propre
mère.

Pour Pym et pour son parti, une excellente conséquence de
la conjuration de Waller fut un rajeunissement d'enthousiasme
dans la guerre civile. Il y eut un redoublement de furie patriotique et militaire par tout le royaume. Ici les puritains étaient
victimes, là les cavaliers.

Un trépas à jamais regrettable fut celui de Sidney Godolphin. C'était un cadet devenu millionnaire. Il était d'une taille
lilliputienne. Lord Falkland l'en chérissait davantage, disait-il
en plaisantant, car sans lui, ajoutait-il, il eût été le plus petit
des royalistes. Sidney Godolphin avait toutes les puissances du
sentiment et de l'imagination, toutes les impuissances d'une
santé frêle et débile. La moindre humidité, le moindre froid
l'incommodaient. Il vivait solitaire à la campagne dans l'étude
de l'antiquité et dans des précautions infinies. Son manoir était
un gymnase et une boîte de coton. Telle était cependant en
lui la prédominance de l'âme que, s'étant fait volontaire des
Stuarts, il renonça à toutes ses habitudes de mollesse et se
montra un aventurier intrépide. Il brava la pluie, la gelée,
coucha sur la terre, dormit sous le ciel au bivac, enveloppé
de son manteau pour toute couverture. Il tomba d'une balle
dans la poitrine, au milieu d'un hameau du Devonshire, au
premier rang des plus braves parmi les cavaliers. Ce fut une
grande perte pour son parti.

Les puritains s'en réjouirent. Ils gagnaient peu à peu de la
popularité sur les presbytériens. Le comté d'Essex leur paraissant trop temporisateur, ils lui opposèrent sir William
Waller. Ce général réussit d'abord. Il triompha brillamment à

Winchester, à Chichester, à Malmesbury, à Hersford. Les têtes rondes le nommèrent Guillaume le Conquérant. Malheureusement il fut battu à Bath par le prince Maurice, le frère du prince Rupert (3 juillet), et à Devizes par lord Wilmot (13 juillet). Pym alors eut recours à la générosité du comte d'Essex, qui de nouveau, et d'un magnanime élan, se dévoua à la cause parlementaire.

Cette cause était en péril. Les avantages ne se balançaient pas dans les deux camps. Les royalistes semblaient près de l'emporter. Seulement l'héroïsme était sous toutes les bannières.

Lord Brooke, général pour le parlement, tomba au siége de Lichtfield d'une balle dans la tempe. Il ne se releva pas. Sa dernière prière avait été celle-ci : « Seigneur, si la querelle que je défends n'est pas équitable, je vous demande une mort prompte. » Il fut exaucé, selon les cavaliers, qui interprétèrent ce hasard comme un jugement de Dieu.

Le comte de Northampton, un rival de lord Brooke, un autre très-grand seigneur, à quelques jours et à quelques lieues de là, fut tué d'un coup de hallebarde. Il avait dit le matin même à ses fils et à ses amis qui lui reprochaient ses témérités : « Je ne trouverai jamais une aussi noble occasion de mourir que dans ces guerres. »

Hampden, lui, était dans l'Oxfordshire. Plusieurs fois il avait proposé de marcher sur la capitale de ce comté où le roi s'était fortifié. Le lord général ajournait toujours cette expédition. Hampden s'était avancé jusqu'à Chalgrave-field pendant que le prince Rupert, qui avait battu deux régiments du comte d'Essex à Vycomb, opérait sa retraite sur Oxford. Le grand citoyen et le prince se rencontrèrent et se chargèrent avec impétuosité dans le champ de Chalgrave. Hampden fut blessé mortellement à l'épaule d'un coup de feu (18 juin 1643).

Les cavaliers avaient bien reconnu le régiment de Hampden, mais ils ignoraient la présence du colonel. Aussi la nouvelle de sa blessure ne se répandit qu'indirectement à Oxford. Ce fut le docteur Gilles, ministre presbytérien, ami et voisin de Hampden, qui, abordant fortuitement dans une rue sir Philippe de Warwick, lui annonça le tragique événement. Aussitôt le courtisan mena le théologien au roi. « Le roi, dit Warwick, pria le docteur d'envoyer un messager chercher des nouvelles fraîches du blessé. Je vis que Sa Majesté aurait désiré lui dépêcher un de ses chirurgiens s'il en avait manqué, pensant qu'il était de son intérêt de gagner l'affection du colonel, ce qui eût été un excellent moyen pour entrer en accommodement avec les chambres. » Le docteur obéit au roi ; mais lorsque son messager arriva au lit où l'on avait transporté Hampden, le grand patriote expirait.

Hampden était avec Pym le plus grand chef de la révolution. Il avait quarante-sept ans. Sa maturité était virile. Jeune encore, l'inspiration animait en lui et fécondait l'expérience. Ce n'était pas la Bible qu'il portait toujours avec lui comme la plupart de ses contemporains. Son livre, c'était l'histoire de Davila, de cet Italien d'origine espagnole qui a raconté les luttes religieuses de la France. Homme de guerre civile, Hampden ne se séparait pas d'un récit de guerre civile. Il s'y instruisait dans une austère et profonde méditation. Hampden était le plus doux parmi les plus forts. Il était aussi hardi que circonspect. Dans les extrémités suprêmes, il conservait son calme. C'était un soldat déterminé, un citoyen sublime, un orateur accompli, le plus beau et le plus insinuant des hommes. Ce n'est pas pour rien, ni pour peu, que sa mémoire est encore sacrée à l'Angleterre. Il est du petit nombre de ceux dont le nom fait battre le cœur. Il avait vécu le plus éloquent, le plus adroit, le plus ferme des patriotes ; il en mourut le plus pur. Très-riche, très-puissant, très-populaire, jusqu'où aurait-il suivi la révolution ? Probablement jusqu'à la république. Il est permis de penser que Cromwell eût trouvé en lui un adversaire formidable. Mais je ne saurais aller aussi loin que Sheridan. Quelqu'un lui disant : « Hampden aimait trop Cromwell pour lui résister efficacement, » Sheridan répliqua : « S'il eût duré davantage, Hampden eût aimé Cromwell comme Brutus aima César. » Je ne puis voir dans cette réponse qu'un trait d'esprit. Hampden, tel que nous le connaissons, aurait combattu Cromwell de la parole et de l'épée, jamais du poignard.

Lui qu'on appelait le Père de la Patrie, *Pater Patriæ*, aurait défendu cette patrie sans se ternir d'un forfait. Homme de tête vaste, de bouche vibrante et de main prompte, il était également propre aux combinaisons, aux discours et aux actions. Ses facultés n'étaient pas moins transcendantes pour gouverner que pour conspirer. D'une activité merveilleuse d'esprit et de corps, aucune conjoncture, aucune entreprise ne l'eût étonné. Il se serait dévoué jusqu'au trépas. Toujours passionné et toujours tranquille dans la passion, il aurait toujours été d'autant plus capable d'électriser les autres, et, tout en les échauffant, de les diriger. Habile dans l'héroïsme, ce grand homme de bien fut heureux d'avoir été enlevé au milieu de toute sa vertu, avant le mal qui, dans les révolutions, pèse sur les meilleurs, sinon comme une nécessité, du moins comme une tentation.

Cette mort de Hampden ajouta un poids immense aux détresses du parlement. Londres aurait pu devenir la proie des cavaliers. Si le roi avait pu rallier à sa grande armée l'armée des comtes du nord et les attirer au midi, hors de leurs foyers, rien ne lui eût été difficile en ce moment. Il n'aurait pas vaincu la révolution, mais il aurait occupé la capitale du royaume. Il différa cette grande entreprise, qu'il aurait osée d'un seul bond avec deux armées ; avec une armée, c'était assez de prendre Glocester pour se frayer ensuite un chemin vers Londres.

Les troupes du Parlement étaient partout fondues ou affaiblies. Tout aurait sombré irréparablement sans l'idée qui dominait la révolution, et sans les hommes indomptables qui représentaient cette idée autour de Pym.

Ils donnèrent à Cromwell dans l'ouest un supérieur : c'était lord Kimbolton, devenu comte de Manchester. Une armée fut aussi organisée par sir William Waller, une armée qui devait être la réserve de la principale armée commandée par Essex.

Le lord général fut l'homme de la situation. Il se montra vraiment admirable en cette décisive conjoncture et digne des patriotes du parlement. Il contre-balança les défections des deux chambres et, entre autres, celles des lords Lovelace et Conway,

des comtes de Portland, de Clare, de Bedford et de Holland
qui coururent au roi comme au vainqueur. Le comte d'Essex,
lui, eut beaucoup d'audace. Il fut très-fidèle au parlement et à
l'Angleterre. C'est le plus magnifique moment de sa vie militaire et civique. Il sentit l'importance de Glocester et jura de
la débloquer. Car Glocester, malgré la distance, était à cet
instant le vestibule de Londres et le dernier boulevard de la
révolution.

Le comte d'Essex, donc, rassembla les débris de son armée,
qu'il passa en revue à Hounslow Heath. Il harangua cette
troupe, qui parut rafraîchie et rajeunie par l'enthousiasme du
lord général. Presque tous ses collègues du parlement étaient
avec lui à cheval. Ils prirent congé du comte très-affectueusement et retournèrent à Londres, tandis que lui se hâta vers
Colebrooke. C'était le 24 août 1643.

Depuis quatorze jours, Glocester se défendait contre le roi
en personne et contre une armée redoutable. Le prince Rupert
somma la ville de se rendre. Elle répondit non, comme toujours, du milieu de ses fortifications démantelées. Sa garnison
était à peine de quinze cents soldats. Son artillerie était en
mauvais état, et ses magasins ne contenaient pas plus de quarante barils de poudre. Glocester était confiante cependant,
car elle espérait dans le Dieu des armées, et elle avait pour
gouverneur le colonel Edward Massey, un de ces hommes intrépides qui, avant de s'ensevelir au besoin sous des décombres
fumants, font des miracles d'imprévu. Massey communiquait
son ardeur à tous. C'était un capitaine inépuisable en ressources, en stratagèmes, en activité ; il mangeait peu, dormait
encore moins, un tempérament de fer, une âme de feu, un
citoyen, un ingénieur et un général tout ensemble. Il multipliait les sorties, les attaques, les alarmes. Il soignait les blessés, louait les soldats, égayait les habitants, flattait les femmes,
fanatisait les vierges qui ensorcelaient ensuite les braves. Les
ministres presbytériens et puritains n'étaient point oubliés.
Sous l'ascendant du gouverneur, ils prêchaient le jeûne qui
épargnait les vivres, la Bible qui électrisait les courages et,
descendus de la chaire, ils montaient sur les remparts.

Massey veillait à tout. Le roi lui envoyait-il une sommation après le prince Rupert, voici les messagers que Massey expédiait au roi. Écoutons lord Clarendon : « Avant le temps prescrit, on vit sortir de la ville avec le trompette deux hommes à visages pâles, longs, maigres et sinistres ; des figures si étranges qu'elles déridèrent à la fois les plus sévères physionomies et qu'elles attristèrent les plus joyeux, car de pareils compagnons ne pouvaient apporter autre chose que la guerre. Ces hommes, sans aucune marque de respect et de civilité, dirent, d'un ton sec, clair et résolu, qu'ils transmettraient au roi la réponse de la pieuse ville de Glocester ; et sur toutes les questions qu'on leur fit se montrèrent si prompts à des reparties insolentes et séditieuses, qu'on eût dit que leur intention était de provoquer le roi à violer son sauf-conduit. » Ces messagers d'un si sauvage aspect et d'une si brutale franchise étaient un bourgeois de Glocester dont on ignore le nom et le sergent-major Pudsey. Ils étaient des échantillons énergiques de cette ville en fermentation religieuse, en soulèvement patriotique et militaire.

Le lord général pressentait les dispositions de Glocester. Il connaissait l'esprit des habitants et de la garnison ; il connaissait surtout Édouard Massey, l'un des plus étonnants officiers de l'armée. Il réfléchissait sans cesse à Glocester et à son gouverneur, puis, contre son habitude, il accélérait tout. « Nous débloquerons cette ville en perdition si Massey nous attend, — et il est homme à nous attendre, » disait Essex à son état-major. Et il continuait sa marche lestement, malgré le prince Rupert qui s'était détaché du siége pour arrêter les progrès du lord général. Le roi, qui était resté aux approches de Glocester, ne croyait pas à la venue d'Essex, et disait : « Le comte a du bon sens, il n'agira pas comme un fou en essayant l'impossible. » C'était en effet l'impossible qu'Essex essayait dans sa marche aventureuse et que le colonel Massey accomplissait dans les murs de Glocester.

Le lord général était à Beasconfield le 26 août. Le 1er septembre, il fut rejoint à Brakley Heath par les miliciens de Londres que Pym avait harangués avant leur départ. Il y eut des escarmouches à Deddington et aux environs de Stow entre le comte d'Essex et le prince Rupert. Le prince s'engageait un peu et se retirait ensuite. Le comte avançait toujours, si bien que, le 5 septembre, il gravit les collines de Presburg et fit tirer quatre pièces de canon de gros calibre. Le colonel Massey entendit ce bruit si espéré, et il s'empressa de rédiger une proclamation où il annonçait la présence du lord général. Il était temps, car les vivres allaient tarir, et il n'y avait plus qu'un baril de poudre. Le comte d'Essex atteignit Cheltenham. Quoique harcelé par le prince Rupert, il ne modifiait pas ses évolutions dont la pointe était toujours dirigée vers Glocester. Enfin, le 8 septembre, vingt-sixième jour du siége, le lord général faisait son entrée à Glocester.

Les habitants, la garnison, le colonel Massey en tête, vinrent au-devant du libérateur. Essex répondait par des saluts aux acclamations de la multitude. Il embrassa Edward Massey devant la foule ivre de joie. Ce fut l'un des plus beaux jours de la révolution, — le plus beau jour assurément du colonel et du lord général.

Essex coucha deux nuits à Glocester. Il ravitailla entièrement la ville. Munitions de bouche et de guerre, argent, soldats, il la pourvut de tout, et en partit le 11 septembre pour Cheltenham. Il s'était même trop dépouillé. Il avait apporté l'aisance, il emportait la pénurie et les besoins, lorsqu'il fut averti que les régiments de Crispe et de Spencer étaient à Cirencester, avec quarante charges de vivres. Il se détourna aussitôt, fit une longue marche de nuit, tomba sur la ville, s'empara de toutes les richesses du camp, prit cinq cents hommes et autant de chevaux. Ce fut une grande bonne fortune qui lui versa l'abondance pendant sa retraite sur Londres où le parlement le souhaitait. Il gagna Hungerford à travers plusieurs combats brillants, mais inutiles.

Le 19 septembre, il était à Newbury. L'armée du roi occupait cette ville et la colline de Biggs Hill. Depuis la levée du siége de Glocester, Charles s'était retranché dans cette position pour couper la route aux parlementaires. D'un premier coup d'œil, le comte d'Essex vit qu'il fallait conquérir la colline de Biggs Hill et en déloger l'ennemi. Il n'y avait pas d'autre passage. Sans balancer, il prit le front de son régiment d'infanterie et des brigades du colonel Barelay et du colonel Holborn. Il gravit au pas de course la colline, s'y fit place et s'y maintint vigoureusement. Il appela bientôt à lui les miliciens de Londres qui égalèrent en courage les troupes de ligne. Essex se portait partout, donnant ses ordres avec netteté, promptitude et gaieté, tranquille au milieu de la mitraille, comme à une séance du parlement ou dans une fête de son palais. Sir Philippe Stapleton menait les gardes et la cavalerie. Il eut des engagements meurtriers avec les escadrons du prince Rupert. Les capitaines presbytériens Fleetwood, Hammond, Pym, Draper et le cornette Doily, furent grièvement blessés, Le major-général Skippon se distingua par sa familière éloquence et par sa bravoure entraînante. Sir John Merrick manœuvra merveilleusement l'artillerie. La nuit surprit et enveloppa les deux armées dans le meilleur ordre. Le comte d'Essex croyait à une seconde bataille pour le lendemain. Il exhorta son armée dans cette prévision et déclara qu'il se frayerait à tout prix un passage vers Londres. Quelle ne fut pas sa joie, lorsqu'il s'aperçut à l'aurore que l'ennemi avait disparu lui laissant le champ de bataille et la route libre. Seulement le prince Rupert avait obtenu du roi, qui se retirait à Oxford, la permission de harceler l'arrière-garde du comte d'Essex, ce qui satisfit le prince sans émouvoir le comte.

Le parlement n'eut à déplorer la mort d'aucun grand personnage. Le roi perdit le comte de Carnarvon, le comte de Sunderland et le vicomte de Falkland.

Le lord Falkland, un Hampden royaliste, voilà le deuil éternel de cette bataille. Il n'avait que trente-trois ans à Newbury (1643). Quoiqu'il fût de petite stature, d'un visage seulement ébauché, il n'avait pourtant rien de vulgaire. Bien loin de là, cette bouche navrée, ce regard déterminé, lumineux et profond, malgré l'enfoncement des joues et l'imperfection des traits, annoncent peut-être un homme du monde, peut-être un savant, peut-être un héros, peut-être un amant, peut-être tout cela ensemble. La distinction de cette figure est toute morale et triomphe de la nature.

Falkland avait été fort sévère pour Strafford par zèle de l'intégrité. Il ne ménageait pas toujours le roi dont il dédaignait un peu la logique. Tout en effleurant parfois Charles Ier d'une brusquerie dans la discussion, il était sans remords, car il se sentait dévoué sans retour. Il était passionné pour l'étude. Il donnait à pleines mains. Il n'estimait la richesse que pour le bonheur de la prodiguer. Il était d'une valeur si naturelle et si ardente, que son désir de la paix pouvait s'exprimer hautement. « Je puis avouer que j'aime la paix, disait-il, on sait assez que je ne crains pas la guerre. » Il avait un grand nom, un grand esprit, une grande considération. Nul n'était moins le flatteur du roi et nul n'était plus son ami. Il avait une passion vertueuse pour une personne accomplie, et cette passion il la conciliait avec une vive tendresse pour sa femme et pour ses trois fils, les héritiers de sa maison. Il était érudit comme un homme de lettres et hardi comme un chevalier. Il avait au conseil le poste de secrétaire d'Etat des affaires étrangères, et une influence supérieure à toutes les dignités.

Avec tant de prestiges et tant d'avantages, il était pénétré de la mélancolie des guerres civiles. Il voyait les choses en noir et ne se faisait aucune illusion. Il ne travaillait pas pour le succès, mais pour la conscience, et il pressentait que tous les sacrifices seraient couronnés d'un dernier sacrifice, celui de la vie. Le matin de la bataille de Newbury, il se joignit au régiment de sir John Byron et se jeta d'un tel élan dans la mêlée, que tout plia d'abord devant lui ; mais frappé d'une balle dans le bas-ventre, il tomba de son cheval pour n'y plus remonter. Il finit ainsi en soldat, après avoir vécu en seigneur, en sage et en citoyen, quoique dans une cour. Il était estimé de tous, adoré de quelques-uns, entre autres d'Edward Hyde, chancelier de l'échiquier, lequel s'écria en apprenant le bruit funèbre :

Turpe mori, post te, solo non posse dolore.

Que ce vers demeure buriné dans l'histoire de la révolution anglaise comme l'épitaphe du magnanime lord Falkland ! Ce qui toucha même ses ennemis sur sa mort, c'est qu'ils devi-

nèrent qu'il la trouva parce qu'il la cherchait. Ses amis furent
inconsolables. La femme que Falkland portait dans son cœur
expira le même jour que lui, soit angoisse soudaine à la nouvelle tragique, soit magnétisme mystérieux entre ces grandes
âmes prédestinées à ne pas habiter deux mondes différents!

Le comte d'Essex, cependant, reparut à Londres en triompha-
teur. Le parlement et la ville étaient dans l'ivresse. La gloire
des miliciens ajoutait à la popularité de la victoire. Le lord
maire et les aldermen se portèrent au-devant d'eux à Temple-
Bar, en robes rouges, puis, sous le même costume de cérémonie,
ils allèrent à Essex-House féliciter le lord général, « le sauveur de leur vie, de leur fortune, de leurs femmes et de leurs
enfants. » La chambre des communes se présenta aussi avec
son président à l'hôtel du comte d'Essex, et le complimenta
chaudement.

Le parlement fit exposer en grande pompe tous les drapeaux
pris à la bataille de Newbury, même celui qui représentait
Westminster avec deux têtes de criminels sur deux potences.
Ces têtes et ces potences dominaient l'édifice, et cette devise
se lisait au-dessous : *Ut extra, sic infra.*

Essex profita des conjonctures pour se subordonner Waller
qu'on lui avait d'abord opposé. Il fut arrêté par un vote des
communes que le général puritain ne serait que le lieutenant
du comte d'Essex. Le vainqueur de Newbury devint alors le
premier homme de l'Angleterre. Je me rappelle un portrait de
lui, à cette date, d'une noblesse singulière. Les cheveux d'Essex
tombent en boucles. La physionomie est majestueuse, le visage
long, les yeux indécis, la bouche silencieuse. C'est un beau
sphinx aristocratique en pleine guerre civile. Cette figure honnête est énigmatique et semble se dire à elle-même : « Que
faut-il faire? » Le lord général aura nécessairement dans l'action, après Newbury, une lenteur analogue à l'inquiétude de sa
pensée.

Comment ne serait-il pas troublé? Il était presbytérien
comme les réformateurs primitifs de la révolution. Pym,
Hampden, Hollis furent d'accord avec les Écossais et se liguè-
rent pour l'église de Knox contre l'église des prélats. Les réfor-

mateurs et les Écossais s'entendaient au fond pour établir dans toute l'île une conformité de doctrine, de discipline et de gouvernement sans hiérarchie du sacerdoce.

Voilà une première phase de la question. Le comte d'Essex en redoutait une seconde. Les indépendants tenaient toute autorité ecclésiastique pour un attentat contre la conscience. Or, les indépendants de plus en plus nombreux n'étaient pas moins prononcés contre les presbytériens que contre les anglicans et les papistes. Dans cette sphère d'idées, une majorité au sein de la chambre des communes pouvait substituer à l'influence d'Essex dans l'armée une autre influence prépondérante. Ce n'était pas le comte de Manchester plus orateur que général, ce n'était pas Waller trop enfant perdu. Il n'était pas probable non plus que ce fût parmi les hardis officiers de l'armée Olivier Cromwell. Cromwell n'était encore qu'un colonel de partisans. Cependant il n'était pas à dédaigner. Toutes ses tendances étaient ultra-calvinistes autant que démocratiques, et l'on commençait à parler de lui. Il suffirait peut-être d'un gouvernement radical pour faire de lui un grand chef militaire, un Essex puritain.

Les presbytériens descendaient la pente de leur domination. Ils avaient voulu abattre le pouvoir absolu et l'épiscopat, afin de fonder le pouvoir constitutionnel et l'Église évangélique. Eux, des gentilshommes et des seigneurs, ils n'avaient pas eu l'intention de supprimer le roi, mais de le limiter, ni d'extirper la noblesse, mais au contraire de la rehausser en l'opposant à la cour.

Denzil Hollis, sir Philippe Stapleton, le comte d'Essex et les autres patriciens révolutionnaires ne comprirent bien qu'après Newbury, quelle suite hostile et redoutable ils avaient dans les puritains. Les puritains, les indépendants, comme on les appela, ne haïssaient pas moins les presbytériens, que les presbytériens n'avaient haï les épiscopaux. Ils ne reconnaissaient d'autre autorité que la Bible. Ils n'admettaient ni évêques, ni pasteurs, ni théologiens officiels. Chacun était prêtre, et chacun invoquait l'inspiration avec une passion intérieure qui éclatait par le choix des versets correspondants à cette passion. Le cœur d'un indépendant, comblé des feuillets de la Bible, était un antre plein d'oracles comme l'antre de la sibylle.

Dès son arrivée dans les comtés de l'est, Cromwell savait les prodiges qu'il pourrait opérer avec les indépendants. Il était sur l'extrême limite où les presbytériens et les puritains se confondaient presque, tout à tous, plus indépendant néanmoins que presbytérien, persuadé que l'Angleterre est la nation de Dieu, et disposé à faire les affaires de l'un et de l'autre. Il se sentit entièrement cette vocation en 1643. Elle était venue peu à peu.

Il avait deviné par soi-même combien l'Angleterre est religieuse sous les intérêts. Aujourd'hui l'Angleterre moderne a un principe exclusivement égoïste : le gain, le lucre. Elle prospère par là, par là aussi elle périra. Il sonnera une heure dans un jour sinistre où le gigantesque royaume n'aura plus de lien, c'est-à-dire plus de marine entre ses provinces si lointaines et si profondément étrangères les unes aux autres. Ce jour-là, le jour où la marine de l'Angleterre mourra sur l'Océan, il n'y aura plus d'unité, plus d'âme en elle ; il n'y aura plus d'Angleterre.

Heureusement, l'Angleterre n'est pas qu'une nation marchande ; elle est une nation chrétienne. C'est un salut pour elle. Son principe religieux soutient dans le monde son principe mercantile. Dans un Anglais il y a deux hommes, un publicain et un sectaire. La religion conserve, en les christianisant, en les civilisant, les vastes possessions qu'épuiserait l'exploitation industrielle, et les missionnaires sont partout les coopérateurs spiritualistes des colons. C'est là une supériorité de l'Angleterre sur Carthage et la promesse d'une plus longue vie.

Depuis 1643 et même avant, Cromwell, qui contribua tant à l'essor maritime de son pays, fut, de toutes les maîtres de ce pays, celui qui scruta le mieux la cohésion des deux principes constitutifs de l'Angleterre : la force matérielle et la force religieuse. Avec le fanatisme il créa l'armée, puis avec l'armée il créa la dictature, puis avec la dictature il renouvela ce peuple insulaire, qui grandit toujours comme sectaire, comme indus-

triel et qui s'est fait conquérant pour être de plus en plus millionnaire et missionnaire.

N'anticipons pas et constatons, à sa date, la première idée de
génie manifestée par Cromwell. C'est une conception nouvelle
de l'armée. Après la journée d'Edge-Hill (1642), s'entretenant
avec Hampden, il lui dit : « Nos commis de Londres et nos
fils de marchands de vin enrégimentés sous le drapeau du comte
d'Essex tiendront difficilement contre les cavaliers, dont le métier est de se battre. — Nos ennemis ont pour eux l'antique
honneur, répondit Hampden. — Sans doute, reprit Cromwell,
attaquons-les avec la primitive foi. Sans la foi, nous serions
vaincus, par la foi nous serons vainqueurs. »

Ce principe trouvé, Cromwell se mit à l'œuvre. Sa compagnie d'abord, son régiment ensuite, il ne les composa que de
saints. C'étaient des indépendants qui tuaient au nom du Seigneur, qui sabraient en priant, qui récitaient des lèvres les
psaumes de David et qui égorgeaient en même temps du poi-
gnet avec la fulgurante épée de la révolution. Bien avant d'être
un personnage national, maniant des peuples et des armées,
Cromwell, *à l'écart d'Essex* et mille fois *au-dessous de lui*,
maniait des villages et des escadrons, mais c'était avec la foi.
La religion, qui était son grand sentiment, fut aussi son grand
levier de politique personnelle et générale.

A quelques semaines de distance de la bataille de Newbury,
il ne s'était pas épargné à Grantham et à Gainsborough (juillet 1643). Ce sont de petites batailles qui ne se peuvent com-
parer aux deux batailles du comte d'Essex, mais ces petites
batailles sont prophétiques. Elles révèlent un homme à cheval
sur son armée comme un centaure. Elle n'est qu'anarchie, et lui,
qui est tout instinct d'autorité, en fait ce qu'il veut. Il faut citer
ces premiers bulletins, qui expriment si peu de chose et qui en
annoncent tant.

« Grantham, 13 mai 1643.

« Dieu nous a accordé une glorieuse victoire sur nos ennemis. Ils avaient, d'après ce que nous apprenons, vingt et un
étendards de cavalerie légère et deux ou trois de dragons.

« C'est vers le soir qu'ils sont sortis et se sont formés devant nous, à deux milles de la ville. Aussitôt que nous entendîmes le cri d'alarme, nous déployâmes nos forces, qui consistaient en douze escadrons... — Quelques-uns de nos soldats étaient dans un état de faiblesse et de fatigue aussi grand que vous ayez jamais vu : il a plu à Dieu de faire pencher la balance en faveur de cette poignée d'hommes, car après que les deux partis furent restés pendant quelque temps en face l'un de l'autre hors de portée du mousquet, et quand les dragons des deux côtés eurent échangé des coups de fusil pendant une demi-heure ou plus, l'ennemi n'avançant pas sur nous, nous résolûmes de le charger, et approchant de lui après une fusillade de part et d'autre, nous fîmes avancer nos escadrons au grand trot. L'ennemi nous attendait de pied ferme ; nos hommes le chargèrent vigoureusement ; par la Providence divine nous le mîmes aussitôt en déroute. Il prit la fuite, tout fut poursuivi et sabré pendant deux ou trois milles.

« Je crois que dans la poursuite plusieurs de nos soldats ont tué chacun deux ou trois hommes ; mais nous ne sommes pas certains du nombre des morts. Nous avons fait quarante-cinq prisonniers, outre les chevaux et les armes tombés en notre possession ; nous avons délivré plusieurs prisonniers et nous avons enlevé quatre ou cinq étendards. »

OLIVIER CROMWEL. »

Voilà le bulletin du combat de Grantham : on ignore à qui il est adressé. Voici le bulletin de l'affaire de Gainsborough. Cromwell, cette fois, écrit au comité de l'association de Cambridge.

« Huntingdon, 31 juillet 1643.

« Messieurs,

« Il a plu au Seigneur d'accorder à votre serviteur et à vos soldats une victoire importante à Gainsborough. Mercredi, après avoir pris Burley-House, je marchai sur Grantham, et là je rejoignis environ trois cents chevaux et dragons de Nottingham. Outre ceux-ci, nous rencontrâmes, le jeudi soir, comme il était convenu, les hommes de Lincoln à Nort-Scarle, à environ dix mille de Gainsborough. Là, nous nous sommes reposés jusqu'à deux heures du matin ; puis nous nous sommes mis tous en marche pour Gainsborough.

« A environ un mille et demi de la ville, nous trouvâmes un poste avancé ennemi d'environ cent chevaux. Nos dragons essayèrent de le repousser ; mais l'ennemi ne mit pas pied à terre, les chargea et les força de se replier sur le corps principal. Nous avançâmes jusqu'au pied d'une montagne escarpée ; nous ne pouvions la gravir que par des sentiers ; nos hommes essayèrent, et l'ennemi s'y opposa ; nous réussîmes et gagnâmes la crête de la colline. Cela fut exécuté par les Lincolniens, qui formaient l'avant-garde.

« Quand nous eûmes tous atteint le haut de la colline, nous vîmes un corps nombreux de cavalerie devant nous, à environ une portée de mousquet ou plus près, et une bonne réserve d'un régiment entier de cavalerie derrière. Nous nous occupâmes à mettre nos hommes en aussi bon ordre que possible. Pendant ce temps, l'ennemi avança sur nous pour nous prendre à notre désavantage ; mais, quoique peu en ordre encore, nous chargeâmes leur corps principal. J'avais l'aile droite. Nous vînmes cheval contre cheval, et nous travaillâmes de l'épée et du pistolet un assez joli espace de temps, les deux partis gardant leurs rangs serrés, de sorte que l'un ne pouvait pas entamer l'autre. A la fin, ils plièrent ; nos hommes s'en aperçurent, se précipitèrent sur l'ennemi et dispersèrent immédiatement le corps entier, les uns fuyant à gauche, les autres à droite de la réserve ennemie, et nos gens les poursuivant à grands coups de sabre pendant cinq ou six milles.

« Ayant remarqué que ce corps de réserve restait immobile et ferme, j'empêchai mon major, M. Whalley, de les suivre, et avec mon propre escadron et le reste de mon régiment, en tout trois escadrons, nous nous réunîmes en un seul corps pour attaquer la réserve.

« Dans cette réserve était le général Cavendish. Un moment, il me fit face. Il eut ensuite en tête quatre escadrons de Lincoln ; c'est tout ce qu'il y avait là des nôtres : le reste était occupé à la poursuite. Le général Cavendish chargea les Lincolniens et les culbuta. Aussitôt je tombai sur ses derrières avec mes trois escadrons, ce qui l'embarrassa tellement qu'il abandonna la poursuite et aurait bien voulu se défaire de moi ; mais je continuai à le presser, je poussai sa troupe jusqu'au bas de la côte avec grand carnage : le général et plusieurs de ses hommes furent acculés dans une fondrière, où mon lieutenant le tua d'un coup d'épée dans les fausses côtes. Le reste de ce corps fut mis complétement en déroute ; pas un homme ne tint pied.

« Après une défaite si totale de l'ennemi, nous ravitaillâmes la ville avec les vivres et les munitions que nous avions apportées... »

C'est ainsi que Cromwell secourut Gainsborough. Mais il ne s'entêta pas contre l'armée entière de lord Newcastle, auquel s'étaient ralliés les fuyards et qui brûlait de venger son frère, le général Cavendish. Aussi prudent qu'il avait été audacieux, Cromwell se retira sans précipitation devant un nombre disproportionné de royalistes. Il se rendit à Lincoln, puis à Boston, où il rejoignit le comte de Manchester, son général, que rejoignit en même temps de Hull par mer sir Thomas Fairfax.

Rien n'est curieux comme les lettres de Cromwell. Elles complètent ses bulletins. Il écrit à Olivier Saint-John (septembre 1643) :

« ... On me néglige excessivement... Une grande partie des troupes de lord Manchester est venue vers moi ; ce sont de mauvais soldats, mutins, et auxquels il n'y a pas à se fier... Ceux-là sont approvisionnés, mais non les miens. — Mes troupes à moi augmentent... des hommes que vous estimeriez, si vous les connaissiez. Pas d'anabaptistes ; ce sont d'honnêtes et sages chrétiens ; ils s'attendent à être traités comme tels... Je me suis occupé de votre service jusqu'à oublier les besoins de mes propres soldats... Ma fortune est modique... J'ai pris douze cents livres sterling sur mon trésor privé... Vous avez eu mon argent ; j'espère en Dieu, et je veux y risquer ma peau. Les miens pensent de même. Chargez de fardeaux leur patience, mais ne l'écrasez pas... »

Cromwell avait déjà l'accent, non moins que l'ambition du commandement. Il en avait les embûches avec sir Thomas Fairfax, qu'il charmait en le louant, et avec le comte de Manchester, qu'il minait en le jugeant. Il travaillait sourdement à se faire de sir Thomas Fairfax un auxiliaire, du comte de Manchester et du comte d'Essex des marchepieds. Ils étaient presbytériens, lui indépendant. Il s'emparait peu à peu de l'armée par la religion, et avec l'armée il méditait d'annuler le parlement, comme Hampden et Pym avaient annulé la royauté avec le parlement. Hampden était mort, Pym allait mourir, et Cromwell se préparait dans l'ombre à donner une nouvelle face à la révolution.

Il eut l'air de regretter Pym, le grand tribun ; mais son deuil était hypocrite. Pym enseveli était un obstacle de moins. Ce savant orateur, cet homme d'État profond expira, ainsi que Hampden, avant les fautes et avant les crimes. Nul n'avait plus servi que lui l'insurrection de l'Angleterre contre la tyrannie des Stuarts. Il avait puni la conspiration de Strafford et gracié la conspiration de Waller. Les trois dernières années de sa vie furent les plus illustres. Il fit reculer le droit divin des Stuarts. Jusqu'à son jour suprême, au mois de décembre 1643, il fut d'une tactique habile, d'une éloquence contenue, d'une passion profonde, d'une ténacité adroite, d'une expérience invincible. Il fut une sorte de Cromwell parlementaire et presbytérien, le précurseur du Cromwell militaire et indépendant.

Il serait devenu peut-être un puritain modéré. Il aurait continué d'être pour le parlement contre l'armée, comme il avait été pour le parlement contre le roi. Aurait-il donné un autre tour à la révolution? Cela est douteux. Les révolutions sont des locomotives qui brisent le plus souvent leurs passagers, s'ils tentent de descendre avant l'heure, ce qui du reste ne doit jamais arrêter ni les braves, ni les honnêtes.

Pym était grave plutôt qu'austère. Il dépensait pour le plaisir ; il dépensait aussi et beaucoup plus pour la politique. Les dettes qu'il laissa témoignent de ces deux générosités. Le parlement vota dix mille livres sterling pour l'acquittement du grand citoyen, et il lui vota un monument dans un monument, un tombeau sous les voûtes de l'abbaye de Westminster.

A quelques jours de cette mort glorieuse, les deux Hotham furent décapités à Tower-Hill (1er et 2 janvier 1644). Ils étaient détenus depuis le mois de juillet 1643. Séduits par les artifices de la reine à son retour de Hollande, ils avaient consenti à livrer au roi la place de Hull, que sir John Hotham avait si solennellement gardée au peuple.

Cette fidélité du père lui pesa ; elle ne pesa pas moins à son fils, et ils résolurent d'abandonner le parlement, en ouvrant devant le roi les portes de Hull, qu'ils avaient si bien tenues fermées au début de la guerre. Ils payèrent cette versatilité de leur mort, et cette mort fut horrible. Sir John demanda plusieurs sursis. Son fils, le capitaine Hotham, sollicita sa propre grâce. Il n'obtint rien et fut exécuté un jour avant son père, qui, après l'exécution de son fils, implora encore la vie avec acharnement. Selon Whitelocke, il avait un peu peur de la hache ; selon Philippe de Warwick, il se crut sauvé par le supplice de son fils, car on lui avait persuadé qu'il n'y aurait que l'un des deux de sacrifié. Ce qu'il y eut de triste surtout dans l'immolation du père et du fils, c'est que la rage de vivre leur ôta tout dévouement. Le survivant était décidé à se réjouir. Il n'y eut pas heureusement de survivant. La mort est moins sinistre à voir et consterne moins le cœur qu'un crime de sentiment, et il vaut mieux cesser d'exister par un coup du destin que d'être, par une lâche allégresse de respirer, un parricide au fond de l'âme.

Charles Ier convoqua le parlement à Oxford (25 février 1644). Plusieurs lords et quelques membres des communes répondirent à cet appel. Il y eut ainsi un simulacre de parlement à Oxford, près de Charles, et loin de lui, à Londres, le vrai parlement de Westminster. Ce qui est remarquable, c'est que le parlement d'Oxford ne fut pris au sérieux par personne, ni par le roi, ni par le peuple. Le roi écrivait à la reine : « Mon parlement *métis;* » et le peuple disait : « Le parlement *bâtard.* »

Les Écossais, qui avaient conclu entre eux le premier covenant contre le roi et pour le presbytérianisme, venaient de
signer, de concert avec le parlement, un second covenant, une
ligue formidable pour le presbytérianisme et contre le roi. Ils
étaient conséquents et opiniâtres. Lesley, leur général de l'ancien covenant, était le général du nouveau, sous le titre de
comte de Leven. Il entra en Angleterre et se mit en communication avec le comte de Manchester et sir Thomas
Fairfax, deux des généraux du parlement. Ces trois hommes
combinèrent le siége d'York, dont lord Newcastle était gouverneur et qu'il occupait avec une garnison considérable de cavaliers et de fantassins. Ce qu'il y avait de touchant dans l'armée
parlementaire, c'était la subordination généreuse de lord Fer-
dinand Fairfax à son fils et la tendre déférence de sir Thomas
Fairfax, qui était plus respectueux envers son père dans le
commandement qu'il ne l'avait été autrefois dans l'obéissance.
Ce qu'il y avait de pathétique dans cette même armée, c'était
le mystérieux ascendant de Cromwell, depuis peu lieutenant
général et l'un des officiers du comte de Manchester. Derrière
les chefs officiels, qui paradaient sous de brillants uniformes,
l'intense génie de la révolution, — guerre et paix, anarchie et
gouvernement, — éclatait par moments en lueurs terribles sur
le visage sombre de ce Cromwell, énigmatique comme un
sphinx, profond comme un théologien, rusé comme un diplomate, pieux comme un pasteur, soudain, hardi, inspiré comme
un grand capitaine, tout en paraissant aveugle et violent comme
un sectaire. Il favorisait les indépendants, inquiétait les Écossais, gourmandait parfois le comte de Manchester, conseillait
sir Thomas Fairfax et haranguait ses propres soldats, qui pouvaient compter sur lui et sur lesquels il pouvait compter.

C'est lui qui les avait faits, qui les avait dressés à l'héroïsme,
à la sainteté avec une profondeur merveilleuse et des ressources
d'organisation incomparables. Un récit contemporain retrace
cette conception nouvelle de l'armée, racontée par Cromwell
lui-même dans une congrégation puritaine. Son discours, qui
est textuel, a toute l'intimité d'une confidence. « J'avais alors,

dit-il, un très-digne ami; c'était un homme d'un mérite rare, et
dont je sais que la mémoire vous est chère à tous, M. John
Hampden. Lorsque nous commençâmes cette entreprise, je vis
que nos gens étaient battus partout; je le vis, et je demandai à
Hampden d'ajouter quelques régiments à l'armée de mylord
Essex. Je l'assurai que je pourrai y mettre des hommes qui,
selon moi, auraient en eux l'esprit qu'il fallait pour avancer
l'œuvre. « C'est très-vrai ce que je vous dis, ajoutai-je en m'a-
« dressant à sir John Hampden, si vrai que Dieu est mon
« témoin. Vos soldats, lui dis-je encore, sont pour la plupart
« de vieux domestiques, des garçons d'auberge et autres de
« même sorte; quant à nos ennemis, ce sont fils de gentils-
« hommes, cadets de famille, hommes de qualité. Croyez-vous
« que les courages des nôtres, de personnes d'une si vile espèce,
« seront de force contre des cavaliers ayant honneur, bravoure
« et résolution? » En vérité, je lui représentai cela conformément à ma conscience, et je lui dis : « Il faut que vos hommes
« aient un esprit, — ne prenez pas mal mes avertissements, —
« un esprit qui aille aussi loin que peuvent aller les gentils-
« hommes, sans quoi vous serez battus, toujours battus! »
Réellement je lui dis cela. C'était un homme prudent et honorable, et il me répondit que j'avais une bonne idée; mais qu'elle
était impraticable. Je lui répondis que je l'y aiderais tant soit
peu, et je le fis. En vérité, il faut bien que je le dise, — attri-
buez-le à qui vous voudrez, — je réussis à enrégimenter des
hommes qui avaient la crainte de Dieu devant les yeux et de la
vertu dans ce qu'ils faisaient, et depuis ce jour, ils ne furent
jamais battus, mais toujours battants... » (Harris, p. 78.)

Voilà ce que Cromwell essayait pour toute l'armée nationale. Mais pour ses régiments à lui, c'était bien autre chose.
Il les connaissait homme par homme; il était leur chef spirituel
et temporel, leur ministre, leur médecin, leur général, et plus
que cela, — leur prophète. Il ne se contraignait pas avec eux,
et il voulait que ses saints fussent des diables révolutionnaires.
Le comte d'Essex levait ses soldats, en ce temps-là, au nom du
roi et du parlement. Cromwell, à qui la même formule était
prescrite, levait les siens au nom du parlement seul, et il leur

disait : « Je combats si peu pour le roi que, si je le rencontre dans la mêlée, je lui tirerai ma balle comme à un simple particulier. Je ne prétends pas vous imposer des devoirs ambigus et contradictoires. J'exhorte ceux que choqueraient mes principes à ne pas s'engager sous mes ordres. » (*Memoirs of the Protectoral house*, t. 1er, p. 271.)

Tel était Olivier Cromwell en 1644, tandis que les trois armées du parlement, sous leurs trois généraux, le comte de Leven, lord Manchester et sir Thomas Fairfax, pressaient la ville d'York dans un cercle de fer et de feu. Le roi s'était retiré d'Oxford à Worcester. Le prince Rupert accourut du Midi vers York avec l'impétuosité d'un héros féodal au cœur chaud et au bras prompt. Il entra dans la ville sans difficulté, car les parlementaires avaient quitté leurs redoutes à son approche, disposés à suivre les stratégies de son armée et à la combattre, si l'occasion était propice. Cette occasion, le prince Rupert la fit naître. Il n'était pas homme à se contenter du débloquement d'York. Il sortit des murs avec lord Newcastle, tous deux trop hautains pour ne pas se froisser, soit dans le commandement, soit dans l'obéissance. Ils avaient vingt-trois mille hommes, et c'est à la tête de cette armée imposante qu'ils provoquèrent une armée égale dans la plaine de Marston-Moor, dont j'ai observé avec tant d'intérêt les plis de terrain verts et fauves, à travers l'ardente évocation du passé. Seulement j'examinais cette plaine tragique en historien et en voyageur ; mais Rupert et Newcastle, Leven, Manchester et Fairfax l'observèrent en tacticiens. Cromwell la mesura en grand capitaine. Il manœuvrait l'aile gauche sous Manchester, et sa réserve était un peu en arrière, sa réserve composée d'une élite sacrée d'indépendants aux poitrines d'airain. Ces anarchiques sectaires s'étaient soumis d'eux-mêmes à la discipline de Cromwell. Ils attendaient son signal dans des méditations bibliques, se taisant, priant et chantant tour à tour, selon le souffle du Seigneur.

L'aile droite des parlementaires, que dirigeait Fairfax, et leur infanterie du centre furent chargées avec une telle furie par l'aile gauche des royalistes que le général patriote ne put arrêter ce torrent d'acier. Il le mordait en vain par moments d'une morsure désespérée. Un peu abandonné et presque seul, Fairfax, dans ce désastre, fit des exploits de chevalier errant. Le démon de la guerre était en lui. Sa bravoure était presque toujours communicative, son inspiration irrésistible, ses talents électriques sous la mitraille. Les soldats l'acclamaient, et il les groupait d'ordinaire autour de lui. Cette fois, leur peur fut plus grande que leur admiration, et ils se débandèrent. La déroute fut si complète que Fairfax lui-même, avec les comtes de Leven et de Manchester, se laissa entraîner dans une sorte de fuite vers le château de Cawood.

Pendant le succès de son aile gauche, le prince Rupert, avec son aile droite, s'était avancé dans une position avantageuse, d'où il décimait à coups de canon l'aile gauche des parlementaires, commandée par le colonel Cromwell. Le neveu du colonel, le capitaine Walton, fut blessé grièvement. Cromwell, répondant à l'artillerie par l'artillerie, fit faire une évolution à deux régiments de fantassins pour garder ses batteries. Ces deux régiments, attaqués par les royalistes, furent soutenus par les patriotes. Le combat s'engagea vivement alors entre le prince Rupert et Cromwell. La cavalerie, qui formait le cinquième de chaque armée, fut admirable. Après une première décharge de leurs pistolets, royalistes et parlementaires ne se frappèrent plus que de l'épée. La mêlée fut sanglante. Le prince Rupert fut culbuté avec son aile droite par l'aile gauche de Cromwell, qui ne s'acharna pas aveuglément sur les fuyards. Dès qu'il les eut dispersés de tous les côtés, il rallia ses bonnes troupes, et, décrivant le tour du champ de bataille, il se replia vers le terrain de Fairfax, où l'aile gauche victorieuse des royalistes revenait en triomphe de sa poursuite vigoureuse. La bataille recommença entre les deux ailes gauches, qui s'étaient rejointes par deux victoires. Ce fut en ce moment suprême que Cromwell appela sa réserve d'indépendants, de millénaires et d'anabaptistes. Cette réserve terrible, composée de saints exterminateurs, acheva la défaite au tranchant des sabres et au bruit des psaumes. La vie et les couplets des cavaliers s'éteignirent à travers le cliquetis des armes et sous le cri rauque des versets de la Bible. Il resta cinq mille cadavres sur le champ

de bataille. Des captifs innombrables et toute l'artillerie royaliste tombèrent aux mains des parlementaires. Parmi les prisonniers on remarqua sir Charles Lucas et plus de cent vingt
officiers de tous grades. L'étendard palatin de Rupert rehaussa
les autres drapeaux pris sur l'ennemi. Le prince lui-même, sans
bannière, et avec les débris de son armée, recula dans l'ouest,
tandis que lord Newcastle partit pour Scarborough, d'où il s'embarqua et gagna Hambourg. Le prétexte de cet exil volontaire
était un ressentiment implacable contre les insolences du prince
Rupert, le motif était la conviction de l'inutilité de toute lutte
des royalistes.

Les trois généraux sauvés par Cromwell marchèrent de nouveau sur York, qui ouvrit ses portes. Fairfax y demeura comme
gouverneur, Manchester revint dans le comté de Nottingham,
et Leven, avec ses Écossais, conquit la ville de Newcastle.

Cromwell grandit au-dessus de tous. Cette armée révolutionnaire dont il avait développé la théorie devant Hampden
étonné, il l'avait réalisée, accomplie. Elle avait paru vivante à
Marston-Moor. Elle avait tout décidé. Elle avait été coulée en
bronze dans la fournaise de l'esprit. Le peuple était du même
métal. Et, ce qui est plus miraculeux à cette date, ou plutôt à
cette ère de la bataille de Marston-Moor (2 juillet 1644), c'est
que, entre le peuple et l'armée, mais bien au-dessus d'eux, il y
avait un homme de constitué. Or, quand Dieu veut faire un
grand acte, un grand mouvement social, il commence par faire
un homme.

Cet homme était Cromwell. Centre tantôt lumineux, tantôt
obscur d'une théologie et d'une politique, orateur impérieux,
militaire transcendant, diplomate, administrateur, organisa-
teur, tous ces dons étaient souvent cachés, parfois visibles. Ils
éclatèrent à Marston-Moor. Depuis cette journée mémorable,
l'étoile que Cromwell avait dans le nuage s'en dégagea, tour à
tour brillante et ténébreuse, jamais entièrement voilée.

En ce temps-là le comte d'Essex avait conduit son armée
dans le comté de Cornouailles. Le roi l'y pourchassa vivement,
après avoir opéré la jonction de ses troupes d'Oxford et de ses
troupes de l'ouest. William Waller, dépêché par le comité de

la guerre pour secourir Essex, agit mollement et n'empêcha pas la catastrophe du lord général. Coupé de toutes ses intelligences avec Londres, resserré entre la mer et les forces combinées du roi, de sir Richard Greenville et du prince Maurice, le frère du prince Rupert, Essex se réfugia sur un bateau du comte de Warwick et aborda péniblement à Plymouth. La cavalerie de cette armée délaissée se fraya un passage à travers les ennemis, l'épée au poing, sous les ordres de sir William Balfour; l'infanterie, sourde aux exhortations du major général Skippon, refusa d'imiter l'exemple de la cavalerie, et préféra une capitulation. Ce fut une grande faute du comte d'Essex. Sir William Waller avait été faible par jalousie contre le lord général. Lord Manchester, qui aurait pu livrer une bataille à Newburg, se borna nonchalamment à quelques escarmouches, et s'inquiéta à transporter l'artillerie royale du château de Dennington à Oxford, où Charles se retrancha.

La reine, un peu auparavant, s'était abritée en France (25 juillet 1644). Elle avait séjourné dix-huit mois en Angleterre depuis son débarquement à Bridlington (22 février 1643). Les villes où elle avait le plus résidé furent York et Oxford. La reine allait sans cesse de l'une à l'autre avec le roi. Elle devint grosse dans l'un de ces voyages, au milieu des redoublements de tendresse que la guerre civile inspirait à Charles. Il se consolait de tout auprès de sa femme. On attribue à cette fille de Henri IV. et de Marie de Médicis beaucoup de mots héroïques semblables à celui qu'elle prononça, dit-on, avant d'aborder en Angleterre, lorsque, repoussée par une tempête de neuf jours sur les côtes de Hollande, d'où elle était partie, elle s'écria, debout sur le pont de son vaisseau : « Les reines ne se noient pas. » Bossuet a redit ce mot, et l'histoire l'a répété après l'oraison funèbre. Sans chercher à ternir cette renommée chevaleresque dont on a ceint Henriette comme d'une auréole, constatons, d'après les plus authentiques documents (Mém. de Burnet et autres), que si les paroles de la reine étaient souvent intrépides, ses actions étaient quelquefois pusillanimes. Ainsi le roi ne put lui persuader d'accoucher à Oxford. Elle s'obstina dans une séparation qu'elle ne savait pas devoir être la der-

nière. Ce fut à York, cette capitale de l'exil, que Henriette de
Bourbon quitta Charles Stuart pour venir à Exeter mettre au
monde une autre Henriette, plus charmante encore que sa mère,
et qui fut la belle-sœur de Louis XIV, peut-être un peu plus.

Pressée par Essex, qui lui refusa discourtoisement un passe-
port pour Bath et pour Bristol, la reine s'enfuit convalescente
dans les environs de Falmouth, où elle attendit plusieurs jours
sous un toit de paysan l'escadre hollandaise, sur laquelle enfin
elle s'évada. De sa chaumière, Henriette de France avait prêté
l'oreille au pas des chevaux et à la conversation des escadrons
presbytériens et indépendants. Les soldats se disaient entre eux
que le parlement avait promis six mille livres sterling à celui
qui ramènerait la reine prisonnière. Poursuivie sur terre, elle
monta sur un vaisseau qui ne fut pas plus sûr que sa cabane, ni
plus clément que son palais. La mer lui offrit un double péril :
la tempête et l'artillerie des navires anglais, plus formidable
que la tempête. Elle relâcha un peu à Jersey, où quelques bâtiments français la rejoignirent sans lui épargner la révolte des
flots et des canons britanniques, deux terreurs auxquelles l'arracha seul le port de Brest. Expérience horrible pour une si
fière princesse. Elle, fille et sœur des Bourbons, femme et mère
des Stuarts, elle si orgueilleuse et si malheureuse ne pouvait
plus rentrer dans ses royaumes, ni en sortir que sous une pluie
de boulets.

La crise de l'Angleterre était de plus en plus menaçante. Le
parti indépendant, ce parti de l'égalité, de la république et de la
conscience libre, ce parti, qui existait à peine de nom, mais qui
existait très-énergiquement de fait, aspirait à renverser le parti
presbytérien, dans lequel il s'était caché jusque-là, et qui était
au fond le parti de la noblesse, de la monarchie et de l'intolérance. Cromwell s'était si bien voilé lui-même de ténèbres
moitié machiavéliques et moitié théologiques, il s'était tellement
dissimulé en s'affirmant, qu'il passait pour un presbytérien rigide parmi les presbytériens, tandis qu'il était indépendant autant qu'un politique de sa sorte pouvait l'être. Il trompait les
foules, mais il ne trompait ni Hollis, ni Stapleton, ni Manchester, ni Essex, ni Waller, ni Denbigh. Si quelque doute eût

flotté dans l'esprit des généraux aristocratiques, ce doute se serait dissipé à l'attaque indirecte mais mortelle de Cromwell contre eux. Ils avaient été très-indulgents pour le roi à la seconde rencontre de Newburg et à Dennington. Voulaient-ils se réconcilier avec lui? Voulaient-ils perpétuer la guerre qui prolongeait leur ascendant par les grades, par le pouvoir? Délicates et perfides questions sur lesquelles les indépendants allaient essayer d'immoler comme sur un autel les presbytériens.

La victoire de Marston-Moor en dégageant, en éclairant la personnalité de Cromwell, eut une influence sociale et religieuse incalculable. La querelle qui s'était posée si nettement dès l'origine du long parlement entre les presbytériens et les épiscopaux se déplaçait pour s'agiter avec de bien autres fureurs et une bien autre portée entre les presbytériens et les indépendants. Les épiscopaux, c'était le passé; les presbytériens, c'était le présent; les indépendants, c'était l'avenir. Quelle serait la solution du problème? Le présent, qui avait dévoré le passé, serait-il à son tour dévoré par l'avenir? Voilà le nœud du débat.

Les presbytériens anglais et écossais unis avaient vaincu les épiscopaux et les papistes. Mais ils s'attachaient d'autant plus à leur Église que l'ancienne Église n'était plus. Ils maintenaient des synodes, des degrés de juridiction, des institutions qu'ils investissaient d'une suprématie absolue pour censurer, destituer, excommunier. Ils prétendaient avoir régénéré l'Église, mais ils ne l'avaient pas abdiquée.

L'Église, les indépendants l'incarnaient dans chaque homme. La conscience libre était pour eux la loi suprême, l'autorité. Toutes les congrégations étaient égales. Une intelligence individuelle valait une secte et méritait la même tolérance. Point d'Église supérieure! Pas d'anathème contre les dissidents, pas d'injonction pour aller au temple, plus de ligue, de covenant, plus d'oppression dans les rapports infinis de l'âme avec Dieu!

C'est contre de telles nouveautés que luttaient les presbytériens. Eux qui prohibaient en 1645 et en 1646 l'usage de la liturgie anglicane même dans l'intérieur des familles, ils dési-

raient ardemment y substituer la leur et l'y fonder. Ils désiraient
plus. Ils désiraient donner à leur Église une auréole surnaturelle; et ils appelaient avec indignation « Érastiens » tous ceux
qui ne se soumettaient pas. Ils étaient nombreux, et le docteur
Éraste, un médecin allemand du seizième siècle, eut beaucoup
de disciples dans le dix-septième, en Angleterre. Au sein du
parlement et hors du parlement, d'innombrables et libres partisans d'Éraste pensaient comme lui qu'aucun gouvernement de
l'Église n'est de droit divin, et que le magistrat est en définitive
le régulateur suprême. Une telle opinion était favorable aux
indépendants qui l'opposaient aux presbytériens pour les saper,
tout en revendiquant pour eux la tolérance absolue.

Par une complication formidable, cette grande crise de culte
entre les presbytériens et les indépendants était aussi une
grande crise de gouvernement. Cromwell, sans se séparer des
presbytériens extrêmes, dirigeait les indépendants avec Henri
Vane, Saint-John et Fiennes. Selden et Whitelocke avaient
deux teintes, comme aux environs de certains lacs ces fleuves
qui coulent à moitié gris et à moitié bleus sans se mêler et sans
se diviser. Du reste, en même temps que les timidités d'un tempérament d'érudit, Selden avait l'impartialité de la science et
la conscience de l'esprit. Moins désintéressé et moins naïf, plus
lâche de cœur aussi, Whitelocke, dont les mémoires offrent tant
d'informations précieuses, avait toujours les yeux fixés sur les
balances du destin. Jurisconsulte blasé, indifférent à la justice,
attentif seulement au succès, intelligence pénétrante et caractère vil qu'on ne peut éviter, *mais qu'il faut saluer en passant,
pour être équitable, d'une considération et d'un mépris.*

L'homme le plus opposé à Whitelocke par la hardiesse et le
courage, c'est Denzil Hollis. Lui, vaincu, ne balbutie pas, ne
ruse pas, il proteste. Ses mémoires, moins réfléchis, moins
creusés que ceux de Whitelocke, sont d'une éloquence merveilleuse. Nul n'a mieux retracé que lui le moment singulier et décisif où les indépendants, à peine définis quoique tout-puissants
par l'opinion, écartent les presbytériens, si imposants par la
naissance, par la tradition, par les services rendus et par les
grands postes de l'État. Ne cherchez pas dans Hollis les récits,

les portraits, les révélations secrètes ; ce que vous y trouverez surtout, c'est une malédiction inépuisable. Hollis est patricien. Il est indigné que « les serviteurs » aient monté à cheval, les serviteurs, c'est-à-dire les hommes qui n'étaient pas nobles. Cette pensée domine le presbytérien aristocrate et implacable. Il dédaigne les anglicans de la première heure qui le précèdent ; il abhorre les indépendants de la seconde heure qui le devancent et qui le chasseront comme il a chassé les épiscopaux.

Ah ! gentilhomme, fils de grand seigneur, tu as frappé sur le trône et sur l'autel, tu les a secoués l'un après l'autre, et tu voudrais arrêter le peuple ! Ne l'espère pas. Tu couves des œufs vides. La fécondité est ailleurs. Plus tard, les idées modérées de ton cœur hautain ressusciteront, mais plus vastes. Ton presbytérianisme dominateur sera la liberté des cultes, et ton gouvernement parlementaire sera le gouvernement constitutionnel. Voilà ce que tes principes gagnent à descendre dans les foules ; ils s'en dégageront plus justes et plus humains.

En attendant, la lutte de 1644 était superbe. Hampden et Pym avaient disparu. Les comtes d'Essex, de Manchester et de Denbigh, sir William Waller, sir Philippe Stapleton et Denzil Hollis étaient les nobles défenseurs de la monarchie tempérée et du culte écossais ; tandis que Cromwell, Henri Vane, Saint-John, Ireton et Fiennes se montraient les promoteurs formidablement diplomates de la république et de la religion individuelle. Whitelocke était tenté, Selden irrésolu. Lenthall entraîné.

Les dissidences n'éclataient pas moins dans les manières que dans les doctrines. Avec le roi, les presbytériens étaient respectueux dans la révolte ; — les indépendants outrageants et amers ; avec la reine, les presbytériens ne manquaient pas de courtoisie ; ils la traitaient en très-grande dame, en fille, épouse, sœur et mère de rois ; cependant il n'y avait pas d'excès dans leur respect. Henriette, avant la guerre même, évitait d'exiger des lords tous les soins auxquels les obligeaient leurs dignités de cour, l'ameublement et l'arrangement par exemple des palais. « Ce sont de trop grands princes, disait-elle, pour s'occuper à mon intention de semblables détails. » Essex, le

plus illustre des presbytériens, fut toujours indocile et rude à
à la reine. Il alla jusqu'à lui refuser un sauf-conduit pour Bath
et pour Bristol, d'où elle se serait échappée après ses couches
à Exeter. Tandis qu'elle était malade et traquée, le noble
comte d'Essex ne craignit pas de lui proposer ironiquement ce
sauf-conduit pour Londres où l'eût attendue la captivité, peut-
être l'échafaud. Il fallait que le vent du siècle fût bien âpre.
Mais les indépendants étaient bien autrement hostiles à cette
reine de naissance, de situation, de famille, de maternité qu'il
leur plaisait d'humilier comme une simple femme. Ce qui
n'était de la part du comte d'Essex *qu'un mauvais procédé* eût
été pour eux un acte, une vengeance, et l'on pressentait déjà
qu'ils ne s'interdiraient pas plus les coups de hache que les
coups de canon.

Entre les presbytériens et les indépendants, d'ailleurs, la
guerre était incessante. Les indépendants suscitaient mille
obstacles au généralissime, le comte d'Essex. Ils lui refusaient
argent, munitions et soldats. Et non-seulement contre lui,
mais contre lord Manchester, contre sir William Waller,
contre sir Philippe Stapleton, contre Denzil Hollis et tous les
autres presbytériens. Cette antipathie profonde se manifesta
surtout dans l'ordonnance *du renoncement à soi-même.*

Le 16 décembre 1643, une motion faite à la chambre des
lords sur l'inaptitude des membres du parlement à posséder
des places lucratives avait été écoutée sans défaveur. Le
9 décembre 1644, Cromwell reprit cette motion dans la
chambre des communes. Il s'estimait déjà comme l'instrument
de la Providence, comme le prophète, comme l'apôtre de
Dieu. Il travaillait à l'avénement des indépendants comme à
son propre avénement. Plus de généraux presbytériens! plus
de vieille armée! plus d'aristocratie! mais des généraux vraiment calvinistes, une armée rajeunie, une noblesse de théologiens inspirés. En d'autres termes, un chaos biblique dont
Cromwell fera un monde nouveau!

Comment arrivera-t-il à son but? Par une habileté consommée. Les presbytériens étaient maîtres de tout, lorsqu'il
s'écria dans la séance du 9 décembre 1644 : « C'est aujour-

d'hui qu'il faut parler une fois pour toutes ou se taire à jamais. Il ne s'agit de rien moins que d'arracher à l'agonie une nation qui saigne. Je vous le dis, si nous ne poussons la guerre avec plus d'énergie et de promptitude, si nous ne secouons les lenteurs dont abusent les soldats de fortune au delà des mers, nous lasserons le royaume et nous ferons haïr le nom du parlement.

« Que disent, en effet, les ennemis? Que disent même beaucoup de gens qui étaient nos partisans à l'ouverture des chambres? Ils disent que les lords et les députés ont acquis de grandes places, de grands commandements, qu'ils ont ceint l'épée, et que, soit par leurs brigues dans les assemblées délibérantes, soit par leur influence dans l'armée, ils se perpétueront au pouvoir et perpétueront aussi la guerre, de peur que leur autorité ne cesse avec elle. Ce que j'exprime ici devant vous, d'autres l'expriment ailleurs. Je suis loin d'accuser personne. Je connais le mérite des généraux, membres du parlement, qui sont toujours en activité; mais sans dédaigner aucun d'eux, je puis l'affirmer du fond de ma conscience, — si l'armée n'est pas transformée, si la guerre n'est pas accélérée vers un dénoûment prochain, le peuple ne supportera pas le combat plus longtemps, et il nous forcera à une paix ignominieuse.

« Je vous recommande d'être indulgents à toutes les fautes des généraux en chef; moi-même j'ai commis des fautes, et comment les éviter toujours dans les hasards de la vie militaire? Au lieu donc de dresser un réquisitoire contre les auteurs du mal, découvrons le remède à ce mal. Voilà ce qui est indispensable. Et j'espère que nos cœurs sont trop anglais, trop dévoués au pays qui nous a vus naître pour que les membres de l'une ou de l'autre chambre hésitent à *se renoncer eux-mêmes*, et à sacrifier au bien public leurs intérêts privés. Quelle que soit la conclusion de la chambre, cette conclusion ne sera un déshonneur pour aucun de nous. »

Ce discours agita les communes jusque dans leur profondeur révolutionnaire. Le grand mot avait été lancé, le mot qui allait balayer un trône et un autel, et ce mot, c'était *le renoncement à soi-même* (le *self denying*). Par là, les modérés seraient terrassés, et les indépendants substitués aux presbytériens ; par là, les généraux quitteraient la selle de leur cheval pour leur fauteuil de député ou de lord à Westminster. Plusieurs orateurs, entre autres Whitelocke, insistèrent sur l'impossibilité de remplacer tant de généraux éminents parmi lesquels était Cromwell. Ne serait-ce pas désorganiser l'armée, et la décapiter, en quelque sorte, que de lui retirer les chefs qui l'avaient menée plus d'une fois à la victoire ?

Cromwell conquit la chambre en la flattant. « Monsieur le président, dit-il, non ce ne sera pas dissoudre nos armées que de réduire à siéger au parlement les généraux qui appartiennent à l'une ou à l'autre chambre. Mes soldats à moi, par exemple, ne sont qu'à vous, et c'est pour vous seuls qu'ils seront prêts à combattre, à vivre et à mourir. Si les autres soldats pensent comme les miens, vous n'avez rien à redouter. Ils ne font pas de moi une idole. Ils ne sont attachés qu'à votre cause, qu'à la cause de leur conscience. Vous pouvez leur ordonner ce que vous voudrez, je réponds d'eux, ils obéiront. »

Le lieutenant général Cromwell s'était placé dans une situation vraiment admirable. Tout en réalisant le triomphe militaire et politique de son parti, c'est-à-dire son propre triomphe, il paraissait modeste, désintéressé, patriote austère et grand citoyen.

L'ordonnance du *renoncement à soi-même*, si victorieusement soutenue par Cromwell, avait été rédigée par Zouch Tate, un membre du comité de la guerre. L'armée, selon lui, ressemblait à un malade qui consulterait sur une douleur du petit doigt, quand la masse du sang était corrompue. Il fallait la reconstituer de la base au sommet et l'épurer entièrement. L'ordonnance du *renoncement à soi-même* serait un premier palliatif. La chambre, sous l'ascendant de Cromwell, prépara un bill pour exclure des emplois civils et militaires tout membre du parlement. Un jeûne solennel fut indiqué. On chercha Dieu pendant ce jeûne et on le trouva. Henri Vane proclama bien haut dans un discours mystique cette heureuse solution. Elle était évidente, selon le témoignage de Vane, puisque le seigneur Sabaoth, par une inspiration à la fois spéciale et générale, s'était manifesté aux congrégations, — à chacune et à toutes. L'ordonnance du *self denying* fut admise à l'unanimité. Les presbytériens, à la troisième lecture du bill, le 27 décembre, essayèrent d'obtenir une exception à l'ordonnance en faveur du comte d'Essex. Cette exception pour le vainqueur d'Edgehill et de Newburg fut rejetée par cent députés contre quatre-vingt-treize, à une majorité seulement de sept voix.

Cette ordonnance fut le plus grand coup de génie de Cromwell ; car ce coup de génie fut le premier, et il prépara tous les autres. Aussi habile tacticien dans la chambre que dans l'armée, après avoir dispersé les ennemis sur les champs de bataille , il se servait de l'ordonnance du *renoncement à soi-même* pour éliminer ses amis et ses maîtres, plus gênants que les ennemis. Essex, Manchester et les autres généraux presbytériens retranchés , Cromwell, chassé lui-même par son ordonnance, était inattaquable. Il avait même le prestige d'un désintéressement religieux et antique, tandis que, par une souveraine diplomatie, il avait déjà inventé et suggéré les prétextes sous lesquels les indépendants devaient réhabiliter lui, Cromwell, Ireton et tous les leurs dans les commandements militaires reconstitués. La révolution d'Angleterre et le cours qu'elle suivit vers la prédominance de l'armée et vers la dictature est, dans l'ordonnance du *self denying*, comme le fleuve est dans la source. Une telle ordonnance, on le pense bien, ne passa pas facilement à la chambre des lords. Elle y fut ballottée pendant six mois.

Ce fut dans l'intervalle de ces orageux débats que fut tranché définitivement le procès de Laud. Le malheureux prélat fut décapité le 10 janvier 1645. Il avait soutenu avec l'âpreté de son caractère la hiérarchie épiscopale et la liturgie anglicane. Il était odieux au peuple dont il consternait la passion calviniste et à la noblesse de cour dont il dévoilait les exactions. Détenu plus de trois années à la Tour de Londres, du 22 février 1641 au 12 mars 1644, il fut transporté quatrevingts fois de sa prison à Westminster pour y être interrogé et jugé. Souvent il attendait de longues heures, et il était renvoyé sans avoir comparu. Il était, pendant le trajet, insulté par la plèbe, et, pendant ses séjours sous les voûtes des antichambres du parlement, outragé par les théologiens calvinistes, soit presbytériens, soit indépendants.

Les deux sectes s'entendaient dans leurs haines contre Laud. Les pasteurs, presque tous la Bible sous le bras, quelques-uns la rapière sur la cuisse, étaient vêtus de noir. Beaucoup avaient la tête rasée et les moustaches coupées. Ils cherchaient durement à convaincre l'archevêque de papisme, ou tout au moins d'arminianisme. Ces imputations étaient également fausses. Laud était anglican comme Charles.

Il fut accusé d'actes arbitraires et d'hérésies ecclésiastiques. Les communes, répétant la tactique dont elles avaient usé dans le procès de Strafford, lancèrent contre Laud un bill d'attainder. Il fut condamné pour conspiration contre les lois de l'Angleterre et contre la religion de Dieu. Il obtint qu'on lui épargnerait le supplice de la potence. Il préféra la hache, l'instrument de mort des gentilshommes. Il dormit bien la nuit qui précéda son exécution et il marcha intrépidement jusqu'à son échafaud. Il pria pour le roi, en y montant. Son dernier discours, prononcé du haut de cette chaire tragique, fut aussi religieux qu'un sermon. L'échafaud, tendu de noir, était tellement chargé de spectateurs que Laud demanda plus de place autour du billot pour respirer du moins un peu, avant que de mourir. Il supplia aussi le lieutenant de la Tour de faire retirer les curieux qui ne se pressaient pas moins sous l'échafaud que dessus, afin que son sang de primat d'Angleterre ne retombât pas sur le peuple. Grande douceur d'âme, à ce moment suprême, dans un caractère si violent!

L'archevêque de Cantorbery, privé de tous ses bénéfices et de tous ses revenus, ne laissa pas la plus modique somme pour son enterrement. Ce furent quelques rares amis qui firent pieusement les frais de sa sépulture.

Spectacle navrant de l'instabilité des choses humaines! Quand Laud, le pontife superstitieux de l'anglicanisme, expira, les presbytériens, ses ennemis, ceux qui avaient ébranlé le trône, décapité Strafford et lui-même, ces presbytériens superbes allaient tomber à leur tour. Hollis, le plus provoquant et le plus indigné d'entre eux, groupe en vain ses amis autour du comte d'Essex, l'heure des presbytériens ne tardera pas.

Hollis a les plus belles ardeurs. Il est éloquent, il est brave, il est implacable au vice, à la ruse, à l'iniquité. Sa plume est de fer rouge, elle écrit en lettres de feu pour ses contemporains et pour la postérité la condamnation de Cromwell et de Saint-John, de Cromwell le dictateur, de Saint-John le légiste de la tyrannie. Pourquoi donc Denzil Hollis lui-même est-il parfois si odieux? C'est que son orgueil est plus monstrueux encore que ses raisons ne sont bonnes et ses opinions sages. Je l'aimerais mieux homme que gentilhomme. L'homme, s'il est peuple, n'a pas d'envie; s'il est noble, il n'a pas d'insolence; il s'élève à l'égalité avec aisance ou il y descend avec grâce. Tel n'était pas Denzil Hollis, aristocrate jusque dans son sommeil. Sa faiblesse et son ridicule, c'est d'être trop âprement et trop étroitement d'une caste, comme Laud était d'une Église.

Donc Hollis n'empêchait rien avec ses cris d'aigle. Il eût tout empêché par ses intelligences auprès de la chambre des pairs, que l'ordonnance du renoncement à soi-même exaspérait. Mais l'opinion publique, les communes et l'armée, agissant de concert en cette conjoncture, Essex, Hollis, Stapleton et les autres furent annulés. Les lords subjugués adoptèrent l'ordonnance du self denying, le 3 avril 1645.

Le 7 du même mois, sir Thomas Fairfax, un brillant marteau de guerre dont Olivier Cromwell tenait le manche, un officier supérieur vaillant et docile, fut nommé général en chef. Il prit à Windsor le commandement de l'armée parlementaire. Skippon, un vieux routier des camps, lui fut adjoint comme major général de l'infanterie. Il avait, ce bon compagnon de Skippon, une verve familière d'éloquence, d'intrépidité et de plaisanterie qui enlevait les troupes, — surtout les fantassins et les miliciens, des hommes du peuple. De plus, nul ne lui contestait une expérience consommée de l'art militaire.

Le roi, ne voulant livrer absolument ni la hiérarchie épiscopale qui, selon lui, n'appartient qu'à Dieu, ni le commandement des armées qui appartenait à sa dynastie, les conférences d'Uxbridge (13 janvier-22 février 1645) n'avaient pas abouti. Puisque la paix était impossible, c'était à la guerre de décider tout.

Le parlement, qui venait d'écarter tous ses anciens généraux, députés ou lords, depuis Essex jusqu'à Cromwell, fut heureux de trouver, à défaut des anciens chefs, sir Thomas Fairfax. — C'était un héros, mais rien de plus. Il n'était que soldat. Sa physionomie le révèle. Simple, grave, chevaleresque, elle manque de pénétration. Le front est peu vaste; les yeux au repos sont sans flamme, sans regard; la bouche néanmoins est sérieuse et marque une grande résolution. On sent que cet homme a le culte de l'honneur. Son portrait ne le flatte pas et le raconte comme l'histoire. On conclut involontairement de cette belle estampe que sir Thomas Fairfax était plus fait pour exécuter que pour concevoir, et pour obéir que pour commander.

Cela est vrai aussi, et il le montrera bien. C'est à Windsor (7 avril) qu'il se mit à la tête de la nouvelle armée du parlement. Elle avait perdu ses anciens officiers, et de presbytérienne elle était devenue indépendante. Moins monarchique et plus révolutionnaire, elle répondra aux dédains par des victoires. A l'arrivée de Fairfax, elle s'élevait à 21,000 hommes, dont 14,000 hommes d'infanterie et 7,000 chevaux. Sur les sollicitations du général, le parlement dispensa Cromwell du renoncement à soi-même, et il eut le commandement de la cavalerie comme Skippon avait le commandement de l'infantesie sous les ordres de Fairfax. Seulement Cromwell était le maître des deux autres; il était le maître des soldats, en attendant qu'il fût le maître des peuples, depuis qu'il avait désarçonné tous les généraux presbytériens par l'ordonnance du *self denying*, et le comte d'Essex, et le comte de Manchester, et les comtes de Warwick et de Denbigh, et sir William Waller. Lui seul, Cromwell, n'avait pas touché le sol; il était resté ferme sur les étriers et sur la selle de son cheval de guerre.

Il s'était fait cette place unique à force de génie politique; à force de génie diplomatique et militaire, il l'agrandira dans des proportions prodigieuses. Il avait prévu que Charles Ier manderait le prince Rupert à Oxford. Dès que Fairfax en fut assuré, il dépêcha Cromwell avec une division de cavalerie et les mille dragons de son corps d'armée, afin d'empêcher la jonction des troupes royales. Cromwell ne se montra pas indigne de cette mission. Il dispersa à Islipbridge les régiments de la reine, du comte de Northampton, de lord Wilmot et du colonel Palmer. Il se saisit de beaucoup d'officiers et de sept cents soldats. Il s'empara de Blechington-House. Poursuivant ses avantages, il entra à Bampton-Bush, d'où il emmena Littleton, Vaughan et leur garnison.

Cromwell était parvenu à son but, et il se hâtait de légitimer son ascendant. Il n'avait plus de concurrents sérieux. Fairfax, qui paraissait son général, n'était en réalité que son lieutenant. Il était, lui Cromwell, le seul général, l'Essex transcendant de l'avenir. Il allait assombrir la joie profonde du roi qui avait appris de ses négociateurs d'Uxbridge l'incompatibilité radicale des presbytériens et des indépendants, et qui en concevait de grandes illusions. Cromwell essayait de rendre féconde cette haine inconciliable; il en faisait jaillir la fière supériorité des indépendants qui aspiraient à la république, à l'extinction de la noblesse et à l'abrogation des cultes. Les presbytériens, qui acceptaient la royauté et l'aristocratie sous la réserve de leur prédominance religieuse dans l'État, ne savaient pas bien encore jusqu'où les pousserait Cromwell. Quoique à moitié dans le nuage, il était déjà cependant l'homme du destin. Tous, à bien peu d'exceptions près, subissaient la fascination de ses discours. Ils étaient étranges, ces discours, sans être affectés. Cromwell, grand capitaine, admirable diplomate, puritain convaincu, trouva une langue biblique toute faite, la langue de son siècle. Il s'en servit comme il se servit de tout le reste. Il jeta dans le moule de cet idiome populaire sa pensée semblable à un bronze, ce qui n'empêchait pas que sous cette parole monumentale il n'y eût une parole captieuse, et que, derrière ce prophète militaire, il n'y eût un Borgia, non plus italien et sceptique, mais anglo-saxon et sectaire. C'était quelque chose de plus grand, de plus robuste, de toute la distance qui sépare le doute de la foi.

Le roi ayant dirigé vers l'Ouest le prince de Galles avec Hyde et Colepepper pour y faciliter des recrues, envahit et pilla la ville de Leicester. C'est alors qu'il fut informé de la réunion de Fairfax et de Cromwell, de leur marche sur ses traces ; c'est alors qu'il résolut soudain de les prévenir, et qu'il se porta vivement à leur rencontre vers la plaine de Naseby.

On connaît l'armée parlementaire sous Fairfax et Cromwell. L'armée de Charles lui était égale en nombre, elle avait vingt et un mille hommes. Elle était plus forte seulement en cavalerie, et son généralissime, au mécontentement sourd des lords royalistes, était le prince Rupert, dont la hauteur était intolérable.

C'est ici le moment de considérer ces deux armées qui se cherchent, l'une, celle des cavaliers, dont l'idéal est le roi, l'autre, celle des puritains, dont le symbole est Dieu. L'âme des cavaliers, c'est la loyauté ; l'âme des puritains, c'est la religion. Ils prouveront par leur lutte épique et par leur conduite diverse combien la piété est d'une trempe plus magnanime que l'honneur.

Les royalistes en campagne, papistes et anglicans, étaient pour la plupart des débauchés de bonnes manières. Les jeunes gens parmi eux ne songeaient, pour ainsi dire, qu'au vin, aux femmes et au jeu. Leur excuse était dans la puérilité de leurs traditions légendaires et dans la dissolution de leurs mœurs aristocratiques. Les plus grandes dames étaient indulgentes. Leurs défenseurs pouvaient agir mal, car ils pensaient bien. Lord Clarendon, d'une si grande autorité dans un pareil sujet, n'est pas si complaisant. Ses mémoires et son *Histoire de la Rébellion* sont sévères. Dans ce dernier ouvrage (t. VI, p. 292), pour la vingtième fois peut-être il exprime son blâme. « Les soldats du roi, dit-il, tombaient insensiblement dans toute la licence, les désordres, l'impiété qu'ils avaient reprochés aux rebelles, et ceux-ci croissaient en discipline, en vigilance, en sobriété ; de telle sorte que d'un côté on semblait combattre pour la royauté avec les armes de l'anarchie, et de l'autre travailler à détruire soit le roi, soit le gouvernement, avec tous les principes qui appartiennent à la monarchie. » Le prince Rupert ne se souciait pas plus que ses soldats de légalité. Il permettait le pillage, l'incendie et les autres excès de la guerre civile, sans souci de la vierge, ni de la femme, ni de l'ouvrier, ni du laboureur. Il n'empêchait pas les orgies des cavaliers, le cliquetis des verres, les chansons cyniques, mais personnellement il était tempérant comme Montluc, afin de rester un bon capitaine.

Le roi était très-scrupuleux aussi sur son régime. Il ne faisait que deux repas, le dîner et le souper. Il mangeait plus de fruits et de légumes que les Anglais de son temps. Il ne buvait que trois fois à son dîner et autant à son souper, — un verre de bière d'abord, puis un verre de vin clairet, puis un verre d'eau (Mém. de Warwick). Moins minutieux sur la table que son neveu Rupert, Charles était encore très-régulier. Je le dis à sa louange et à celle du prince, car la sobriété seule donne à un homme toute sa force, et il est remarquable qu'ils fussent sobres, le roi et le général des cavaliers, ces bons vivants, ces pantagruélistes anglo-saxons, ces raffinés fanfarons de la débauche et de l'ivresse.

Du reste Charles Ier était dans son camp le même que dans sa cour. Il avait une instruction fort étroite et superficielle, mais très-arrêtée. Son caractère était aussi obstiné que son esprit était court. Il lisait peu, et presque tout ce qu'il savait lui venait de la conversation.

Il était solide à cheval, et il y avait peu de grâce. Il avait trop de majesté et de roideur. Il était toujours roi, jamais homme. Il paraissait désobligeant, et ses paroles étaient assez souvent vulgaires. Mécontent d'un travail qu'il avait commandé au docteur Sanderson, un excellent écrivain cependant, Charles lui avait dit : « On trouverait aussi bien que cela dans la boutique d'un épicier. » Il faisait faire ses dépêches, et il aimait mieux corriger que composer. « Je trouve plus commode, disait-il, d'être savetier que cordonnier. » Il préférait les hommes médiocres aux hommes supérieurs. Autrefois il lui était échappé un aveu qui le peint. Plus semblable à lord Carleton qu'à lord Falkland, il l'employait plus volontiers. « Le premier, disait-il, rend toujours ma pensée dans mon vrai langage, tandis que l'autre la travestit en si beau style que je ne la reconnais plus. » Il était demeuré en campagne aussi partial pour ses officiers qu'il l'avait été pour ses ministres et ses favoris. Ses engouements étaient périlleux. Celui qu'il éprouvait en 1645 pour son neveu Rupert fut très-funeste. Le prince n'aurait rendu que des services comme général de cavalerie ; en le déclarant comme général en chef, le roi compromit son armée.

Telle n'était pas la situation de l'armée du parlement. Dans sa nouvelle organisation, cette armée ne formait plus, infanterie et cavalerie, qu'un seul corps. Tous les officiers avaient été choisis par la chambre. Un comité préparait ce travail et la chambre votait. L'armée, ainsi composée, n'agit pas comme sous le comte d'Essex, au nom du roi et du parlement, mais au nom du parlement seul.

Elle avait son prince Rupert dans Fairfax, — un héros non moins impétueux que le Palatin ; et de plus elle avait Cromwell, un génie complet, un homme qui manœuvrait pour une double omnipotence. Par l'armée, il aurait bientôt l'épée, et par le parlement, le budget de l'Angleterre. Il ne lui fallait pas moins que cela. Il ne se reposait jamais : toujours à l'œuvre, ne cessant de faire le parlement et l'armée à son image. L'armée de Fairfax était façonnée de sa main ; son empreinte était marquée sur la plupart des régiments ; on y reconnaissait son austérité. Comme croyant et comme politique, il avait extirpé les vices. Il leur avait substitué la méditation de la Bible, le chant des psaumes et la prière libre. Il s'était fait implacable contre le vol, contre les blasphèmes, contre l'ivrognerie, autant que contre la lâcheté. Convaincu en lui-même que l'immoralité des royalistes était une faiblesse, il avait organisé comme une force la moralité des siens.

Ces armées si différentes de costume, d'esprit, d'habitudes, ne se ressemblaient que par le courage. Elles se trouvèrent face à face, près du hameau de Naseby, dans le Northamptonshire, le 14 juin 1645. Ce comté que j'ai parcouru jusqu'au

Nen, à travers des prairies d'une verdure tendre, des bois frémissants et des collines riantes, ce comté qui a des pacages plantureux où trente villages mènent ensemble leurs troupeaux, paraît oublieux de ses annales. Agricole et commerçant aujourd'hui, il était tout guerrier au temps de Fairfax.

Le 13 juin, veille de la bataille de Naseby, Cromwell arriva soudain, avec ses *côtes de fer*, au quartier de ses dragons. Ce fut une fête dans tout le camp. La présence de cet homme extraordinaire imprima un coup électrique à tous, et par cette commotion les troupes furent échauffées et comme multipliées. Chaque soldat en valut trois. Inégalité entièrement morale, car Whitelocke pense que l'inégalité numérique n'était pas de plus de cinq cents hommes entre les deux armées lorsque, le 14, elles se mirent en ligne.

Le centre des royalistes était formé par leur infanterie, précédée d'escadrons éprouvés. L'aile gauche était sous les ordres de sir Marmaduke Langdale, et l'aile droite sous la conduite des princes Rupert et Maurice. Le centre des parlementaires, composé aussi par l'infanterie, était confié au major Skippon. Ireton menait l'aile gauche et Cromwell l'aile droite. Le colonel Rossiter apparut un peu avant l'action, et se posta non loin de Cromwell, dont l'étoile l'attirait. Sir Thomas Fairfax s'était réservé l'ubiquité du général en chef. Le cri de ralliement des patriotes était : *Dieu avec nous ;* celui des royalistes était : *Dieu et la reine Marie.* La reine Marie! Invocation tragique, si c'était Marie Stuart! Invocation sauvage, si c'était Marie Tudor! Dans l'une ou l'autre supposition, invocation de mauvais augure !

Ce fut le prince Rupert, lui général en chef pourtant, qui chargea le premier. Ludlow raconte que le major Skippon, blessé grièvement au début, refusa de se retirer. Il avait reçu une balle un peu au-dessus de l'aine. A ceux qui le conjuraient pour le transporter, il répondit en officier de l'ancienne armée qui devait l'exemple à la nouvelle : « Non, je ne bougerai pas tant qu'un Anglais tiendra ferme. » Cependant le prince Rupert, qui avait fondu sur l'aile gauche des parlementaires, la dispersa, prit Ireton, dont le sang s'écoulait par deux ouvertures,

et s'obstina aux fuyards. Tout était à craindre, et c'en était
fait peut-être de la bataille, si Cromwell n'avait, de son côté,
culbuté l'aile gauche des royalistes; mais il ne s'annula pas,
lui, dans une folle poursuite. Il songeait au cœur de la bataille,
et il revint par une évolution savante tomber sur l'infanterie du
roi, qu'il contraignit à mettre bas les armes. Elle avait résisté
jusque-là. Fairfax exécuta partout dans cette journée les
prouesses d'un compagnon d'Artus. Il avait perdu son casque
dans la mêlée, et il ne s'en apercevait pas. Le colonel Charles
d'Oyley l'en avertit, et lui offrit son propre casque. « Non,
Charles, répondit Fairfax, en lui désignant un groupe encore
intact de fantassins royalistes. Prends-les en tête, moi je les
vais attaquer en queue, et je te donne rendez-vous au milieu
du bataillon. » Cette double charge fut poussée triomphale-
ment. Fairfax, toujours sans casque, tua le porte-étendard
ennemi, exploit qu'osa s'attribuer un des hommes du colonel
d'Oyley. Le colonel, le réprimandant vivement : « Laisse-le,
Charles, s'écria Fairfax enivré par la poudre, j'ai de l'honneur
assez; qu'il se pare de celui-là, je lui en fais largesse. »

Pendant toutes ces aventures du champ de bataille, Cromwell assurait la victoire et inquiétait, précipitait la retraite.
Cinq mille royalistes demandèrent merci. Tout le reste de
l'armée et Charles lui-même se sauvèrent dans la direction de
Leicester. Cromwell harcela, le sabre dans les reins, ces escadrons en déroute et fit une multitude de nouveaux prisonniers.
Le roi abandonna son étendard, cent drapeaux, neuf mille
fusils, tous ses canons, toute sa vaisselle, avec ses valets de
pieds, tout son trésor et une cassette qui contenait sa correspondance. Selon Whitelocke, il y eut parmi les parlementaires
mille tués et blessés ; parmi les royalistes, la perte fut plus que
double en morts. Si l'on en croit Clarendon, plus de cent cinquante lords et officiers supérieurs, plus de cent femmes,
quelques-unes du plus haut rang, succombèrent. Les prisonniers furent dirigés sur Londres, où ils défilèrent dans la Cité,
avant d'être envoyés, les uns chez eux, les autres sur le continent. L'étendard du roi et les cent drapeaux arrachés aux
cavaliers furent suspendus avec pompe dans la grande salle de

Westminster. Cette victoire de Naseby fut la plus éclatante victoire qui eût encore été remportée ; elle fut la plus complète aussi et la plus décisive, car le parti du roi ne s'en releva pas. Elle obscurcit de sa splendeur Edge-Hill et Newbury. Cromwell en sortit avec un éclat de foudre, et le comte d'Essex disparut à demi dans l'ombre. Le parlement vota un joyau officiel de sept cents livres sterling pour sir Thomas Fairfax. Ce joyau officiel représentait d'un côté la chambre des communes, de l'autre la bataille de Naseby ; mais tandis que Fairfax possédait cette médaille magnifique, la gloire et le pouvoir, des joyaux plus précieux, comblaient Olivier Cromwell. On parlait fort de plusieurs généraux, on ne pensait qu'à lui.

La cassette du roi fut répandue de toutes parts, feuille à feuille. On les lut ces feuilles, et on les commenta. La passion contre Charles s'accrut. On détestait tout haut ses parjures, sa déloyauté. C'était toujours le même homme, qui promettait autrefois des parlements, et qui ne les convoquait pas. Et maintenant, tandis qu'il déclamait contre le papisme, il entretenait des négociations avec les révoltés d'Irlande, soit par Ormond, soit par Digby, soit par Glamorgan ; tandis qu'il abhorrait, disait-il, l'idée d'introduire en Angleterre des bataillons étrangers, il poussait la reine sa femme d'obtenir du roi de France et du duc de Lorraine des secours armés. Tout cela était accablant pour Charles, et tout cela était manifeste par ses lettres. Ce qui ne l'était pas moins, c'était sa soumission à la reine ; même de loin, elle le gouvernait.

Je les ai consultés avec soin les papiers trouvés dans la cassette du roi, après la bataille de Naseby, et j'en ai extrait quelques fragments des lettres échangées entre le roi et la reine. Ces fragments, malgré leur brièveté, jetteront, ce me semble, une lueur vive sur ces physionomies, d'autant plus pathétiques dans leur affliction, dans leur détresse.

Lettre de Charles Ier à la reine sa femme.

« 9 janvier 1644.

« Cher cœur,

« ... L'établissement de la religion et de la milice sont les premiers articles dont on doit traiter ; sois bien persuadée que je n'abandonnerai ni l'épiscopat, ni l'épée que Dieu a mise entre mes mains. »

Du roi à la reine.

« 2 janvier 1645.

« ... Ne m'estime qu'autant que tu me verras suivre les principes où tu m'as laissé. Adieu, cher cœur. »

Du roi à la reine.

« A Oxford, le 29 février 1645.

« ... Ne crains pas que je me fie assez aux rebelles pour me rendre en personne à Londres ou congédier mon armée avant que la paix soit conclue ; je ne me hasarderai pas si sottement, ni à si bon marché. Je prise trop haut ce qui t'appartient en moi... pour m'aller mettre à la discrétion de ces perfides rebelles. J'attends avec impatience l'exprès que tu m'as promis et suis éternellement à toi. »

Du roi à la reine.

« Février 1645.

« ... Assure-toi que, si nous avons un traité, il sera fait en sorte de t'inviter au retour, car sans ta compagnie je ne saurais avoir en moi ni paix ni joie. »

Du roi à la reine.

« A Oxford, le 9 avril 1645.

« Cher cœur,

« ... Songe, je te prie, puisque je t'aime plus que toutes choses au monde et que ma satisfaction est inséparablement unie avec la tienne, si toutes mes actions ne doivent pas avoir pour but de te servir et de te plaire. Si tu savais quelle vie je mène (sans parler des troubles publics) par rapport même à la conversation, qui est, à mon avis, ce qui donne le plus de joie ou de chagrin en cette vie, j'ose dire que tu aurais pitié de moi. Car les uns sont trop sages, les autres trop fous ; les uns se mêlent trop, les autres sont trop réservés, et beaucoup sont tout à fait dans les rêveries... Le but de tout ceci est de te prier de me consoler par tes lettres le plus souvent qu'il te sera possible. Et ne crois-tu pas que les détails de ta santé et la manière dont tu passes le temps soient des sujets agréables pour moi, quand même tu n'aurais pas autre chose à m'écrire? N'en doute pas, ma chère âme, ta tendresse est aussi nécessaire à mon cœur que ton secours à mes affaires. »

La reine au roi (Charles Iᵉʳ).

« De Paris, janvier 1644.

« ... Pour l'honneur de Dieu, ne vous mettez pas entre les mains de ces gens-là (du parlement); si vous allez jamais à Londres avant que le parlement soit fini ou sans une bonne armée, vous êtes perdu. La première chose que l'on doit proposer est, à ce que j'apprends, le licenciement de vos troupes ; mais, si vous y donnez les mains, votre ruine est inévitable. Ayant toute la milice en leur pouvoir, ils ont fait et feront tout ce qu'il leur plaira.

« Souvenez-vous surtout de ne pas abandonner ceux qui vous

ont servi, aussi bien les évêques que les pauvres catholiques. »

La reine est vraiment le mauvais génie de Charles Ier et l'instrument de sa chute. Elle lui recommande avec enthousiasme, avec ferveur tout ce que les Anglais haïssent le plus.

Et comment agit-elle sur le pauvre roi consumé d'amour ? Par des mots comme celui-ci, que je recueille dans une lettre du 13 mars 1644. A cette date, la reine écrit de Paris à Charles Ier :

« Cher cœur, soyez bon pour moi, ou vous me ferez mourir. »

« Aussi, dit Henri Hallam (depuis la bataille de Naseby), le roi montra pour les maux du royaume et de ses partisans cette indifférence qu'on lui a quelquefois imputée. Après cette bataille, il ne restait plus qu'une voie sûre et honorable. Charles avait justement horreur de régner, si c'était là régner, en esclave du parlement et de sacrifier sa conscience et ses amis; mais il n'était nullement nécessaire de régner. Durant plusieurs mois, la mer lui fut ouverte. En France, ou mieux encore en Hollande, il eût trouvé du respect pour ses infortunes, et un asile dans cette vie imposante encore qui convient à un souverain exilé.

« Quelles que fussent les dispositions du roi, il n'osa pas sortir d'Angleterre. Cette funeste puissance domestique, à laquelle il avait si longtemps obéi, contrôlait toutes ses actions. Indifférente au bonheur de son mari, et déjà sans doute attachée à l'homme qu'elle lui donna pour successeur (Jermyn), Henriette n'aspirait qu'à le voir entrer en possession d'un pouvoir qui deviendrait le sien. » (*Hist. const. d'Anglet.*, t. III, p. 48-49.)

Charles ne refusait rien, excepté de se faire catholique. Sa conscience personnelle était sa seule forteresse contre la reine. Sur tout ce qui n'était pas ce dernier retranchement, il se désavouait sans honte. Ainsi, avait-il traité la veille avec les lords et les députés de Westminster, le lendemain il sollicitait son pardon de la reine, disant « que ce n'était pas la même chose de les appeler parlement ou de les reconnaître pour tels ». Tous ces subterfuges furent dévoilés.

Cromwell, le soir de la bataille de Naseby, avait écrit son bulletin à l'orateur du parlement, William Lenthall : « Cette journée est un coup de main de Dieu, disait-il... Le plus grand éloge qu'on puisse donner au général (à Fairfax), c'est qu'il aimerait mieux périr que de rien s'attribuer à lui-même, et cependant, pour la valeur, on peut lui accorder, en cette conjoncture, tout ce qu'il est possible d'accorder à un homme. »

Cromwell ajoutait : « Les hommes bien pensants (les indépendants) vous ont loyalement servi ; ils sont remplis de confiance ; je vous supplie, au nom de Dieu, de ne pas les décourager... Je désire que celui qui hasarde sa vie pour la liberté de son pays compte sur le Seigneur pour la liberté de sa conscience et compte sur vous pour la liberté civile dont il est le soldat. »

Ainsi quitte envers son général en chef, son parti et ses troupes, Cromwell se taisait sur lui-même, entraînant tout dans le torrent de son action. Fairfax lui obéissait le premier, au milieu des déférences de Cromwell.

Or, pendant que Charles déplorait amèrement le scandale de ses lettres et luttait avec des circonstances terribles, d'itinéraire en itinéraire de vaincu, Fairfax et Cromwell, sans négliger la géographie des évasions plutôt que des retraites royales, soumettaient les villes et les citadelles où la bannière des Stuarts flottait encore. Fairfax secourut Taunton, reçut à composition les cités de Bridgewater et de Bath, conquit par escalade Sherborne. Cromwell réduisit le château de Winchester, Bristol, Langford-House, Falston-House et Basin-House. Les généraux parlementaires trouvaient de temps en temps des rassemblements de paysans armés de bâtons, des clubmen organisés pour se garantir du pillage. Ces hordes se réunissaient parfois au nombre de dix mille. Fairfax et Cromwell employaient tour à tour la persuasion et la force pour les disperser, et pour enlever cette chance de recrutement au parti royaliste.

Cromwell rapportait toute louange à Dieu. Ses bulletins à Lenthall, président de la chambre des communes, sont d'un intérêt vraiment historique.

*A l'honorable William Lenthall, président de la chambre
des communes, ceci :*

« Winchester, septembre 1645.

« Monsieur, je suis venu devant Winchester le jour du Seigneur 8 septembre, avec le colonel Pickering ayant sous ses ordres son propre régiment et ceux du colonel Montague et de sir Hardness Waller. Après quelque opposition de la part du gouverneur, nous sommes entrés dans la ville. J'ai sommé le château de se rendre ; sur son refus, nous avons dressé nos batteries... Après environ deux cents coups de canon, nous jugeâmes la brèche praticable, et nous proposâmes de commencer l'assaut le lundi au matin. Dimanche, vers dix heures du soir, le gouverneur demanda à parlementer et à traiter. J'y consentis, et je lui envoyai le colonel Hammond et le major Harrisson, qui convinrent avec lui de la capitulation.

« Cette affaire, monsieur, est une nouvelle grâce divine. Vous voyez que le Seigneur ne se lasse pas de vous protéger. J'avance que sa faveur envers vous est aussi évidente, quand il s'empare des cœurs de vos ennemis et les contraint à vous céder des places fortes, que lorsqu'il donne à vos soldats le courage de surmonter de terribles difficultés. Il faut ici grandement reconnaître la bonté de Dieu, car le château avait une bonne garnison de six cent quatre-vingts hommes de cavalerie et d'infanterie ; il renfermait près de deux cents gentilshommes... bien pourvus, avec quinze mille livres de fromage, une grande quantité de blé et de bière, vingt barils de poudre et sept bouches à feu. Les ouvrages étaient en excellentes construction et disposition, de sorte que probablement nous n'aurions pu les prendre d'assaut qu'au prix de beaucoup de sang. Nous n'avons perdu que douze hommes. Je vous le répète, que le Seigneur seul en soit béni, car le tout est son œuvre.

« OLIVIER CROMWELL. »

S'agit-il de la reddition de Bristol, attaquée aux cris de

David, David, occupée aux cris de Seigneur Dieu Sabaoth, Cromwell (14 septembre 1645), sur l'ordre de Fairfax, explique à Lenthall toutes les opérations du siége et ajoute :

« Quand nous eûmes obtenu les avantages que je viens de décrire, les royalistes mirent le feu à la ville en trois endroits, et nous ne pûmes l'éteindre. C'était pour le général (Fairfax) et pour nous tous un grand sujet de peine ; nous craignions de voir réduire en cendres devant nos yeux une si fameuse cité. Pendant que nous considérions ce triste spectacle et que nous tenions conseil sur les moyens de pousser notre succès, le prince envoya un trompette... » Un traité fut rédigé et signé.

« Le prince, ajoute encore Cromwell, est sorti de la place à deux heures de l'après-midi, escorté par deux régiments de notre cavalerie, et selon le privilége qui lui était accordé par la capitulation, il a choisi Oxford pour lieu de sa résidence.

« ... Tout ceci est l'action de Dieu. Il faudrait être athée pour ne pas le reconnaître.

« Il est juste d'avouer qu'il est dû quelques éloges aux braves dont la valeur est si bien démontrée. Ils vous demandent humblement... de ne pas les oublier. C'est leur joie d'avoir été les instruments de la gloire de Dieu et du bien de leur pays. Ils sont honorés que Dieu ait daigné se servir d'eux. Monsieur, les hommes qui ont été employés à ce service savent que la foi et la prière vous ont donné cette ville... Presbytériens, indépendants, tous ont en ceci le même esprit de foi et de prière, pensent de même de la présence de Dieu et obtiennent la même réponse de Dieu. Ils sont d'accord sur cela sans aucune nuance. Quel dommage qu'il n'en soit pas ainsi en toute autre chose !...

« OLIVIER CROMWELL. »

Raconte-t-il la prise du château de Basing, Cromwell a toujours le même timbre religieux. En politique, non moins que David en poésie, Cromwell est dans un dialogue perpétuel avec Dieu. Cet accent de piété n'empêche d'ailleurs aucune violence, aucune habileté, aucun piége, aucune diplomatie. Seulement Cromwell, qui a confondu sa cause avec celle du « Seigneur

Dieu, Sabaoth », s'arrange pour réussir et pour édifier tout ensemble ; son intérêt propre, son égoïsme même a sans cesse une teinte biblique. Lui Cromwell et Dieu ne sont qu'un. C'est un mélange redoutable.

C'est encore à Linthall qu'il adresse « les bonnes nouvelles à propos de Basing. »

« Nous avons éprouvé peu de pertes et passé au fil de l'épée beaucoup d'ennemis, parmi lesquels il y avait plusieurs officiers de qualité. Presque tous les autres ont été faits prisonniers. Dans le nombre se trouvent le marquis de Winchester lui-même, sir Robert Peak et divers officiers; j'ai ordonné de vous les conduire. Nous avons pris dix pièces de canon avec beaucoup de munitions, et nos soldats sont très-encouragés...

« J'avais chargé le colonel Hammond d'aller auprès de vous pendant que nous investissions cette place; il est tombé par accident entre les mains de l'ennemi. A notre grande joie, Dieu nous l'a rendu... C'est à servir d'une main fidèle vous et Dieu dans son œuvre qu'aspire

　　　　　　　　　» Votre très-humble serviteur,

　　　　　　　　　　　　« Olivier Cromwell. »

Le château de Basing appartenait au marquis de Winchester, l'un des plus grands seigneurs de l'Angleterre. C'était à la fois une résidence pleine de luxe et une forteresse redoutable. Il résistait depuis trois ans, ce manoir colossal, aux attaques des parlementaires. Il avait des meubles précieux, des médailles, des tableaux; mais ce qu'il contenait par dessus tout, c'étaient des canons, des fusils, des provisions fabuleuses de froment, de lard, de bœuf salé, d'orge, d'avoine et de bière. Tout cela, avec les livres, la vaisselle, l'or et l'argent fut pillé, brûlé, gaspillé, volé par les soldats de Cromwell, le tout sans la permission de Dieu et du général. On se battit hors des murs et dans les murs. au milieu de l'incendie et des balles. Cent corps gisaient dans les ruines fumantes. Il y eut trois cents prisonniers, parmi lesquels l'architecte Inigo Jones, le graveur Hollar, quelques dames de haut rang et le marquis de Winchester lui-même. Ce noble personnage, beau-frère du comte d'Essex dont il avait épousé la sœur, fut sauvé par le colonel Hammond, son captif, qu'il avait gardé comme une caution de sa propre sûreté. Ludlow insinue que le colonel se laissa prendre pour protéger le marquis à la dernière extrémité. Quoi qu'il en soit de cette intention, Cromwell, qui avait de l'amitié pour le colonel Hammond, lui accorda la vie du marquis de Winchester. L'acteur Robinson, qui avait parodié avant l'assaut les parlementaires, fut trouvé entre les morts avec le major Cuffle, qui n'était ni anglican, ni arminien, mais papiste, et qui s'en vantait. Ce fut le major Harrison qui le perça de son épée.

Cromwell félicita Harrison, dont l'influence était grande parmi les indépendants, et que le lieutenant général ménageait à cause de cela. Il l'aimait aussi pour sa piété, et il était un de ceux à qui il communiquait les textes bibliques, sur lesquels il appuyait son cœur, avant un siége ou avant une bataille.

Olivier Cromwell ne se prononçait pas clairement. Il s'enveloppait d'obscurités involontaires ou calculées. Les royalistes abattus, sans insulter les presbytériens, il s'appliquait avec une persévérance indomptable à les perdre. Son parti à lui était le parti de l'armée, où dominaient les indépendants. L'armée, Cromwell en disposera à son gré. Après l'avoir menée à l'assaut des villes, des citadelles, il la mènera à l'assaut du pouvoir. Que ne fera-t-il pas pour la gloire de Dieu? Il sera prêt à tout. Si ce n'est pas assez d'être général, — il consentira à être roi ou protecteur. Ces pensées roulent orageusement dans le génie de Cromwell, si fourbe à la fois et si sincère, double énigme dont on ne peut séparer les deux mots, si l'on veut en avoir le sens complet, — et ces deux mots sont : ambition et religion. Cromwell n'oublie jamais Dieu, mais il n'oublie non plus jamais Cromwell.

Du reste à cette époque, les presbytériens, très-affaiblis dans l'armée, étaient encore puissants dans le parlement à la fin de l'année 1645. Ce qui le prouve, c'est la proportion des récompenses décernées par les deux chambres. Fairfax fut fait baron, et une dotation annuelle de cinq mille livres sterling lui fut

allouée; Cromwell reçut aussi le titre de baron avec une dotation de deux mille cinq cents livres de revenu. Haslerigh et
Vane eurent le même titre de baron avec une pension de deux
mille livres. Voilà pour les indépendants. Voici pour les presbytériens : Essex, Warwick et Hollis furent créés, les deux
premiers ducs, le troisième vicomte. C'est une balance.
Cromwell la brisera et il en dispersera les poids.

LIVRE CINQUIÈME

Déroute du roi. — Défaite de Montrose à Philiphaug. — Retraite du roi à Oxford. — Sa fuite en Écosse à Newark (mai 1646). — Sa retraite à Newcastle. — Le roi livré par les Écossais (16 janvier 1647). — Sa captivité au château de Holmsby. — Ireton, gendre de Cromwell. — Prise de Holmsby par Joyce. — Enlèvement du roi. — Ses marches, les stations. — Mécontentement de l'armée. — Sa marche sur Londres. — Terreur du parlement (26 juillet 1647). — Chute du parti presbytérien. — Mort d'Essex (14 septembre 1647). — Translation du roi à Hampton-Court. — Tactique de Cromwell. — Harrison. — Fuite du roi à l'île de Whigt (13 novembre 1647). — Son emprisonnement au château de Carisbroot. — Le roi traite avec les Écossais. — Il reconnaît le presbytérianisme. — Convention. — Il rejette les bills du parlement. — *Leikon Basiliki.* — Insurrection. — Seconde guerre civile. — Siége de Pembroke par Cromwell. — Prise de Maidstone par Fairfax. — Expédition de lord Lolland (juillet 1648).

Cependant Charles Ier avait été traqué de château en château, de ville en ville, jusqu'à Newark. Il vit successivement toutes ses espérances trompées. La reddition trop prompte pour la renommée du prince Rupert de la place de Bristol (11 septembre 1645) et la défaite de Montrose par Lesley à Philiphaugh, près de Selkirk (23 septembre), achevèrent les catastrophes du roi des armées. Le roi des peuples n'était plus depuis longtemps. L'infortuné Charles était au bord d'une phase nouvelle qu'avait ensanglantée sa grand'mère Marie Stuart, et, pour lui comme pour elle, les palais allaient devenir des prisons. Peut-être même son oreiller se changerait-il en un billot. La rébellion domestique se joignait déjà à toutes les rébellions, et mettait le comble aux afflictions du monarque errant. Les princes Rupert et Maurice, ses neveux, ses officiers intimes, jaloux de lord Digby, troublèrent cruellement le dernier séjour du roi à Newark. Ils forcèrent sa chambre (octobre 1645), l'accusèrent de les sacrifier tous au favori Digby, et prodiguèrent à leur maître fugitif les plus durs reproches. Charles entra dans une colère royale. Il expulsa du geste et de la voix ces séditieux du foyer, leur rendant la liberté et les autorisant à demander au parlement des passeports. Lui-même n'avait pas à temporiser. Il n'avait qu'un instant et il le saisit pour se glisser de Newark à Oxford par le château de Belvoir, à travers les escadrons ennemis qui parcouraient la campagne (novembre 1645).

Jusqu'à la bataille de Philiphaugh, Charles avait rêvé sa restauration par Montrose. Malgré la dernière déroute de ce général, le roi lui rendait justice, et l'histoire la lui doit aussi. Montrose était un Graham. D'abord éloigné de Charles Ier par la malveillance du duc de Hamilton, il se fit covenantaire. Mais son instinct était royaliste, et il finit par se dévouer aux Stuarts. Cet ennemi de Hamilton et d'Argill, avec un corps de onze cents Irlandais que lui avait fourni le marquis d'Antrim et avec un nombre triple de montagnards écossais, remporta successivement les victoires de Perth, d'Aberdeen et d'Innerlochy. Il battit Baillie et Urrey. Excommunié par l'Église presbytérienne, proscrit par le parlement d'Écosse, il s'attacha d'un effort d'autant plus héroïque à Charles Ier, jusqu'à ce que ce prince, après s'être remis entre les mains des Écossais, lui eût ordonné de déposer les armes. Montrose obéit en réservant l'avenir. Il était très-versé dans les lettres. Il avait beaucoup voyagé en Europe. Son intelligence était lumineuse, son imagination vive. Son esprit devenait du génie, dès qu'il l'appliquait à la guerre.

Il n'en était pas de même du roi, qui était resté médiocre au milieu des épreuves. Durant ces longues années de guerre civile, le roi n'avait pas grandi dans l'opinion. Les historiettes des cavaliers ne suffisent pas à la postérité pour en faire un Henri IV. Il dîna quelquefois moins bien que d'habitude. Il fit de temps en temps de longues courses à cheval. Il soupa tantôt dans une hutte, et tantôt il coucha sous la tente dans une bruyère. Mais presque toujours il logeait dans un palais d'évêque ou dans un château de lord : presque toujours il était servi en roi, traité en roi. Cette vie nomade, il est vrai, était une infortune. Il l'avait méritée par son obstination à se passer du parlement, à régner selon le droit divin ; mais cette vie d'aventures, il l'honora par son courage. Seulement ce courage était passif et sans ressources. Aussi Charles n'était pas un Henri IV comme l'appelaient ses flatteurs, ou bien c'était un Henri IV, moins la verve, moins l'initiative et moins le génie.

Les déroutes militaires du roi se compliquaient du chaos moral et politique de l'Angleterre. A Édimbourg et à Londres, il retrouvait le premier covenant, le vieux covenant écossais, qui persistait à demander la prédominance du presbytérianisme ; à Dublin, il se heurtait à un autre covenant, le covenant irlandais, qui demandait la sécurité du catholicisme et des catholiques. Enfin, dans l'armée de Fairfax, où le général n'était rien et où Cromwell était tout, une sorte de covenant anarchique, celui des indépendants, exigeait la liberté absolue de l'esprit. C'est au milieu de tant de conflits que Charles, malgré ses concessions, ses stratagèmes, tantôt mentant comme son ancien ami Buckingham, tantôt priant comme son ancien primat Laud, était inébranlablement demeuré anglican. Il avait essayé aussi de ne pas s'aliéner par un consentement formel le principe du commandement des armées. Ce droit, il le regardait comme le droit des Stuarts autant qu'il regardait le droit des évêques comme le droit de Dieu.

Quel n'était pas l'embarras inextricable de Charles ! Il était isolé contre des foules hostiles. A laquelle de ces foules se confierait-il ? Déçu du côté des Irlandais qui ne voulaient donner une armée qu'à la condition du papisme authentiquement reconnu, déçu du côté de l'Angleterre qui n'était ni épiscopale ni royaliste, et qui serait bientôt indépendante, Charles, malgré ses répulsions contre l'Écosse calviniste, lui anglican, songea sérieusement à chercher un refuge dans sa contrée natale. L'Écosse, du moins, n'était pas républicaine, et il pouvait attendre d'elle un salut.

Le roi s'épuisait depuis quatre mois à Oxford en négociations inutiles. Il avait proposé au parlement une conférence personnelle à Westminster, s'engageant d'avance à protéger le presbytérianisme, et à remettre pendant sept années le commandement de l'armée aux lords et aux communes.

Le parlement avait esquivé cette résolution, tandis que les Écossais, par l'intervention officieuse de M. de Montreuil, l'ambassadeur de France, offraient un asile à Charles, ne l'obligeant à céder que jusqu'où sa conscience le permettait, et s'obligeant eux-mêmes à le traiter comme leur souverain légitime. Préparé déjà à cette évolution de laquelle il espérait la paix, Charles fut déterminé soudain par l'apparition du général Fairfax à Andorer. Concluant de ce mouvement le siége prochain d'Oxford dont le dénoûment certain serait une captivité inévitable, il partit, le 27 avril 1646, vers minuit, au milieu des ombres que projetait la grande capitale universitaire endormie.

Charles, malgré des avertissements nouveaux et fâcheux de M. de Montreuil, augurait bien de l'hospitalité des Écossais. Quelques semaines auparavant, la superstition, facile et propice aux malheureux, lui avait ouvert une illusion. Il s'était imaginé reconnaître un signe providentiel. Il avait cru à un prodige. Il était couché dans sa chambre d'Oxford, et le comte de Lindsey y était couché en même temps sur un lit militaire. Une lampe, selon l'habitude du roi, était posée près de lui sur un tabouret. Cette lampe, qui consistait en un rayon de cire pénétré d'une mèche et d'une forme arrondie, brûlait dans un vase d'argent et répandait une lumière d'autant plus douce qu'elle était voilée. Tout à coup le comte de Lindsey, s'éveillant dans les ténèbres, se leva pour ranimer la lampe s'il était possible. Mais il la trouva éteinte, et, de peur d'éveiller aussi le roi, il se recoucha sans la faire rallumer par un laquais. Il resta tranquillement assoupi jusqu'au matin. Quel ne fut pas alors son étonnement de voir la lampe verser une lueur inaccoutumée! S'apercevant que le roi était sorti de son sommeil, il se hasarda à lui dire que la lampe n'avait pas toujours eu autant de splendeur. Charles répondit qu'il le savait bien. Car ayant eu au milieu de la nuit une courte insomnie, il avait regretté l'obscurité profonde de la chambre. A quoi le comte repartit que s'il n'avait pas appelé, c'est qu'il avait craint d'interrompre le sommeil de Sa Majesté. — Vous avez bien fait, reprit le roi. Sans cette attention de votre part, je ne constaterais pas un bon présage. Ma dynastie subit maintenant une éclipse comme l'a eue cette lampe : à son tour, comme cette lampe, elle brillera d'un plus vif éclat que jamais. (Sir Thomas Herbert, *Mém.*, p. 89-90.)

C'est sous l'influence de cet oracle intérieur que le roi s'éloigna d'Oxford. Il avait revêtu un humble déguisement. Deux serviteurs seulement l'escortaient : le docteur Hudson, ministre anglican, et sir John Ashburnham, l'un des gentils-hommes de la chambre, dont Charles passait pour le valet. Ils gagnèrent d'abord Harborought dans le comté de Leicester, puis Downholm dans le comté de Norfolk, puis Southwell, à trois lieues de Nottingham. Là M. de Montreuil reçut le roi et le conduisit au camp des Écossais devant Newark (5 mai). Charles, qui avait quitté son costume servile pour un costume de lord, se présenta en roi au comte de Leven et à l'état-major de ce général. Le comte et ses officiers l'accueillirent avec une surprise feinte et de grandes déférences. Charles put se croire un instant leur souverain, mais il fut désabusé lorsque voulant donner le mot d'ordre aux troupes, le comte de Leven lui dit :
— Sire, ce mot d'ordre est mon privilége, et vous daignerez me le laisser, car c'est moi qui suis ici le plus vieux soldat. Charles se sentit captif.

Dès que le parlement connut la présence de Sa Majesté au milieu des Écossais, il réclama du comte de Leven la personne du roi. Le comte répondit par des paroles évasives et par des actes conciliants. Il remit aux Anglais la place de Newark qu'il avait occupée sur un ordre de Charles, et il défendit par une proclamation à ses officiers toute communication avec le parti des Stuarts. Cela fait, il se retira précipitamment à Newcastle à la tête de son armée et en compagnie du roi. Ce prince, s'unissant aux desseins pacifiques du comte de Leven, envoya une circulaire à tous ses partisans, afin de leur enjoindre la cessation complète des hostilités. Ce fut le marquis

de Worcester, un indomptable vieillard de quatre-vingts ans,
qui abaissa le dernier la bannière royale. Le général Fairfax
fut généreux envers le parti vaincu et facilita soit les accom-
modements des cavaliers, soit la restitution des biens confisqués ou détenus, soit les exils volontaires. Le prince Rupert
et le prince Maurice, munis de leurs passe-ports, s'embar-
quèrent à Douvres pour le continent au mois de juin 1646.

Pendant que son parti disparaissait, le roi, prisonnier à
Newcastle, était comme une proie vivante que se disputaient
l'Angleterre et l'Écosse. La théologie ne s'acharnait pas moins
sur lui que la politique. Tout en négociant, il avait consenti
à des discussions dogmatiques avec le pasteur presbytérien
Henderson. Il en fut distrait par des propositions que lui
expédia le parlement de Westminster « dans le but d'arriver
à une paix sûre et solidement établie. » Les porteurs de ces
propositions étaient deux lords, les comtes de Pembroke et de
Suffolk, puis quatre membres des communes : sir Walter
Earle, sir John Hipperly, chevaliers, et les écuyers Robert
Godwin et Luke Robinson. Le roi repoussa leurs propositions,
parce qu'elles stipulaient entre autres exigences deux principes qui lui étaient antipathiques : l'abolition de l'épiscopat et
le sacrifice des droits de la maison des Stuarts sur la milice.
Tout en n'accordant pas les articles, le roi eut beaucoup de
courtoisie pour les commissaires auxquels il donna sa main à
baiser.

Les deux parlements de Londres et d'Édimbourg négo-
cièrent entre eux le sort de Charles Ier sous forme d'arithmé-
tique et sous prétexte d'arrérages. Il fut convenu que, le
15 novembre 1646, les Écossais se retireraient chez eux, à la
condition d'un payement de deux cent mille livres sterling. Un
autre payement égal devait être effectué plus tard. Or, la première condition remplie, le roi, qui était à Newcastle, se
trouva livré, le 16 janvier 1647, par les commissaires écossais
aux commissaires anglais dont les noms suivent : le comte de
Pembroke, le comte de Denbigh, lord Montague de Broughton,
tous trois de la chambre haute ; — et de la chambre des communes : sir James Harrington, baronnet; sir John Holland, sir

John Cooke, sir Walter Earle, Crew, écuyer, et le major général Brown. MM. Harrington, Herbert, Kinersly, Babington et quelques autres étaient attachés aux commissaires afin de les aider au besoin soit littérairement, soit diplomatiquement. Chose singulière! les commissaires anglais, presque tous particulièrement connus du roi, étaient au fond des geôliers, et cependant Sa Majesté parut fort aise de leur mission. Elle donna ses ordres avec gaieté pour son voyage en leur compagnie, de la ville de Newcastle au château de Holmsby. Le roi était vraiment charmé de se séparer des Écossais dont il se sentait la victime dans un marché infâme. Il avait hâte de ne plus voir leurs visages de Judas. La justification qu'ont essayée leurs amis n'est assurément pas admissible. Elle consiste à dire que les Écossais facilitaient le désir qu'avait le roi d'aller à Londres pour s'entendre de près avec le parlement. Dérision odieuse! Il ne souhaitait pas apparemment d'y aller captif.

Holmsby, dans le comté de Northampton, était un magnifique édifice bâti et décoré par le lord chancelier Hatton, l'un des favoris de la reine Élisabeth. Ce manoir, après la mort du chancelier, avait passé à la couronne. Le parlement assigna cette demeure au roi, et le roi s'y installa avec les commissaires au mois de février 1647. Depuis Newcastle, le long de la route, principalement à Durham, à Rippon, à Nottingham, à Leicester, Charles fut salué et même acclamé par les populations. Les témoignages soit de respect, soit de dévouement redoublèrent aux environs de Northampton.

Le roi décela ses sentiments intérieurs par son enjouement, lorsqu'il prit possession du château de Holmsby, où tout avait été disposé par M. Kinersly, un intendant de sa garde-robe. Cette joie de Charles Ier à sa première halte est navrante. Moi, qui ai raconté les prisons de Marie Stuart, je ne puis partager le plaisir mêlé d'espérance qu'éprouve son petit-fils, alors qu'il s'assit sur son dais, comme au temps de ses prospérités, à la table de Holmsby. Ce château m'est sinistre et m'offusque, malgré sa beauté. N'est-il pas le commencement d'une série de cachots plus ou moins splendides? Holmsby, pour Charles Ier,

n'est-ce pas Carlisle pour Marie Stuart? Rien n'est émouvant,
rien n'est pathétique, même à distance, au témoin qui écoute
les palpitations sourdes des cœurs et qui compte les larmes secrètes des yeux, comme de retracer le cercle infernal des châteaux dont les uns rapprochaient peu à peu la reine d'Écosse
de Fotheringay, et dont les autres, par des courbes non moins
fatales, attiraient le roi d'Angleterre à White-Hall. Toute la
différence, c'est que le juge régicide de Marie Stuart était une
reine, et que le juge régicide de Charles Ier sera un peuple.
Quoique moins féroce, le peuple anglais sera aussi déterminé
qu'Élisabeth.

La plus grande privation du roi à Holmsby était l'absence de
ses chapelains. Il écrivit au parlement dans le mois de mars
pour qu'on les lui accordât, mais ils furent écartés comme anglicans. Les pasteurs presbytériens, MM. Marshall et Caryll,
n'étaient pas agréés du roi. Ils officiaient pour les commissaires
et pour le reste du château, mais Charles ne leur permettait
sous aucun prétexte de dire les grâces pour lui. Ces grâces
d'avant et d'après les repas, le roi les récitait lui-même debout
et avec piété. Sa sobriété était toujours la même, dans la captivité comme dans la guerre, comme aux années de sa puissance.
Il mangeait et buvait peu, soit à son dîner, soit à son souper,
ainsi que nous l'avons remarqué. Chaque jour il consacrait à
Dieu quelques heures de méditation et de prière. Il se promenait ensuite à pied dans le parc de Holmsby, tantôt avec l'un,
tantôt avec l'autre de ses serviteurs ou des commissaires, assez
souvent avec le major général Brown, qu'il avait pris en affection. Quand le temps était beau, le roi montait à cheval et il
allait à Altorpe, château de lord Spencer, ou Harrowden, château de lord Vaux, dont les jardins et les bois étaient les plus
renommés de la Grande-Bretagne. Dans l'une de ces courses,
un paysan lui remit des lettres de la reine. Ce paysan, qui fut
arrêté sur-le-champ, n'était autre que le major Bosvile.

Les commissaires, mécontents de cette intrigue, imposèrent,
selon la prescription du parlement, un sacrifice douloureux au
roi en éloignant de lui MM. Henri Murray, James Levington,
Leg et Ashburnham. Charles conjura qu'on ne le séparât pas

du moins de MM. Maxwell et Mawl, ses plus anciens valets de chambre. Il demanda qu'on leur adjoignit MM. Harrington et Herbert, deux gentilshommes fort distingués venus avec les commissaires. Harrington se dévoua, quoique démocrate. Il esquissa plus tard, dans son *Oceana*, un plan de gouvernement républicain. Cromwell et Charles II le persécutèrent successivement. Herbert devint le serviteur tendre et fidèle du malheureux Charles Ier, et l'annaliste le plus modeste, le plus ému, le plus touchant de sa captivité et de sa mort.

Les commissaires étaient tous presbytériens et surveillaient le roi pour le parlement. L'armée, ennemie du parlement, avait un conseil d'officiers; elle avait aussi un conseil de sous-officiers et de soldats choisis par les régiments, et que les presbytériens appelaient *agitateurs*. Ces conseils avaient une grande autorité avec un général indolent hors de la guerre comme Fairfax, et un lieutenant général habile, artificieux, fécond en ressources, en trames et en trappes comme Cromwell. C'est lui, c'est Cromwell qui dirigeait Fairfax et les conseils. Il était l'âme et le génie de l'armée, où il avait multiplié les capitaines, les majors et les colonels indépendants. Sa prévoyance était perçante et sa dextérité profonde. Aux sous-officiers et aux soldats il parlait dans une langue énigmatique et mystique au nom du dieu Sabaoth. Devant les officiers sa conversation était naturelle, nette et claire. Il disait, dans le jardin de sir Robert Cotton, à Ludlow, d'un ton de familiarité : « Si ton père vivait, il y en a là quelques-uns à qui il ne tairait pas leurs vérités; » puis Cromwell ajoutait : « C'est une misère de servir un parlement. Qu'un homme soit loyal tant qu'il voudra, s'il se présente quelque brouillon qui le calomnie, il ne s'en lavera jamais, au lieu qu'en servant sous un général on est aussi utile, et on n'a à craindre ni le blâme ni l'envie (*Mém. de Ludlow*, t. I, p. 209). Un autre jour, en pleine chambre des communes, à propos du licenciement de l'armée poursuivie par les presbytériens, Cromwell disait très-bas au même Ludlow : « Ces gens-là n'auront pas de repos qu'on ne les ait mis dehors par les oreilles. »

Olivier Cromwell jetait des mots ici et là, et ces mots

étaient comme autant d'hameçons avec lesquels il prenait beaucoup d'hommes. Il avait un grand coopérateur dans Ireton. Il
n'aurait pu s'en passer. Il lui donna pour femme, en 1646, Brigitte, la plus grave, la plus modeste, la plus évangélique de ses
filles. Ireton, gendre de Cromwell, lui fut très-utile et devint
commissaire général de l'armée. C'était un homme studieux
autant que grave, et dont la plume valait l'épée. Cromwell
l'employait à rédiger ses manifestes, ce qu'il savait faire à merveille, mieux que Lambert lui-même, un autre officier de
Cromwell, destiné au barreau, avant qu'il se fût voué aux armes.
Ireton, préparé aussi pour la magistrature, était d'ailleurs plus
sérieux que Lambert à tous les points de vue. Il était populaire
dans les deux conseils de l'armée, qu'il appelait les deux chambres, et qui étaient réellement une sorte de parlement sectaire
et chevaleresque. Cromwell se servait auprès de cet étrange
parlement, et en toute circonstance, du stoïcien Ireton. Il
l'avait toujours trouvé soit supérieur, soit égal aux plus grandes
tâches.

C'est peu de temps après le mariage d'Ireton et de Brigitte
que Cromwell, dans un moment de ferveur, écrivait à sa fille
cette intéressante lettre :

A ma fille bien-aimée Brigitte Ireton, à Cornbury,
au quartier général.

« Londres, 25 octobre 1646.

« Chère fille,

« Je n'écris pas à ton mari qui, s'il reçoit une ligne de moi,
m'en renvoie mille, ce qui le fait veiller trop tard ; ensuite je
suis indisposé moi-même maintenant, et je ne manque pas non
plus d'occupations.

« Vos amis de l'île d'Ély se portent bien. Votre sœur Cleypole est tourmentée par quelques pensées inquiètes. Elle voit
sa propre vanité et les tendances charnelles de son esprit. Elle
en gémit et cherche, je l'espère au moins, cela seul qui satisfait.

Chercher ainsi, c'est posséder la première place après ceux qui trouvent. Qui cherchera fidèlement et humblement sera sûr de trouver. *Heureux chercheur, heureux trouveur!* Qui a jamais goûté combien le Seigneur est doux sans éprouver quelque retour de faiblesse et d'égoïsme? Qui a jamais goûté la grâce de Dieu et n'en a pas désiré, sollicité la pleine jouissance? Chère fille, sollicite bien, poursuis le Seigneur, et que ni ton mari, ni aucune chose au monde ne refroidisse ton affection pour le Christ! Ce qu'il y a de plus digne d'amour dans ton mari, c'est l'image du Christ qu'il réfléchit en lui. Fixe là tes yeux; voilà ce qu'il faut aimer avant tout, et tout le reste pour cela. Je prie pour toi et pour lui, priez pour moi.

« Mes tendres respects au général (Fairfax) et à sa femme; je sais qu'elle est très-bienveillante pour toi, ce qui ajoute à toutes mes autres reconnaissances. Mon amour à tous.

« Ton bon père,

« OLIVIER CROMWELL. »

Cette lettre est fort compliquée. Elle n'a été qu'effleurée, et cependant elle mériterait d'être approfondie. D'abord elle exprime les élans paternels et religieux de Cromwell. De plus, Ireton la lira, et il sera persuadé que celui dont il est le gendre le chérit comme un fils. Et non-seulement Ireton la lira, cette lettre, mais Brigitte la fera lire à lady Fairfax. Le général en sera instruit, et il saura quel ami il a dans Cromwell. Il est nécessaire que Fairfax croie à la piété et au dévouement de son lieutenant général, et Cromwell ricoche sur lui à propos, selon les instincts d'une dextérité incomparable.

Tout en ne négligeant pas les petits moyens, il usait des grands sans hésitation et sans scrupule. Il en avait fini avec les troupes royalistes à Naseby, mais il n'en avait pas fini avec les presbytériens. Il leur avait porté un coup terrible par l'ordonnance du *renoncement à soi-même*. Il les avait par là chassés des commandements de l'armée, ce qui était beaucoup; il lui restait à les chasser du parlement, ce qui politiquement le rendrait maître comme il l'était militairement. L'entreprise était formidable. Cromwell ne recula pas.

Il fallait d'abord tirer le roi des mains du parlement, qui le gardait par ses commissaires au château de Holmsby.

Or, voici ce qui arriva. Le 2 juin 1647, Charles Ier, dans l'après-midi, s'était avancé à cheval jusqu'au château de lord Spencer, à Altorpe. Il jouait aux boules dans le parc de cette belle résidence, lorsqu'on vint lui dire qu'une troupe de cavalerie sous les ordres d'un inconnu marchait sur Holmsby. Le roi y retourna aussitôt. Tout le monde était inquiet; car ni les commissaires ni le colonel Graves, chef de la garde du roi, n'avaient été avertis.

Le colonel, secondé par le major général Brown, s'adressa aux soldats cantonnés à Holmsby, et les adjura de n'abandonner ni les commissaires du parlement ni le roi. Les soldats promirent. Vers minuit, la cavalerie que l'on redoutait s'arrêta devant le château. Tandis que l'officier qui la commandait entrait en conversation sous le vestibule avec le colonel Graves et le major général Brown, les soldats des deux camps s'étaient rapprochés et se reconnaissaient entre eux. Le colonel demanda à l'officier comment il s'appelait et ce qu'il voulait. « Je m'appelle Joyce, répondit-il, je suis cornette dans le régiment du colonel Whalley, et je veux parler au roi. » Graves et Brown le sommèrent alors de se retirer, et annoncèrent à la garde d'Holmsby que c'était le moment de défendre le château. Mais les soldats n'avaient pas fraternisé en vain. Il y avait dans la garde du roi des indépendants, des affiliés aux agitateurs. En un instant Joyce se fut emparé de Holmsby, aux applaudissements de la garde chargée de le protéger. Le colonel Graves s'échappa, et Joyce alla frapper à la porte du roi. Il était fort animé et tenait un pistolet. MM. Maxwell, Mawl, Harrington et Herbert ne lui permirent pas de pénétrer. Le roi, qui était couché, lui fit dire qu'il ne le recevrait pas avant le matin. Joyce, ulcéré de ce retard, éclata en outrages et en imprécations, mais il n'osa pas employer la force. Il se retira très-irrité.

Le lendemain, 3 juin, le roi manda Joyce au petit jour. Le

cornette se présenta hardiment. Sans être intimidé une minute, il déclara au roi qu'il avait mission de l'emmener. « Je n'irai qu'avec les commissaires. — Je consens à les délivrer, dit Joyce, je consens même à ce qu'ils vous suivent. — Où me conduisez-vous, reprit le roi. — A l'armée, sire. — Et vos instructions? — Vous allez les voir, répliqua Joyce. » Et il fit mettre en bataille dans la cour intérieure une élite de ses hommes. Le roi les examina en souriant et dit : « Vos instructions sont en caractères très-lisibles. — Sire, affirma Joyce, il ne vous sera fait aucun mal, ne tardons pas. » Après s'être assuré de nouveau que les commissaires ne le quitteraient pas, le roi monta dans sa voiture, où il admit les comtes de Pembroke et de Denbigh ainsi que le lord Montague. Les autres commissaires enjambèrent des chevaux de selle, et le roi, qui était entré au château de Holmsby prisonnier du parlement, c'est-à-dire des presbytériens, en sortit prisonnier de l'armée, c'est-à-dire des indépendants.

Charles Ier, à la merci du cornette Joyce, coucha à Hinchinbrook, dans un ancien couvent de religieuses devenu le manoir du colonel Montague. Le 4 juin, le roi chemina jusqu'à Childersly, non loin de Cambridge. Il accepta l'hospitalité de sir John Cuts, sous le toit duquel il s'établit. De toutes parts, nobles, savants, professeurs de l'université s'empressèrent autour du roi. Charles fut très-poli avec eux; il fut affectueux pour sir Thomas Fairfax, général en chef, pour le lieutenant général Cromwell, pour le commissaire général Ireton. Le major général Skippon, les colonels Rich, Lambert, Dean, le ministre Hugh Peters furent admis à baiser la main de Charles. Fairfax désavoua hautement Joyce, mais l'insolent cornette ne fut pas puni. Cromwell le couvrit de sa mansuétude comme d'un bouclier. Le lieutenant général était de bonne humeur et disait à Ireton : « A présent que j'ai le roi, je tiens le parlement dans ma poche. » (*John Banks*, p. 83.)

De Childersly Charles se rendit à son château de Newmarket. Le roi y avait souvent séjourné avec son père et Buckingham. Ils y avaient fait de délicieuses chasses, dont le roi retrouvait la mémoire à chaque pas. « Ah! disait-il, que ne suis-je encore

prince de Galles et le premier sujet du roi Jacques! » Newmarket, à cause des souvenirs, était une demeure douce et mélancolique. Ce qui lui communiqua un attrait particulier au milieu
de tant d'inquiétudes et de nuages noirs, c'est que, fêté par les
officiers de l'armée et par les commissaires du parlement, le
roi conclut de cette émulation qu'il serait arbitre entre eux et
qu'il recouvrerait ainsi son pouvoir. Il apprit avec plaisir qu'il
irait à Hampton-Court. Il se flatta d'obtenir bientôt ses serviteurs de Holmsby et ses chapelains.

Cromwell, cependant, s'était prononcé contre le licenciement
de l'armée, combiné par les presbytériens de la chambre des
communes. Il incrimina cette prévoyance de ses ennemis et
suggéra aux troupes deux résolutions capitales. Elles jurèrent,
sous son influence, de ne pas se séparer avant le payement de
leurs arrérages, ni avant la réforme des abus. Elles se rappro-
chèrent en même temps de Londres. A Saint-Albans (15 juin
1647), elles lancèrent une accusation contre onze membres du
parlement. Ces fiers suspects étaient Hollis, Stapleton, Glynn,
Waller, Massey, Maynard, Clotworthy, Lewis, Harley, Long
et Nicholas, — les plus illustres chefs des presbytériens après
le comte d'Essex. Il leur était imputé des délits contre les lois
de l'Angleterre et contre les droits de l'armée. Ils firent bonne
contenance; mais une autre pétition de cette armée implacable
exigea du parlement que les membres inculpés fussent privés
de leurs siéges jusqu'à ce qu'ils eussent réfuté le réquisitoire
dressé contre eux. Le parlement eut la faiblesse de céder en
faisant offrir des passe-ports aux prévenus.

« Jamais parlement fut-il insulté de la sorte! s'écrie Hollis
dans ses Mémoires indignés (p. 158-159). Il faut d'abord punir,
puis faire le procès!... Vraie justice d'armée! Et ce jugement
ne va pas à moins que de suspendre des membres du parlement,
ce qui non-seulement les marque d'ignominie, mais ce qui, en
frappant les députés du pays, le destitue du droit de suffrage...
Et ces jeunes messieurs (les officiers) viendront se railler de
nous, au point de nous exprimer l'honnête désir qui les pousse
à vouloir rendre nos priviléges plus innocents! Ils oseront nous

proposer un changement de cette importance dans la constitution de la chambre des communes! Tandis qu'il est de règle que la minorité se fond dans la majorité, de manière à ne former avec elle qu'un seul être; tandis qu'il n'est pas permis dans la chambre de particulariser les personnes, pas même de nommer un membre par son nom, que tout doit s'y faire comme par un même homme et que les lois auxquelles le royaume est tenu de se soumettre doivent être regardées comme l'acte d'un consentement unanime, on voudra rompre cette unité, et nous obliger à constater nos dissentiments par des protestations, propres uniquement à fomenter les factions et les partis! On troublera la source pour corrompre ensuite tout ce qui en découle! C'est bien assurément la plus insolente présomption dont on ait jamais ouï parler. »

Il y eut contre une telle tyrannie des troupes une réaction des citoyens et des apprentis de Londres. Dominé par la terreur prétorienne, le parlement arrêta, le 22 juillet 1647, que la milice turbulente de la Cité serait remplacée par une autre milice. Il s'efforçait ainsi de plaire à l'armée. Le 26 juillet, une émeute s'organisa contre cette mesure du parlement, qui, sous une autre terreur, vota le rétablissement de la milice presbytérienne. L'émeute ne s'apaisa que lorsqu'elle eut violenté le président et les députés des communes, jusqu'à leur arracher un nouvel ordre, l'ordre d'installer le roi à Londres dans un de ses palais.

Après cette profanation du parlement, les chambres s'ajournèrent jusqu'au vendredi suivant 3 août. Mais à cette date le comte de Manchester, président de la chambre des lords, et M. Lenthall, président de la chambre des communes, s'étaient réunis à l'armée avec la majorité des membres du parlement. Les députés et les pairs presbytériens, fidèles à leur poste, nommèrent deux présidents presbytériens comme eux : — à la chambre des seigneurs, lord Willoughby; à la chambre des communes, M. Henri Pelham. Il fut décidé par leur organe que le roi reviendrait à Londres, que la milice de la Cité était légale, qu'elle serait accrue, qu'elle élirait un général pour chef, et que les onze membres proscrits seraient réintégrés sur leurs siéges. Denzil Hollis et ses collègues rentrèrent donc en triomphe, et Massey fut investi du commandement de la milice de Londres.

M. Lenthall et le comte de Manchester, les deux présidents anciens, et leurs collègues des deux chambres, déserteurs avec eux au quartier général de l'armée, s'entendirent avec Fairfax, et ils décrétèrent la nullité de tout ce qui s'était passé depuis le 26 juillet. Ils décrétèrent aussi que le général marcherait sur Londres, afin de vaincre l'anarchie.

Les onze, Hollis surtout et Stapleton et Massey, soutenus de toute l'élite presbytérienne, échauffaient la Cité de leurs discours, l'exhortant à combattre, prêts pour leur compte à mourir, plutôt qu'à subir le joug de la soldatesque. Ils créèrent, à force de passion, de vigilance et de zèle, un mouvement qui, malgré leurs brigues ardentes, se calma peu à peu à l'approche de l'armée. Les bourgeois eurent peur des troupes, et ils envoyèrent une députation à Fairfax pour lui demander la paix. Le général, de concert avec le comte de Manchester, M. Lenthall et leurs collègues, maintint l'élimination des onze députés, imposa la dissolution des milices de la Cité, le licenciement de tous les bataillons de Massey et la reddition de la Tour, cette citadelle féodale, gage redoutable de la puissance, symbole sinistre de la souveraineté. Ces conditions furent acceptées sans résistance, et le 6 août 1647, Fairfax s'avança jusqu'à Westminster, rétablit à l'aide de son armée Manchester et Lenthall sur leurs fauteuils de présidents, les autres membres du parlement sur leurs siéges de députés et de lords. Fairfax, remercié par les deux présidents, fut nommé commandant en chef de toutes les troupes de l'Angleterre, et constable de la Tour de Londres. L'armée eut une gratification d'un mois de solde. Fairfax et Cromwell, précédant avec leurs états-majors les régiments en grand uniforme, traversèrent la ville, de Westminster à la Tour, dont ils prirent possession militairement.

C'en était fait, le parti presbytérien était abattu dans le ruisseau. Les chefs étaient désespérés de l'abandon des leurs.

Massey, le brave défenseur de Glocester, brisa son épée. Les onze députés se dispersèrent. Stapleton, atteint sur son vaisseau d'une maladie contagieuse, mourut entre les bras de Hollis à Calais. Denzil Hollis, lui, réfugié en Normandie, lança par-dessus la mer ses éloquents Mémoires comme une malédiction à Cromwell. Et certes, il ne se trompait pas. Il outrageait Saint-John pour se mettre en veine, mais c'est sur Cromwell qu'il s'acharnait. Et certes, il ne s'abusait pas. Denzil Hollis était alors le représentant le plus illustre du parti presbytérien, et il comprenait la portée de sa chute. Le parti presbytérien avait brisé le parti de la cour, de l'ancien régime, le parti angli-can, gouverné par Strafford et Laud. Or, leur domination éta-blie, les presbytériens, qui étaient monarchiques, se seraient contentés d'obtenir la liturgie de leur Église et des généraux de leur opinion. Ils auraient reconnu et servi à ces conditions Charles Ier. Lui ne comprit rien à la situation. Il ne compre-nait pas mieux que Fairfax, qui, presbytérien, abattait les presbytériens et associait à sa popularité les indépendants. Cromwell le menait à ses fins propres par des fils mystérieux. Il comprenait, Cromwell, non moins que Hollis, quoique dans un sens opposé, et il allait fonder la liberté de conscience, la grandeur de Dieu et la sienne, — en un mot, la dictature reli-gieuse. Les presbytériens l'avaient délivré des épiscopaux; il avait balayé les presbytériens. Il ne lui restait plus qu'à faire de l'anarchie militaire et sectaire des indépendants un gouver-nement fort. La tâche était difficile; mais elle n'était pas iné-gale au génie de Cromwell.

Par une coïncidence pathétique, mourut le comte d'Essex, le 14 septembre 1647, quelques semaines après la défaite de son parti et l'exil de ses amis, dont les meilleurs étaient Stapleton et Hollis. Essex avait l'âme navrée. Il chassait, afin de s'arra-cher par l'action à ses pensées noires. Il s'échauffa à la pour-suite d'un cerf dans la forêt de Windsor, et se refroidit au retour. Une fluxion de poitrine l'emporta. « Il désirait la paix, dit Whitelocke; il aimait la monarchie, la haute et moyenne noblesse, le clergé et la magistrature. Il était déterminé à les soutenir et ne manquait pas de conseils qui le poussaient en ce

sens ; mais honnête et galant homme, et serviteur du public, il
avait l'esprit grandement troublé des méfiances qu'il inspirait. » Hollis surtout pleura Essex. Ce noble Essex était encore
une belle popularité dans la chambre des lords, dans la cité de
Londres et dans les comtés de la vieille Angleterre. Même
dans l'abaissement et dans la proscription des siens, ses funérailles furent un deuil national. L'humeur farouche de Hollis,
s'aigrit encore par le trépas de l'homme qu'il considérait et
qu'il chérissait le plus. Il redoubla ses anathèmes à Cromwell
et à Saint-John, ses ennemis et les ennemis d'Essex. « Oh ! les
hypocrites ! s'écriait-il, la bouche pleine de miel et la guerre
dans le cœur ! » Mais le dédain de Hollis, un dédain vénéneux
avec les indécis, qui n'étaient rien, féroce avec les indépendants, qui étaient tout, ce dédain n'aboutissait qu'à l'impuissance. Le puritanisme fut la réaction terrible du peuple contre
le trône. Henri VIII avait fait une révolution royale dans la
religion et l'avait empreinte d'un caractère de tyrannie. L'Angleterre, par les sectes, faisait une révolution nationale dans
la religion aussi et lui rendait une spontanéité complète. Elle
ne voulait plus le Dieu du roi, elle voulait le Dieu de la conscience. Sous les exagérations bibliques, là est le secret de
l'omnipotence des indépendants et de la politique de Cromwell.
L'avenir leur appartenait légitimement. Il y eut seulement bien
des gradations dans cette politique de Cromwell. Il parcourut
plusieurs horizons ; il eut même une phase d'hésitation anxieuse
à ce moment des prisons de Charles Ier.

Le roi, que nous avons laissé à Newmarket et à qui Hampton-Court avait été désigné pour résidence, se mit en route
d'après un itinéraire calculé sur les divers cantonnements de
l'armée. Il logeait d'ordinaire dans les châteaux des seigneurs,
où il était toujours le bienvenu. Il passa deux journées à Royston, dans une de ses maisons de chasse, très-agréable autrefois
à son père le roi Jacques. De Royston, Charles Ier gagna Hat-
field, château de lord Cecil, comte de Salisbury. Il s'y délassa
du 26 juin au 1er juillet. De là, il s'en alla à Windsor, puis à
Caversham, château de lord Craven, où il fut bien aise de rencontrer un visage de connaissance, Philippe de Warwick. Le

15 juillet, le roi était à Maidenhead ; puis, le 20, à Woburne, château du comte de Bedford. Charles Ier logea encore à Latimers, château de lord Cavendish ; à Stoke, château du vicomte de Purbeck ; à Oatlands, magnifique château de la reine sur les rives de la Tamise, et ce ne fut que le 15 août que le roi s'installa à Hampton-Court.

Ce majestueux palais avait été préparé par M. Kinersly, intendant de la garde-robe, avec les mêmes délicatesses et le même luxe qu'avant la révolution. Les serviteurs de Holmsby et ses chapelains lui furent rendus. Les commissaires du parlement et les généraux de l'armée l'entouraient, et montraient une émulation de courtoisie pour lui. Il eut la douceur de voir à Sion-House, chez lord Percy, comte de Northumberland, le duc de Glocester et la princesse Élisabeth, confiés aux soins du comte. Dès qu'ils aperçurent le roi leur père, ces enfants fondirent en larmes, et il leur donna sa bénédiction. Il s'oublia huit heures avec eux, et ne revint que le soir à Hampton-Court.

Quel était cependant, après l'expédition de Joyce, le plan de Cromwell avec le roi ? — Très-certainement la substitution de l'influence de l'armée à l'influence des presbytériens anglais et écossais. Par là Cromwell serait l'arbitre suprême. Il fonderait la tolérance religieuse : voilà pour Dieu ; il se ferait nommer lord-lieutenant d'Irlande à vie et chevalier de la Jarretière : voilà pour soi-même. Tel est le plan le plus vraisemblable de Cromwell à cette époque. S'il y renonça, c'est lorsqu'il soupçonna des arrière-pensées chez l'auguste captif ; c'est lorsque, par ses espions et par des messages interceptés entre le roi et la reine il apprit que Charles était plus disposé à traiter avec les Écossais qu'avec l'armée ; c'est surtout lorsqu'il eut la lettre que lord Oxford avait tenue dans ses mains et dont ce seigneur offrit cinq cents livres sterling. « Cette lettre, disait lord Bolingbrocke, le 12 juin 1742, était du roi à la reine, m'affirma lord Oxford, et voici ce qu'elle contenait. Elle répondait à la reine, qui avait reproché au roi d'avoir fait de trop grandes promesses aux meneurs de l'armée, et particulièrement à Cromwell, très-indigne de la lieutenance perpétuelle de l'Irlande et de la Jarretière. Le roi priait la reine de le laisser agir et « d'être entièrement tranquille relativement aux con- « cessions qu'il serait dans le cas de faire ; qu'il ne serait pas « embarrassé, le temps venu, pour se conduire avec ces drôles- « là, et qu'au lieu d'une jarretière de soie il les accommoderait « d'une corde de chanvre. » (Éclaircissements et pièces justifi- catives, à la suite des Mémoires de John Berkley.)

Éclairé soit par cette lettre, soit par d'autres documents, soit par des mots échappés au roi et que le major général Ireton confia au colonel Hutchinson, on comprend bien comment Cromwell éconduisit sir John Berkley et M. Ashburnham, les négociateurs de Charles Ier, et comment il résolut avec Ireton de perdre ce prince. Cromwell n'était pas homme à permettre qu'on se jouât de lui ou qu'on le méprisât. Il feignit de ne pouvoir plus maîtriser les agitateurs militaires de Put- ney, et il suggéra indirectement à Charles de fuir vers l'île de Wight. C'était tout simplement, pour le lieutenant général, mettre le roi en réserve sous la garde d'un homme qui inspi- rait de la confiance à Charles Ier, parce qu'il était le neveu de l'un des chapelains de ce prince. Cet homme était le colonel Hammond, dévoué sans doute à son oncle, mais plus dévoué à Cromwell. Que le roi soit seulement sous la clef du colonel Hammond, et lorsqu'il le faudra, à l'heure de ses mystérieux desseins, Cromwell saura bien trouver Charles Stuart.

Les presbytériens avaient eu la prétention de se fonder comme Église nationale. Rien de plus tyrannique. Les mi- nistres de ce culte fermaient le ciel par l'anathème ou l'ou- vraient par l'absolution. Les consistoires réclamaient le privi- lége de pénétrer dans la famille et d'éloigner de la communion selon leur bon plaisir. Autant valaient Charles Ier et Laud avec l'anglicanisme ; mieux valaient les indépendants avec la tolérance absolue. Là était la supériorité de Cromwell.

Sous le nom d'indépendants se classent tous les puritains, tous les hommes du libre esprit : les brownistes, ces ennemis de la hiérarchie et ces amis de la république ; les anabaptistes, qui proscrivaient le baptême avant l'âge de raison ; les millé- naires, qui attendaient mille ans de béatitude sur la terre après le jugement dernier; les antitrinitaires, les antiscripturistes, les antinomiens, les nullifidiens (*nullius fidei*), ces adversaires de la lettre, ces novateurs de rêves; les chercheurs, les perfectionnistes, les latitudinaires, les sociniens, les arianistes, ces adorateurs de la lumière, ces curieux d'infini, — tous sectaires qui acclamaient la liberté sans bornes de la conscience.

Les théistes purs de la révolution anglaise, Algernon Sidney tout le premier, étaient les meilleurs parmi les indépendants. Ils niaient l'Incarnation et la divinité de Jésus-Christ. Ils avaient trouvé, comme Spinosa, et, quoique à la même date avec originalité, leur grand argument. A leur avis, dire : l'Éternel s'est fait homme, l'Éternel est Dieu et homme tout ensemble, — c'était affirmer que triangle s'est fait cercle et qu'il est resté triangle : c'était affirmer une impossibilité.

Ces théistes avaient d'ailleurs la plus belle des théologies, la théologie rationnelle.

D'après cette théologie, Dieu luit dans l'âme, et, par son rayon, il éclaire et il attire. L'homme voit et sent; il retient ce principe vivant au fond de sa conscience. Il possède Dieu. Voilà cette théologie. Elle se compose de lumière, et l'amour en naît. La grâce n'y fait pas défaut, puisqu'elle est la présence même de Dieu dans l'âme. Quand Dieu pénètre l'âme, la sollicite, l'échauffe, il la justifie par la foi, il la sanctifie par la grâce. Au fond, tel est le théisme. Il croit, il aime, il espère. Il proclame la charité envers les hommes, la piété envers Dieu. C'est là le dogme essentiel imposé à tous. Pour ce qui n'est pas ce dogme, pour ce qui est seulement opinions, système, fantaisie, on peut discuter. Il n'y a d'indiscutable que le dogme unique : l'amour de Dieu et du prochain. A ce prix, le théiste nage dans les splendeurs. Il se plonge et se replonge dans les évidences intérieures et extérieures. Il confesse Dieu qui est en lui et hors de lui, Dieu son père et le Christ son frère. Le théiste est illuminé de Dieu comme du soleil, et il n'a pas moins confiance à l'immortalité après la vie qu'au réveil après la nuit.

Telle est la doctrine des théistes de tous les temps, telle

était la doctrine des théistes anglais. Ils y ajoutaient la variété de leurs caractères et de leurs passions. Les uns étaient stoïques, les autres tendres ; ceux-ci n'admettaient que des lois générales, ceux-là priaient la Providence maternelle. Beaucoup aspiraient à la république, plusieurs avouaient la monarchie. Tous étaient indépendants par la tolérance.

Les presbytériens avaient dominé dans le parlement, les indépendants remplissaient l'armée. Tout en caressant les presbytériens, Cromwell était indépendant, et c'est à la pointe du généreux principe de tolérance des indépendants, de ce principe manié comme un glaive par l'ignorance de Fairfax, par le fanatisme de Harrison, par l'instinct de toute l'armée, que Cromwell écarte les épiscopaux non moins que les presbytériens. Il marche au pouvoir pour lui et à la *charte* des âmes pour l'Angleterre. Tout lui est bon à plier, tous lui sont des instruments, qu'ils soient ses supérieurs ou ses inférieurs. Après s'être servi de Fairfax, il se servira des autres, à bien peu d'exceptions près, d'exceptions héroïques telles que Hutchinson, ou Sidney, ou Ludlow, et encore il les fascinera par moments ; il se servira surtout d'Ireton en haut, et en bas de Harrison.

Ireton nous est déjà connu. Le major général Harrison est encore obscur. C'était un officier fort bizarre, brave jusqu'à la témérité, religieux jusqu'à la fièvre chaude ; en un mot, le plus sectaire des *saints.* Hors de ses extases bibliques, il était doux et cordial. Il ne manquait jamais de prêcher ses meilleurs amis et ses chefs avec une certaine sévérité ; toute son onction, il la gardait de préférence pour ses ennemis.

Il avait la vanité du costume. Quelquefois il s'habillait très-simplement ; quelquefois il se couvrait de broderies militaires. Il lui arrivait même de se vêtir en étoffe d'écarlate toute parsemée de clinquant. Il avait le mauvais goût d'un parvenu ; mais ce qui le relevait, c'est qu'il était un parvenu toujours prêt à être un martyr. Né d'une famille très-infime, sans éducation et sans fortune, la révolution l'avait mis en lumière, et la guerre civile l'avait enrichi. Il avait un certain luxe de laquais et de chevaux, que les émoluments de ses grades et deux mille livres sterling de revenu territorial lui permettaient de satisfaire. Il avait été heureux et adroit au milieu de ses rêveries, mais il était resté honnête.

Les trois choses qu'il aimait le plus, c'étaient la Bible, le champ de bataille et l'échafaud. Il croyait vivre pour Dieu, et c'est pour Dieu qu'il désirait mourir. Il était, comme on disait alors, un homme de la cinquième monarchie, de cette monarchie qui succédera aux quatre autres, selon la vision du prophète Daniel, de cette monarchie du bien, précédée de quatre monarchies du mal, représentées par des bêtes sorties de la mer : — un lion à l'envergure des plumes de l'aigle ; — un ours aux dents mêlées de crocs ; — un léopard aux quatre têtes avec quatre ailes d'oiseau ; — une licorne aux mâchoires de fer, aux onze cornes, sur l'une desquelles il y avait des yeux semblables à des yeux humains et une bouche sonore.

« L'ancien des jours viendra et s'asseyera (Daniel). Ses vêtements auront la blancheur de la neige et ses cheveux la souplesse moelleuse d'une laine pure. Son trône et les roues de son trône seront de feu. Un fleuve de flamme jaillira de sa face, Mille milliers le serviront et dix mille millions assisteront devant lui. Le jugement prendra place et le livre sera ouvert. L'ancien des jours brisera et dispersera les quatre monarchies. Il tuera la licorne, et la domination sera ôtée aux trois autres bêtes. Elle sera donnée au fils de l'homme par l'ancien des jours, et cette domination sera éternelle. » C'est la cinquième monarchie qui ne passera point, la monarchie dont le Christ sera le roi et dont le peuple se composera des saints.

Harrison est le plus formidable sectaire des hommes de la cinquième monarchie. Cette monarchie était peut-être prochaine. Il l'attendait. Pour la conquérir, il ne reculera devant rien. Charles Ier pourra bien être considéré comme l'une des quatre bêtes. Les saints sont implacables.

Et cependant Harrison était bon en de certains moments, quoique toujours redoutable : car il n'était jamais sûr. Son portrait n'inspire aucune sécurité. Ce visage a deux expressions singulières. Il est très-doux et très-déterminé. Il est également près de la prière et du carnage. L'aspect de cette figure, quoique paisible, recèle un secret égarement que l'on devine à l'éclat sauvage des yeux noirs et vagues. Cet égarement pourrait devenir de la folie, si bien que, sous cette tranquille physionomie, on craint la fureur sacrée.

En examinant longtemps ce portrait, j'ai éprouvé une impression étrange. Sans que j'eusse lu la Bible le matin, des versets d'Ézéchiel retentirent alternativement en moi, des versets comme ceux-ci :

« Prophétisez et dites : Montagnes d'Israël, poussez vos branches et portez votre fruit pour son peuple. — Les champs seront labourés, les villes habitées et les ruines rétablies.

« C'est pourquoi vous direz à la maison d'Israël : Voici ce que dit le Seigneur : Je répandrai sur vous de l'eau, et vous serez purifié.

« Je vous donnerai un cœur nouveau et un nouvel esprit ; j'ôterai de vous le cœur de roche, et je mettrai en vous le cœur de chair.

« Vous habiterez ma terre ; vous serez mon peuple, et je serai votre Dieu. »

Et d'autres versets succédèrent aux premiers.

« Fils de l'homme, prophétise et dis : Voici le Verbe de l'Éternel. Dis, l'épée, l'épée a été aiguisée et elle est fourbie.

« Elle a été aiguisée pour un grand massacre, elle a été fourbie afin qu'elle brille. Elle a été aiguisée et fourbie pour la confier à la main de celui qui tue.

« Crie et hurle, ô fils de l'homme, car l'épée est contre mon peuple. Toi donc, fils de l'homme, prophétise et frappe d'une main contre l'autre, que l'épée double et redouble ses coups.

« J'ai mis l'épée étincelante sur toutes les portes des grands, afin que les cœurs se fondent et que les décombres se multiplient.

« Épée fourbie pour resplendir, aiguisée pour égorger, frappe à droite, frappe à gauche, frappe de tous côtés.

« Je frapperai aussi d'une main contre l'autre, et je contenterai ma colère. Moi, Éternel, j'ai parlé. »

Le portrait de Harrison me rappelait tous ces versets dans un cliquetis de mêlée et dans les lueurs d'orage. Mais voici les derniers qui tintèrent comme un glas à mes oreilles :

« Et toi, profane, prince impie d'Israël, il est venu le jour marqué par Dieu pour le châtiment de tes crimes.

« Voici ce que dit l'Eternel : Arrachez-lui le diadème, arrachez-lui la couronne. Elle ne sera plus. J'élèverai ce qui est bas et j'abaisserai ce qui est haut.

« Je la déclare inique, inique, inique, jusqu'à ce que paraisse celui qui la mérite, et je la lui donnerai ! »

Qu'on me croie, lorsque je dis avec vérité que j'entendais ces versets devant le portrait de Harrison, comme si sa bouche les eût prononcés. Chaque physionomie exprime une âme et les songes de cette âme. Tous les sectaires se ressemblaient à peu près, et ils lisaient dans la Bible leur secret désir. Cromwell y découvrait un sceptre, son propre sceptre ; Harrison, le sceptre du Christ dans la cinquième monarchie. Pour arriver à leur règne, ni l'épée, ni même la hache ne les épouvanteront. Or les puritains habiles tenaient un peu de Cromwell, et les puritains violents, tous plus ou moins, de Harrison. Il y avait autour d'eux des hommes plus sincères ou plus raisonnables, tels que Ludlow, Sidney, Vane, Hutchinson ; mais ils étaient également capables des plus terribles déterminations pour réaliser leur idéal.

C'est ce que Charles Ier ignorait, quand il disait des indépendants : « Ces drôles, ces coquins. » (*Warwick*, *mim.*) Le roi de naissance les considérait de trop loin, et comme de trop petits compagnons. Il ne les redoutait pas assez. Ces drôles, ces coquins que rien n'effrayait, qui répandaient leur sang avec joie, qui méditaient et qui priaient douze heures de suite ; — ces drôles, ces coquins, à leur tour, lorsqu'ils descendaient des Sinaï où ils avaient contemplé Jéhova face à face, ne regar-

daient guère le roi Charles qu'avec un dédain superbe. Il eût
fallu les pénétrer pour traiter avec eux, et Charles, leur ennemi, ne les connaissait pas plus que Fairfax, leur ami. L'intelligence est une force incalculable qui manqua au roi absolu
et au général patriote. Voilà pourquoi ils manœuvrèrent si
aveuglément, pourquoi ils seront si médiocres tacticiens politiques.

Cependant le roi était à Hampton-Court, et nous avons dit
que Cromwell lui suggéra de se réfugier dans l'île de Wight.

Le roi ne savait que résoudre à Hampton-Court, soit avec
l'armée puritaine, soit avec les Ecossais presbytériens ; il était
inquiété par les commissaires d'Edimbourg qui voulaient le
séparer de l'armée ; il était épouvanté par les amis de Cromwell qui voulaient l'éloigner des Écossais. Il se décida enfin à
fuir avec M. Legg, M. Ashburnham et sir John Berkley. Sir
John avait proposé de mettre en sûreté Charles Ier au delà des
trois royaumes. « Qu'il passe la mer, voilà son vrai salut, »
disait-il. M. Ashburnham s'y opposa toujours par de très-
mauvaises raisons. Il opina pour l'île de Wight et le roi fut
entraîné. C'était le 10 novembre 1647. Charles s'échappa de
Hampton-Court par une nuit ténébreuse et orageuse, servant
de guide à sir John Berkley, à M. Legg et à M. Ahsburnham.
Ils trouvèrent des chevaux à Sutton dans le Hampshire et se
dirigèrent par la route de Southampton. Le roi envoya M. Ahsburnham et sir John Berkley au colonel Hammond, neveu de
l'un de ses chapelains et gouverneur de l'île de Wight. Il se
rendit personnellement avec M. Legg chez la mère de milord
Southampton, à Tichefield. Sir John et M. Ashburnham passèrent dans l'île, et ne trouvant pas le gouverneur au château
de Carisbrook, ils le rejoignirent sur le chemin de Newport.
Le colonel reçut avec un trouble extrême le message du roi
qui lui demandait asile ou du moins protection pour la continuation de sa fuite. Après beaucoup de tergiversations et de
stratagèmes, Hammond, plus instruit que ne le pense sir John
Berkley, déclara tout à coup aux diplomates de Charles qu'il
allait les accompagner jusqu'où se tenait le roi. « C'était, ajoutait-il, une démarche téméraire, mais il en subirait les consé-

quences. Sir John Berkley fut atterré d'abord, puis refoulant son émotion, il dit tout bas à M. Ashburnham qu'accepter la proposition du gouverneur, c'était engager le roi, le surprendre, lui ôter le temps de la réflexion, le priver de toutes ses chances d'évasion au delà des mers, ce qui était plus que jamais l'unique sûreté de Sa Majesté. M. Ashburnham, qui rejetait absolument toute retraite au delà du royaume, répondit qu'il acceptait la responsabilité de cette mesure, et il emmena avec eux le colonel Hammond au roi. Charles fut très-irrité contre M. Ashburnham, qui lui créait ainsi l'inextricable nécessité de s'abandonner à un destin peut-être tragique, et lui dit anxieusement : « Oh! vous m'avez perdu. » (*Mém. de sir John Berkley*, p. 28.) Le gouverneur, travaillé d'avance par Cromwell, fut beaucoup plus flexible avec le roi qu'avec Berkley ou Ashburnham, et le roi céda. Il suivit le colonel Hammond, un nouveau geôlier, qu'il avait cherché par une inspiration bien étrange, et vers lequel l'avait conduit obstinément Ashburnham. Lord Clarendon, et il n'est pas le seul, accuse ce serviteur du roi de perfidie. Je ne puis rien affirmer. Ashburnham avait eu bien des entrevues avec Cromwell. Fut-il suborné par le lieutenant général, ou ne fut-il que fasciné? Il est difficile de se prononcer. Quoi qu'il en soit, si M. Ahsburnham ne fut pas le plus traître des amis, il en fut le plus stupide. Et le roi, le roi lui-même, qui devait tenter une vraie délivrance, comment préféra-t-il les lourdes pierres d'un donjon aux ailes déployées d'un vaisseau sur l'Océan? Par un éblouissement inexprimable, il n'avait pas cessé de croire que l'armée avait autant besoin de lui que le parlement et que les Écossais. Il finirait, pensait-il, par être leur arbitre, et il remonterait sur son trône. Il aurait craint, en s'expatriant, de donner à ses ennemis un prétexte de déclarer qu'il avait volontairement abdiqué.

C'était aussi l'appréhension d'Ahsburnham qui, en y réfléchissant bien, fut auprès du roi plutôt le diplomate de la reine que celui de Cromwell.

« La répugnance qu'avait la reine pour la fuite du roi se manifesta, dit Hallam (*Hist. const. d'Angl.*, t. III, p. 57), selon

Clarendon, VI, 192, même lorsque cette fuite parut le seul moyen d'assurer la vie de Charles, prisonnier dans l'île de Wight. On pourrait soupçonner, ajoute-t-il, que Henriette s'était trop bien consolée avec lord Jermyn pour désirer le retour de son mari. »

Ce fut le 13 novembre 1647, que Charles quitta Tichfield, château de milord Southampton, où M. Ahsburnham avait introduit le colonel Hammond. Le roi, sous les auspices de ce gouverneur, débarqua le soir du même jour à Cowes, dans l'île de Wight. Le lendemain, le colonel Hammond lui fit traverser Newport, capitale de l'île, et après un court trajet l'enferma respectueusement dans le château de Carisbrook, au bord de la mer.

Le vieux donjon, bâti par un compagnon de Guillaume le Conquérant, puis rebâti par Henri VIII et réparé par Élisabeth, ne fut point d'abord sinistre à Charles Ier. Il regarda les murs lézardés, les tours couleur du rouille, la grève retentissante, et il entra de bonne humeur à Carisbrook. Une femme de qualité lui avait offert, au nom des dames de l'île, une belle rose rouge d'automne de son jardin. Depuis Cowes, Charles avait rencontré un grand nombre de gentilshommes parmi lesquels il avait deviné des amis. Cette petite île, qui forme un carré régulier que domine une chaîne de montagnes de l'orient à l'occident, et que baigne la rivière de la Medina, cette petite île, dont les habitantes lui présentaient des fleurs et dont les habitants ne lui refuseraient pas leurs épées, parut riante au roi, malgré la saison, malgré l'exil et malgré la captivité. Sous cette première impression, le noir château de Carisbrook même ne l'attrista pas de ses ombres, de ses grilles et de ses canons (*Mém. de Berkley.* — *Mém. de Herbert*).

Cromwell, cependant, était en danger à cause de ses intrigues avec Charles. Il était suspect aux agitateurs. Les niveleurs de l'armée avaient décrété le parlement biennal, flétri le roi comme un roi sanguinaire, et désigné Cromwell, sans le nommer, comme un fauteur de tyrannie. A une revue, les séditieux des régiments de Harrison et de Lilburne regardèrent avec insolence le lieutenant général. Ils portaient autour de leurs chapeaux cette devise : « La liberté du peuple et les droits des soldats. » Suivi de quelques-unes de ses côtes de fer, Cromwell s'approcha, arracha les devises, puis, se précipitant parmi les révoltés avant que la présence d'esprit leur revînt, il en fit arrêter plusieurs et fusiller un. Cette intrépidité terrifia les mutins et gagna le parlement. Pour être tout à fait en règle avec l'opinion et avec ses desseins ultérieurs, Cromwell renia Charles Ier. Ireton ne le renia pas moins. « Il nous a donné des paroles, disait-il au colonel Hutchinson, son cousin (*Mém. de mistress Hutch.*, p. 136, t. II), il nous a donné des paroles, et nous l'avons payé de la même monnaie, lorsque nous avons acquis la certitude qu'il n'avait pas réellement l'intention de faire le bien du peuple et qu'il ne cherchait qu'à triompher à l'aide des factions qui nous divisent, afin de reconquérir par l'artifice ce qu'il a perdu par le combat. »

Le roi, en ce temps-là, avait bien plus l'île de Wight pour prison que le château de Carisbrook. Ses serviteurs étaient autour de lui. Il pouvait sortir du château, se promener dans l'île, dont il aimait le sol fécond, les rocs escarpés et les grises falaises. Il fut même consolé quelques mois par le séjour auprès de lui de trois de ses chapelains : les docteurs Hammond, Sheldon et Duppa. Il lui était loisible aussi de recevoir beaucoup de visites de ses partisans au milieu de ses courses.

Cette vie dura plus d'une année. Mais le malheur du roi, c'était de mener une triple intrigue avec le parlement, avec l'armée et avec les Ecossais. Le parlement, à qui l'armée donna son assentiment, dépêcha à Charles Ier une députation qui lui soumit quatre bills. Deux de ces bills dépouillaient au profit des lords et des communes le roi et ses descendants de toute suprématie sur la milice et de tout droit d'ajournement contre les chambres. Le troisième bill déclarait nulles toutes proclamations ou ordonnances du roi touchant le parlement durant la guerre, et le quatrième, abolissant tous les titres d'honneur accordés par Charles Ier depuis le 20 mars 1642, privait tous les lords, créés dès cette date, de leurs siéges de pairs du royaume.

Les quatre bills étaient l'ultimatum du parlement. Le roi, qui négociait aussi avec les Écossais, lut cet ultimatum le 15 décembre. Il biaisa, réfléchit, hésita, et, le 26 décembre, il traita avec les Écossais. Il reconnut, chose dure pour lui, la légitimité du Covenant, c'est-à-dire du presbytérianisme, qu'il promit d'essayer pendant trois années et de faire ratifier en plein parlement, sous l'unique réserve de ne pas employer la force afin d'obtenir des signatures. En retour de cette adhésion du roi, les Écossais s'engagèrent à lui fournir une armée, qui se tenait prête à entrer en Angleterre et dont le duc de Hamilton était le chef. Cette convention conclue, le 26 décembre, — le roi refusa, le 28 du même mois, son consentement aux bills du parlement. Il prit en même temps ses mesures pour fuir le soir même. Son intention était de porter son quartier général à Berwick, sur la frontière écossaise, à l'aide d'un vaisseau que lui avait frété la reine. Le colonel Hammond, qui se doutait des plans du roi, les déjoua en le confinant dans sa chambre de Carisbrook, dont quatre surveillants nouveaux gardèrent les issues.

Il y eut plusieurs conjurations, celle, entre autres, du capitaine Burley, qui fit battre le tambour à Newport, afin de soulever le peuple et de délivrer le roi par une émeute. Le peuple resta froid, et le pauvre capitaine Burley, jeté dans un cachot, fut passé par les armes.

Les chambres furent très-irritées des refus du roi et en pénétrèrent les motifs. Cromwell disait à ses amis « que le roi avait conclu un traité avec les Écossais, afin de plonger encore la nation dans le sang ». Il soutint dans la discussion du 13 janvier 1648 son gendre Ireton, qui avait conclu, puisque le roi avait repoussé les quatre bills, à ce qu'on gouvernât sans le roi. Il ajouta violemment « que Charles Ier avait en lui une telle duplicité qu'il ne pouvait inspirer à personne aucune confiance ». Le parlement se décida sous l'émotion de la parole de Cromwell, parole plus aiguë qu'une épée, parole implacable, irréconciliable, qui étincelait déjà du régicide ; car Cromwell proposa et le parlement vota cette résolution solennelle de ne plus recevoir de message du roi et de ne plus lui en adresser. N'était-ce pas le juger d'avance? Le parlement était dès lors un tribunal. Il institua un comité de sûreté publique par lequel il fut aussi gouvernement. Ce comité, qui était en quelque sorte le pouvoir exécutif du parlement, siégeait à Derby-House. Il fut composé de sept lords et de treize membres des communes. Cromwell en était. Il sonda gaiement, dans un dîner qu'il donna aux grands, soit de l'armée, soit du parlement, et aux républicains, l'opinion de chacun sur le gouvernement le meilleur. Beaucoup se *prononcèrent*. Cromwell, qui savait ce qu'il voulait : la statistique des consciences et des passions, s'avoua indécis et sortit d'embarras par un de ces tours de bouffonnerie qui lui étaient familiers. Il prit le coussin d'un canapé et le lança au colonel Ludlow, puis se déroba par l'escalier. Ludlow riposta par un autre coussin, et les convives se séparèrent. Le lendemain, Cromwell dit à Ludlow que la république, indiquée la veille, n'était peut-être pas possible, mais qu'elle était certainement très-désirable.

Cependant la captivité de Charles se resserra de plus en plus dans les mois de janvier et de février 1648. Le colonel Hammond lui signifia, de la part du comité de sûreté générale, qu'il eût à renvoyer de Carisbrook MM. Legg, Ahsburnham et tous ceux qui l'avaient servi à Oxford. Le roi ne se résigna pas sans un effort douloureux. Il lui fut permis toutefois de passer encore le seuil de Carisbrook. Mais il ne pouvait pas franchir l'enceinte fermée entre les douves. Cette enceinte assez vaste était au roi un promenoir agréable par son étendue, délicieux par ses perspectives de terre et de mer. Le gouverneur fit d'une place d'armes de Carisbrook appelée le Barbacan un jeu de boules, qui devint un grand amusement pour Charles Ier. Il marchait le matin, s'exerçait aux boules dans l'après-midi, et employait le reste du temps aux prières, aux affaires, aux lectures. Ses livres favoris (*Herbert Mem.*) étaient les saintes Écritures, les sermons de l'évêque Andrews, deux commentaires sur les prophéties d'Ezéchiel et sur les psaumes de David, avec les œuvres du Tasse, de l'Arioste et de Spencer. Il est un poëte dont sir Thomas Herbert ne parle pas, et qui cependant devait faire partie de la bibliothèque de Carisbrook : c'est

William Shakespeare, le génie de prédilection du roi et des cavaliers.

Ce fut dans l'île de Wight, selon le préjugé public et selon Herbert, que Charles composa le livre intitulé d'abord *Soupirs royaux*, *Suspiria regalia*, puis *Eikon Basilikè*, Image royale, ou, pour mieux traduire, Portrait du roi. Ce livre était un manuscrit qui paraissait de l'écriture de Sa Majesté, et Herbert le trouva plus tard parmi les ouvrages que lui légua Charles Ier. Le véridique gentilhomme avoue du reste « qu'il n'a pas vu son maître faire cet ouvrage ». C'est que réellement Charles Ier ne le fit pas; il le copia peut-être. Ce qu'il y a de plus probable, c'est que le manuscrit d'Herbert était celui qui fut déféré au roi de la part de Gauden, évêque d'Exeter à la restauration. Gauden avait été un ministre presbytérien de l'opposition. Il était revenu au roi et à l'anglicanisme. Il avait eu une inspiration véritable. Il s'était pénétré de l'âme royale et de la physionomie de cette âme dans de nombreux entretiens avec le docteur Duppa, l'un des chapelains de Charles Ier et depuis évêque de Salisbury. Sous le charme pathétique des prisons du roi, Gauden composa un livre d'une étonnante originalité, d'une sensibilité profonde et pour lequel il mérite une gloire durable. Ce livre qui pouvait sauver le roi en électrisant l'opinion, Gauden voulait qu'il fût imprimé sans retard, et lord Capel le voulait aussi. Seulement il exigeait que Gauden attendît l'adhésion royale. Le marquis de Hertford alla·dans l'île de Wight tout exprès pour solliciter cette adhésion indispensable. Le roi lut l'*Eikon Basilikè*, l'approuva entièrement, fournit quelques notes, sentit la portée de l'ouvrage, en souhaita la publication. Mais était-il convenable de la risquer sous le nom du roi? C'est ce dont doutait Charles. Il demandait des délais. Gauden passa outre et confia l'*Eikon Basilikè* aux presses de Royston, par l'intermédiaire du docteur Symmonds. Malheureusement, cette première édition fut saisie dans son cours. Il fallut recommencer, et la seconde édition ne fut prête qu'au mois de février 1649.

Dès l'île de Wight néanmoins, Charles Ier put lire :

« Je regardais milord Strafford comme un homme tel, par sa

haute capacité, qu'un prince pouvait avoir à craindre plutôt qu'à rougir de l'employer dans les plus grandes affaires de l'État. Car ses talents devaient le disposer à entreprendre avec audace, ce qui était de nature, selon toute apparence, à le jeter dans de périlleuses erreurs et à lui attirer beaucoup d'ennemis...

« J'ai tellement au fond de mon âme la conscience d'avoir été coupable en signant contre lui le bill de mort, que j'ai accueilli avec plus de résignation les jugements qu'il a plu à Dieu de faire descendre sur moi, comme des moyens, je l'espère, dont a voulu se servir sa miséricorde pour me sanctifier à ce point que je pusse me repentir de cet acte injuste... et pour m'apprendre à l'avenir que la meilleure règle de politique est de préférer l'accomplissement de la justice à tous les bonheurs et la paix de ma conscience à la conservation de mes royaumes. » (P. 139 et 142.)

Le roi put lire aussi dans l'*Eikon Basilikè* :

« Je crains que cette conduite (la rébellion) qui fait si peu d'honneur à la foi protestante n'aliène encore plus l'esprit de ma femme de cette religion qui est le seul point sur lequel nous différons.

« Je suis affligé que les liens qui l'attachent à moi aient été pour une femme si méritante une occasion de dangers et de peine. Les qualités qu'elle possède l'eussent protégée parmi les sauvages indiens...

« La joie de la savoir en sûreté me donnera, au milieu de mes dangers personnels, cette consolation que, si elle se sauve, je ne puis périr qu'à demi. Je survivrai dans sa mémoire et dans une postérité pleine d'espérance à toute la perversité de mes ennemis, se fussent-ils rassasiés de mon sang.

« La sympathie qu'elle me témoigne dans mes afflictions fera briller ses vertus du plus vif éclat, comme les étoiles ressortent mieux dans la nuit la plus obscure, et le monde jaloux apprendra par là que c'est moi qu'elle aime et non pas ma fortune.

« O Seigneur... bien qu'elle ne soit pas d'accord avec moi sur plusieurs points de religion, ce qui est le plus grand de mes chagrins ici-bas, cependant, Seigneur, permets que nos deux cœurs s'unissent dans ton amour... permets que la vérité de la religion que je professe se présente à son esprit, environnée de tous les charmes de l'humanité, de la loyauté, de la charité et de la paix qui en sont les fruits précieux. Montre-lui cette vérité sacrée et salutaire qui vient de toi ; qu'elle la croie, l'aime et la suive comme tienne, pure de la rouille et de la fange de tout mélange terrestre. » (P. 180-185.)

Après ces pages sur le comte de Strafford et sur Henriette de France, Charles Ier put lire encore sur lui-même :

« Je puis perdre avec plus de facilité ma couronne que ma réputation, et mes royaumes ne me sont pas si chers que ma renommée et mon honneur.

« Je dois quitter mes royaumes avec la vie, mais ma renommée peut me survivre et m'assurer, après ma mort, une glorieuse sorte d'immortalité. Un bon renom sert comme à embaumer les princes et les consacre aux yeux de la postérité durant une heureuse éternité d'amour et de reconnaissance.

« Je compte, avec l'aide de Dieu, persévérer jusqu'à la fin dans le symbole de l'Église protestante d'Angleterre. J'aurai plus de sincérité et moins d'ostentation que mes calomniateurs dans mon dévouement à la liberté. Si la plus divine liberté consiste à vouloir ce qu'on doit et à faire ainsi ce qu'on veut conformément à la raison, aux lois et à la religion, je ne refuserai jamais à mes sujets cette liberté qui est tout ce que je désire pour moi-même et que je suis, par conséquent, bien éloigné de prétendre opprimer en eux. » (P. 276-288.)

Charles Ier sentait idéalement dans son âme tout ce que Gauden avait exprimé si éloquemment dans l'*Eikon Basiliké*. Le roi eût pu être rétabli par ce livre, et ce fut une calamité incalculable pour lui que la première édition, osée par Gauden, ait été mise au pilon : cette Imitation politique de Jésus-Christ, où la victime n'est pas l'homme-Dieu mais l'homme-roi, embarrassa tant Cromwell après, que la hache l'eût peut-être entièrement déconcerté avant le procès de Charles Ier. Cela n'est pas certain néanmoins, car la captivité n'eût sans doute pas éveillé cette pitié poignante dont le régicide transperça les poitrines. L'*Eikon Basiliké* eût été, quoi qu'il en soit, une arme terrible, si Charles l'eût lancée d'une main prompte à la tête de ses ennemis, ou si la police parlementaire ne l'eût détournée. Ce fut, du moins, le plus palpitant des livres de l'île de Wight sur lesquels le roi avait tracé cette devise : « *Dum spiro spero* ».

Charles avait eu à la cour de son père une éducation classique. Il comprenait le latin et le grec; il parlait le français, l'italien et l'espagnol. Il ne perdait aucune occasion de s'entretenir dans ces langues diverses soit avec les curieux, soit avec les malades atteints des écrouelles qui le guettaient jusqu'au Barbacan pour se faire toucher. Malgré le réseau de vigilance dont il était enveloppé, le roi ne tenait pas la partie pour terminée. Il avertissait les cavaliers dans toute l'Angleterre, il suscitait les bourgeois, les apprentis, les factieux de Londres, il aiguillonnait les Écossais. Il correspondait avec les conspirateurs de l'île, avec les conjurés de Southampton, avec les commissaires d'Edimbourg, avec la reine en France, avec le duc d'York à Saint-James, jeune prince auquel il conseillait un travestissement de femme et dont il assurait la traversée en Hollande. Voilà ce que combinait le roi. Ce n'était rien moins qu'une seconde guerre civile. Elle devenait plus facile par le rappel (8 juin) des presbytériens expulsés. Ces presbytériens, entre autres Hollis, étaient tous opposés aux principes du roi, mais non pas à la monarchie. Ils abhorraient surtout les indépendants. Cette animosité éclatait d'elle-même. Dans une séance du parlement, Ireton parla des onze députés d'une manière qui déplut à Hollis. Cet impétueux gentilhomme se leva, passa près d'Ireton, lui dit tout bas qu'il en avait menti et qu'il le lui prouverait hors de la chambre. Ireton le suivit, et ils se seraient battus à mort sans le sergent d'armes, qui les atteignit avec une escorte et qui les ramena à la chambre. Il exigea d'eux leur parole d'honneur qu'ils renonceraient à ce duel.

Il y avait beaucoup de désordres dans les trois royaumes. L'anarchie était partout. Les impôts redoublaient à tous les besoins imprévus. Les cavaliers triomphaient de ce qui leur semblait l'impuissance de la révolution. Ils excitaient les passions populaires par leurs vanteries et par leurs provocations.

On les haïssait, — mais on redoutait les indépendants, les niveleurs, dont beaucoup étaient honnêtes cependant. Ces niveleurs, les plus démocrates des indépendants, méditaient de changer la monarchie en république. Les citoyens avaient peur de ce gouvernement inconnu. Les soldats le désiraient. Le conseil des officiers, qui dominait le Parlement, était recruté de plus d'un niveleur et encourageait ces sectaires. Le major général Harrison était de cœur avec eux, et le colonel Hutchinson, si noble et si consciencieux, les approuvait dans leur principe fondamental, qui était : justice égale pour tous, pour les pauvres et pour les riches. Ils réprouvaient les insensés qui, parmi eux, aspiraient au partage et, par cela même, à la ruine de la propriété.

Les indépendants et les niveleurs citaient des textes bibliques contraires à la royauté. Charles avait fait serment en montant sur le trône de protéger ses sujets. Il les avait néanmoins opprimés dans la paix, massacrés dans la guerre. Il devait cesser d'être roi et répondre devant la nation du sang versé. Il fallait le châtier et le remplacer par une république.

Au milieu de cette fermentation, les Écossais rassemblèrent une armée. Le duc de Hamilton réconcilié avec le roi, qu'il avait plus d'une fois offensé, fut le généralissime d'une grande réaction royaliste et presbytérienne. Seulement les Écossais furent trop lents, et les cavaliers qui devaient leur faciliter l'irruption en Angleterre furent trop prompts. Il n'y eut pas assez de concert entre eux, et par là il y eut faiblesse.

La première insurrection fut celle du colonel Poyer, gouverneur de Pembroke. C'était un ancien officier du parlement. Gagné par les agents du prince Charles, il déploya le drapeau des Stuarts (3 mars 1648). Le colonel Langhorn, auquel se joignit le colonel Powell, insurgea huit mille hommes dans le pays de Galles. Le colonel Horton avec trois mille braves de l'armée de Fairfax battit cette armée galloise, la dispersa, et les deux chefs Langhorn et Powell, sortes de vendéens anglais, se rallièrent à Poyer dans la place de Pembroke. Le 20 mai, Cromwell arriva devant la ville. Elle méprisa les sommations du lieutenant général, qui se décida vite à l'escalade. Hugh

Peters, le prédicateur puritain, avait prédit que Pembroke se rendrait ou que les murs s'écrouleraient comme à Jéricho, au bruit des clairons sacrés. Cet oracle mentit deux fois ; car Poyer repoussa l'assaut, répara les brèches de Cromwell et le força à un siége en règle.

Pendant ce temps, le général Fairfax réprimait une émeute dans la cité et apaisait, par sa prodigieuse audace militaire, des tumultes pareils dans plusieurs villes voisines de Londres. Il refoulait la révolte dans les comtés de Kent et d'Essex. Il s'emparait de la place de Maidstone et la conquérait au milieu de mille dangers, rue par rue, carrefour par carrefour, monument par monument. Maître de Maidstone, Fairfax passa la Tamise à Gravesend, et courut dans le comté d'Essex contre le lord Goring auquel s'étaient réunis lord Capell et sir Charles Lucas. Fairfax les rejeta tous dans Colchester où il les serra de près.

Tandis que Fairfax, à la tête de l'armée hors de Londres, et Skippon, à la tête de la milice dans Londres, comprimaient les insurrections sur terre, il y en avait une sur mer. Six bâtiments de ligne conduisirent au rivage l'amiral Raimborough, l'y délaissèrent et firent voile vers La Haye, afin de se donner au prince Charles et au jeune duc d'York. Le parlement, très-ému de cette désertion, envoya le comte de Warwick pour maintenir dans la fidélité les vaisseaux qui n'avaient pas abandonné la côte d'Angleterre (27 mai).

Le frère du comte de Warwick, lord Holland, dont l'inconstance politique était proverbiale, et qui tantôt était pour le roi, tantôt pour le parlement, se signala par un nouveau scandale. Le 5 juillet, il sortit de son hôtel avec cinq cents cavaliers. Il s'établit à Kingston, sur la Tamise, à cinq lieues de Londres. C'est de ce poste qu'il adjura le parlement de rappeler le roi. Par là, disait-il, les troubles cesseraient et la prospérité refleurirait en Angleterre. Le parlement lui dépêcha pour messagers des soldats sous les ordres de sir Michel Levesey. Après deux combats, lord Holland, qui s'était enfui à Saint-Neots, se rendit à discrétion. Le duc de Buckingham et quelques autres seigneurs, échappés de cette folle expédition, se réfugièrent sur le continent. Lord Francis Villiers, frère cadet

du duc de Buckingham, s'était fait tuer sur place à Kingston.
Il avait passé la nuit qui précéda sa mort chez mistriss Kirk, à
qui il avait donné, dans leur dernier souper, pour plus de mille
livres sterling de vaisselle d'argent. On trouva sur la poitrine
de ce beau et brave étourdi de cour une mèche de cheveux de
sa maîtresse. Il l'avait lui-même cousue à un ruban fixé près
de son cœur, et cette boucle tachée de sang parfuma d'amour
le trépas chevaleresque du jeune lord.

Le parlement, partout vainqueur, eut encore à célébrer un
avantage éclatant remporté par le colonel Rossiter sur les
troupes de la garnison de Pompret. Ce fut la multiplicité de
ces succès qui sauva la révolution. Mais rien n'était encore
définitif, et l'orage s'amassait dans le Nord.

LIVRE SIXIÈME

Prise de Pembroke par Cromwell. — Bataille de Preston (20 août 1648). Cromwell
à Édimburg. — Reddition de Colchester. — Pression de l'armée sur le parlement.
— Coup d'État de l'armée contre les presbytériens. — Retour de Cromwell
(7 décembre). Translation de Charles I⁰ʳ au château de Hurst, à Windsor, à Saint-
James, à White-Hall (janvier 1649). — Son procès, sa mort.

Au moment d'affronter cet orage avec une énergie surhu-
maine, Cromwell ne cessait pas d'être diplomate jusqu'à la
fourberie la plus raffinée. « Lorsqu'il partit de Londres, dit
mistriss Hutchinson (*Mém.*, t. II, p. 157-161), les principaux
chefs des niveleurs l'accompagnèrent jusque hors de la ville,
pour prendre congé de lui; il leur fit une fort belle profession
de foi et les assura qu'il était bien déterminé à rechercher
toutes les choses justes et honnêtes qu'ils désiraient eux-
mêmes si vivement, de sorte qu'ils rentrèrent fort satisfaits des
bonnes paroles qu'ils venaient de recevoir. Mais bientôt ils apprirent qu'une voiture remplie de prêtres presbytériens qui les
suivait, avait ramené ceux-ci non moins contents de leur
entrevue; par où il fut évident que Cromwell avait dissimulé
avec les uns aussi bien qu'avec les autres, et cette conduite
ébranla son crédit auprès de tous.

« Quand il arriva à Nottingham, le colonel Hutchinson alla
lui rendre visite. Cromwell l'accueillit en l'embrassant et en
lui prodiguant tous les témoignages de tendresse d'un ami qui
retrouve un ami... Le colonel lui dit que ce serait une tache
éternelle à sa gloire qu'il devint l'esclave de sa propre ambi-

tion, et se rendît coupable de ce que le monde n'avait que de
trop justes motifs de redouter de sa part... Cromwell lui fit
alors les plus solennelles protestations d'affection et de sincérité, mais il est certain que les paroles du colonel et sa conduite toujours franche et loyale le lui avaient rendu redoutable et qu'il mit sans cesse un soin extrême à le tenir éloigné
de l'armée. »

Cromwell cependant, soupçonné des presbytériens, des républicains, des indépendants, des niveleurs, de tout le parti
national, redevint devant Pembroke l'homme nécessaire de la
révolution. Il est magnifique à ce moment. L'ambition et la
piété se mêlent en lui. La patrie lui parle au dedans. Il est fertile en ressources, inaccessible aux terreurs, aux présages ; il
se montre tour à tour patient et rapide, prudent et audacieux,
plus avisé que les circonspects, plus hardi que les téméraires.
Ses bulletins le racontent. Ils sont tantôt comme les pulsations
héroïques et précipitées de son cœur, tantôt comme les batte-
ments réguliers et lumineux de son cerveau. Cet homme est
calme dans un tourbillon. Écoutons ce grand politique et ce
grand capitaine qui se possède si bien dans le feu de l'action.

« *A l'honorable William Lenthall, écuyer.*

« Devant Pembroke, 14 juin 1648.

« ... Les assiégés commencent à être dans un besoin extrême
de vivres, tellement qu'ils ne peuvent passer quinze jours sans
avoir un famine complète. Nous apprenons qu'il y a environ
trois jours ils se sont mutinés et qu'ils ont crié : « Faut-il que
« nous périssions pour le plaisir de quelques hommes? Il vau-
« drait mieux les jeter par dessus les murailles. » On nous
donne comme certain que dans quatre ou six jours ils coupe-
ront la gorge à Poyer et passeront tous de notre côté...

« Nous nous réjouissons beaucoup de ce que le Seigneur a
fait pour vous dans la province de Kent. » (Allusion aux succès

du général Fairfax, que le lieutenant général ménageait beaucoup afin de le dominer.)

Cromwell terminait ainsi :

« Je suis assuré que dans quinze jours nous prendrons Pembroke par la famine.

« Je suis, monsieur, votre serviteur,

« OLIVIER CROMWELL. »

Rien n'est plus intéressant à observer que le tact du lieutenant général, dont le ton se proportionne sans effort aux hommes. Nous surprendrons ce tact merveilleux dans les lettres aux divers comités, à Saint-John, au lord Wharton ; constatons-les dans ses tendres déférences pour Fairfax.

« Monsieur, j'espère que vous ne m'oubliez pas. Véritablement je puis dire que personne ne vous honore et ne vous aime avec plus d'affection que moi. Vous êtes ainsi que les vôtres dans mes prières quotidiennes. Vous en avez fait assez pour disposer en tout de votre fidèle et très-obéissant serviteur,

« OLIVIER CROMWELL. »

« P. S. Je vous supplie de présenter mes très-humbles respects à lady Fairfax. »

Revenons aux bulletins du lieutenant général.

« A l'honorable William Lenthall, écuyer.

« Pembroke, 11 juillet 1648.

« Monsieur,

« La ville et la citadelle de Pembroke se sont rendues à moi cejourd'hui, qui est le onzième de juillet. J'ai voulu vous annoncer sans retard cette miséricorde. »

C'en était une en effet, puisque, par une coïncidence providentielle, les colonels Langhorn, Powell et Poyer étaient obligés de capituler juste à l'instant où les Écossais, sous la conduite du duc de Hamilton, envahissaient l'Angleterre. Ils montaient à dix-neuf mille hommes au moins. Sir Marmaduke Langdale se joignit à eux avec cinq mille Anglais déterminés. De Pembroke, le lieutenant général courut au-devant du duc de Hamilton. Même après avoir rallié le major général Lambert, Cromwell n'avait pas une armée de plus de neuf mille hommes lorsqu'il atteignit les bords du Ribble et Preston. Ludlow dit sept mille, et Thomas May dix mille; je choisis le chiffre de neuf mille, qui est le plus exact, car il est celui des bulletins de Cromwell.

Malgré son infériorité numérique, ce grand homme n'hésita pas. Le 18 août 1648, il lança ses vétérans, qu'il avait visités une partie de la nuit dans leurs bivacs et qu'il avait électrisés. « — Souvenez-vous, leur cria-t-il à la première charge, de ce que je vous ai dit devant le Seigneur. C'est le vrai combat du Dieu Sabaoth que vous combattez! »

Les Anglais royalistes étaient à l'avant-garde de l'armée écossaise. Ils soutinrent d'abord avec fermeté l'élan des côtes de fer de Cromwell. Mais ils cédèrent peu à peu jusqu'à un défilé, où ils se retranchèrent. Ils firent de tels prodiges, qu'ils s'y maintinrent, de haie en haie, pendant quatre heures. Ils demandèrent au duc de Hamilton des secours qu'ils ne reçurent pas. Le duc, selon quelques historiens, voulait faire écharper les Anglais et réserver aux Écossais seuls la victoire. Par là, il se flattait de mieux dicter la loi aux deux nations. S'il fit ce calcul, ce que je ne crois pas, il en fut bien puni. La déroute des Anglais entraîna celle des Écossais. Les soldats de Cromwell, dirigés par l'admirable tactique de leur général, poussèrent si vivement l'infanterie ennemie, que presque tous les fantassins abandonnèrent leurs fusils, leurs canons, leurs munitions et leurs bagages. Les prisonniers étaient plus nombreux que les soldats de Cromwell. Il poursuivit les Écossais jusqu'à Warrington. Le lieutenant général Baillie fut au nombre des captifs. Hamilton et Langdale passèrent le Ribble à la nage et se dérobèrent à la tête de cinq mille chevaux. Le

colonel Tornhagh se précipita sur leurs traces. Il succomba
dans une des mêlées de la retraite. Monté sur un cheval fougueux, il s'élança au milieu des Écossais. Il tua, blessa, et fut
blessé mortellement. Le colonel agonisant ordonna à ses dragons de se ranger à droite et à gauche, afin qu'il eût la douceur de voir fuir l'ennemi. Transporté un peu à l'écart du lieu
où il avait été frappé, il attendait de minute en minute la nouvelle de la victoire. Dès qu'il eut appris le gain de la journée,
il sourit et dit : « Maintenant, rien ne retient plus mon âme. Je
me réjouis de mourir pour la bonne cause. » Et il expira.
Tornhagh avait une sensibilité égale à son courage. Il adorait
ses amis. Peu de temps avant la bataille, et comme par un pressentiment de tendresse tragique, il avait serré dans ses bras le
colonel Hutchinson à Nottingham, et lui avait fait les adieux
les plus pathétiques. Il était très-dévoué à la liberté et à
Cromwell, qu'il regardait comme le héros citoyen de l'Angleterre. Cromwell aussi lui était fort attaché. Il ne peut cacher
l'émotion dont le pénétra le sort du colonel. Il fit hautement
son éloge, et dans une lettre citée par Whitelocke il écrivit :
« C'est une grande perte que celle de ce trop vaillant gentilhomme. »

Il y eut, à la bataille de Preston, trois mille morts et dix mille
prisonniers dans l'armée du duc de Hamilton. Quarante-huit
heures après cette bataille mémorable, Cromwell écrivit au
comité d'York :

« Warington, 20 août 1648.

« Messieurs,

« Nous avons entièrement fatigué nos chevaux en poursuivant l'ennemi ; nous avons tué, pris et mis hors de service son
infanterie, et nous ne lui avons laissé que les cavaliers avec lesquels le duc a fui dans la forêt Delamere, n'ayant ni fantassins
ni dragons...

« Ils sont si épuisés et dans une telle confusion que, si ma
cavalerie pouvait seulement trotter, je les prendrais tous. Mais

nous sommes harassés et nous pouvons à peine les suivre au pas. C'est pourquoi je vous prie que sir Henry Cholmely, sir Edward Rhodes, le colonel Hatchet et le colonel White, avec toutes les compagnies de vos environs, soient appelés et se lèvent pour marcher. L'ennemi est la plus misérable bande qu'il y ait jamais eue ; je ne craindrais pas de m'engager, avec cinq cents chevaux frais et cinq cents fantassins alertes, à les détruire tous. Ma cavalerie est dans un état déplorable ; j'ai fait dix mille deux prisonniers.

« Nous en avons tué nous ne savons pas combien, un très-grand nombre, les ayant sabrés pendant plus de trente milles... L'ennemi avait vingt-quatre mille hommes de cavalerie et d'infanterie, dont dix-huit mille chevaux et six mille piétons ; nous avions, nous, à peu près six mille fantassins et tout au plus trois mille chevaux.

« Ceci est une glorieuse journée. Que Dieu aide l'Angleterre à lui répondre ! — Il ne me reste plus qu'à vous supplier de vous former en troupes et de poursuivre. Je demeure

« Votre très-humble serviteur,

« OLIVIER CROMWELL.

« *P. S.* La grande majorité de la noblesse écossaise est avec le duc Hamilton. »

Le duc de Hamilton, que Cromwell conseillait aux miliciens de traquer, fut atteint quelques jours après à Utoxeter par le colonel White et le lord Grey de Grooby. Trois mille hommes de cavalerie se rendirent avec Hamilton. Le duc remit à White son écharpe, son collier de Saint-George, puis son épée, qu'il lui recommanda avec une fierté aristocratique, indomptable jusque dans la mauvaise fortune. « Cette épée, dit-il, vaincue aujourd'hui, a été plus d'une fois victorieuse ; elle pourra l'être encore. C'est l'épée de ma race. Je l'ai héritée de mes ancêtres, je souhaite qu'elle soit transmise à mes descendants. » Le colonel White recueillit respectueusement l'épée des Hamilton, assura le duc qu'il en aurait soin et l'escorta au château de Windsor. Sir Marmaduke Langdale tomba aussi entre les mains d'un capitaine parlementaire. Les drapeaux enlevés à Preston furent suspendus aux voûtes de Westminster, et le parlement s'acquitta de solennelles actions de grâces envers le Dieu des armées.

Cromwell acheva la guerre par la politique. Il marcha vite à Édimbourg, et il investit de l'autorité le parti presbytérien avancé, très-mécontent que le roi n'eût pas accepté le *Covenant* sans conditions. La colère de ce parti contre les restrictions du roi et sa jalousie contre les Hamilton le disposèrent favorablement envers les indépendants et envers Cromwell, tandis que les presbytériens modérés et monarchiques étaient désespérés et ulcérés.

Les nouvelles de Preston décidèrent la reddition de Colchester. La garnison était réduite aux dernières extrémités de la famine. Les lords Goring, Capell et Hastings furent envoyés à la Tour, par ordre du parlement. Le conseil de guerre ne condamna à mort et ne fit exécuter que deux brillants officiers : sir Charles Lucas et sir George Lisle. Ils s'étaient fort distingués pendant le siége : ils ne se distinguèrent pas moins sur le champ de leur supplice. Lucas voulut commander ses vainqueurs afin de les insulter une dernière fois. « — Feu, rebelles ! » s'écria-t-il. Et il fut frappé mortellement. Lisle courut à lui, l'embrassa, et, se relevant, il somma les soldats de s'approcher un peu. « Soyez tranquille, répliqua l'un d'eux, d'ici nous vous toucherons. — Camarade, repartit sir George, j'ai été plus près de vous et vous m'avez manqué. » Ce furent ses paroles suprêmes. Il s'affaissa, percé de balles, sur le corps de son ami. Lucas et Lisle furent les seules victimes du conseil de guerre. N'était-ce pas trop de sévérité, néanmoins ? Fairfax ne lutta pas assez contre cette violence. Il eût été noble au général de disputer ces têtes hardies au conseil de guerre et de sauver ces deux officiers qui étaient deux héros.

Le presbytérien Hollis, en apprenant à Londres la victoire de Preston, dit tristement et amèrement : « — Le roi Charles, que nous avons attaqué justement, n'était qu'un monarque absolu ; Cromwell est un diabolique tyran contre lequel doivent s'insurger les Trois-Royaumes. »

Le roi fut consterné dans l'île de Wight. Ce fut le gouverneur, le colonel Hammond, qui informa Charles Ier de la déroute du duc de Hamilton. « —Jamais, répondit le roi, plus grand désastre que celui-là ne désolera l'Angleterre. » L'émotion de Charles Ier ne le trompait pas. La défaite de Naseby avait été pour lui la prison ; la défaite de Preston pouvait devenir l'échafaud. Naseby et Preston, dans la première et dans la seconde guerre civile, furent des batailles souveraines, et c'est Cromwell qui eut l'honneur de ces deux victoires. Il termina héroïquement à Preston ce qu'il avait préparé diplomatiquement à la chambre des communes, ce qu'il avait presque accompli stratégiquement à Naseby : l'abaissement de l'anglicanisme et du Covenant, soit écossais, soit parlementaire, l'humiliation des royalistes moqueurs et des presbytériens implacables, le triomphe des puritains, des indépendants. Cromwell, avec le vigoureux parti des *Saints*, se fera dictateur, et il consacrera à toujours la liberté de conscience. Cromwell, on le sent, méditait profondément, à cette époque, ces deux programmes dont l'un était égoïste, dont l'autre était généreux et supérieur à tous les desseins de ses adversaires. Seulement, le lieutenant général avait arrêté en lui-même la mort du roi, soit pour supprimer la cause des insurrections, soit pour satisfaire les indépendants, soit pour se conformer aux textes bibliques, soit pour se frayer sur le cadavre d'un Stuart une route prompte au pouvoir suprême, soit pour mieux réussir par l'accumulation de tous ces motifs et de toutes ces combinaisons résumés dans un meurtre solennel. Le procès du roi et sa décapitation consommés, que resterait-il? Un parlement docile, une armée prétorienne dont lui, Cromwell, serait l'âme, le génie, l'inspirateur, et qui prononcerait sous sa fascination le mot du Seigneur : république d'abord, et peut-être plus tard monarchie. Le lieutenant général se confiait au Destin, mais il l'aidait.

La question était toujours la même. Le roi avait autrefois abusé de l'armée pour soutenir l'anglicanisme comme religion d'État, et pour lever l'impôt en se passant des parlements. Ces temps de despotisme n'étaient plus, mais Charles y pensait sans cesse. Malgré les concessions arrachées par les circonstances, la suprématie sur l'armée, sur la religion et sur les parlements était encore son idéal et dérivait légitimement pour lui de son droit divin.

Les presbytériens du parlement qui avaient fait brèche à cet évangile royal voulaient toujours forcer le roi à substituer leur secte à l'anglicanisme et se faire céder la nomination aux grades militaires, en même temps que le privilège, soit d'ajourner, soit de convoquer le parlement.

Dans le cours de la lutte terrible entre le roi et les chambres, un troisième pouvoir était né et avait grandi. Ce troisième pouvoir, c'était l'armée. Composée par l'habileté de Cromwell d'officiers indépendants, l'esprit du siècle y avait mêlé des niveleurs, et cette armée, multiplement sectaire, s'opposait de toutes parts soit à la religion anglicane, soit à la religion presbytérienne, comme religions d'État. Elle désirait, du reste, une tolérance absolue, le gouvernement d'elle-même avec la haute main sur le parlement et sur le roi. Depuis la bataille de Preston surtout, qui affermissait son omnipotence, elle était entraînée à la république. La Bible avait appris à l'armée que la république est préférable à la monarchie et que le sang demande du sang. L'interprétation barbare des Écritures, autant que le souvenir des persécutions royales et que l'insolence des cavaliers, poussait au jugement de Charles Ier.

On accusait le roi d'avoir empêché toute information sur la mort de son père, d'avoir trahi les protestants de la Rochelle, d'avoir dissous les parlements et gouverné sans eux, d'avoir fait la guerre à son peuple et d'avoir dédaigné les tentatives de réconciliation, vainement essayées tant de fois auprès de lui.

Les deux points principaux étaient encore la milice et l'épiscopat. Le roi laissait bien la milice à la disposition du parlement pendant quelques années, mais non pour toujours. — Quant aux évêques, puisqu'ils étaient de droit divin, comment pourrait-il, lui le roi, les abolir? Il consentait seulement à ce qu'ils fussent suspendus et à ce que leurs terres fussent affermées. Aller plus loin n'était pas dans sa prérogative. — Plusieurs des commissaires, entre autres Henri Vane, prétendirent que les concessions du roi étaient insuffisantes et même dérisoires. La majorité du parlement, composée de presbytériens qui avaient reporté leur horreur de Strafford et de Laud sur les indépendants, conclut à ce que les vœux de Charles Ier fussent acceptés comme bases d'un futur gouvernement. C'est alors que l'armée intervint. Elle décida que le parlement avait traîtreusement voté. Il fut convenu dans ses conciliabules que des troupes seraient placées à Westminster et qu'elles ne permettraient pas à d'autres qu'aux membres patriotes de pénétrer dans la chambre. Ireton, de l'aveu muet de Fairfax, fit avancer de nombreux bataillons sur Londres. Le colonel Prids (16 décembre 1648), assisté de lord Grey de Grooby, consultait une liste de membres exclus, les repoussait ou les faisait arrêter d'après des instructions dont il était l'exécuteur zélé. Le prédicateur Hugh Peters vint arrogamment au milieu des prisonniers et leur demanda leurs noms. « — De quel droit nous interrogez-vous ainsi, » dit un des députés avec hauteur? Peters mit la main sur la garde de son épée et repartit : « Du droit de cette Bible-là. » Cet attentat prodigieux réduisit à cinquante-trois les trois cent quarante membres qui avaient assisté à la discussion sur le traité avec le roi. Ces cinquante-trois membres étaient tous des indépendants et des instruments de l'armée. « L'œuvre de ce jour, dit Whitelocke, fut une grande affliction et un grand désordre. Plusieurs demeurèrent pleins de trouble, non-seulement à cause de leurs amis captifs, mais par la difficulté où ils étaient eux-mêmes de ce qu'il y avait à faire après une telle action. »

Cromwell revint d'Écosse le lendemain, 7 décembre. Il ne s'était pas mêlé, disait-il, du coup d'Etat contre les presbytériens, mais il l'approuvait. Son retour fut une ovation.

Il électrisait tous ceux qui l'approchaient. Il était prodigue de lettres et de discours. Les paroles pathétiques, mystiques, diplomatiques ou simplement opportunes et justes lui partaient, soit des lèvres, soit de la plume, comme des éclairs. Il avait écrit à Saint-John : « Sauvons les générations et ne pensons

pas au jugement des hommes. » Il avait écrit à lord Wharton :
« Saints si l'on veut, mais non moutons ou agneaux. » Il disait
à Fairfax : « Nos ennemis s'écrient qu'il ne faut pas outrager le
roi ; je le veux bien, pourvu que d'abord on ait pitié de l'armée
et du peuple. »

L'anarchie disciplinée de l'armée avec ses deux conseils, l'un
composé d'officiers, une chambre des lords, l'autre composé de
sous-officiers et de soldats, une chambre des communes ; cette
anarchie militaire furieuse, et néanmoins très-souple à de certaines directions supérieures, avait été déconcertée un instant
par la retraite des presbytériens, de Hollis surtout, qui enflammait ses collègues, même Prynn, l'ancien martyr de Laud,
Prynn l'adversaire imprévu de l'armée, le défenseur plus imprévu du roi. La bataille de Preston ressuscita l'omnipotence
des soldats et de leurs chefs. Cette armée grandit de nouveau,
et Cromwell grandit aussi dans des proportions soudaines et
inattendues. La gloire et l'ambition les menaient ensemble au
régicide. De tous les bivacs pleuvaient des pétitions qui demandaient le jugement du roi, le coupable de la première et de
la seconde guerre civile, l'auteur de tous les maux qui déso-
laient l'Angleterre. Le régiment du commissaire général Ireton
et celui du colonel Ingoldsby devancèrent tous les autres dans
l'expression menaçante de ce vœu d'échafaud.

Le roi connaissait à Newport les desseins de l'armée. Malgré
les liaisons de Hammond avec Cromwell, Charles n'était pas
sans confiance dans le gouverneur de l'île de Wight. « Il est
de bonne naissance, disait-il, et le neveu de l'un de mes chapelains. » Tant que le colonel Hammond était là, Charles se
croyait à l'abri d'un guet-apens. Il fut très-ému d'une lettre
de Fairfax qui mandait le gouverneur de l'île de Wight à
Windsor. Cette lettre du 25 novembre fut suivie, le 26, de
l'arrivée du colonel Ewers, remplaçant du colonel Hammond
auprès du roi. Le gouverneur refusa, au nom du parlement, de qui
il tenait son poste, de le quitter sur une injonction du général
en chef. Le colonel Ewers se retira, et Hammond devint suspect
à l'armée. Il se mit en route pour se justifier. Cela paraissait
difficile ; mais il fut tiré d'affaire par une arrestation qui n'était

pas sérieuse et que Cromwel sans doute ordonna. Elle avait été précédée d'un billet du lieutenant général, où il fortifiait sinistrement Hammond contre le grand scrupule du régicide. « Cher Robert, lui écrivait-il, il s'agit de savoir si notre situation est celle de la résistance légale. Robert, je te dis seulement : Cherche dans ton cœur une réponse à ces trois questions : 1° le salut du peuple est-il la loi suprême? 2° tout l'avantage de la guerre ne va-t-il pas être perdu? 3° enfin cette armée n'est-elle pas un pouvoir réel appelé par Dieu pour sauver le peuple et combattre le roi de façon à obtenir le triomphe? Robert, oublie les hommes et interroge le Seigneur. Ne crains pas les obstacles, mais mesure-les et agis ensuite... Je t'écris tout cela parce que je t'aime et que je ne voudrais pas te voir t'écarter de la ligne droite. Adieu, Robert.

« OLIVIER. »

Le colonel Hammond avait laissé une double copie de ses instructions parlementaires pour la sûreté du roi à Boreman, commandant du château de Carisbrook, et à Rolfe, commandant de Newport. Ces deux officiers, le dernier surtout, qui, six mois auparavant, avait été accusé et acquitté sur un projet de meurtre contre le roi, n'inspiraient pas une grande sécurité à ce malheureux prince. Il s'attendait à tout. Il redoublait de ferveur, et dans l'éloignement des chapelains de son choix il était son chapelain à lui-même. Le 29 novembre, il reçut l'avertissement qu'une troupe de cavalerie arriverait le 30, pour le faire prisonnier. Il était à Newport captif encore du parlement, non de l'armée. Le duc de Richmond, le comte de Lindsey et le colonel Coke le pressèrent de s'évader. La nuit du 29 au 30 était noire. Coke avait surpris le mot d'ordre. Des chevaux et un canot étaient prêts. Le roi ne voulut pas fuir. Il s'était engagé à rester dans l'île pendant vingt jours, après ses négociations avec le parlement. Il avait donné sa parole d'honneur. Il fut sourd à toutes les instances.

Le lendemain, il n'était plus temps. Le lieutenant-colonel Cobbet était à Newport avec une compagnie de dragons. Rolfe lui prêtait son concours. Ils se rendirent, l'un et l'autre, à la maison la plus belle de Newport, une maison de gentilhomme qui avait été préparée très-convenablement pour Sa Majesté, avant les dernières conférences. Cobbet s'inclina devant le roi et lui dit qu'il avait la mission de l'emmener hors de l'île de Wight. « Ce n'est donc pas à Carisbrook? s'écria le roi. — Non, répondit Cobbet. — Où donc alors? reprit Charles. — Il m'est défendu d'indiquer le lieu où j'aurai l'honneur de conduire Votre Majesté, repartit Cobbet; je puis seulement l'assurer qu'il ne lui sera fait aucun mal. »

Le roi offrit sa main à baiser au duc de Richmond, au marquis de Hertford, à plusieurs autres seigneurs, à une foule de gentilshommes et de serviteurs qui, ne pouvant suivre Sa Majesté, lui souhaitaient ardemment toutes les bénédictions dont elle était si cruellement privée. Charles Ier ne fut autorisé à prendre avec lui qu'une douzaine de personnes au delà de ses deux valets de chambre, MM. Harrington et Herbert, et de son écuyer tranchant, M. Miedmay. Ce furent les trois compagnons de voiture de Sa Majesté. M. Herbert se leva malgré la transpiration et malgré la fièvre, heureux de donner à son maître une preuve plus signalée de son attachement. Le roi défendit du pied la portière de sa voiture au lieutenant-colonel Cobbet, qui se disposait à y monter. Cet officier comprit l'intention de Sa Majesté et accompagna le carrosse à cheval, par delà Yarmouth, non loin de la tour de Worsley. C'est là que s'embarqua le roi. Après trois heures de traversée, il toucha la pointe du château de Hurst, monument funèbre, bâti sur un terrain pierreux qui s'avance dans la mer et que les flots battent de trois côtés avec des hurlements féroces. Ce fut dans ce fort lugubre, armé de canons, peuplé de hiboux, que le souverain de Windsor et de trois royaumes fut confiné, sous la garde d'un commandant farouche, plus semblable à un bourreau qu'à un gouverneur, et que Cobbet fut obligé de rappeler au respect pour l'auguste captif.

Charles Ier fut détenu au château de Hurst du 30 novembre au 21 décembre 1648. Il manifesta plus d'inquiétude à MM. Harrington et Herbert. Il était néanmoins, parmi tous les siens, le plus résigné. M. Harrington, pour avoir blâmé devant le gouverneur ceux qui s'étaient glissés comme détracteurs entre le parlement et le roi, fut destitué de ses fonctions. Il fut arraché au service de Charles, dont il avait partagé les prisons depuis le château de Holmsby, au milieu de toutes les vicissitudes. M. Harrington, selon le gouverneur, avait été, par son improbation, le calomniateur de l'armée. Son éloignement fut pénible au roi. M. Herbert redoubla de circonspection pour rester avec son maître, qui avait tant besoin de lui. Charles était de plus en plus sobre. Il se promenait un peu sur les galets du rivage, sous la surveillance du gouverneur ou du capitaine Reynolds. Il causait assez, priait beaucoup et dormait bien. Son seul plaisir était la vue de la mer et des vaisseaux qui la fendaient, les voiles déployées. D'ailleurs, l'air était malsain, les brouillards épais, l'odeur des plantes jetées sur la côte par les lames, infecte. Il n'y avait pas de jour sous ces voûtes féodales ; il n'y avait que la nuit. Pour lire et pour manger, le roi, à midi, était obligé d'avoir des bougies sur sa table. Ces ombres de la captivité devaient lui présager les ombres de la mort.

Le 18 décembre, vers trois heures du matin, il fut réveillé par la chute du pont-levis et par le piétinement des chevaux dans la cour de la forteresse. De très-bonne heure, il envoya aux informations M. Herbert, qui revint lui dire l'arrivée du major général Harrison. A ce nom, le roi pâlit. Il ne connaissait pas Harrison et ne l'avait pas même aperçu de loin ; mais on lui avait écrit à Newport, trois jours auparavant, que le major avait l'intention de l'assassiner. Le roi témoigna le désir de rester seul avec Dieu, qu'il invoqua aussitôt à genoux dans l'effusion de ses craintes et de sa ferveur. Une heure après, son visage était bouleversé, et des larmes roulaient dans ses yeux lorsqu'il appela M. Herbert pour l'habiller. Le terrible nom tintait encore comme un glas aux oreilles du roi, qui n'avait pu le conjurer, même par la prière.

Harrison demeura deux jours à Hurst. Il y organisa tous les détails du voyage du roi, et il s'éloigna. Il avait été constamment invisible, et ce mystère ajoutait à l'effroi de sa présence.

Le 21 décembre, le lieutenant-colonel Cobbet prévint Sa Majesté qu'il était chargé de la guider au château de Windsor,

« Windsor, répondit le roi, est un château que j'ai toujours aimé et qui vaudra mieux que Hurst. » Le 22, le roi partit sous une escorte de cavalerie parlementaire. Il traversa Ringwood, Rumsey, Winchester, où il fut très-bien accueilli. Avant d'atteindre Farnham, une autre troupe de cavalerie se joignit au cortége de Charles Ier. « L'officier qui commandait cette nouvelle troupe, dit M. Herbert (*Mém.*, p. 99), était bien monté et bien armé. Il avait un bonnet de velours sur la tête, un justaucorps de buffle sur le dos, et une écharpe de soie cramoisie ornée de riches franges autour du corps. Le roi, qui était aussi à cheval, passa près de ce capitaine au petit pas ; celui-ci fit à la militaire un salut au roi, et le roi le lui rendit. C'était la première fois qu'il rencontrait cet homme. »

Charmé de tant de bonne grâce, le roi demanda le nom de l'officier. « C'est, répondit M. Herbert, le major Harrison. » Charles fut étonné. « Harrison, dit-il, a l'aspect d'un vrai et loyal soldat. Sa physionomie est excellente; mais, reprit-il mélancoliquement, quelquefois la physionomie trompe. » Le roi coucha dans une maison de gentilhomme à Farnham. Le soir, avant souper, Charles se chauffait dans le parloir rempli d'officiers et de curieux. Découvrant Harrison, il lui fit un signe, et, le major s'approchant avec déférence, le roi l'entraîna vers une fenêtre, où il l'entretint longtemps. Il lui avoua l'avis qu'il avait reçu à son égard.. « On m'a calomnié, repartit froidement Harrison. Je n'ai dit qu'une chose, et je puis la répéter à Votre Majesté : c'est que la loi est pour tous et l'équité sur tous, sur les grands comme sur les petits. » Le roi quitta brusquement Harrisson. Les paroles du fanatique ne trahissaient pas la pointe du poignard, mais le tranchant de la hache. Harrison n'était pas un assassin, c'était un juge.

Le roi dîna, le 23, à Bagshot, chez lord Newbourg, et il gagna le même jour, par la forêt, le château de Windsor. Il respira un peu dans cette belle résidence. Le colonel Whitchcott eut infiniment d'égards pour son prisonnier. Le roi se préoccupa beaucoup de ce qui se passait dans l'armée et dans le parlement. Il lisait l'Évangile, et ses exercices de piété étaient plus longs que de coutume. Son plus agréable délassement, malgré la saison, était la promenade sur la terrasse d'Élisabeth, terrasse magnifique et vraiment royale, qui domine le village de Windsor et le collége d'Eton.

Le 29 décembre, le roi, toujours sous la surveillance active du major général Harrison, fut transféré du château de Windsor au château de Saint-James. Le major général escorta encore son captif jusqu'au palais. Les consignes furent sévères, mais rien ne fut changé à l'étiquette.

Plusieurs écrivains ont affirmé que le major général Harrison était un instrument toujours docile dans la main de Cromwell. C'est bien peu connaître ce sectaire de la cinquième monarchie. Il aidera Cromwell dans le procès du roi et dans l'expulsion du long parlement ; mais il consultait avant tout l'esprit intérieur, et la Bible était son seul oracle. Cet oracle portatif, prêt à répondre chaque jour, chaque heure, chaque minute, ne quittait pas Harrison. Il l'avait dans sa chambre et hors de sa chambre, sous sa tente et hors de sa tente, à sa table, à son chevet, à l'arçon de sa selle. Il l'interrogeait sans cesse et partout.

Or, voici ce que cet oracle multiple que chacun possédait disait, non-seulement au major général Harrison, mais au colonel Ludlow, au colonel Hutchinson, à Ireton et à mille autres :

Le roi est l'auteur de la guerre civile. Ses lettres prises à la bataille de Naseby et toute sa conduite le prouvent assez. Il a versé le sang de son peuple.

Que prononcent les *Nombres* (ch. xxv, vers. 33)? « Il ne se fera d'expiation, pour le pays, du sang qui aura été répandu, que par le sang de celui qui l'aura répandu. »

Que prononce *Samuel* (chap. viii, vers. 5, 6, 7)? Samuel était juge des enfants d'Israël. « Et ils lui dirent : « Établis sur « nous un roi. » Et cette parole déplut à Samuel, et Samuel pria le Seigneur, et le Seigneur dit à Samuel : « Ce n'est pas toi « qu'ils ont rejeté, c'est moi qu'ils rejettent afin que je ne règne « point sur eux. »

L'oracle était clair. Pour obéir aux *Nombres*, il fallait tuer le roi ; pour obéir à *Samuel*, il fallait extirper la royauté. Toutes les Bibles rendaient le même arrêt, et tous les indépendants de l'Angleterre se croyaient tenus d'en être les exécuteurs. Les témoignages sont unanimes.

C'est là un grand fait terrible dont j'avais toujours été fort ému, mais mon impression a redoublé par le contact d'un petit fait personnel et fortuit.

Je revenais d'Elseneur. Je m'embarquai à Korsör avec un jeune Anglais dont la physionomie concentrée me frappa tout d'abord. Nous causâmes un peu et je devinai un indépendant; car ce n'est pas le seul que je connaisse, et il y en a beaucoup en Angleterre. C'était une traversée de nuit, et la Baltique était houleuse. Tandis que les passagers, presque tous couchés, se défendaient ainsi du mal de mer, le jeune Anglais lisait une Bible in-12 à la lueur vacillante des lampes. Il fut enfin obligé de cesser, vaincu, je pense, par le roulis et par le sommeil. Moi, je m'endormis aussi dans ma cabine. Je fus étonné, quand je me réveillai, aux approches du port de Kiel, de voir le fervent voyageur feuilletant de nouveau son livre de prédilection. Débarqués à Kiel vers sept heures du matin, nous prîmes le café à la même table. Le jeune Anglais, reconnaissant de mes avances, fut très-aimable dans sa réserve. Il avait posé sa Bible sur la table. Je la regardai, je la touchai, je l'ouvris. Je ne savais pourquoi elle attirait ma curiosité. C'était pourtant une Bible toute simple. Elle était fort ancienne et la reliure de cuir jaunâtre on ne peut plus endommagée. Elle avait un fermoir d'argent, sans ciselure, mais solide. En la parcourant, je fus surpris de la multitude des versets soulignés et des notes qui couvraient les marges. Les prophéties étaient les pages les plus usées. « Je tiens beaucoup à cette Bible, me dit le jeune homme, à cause d'elle-même et puis aussi parce qu'elle a été la Bible du major général Harrison. — En êtes-vous bien sûr, repris-je. — Oui, monsieur. Elle est depuis longtemps dans ma famille, et c'est mon bisaïeul qui l'acheta d'un héritier de Harrison. Examinez le titre d'ailleurs. » J'examinai et je constatai le nom de Harrison, très-effacé, mais encore distinct. Au-dessous de ce nom, il y avait les quatre bêtes qui figurent les quatre monarchies, selon Daniel, et le Christ qui représente la cinquième monarchie. Ces cinq dessins à la plume étaient trop naïfs et trop inexpérimentés pour être d'un artiste. Le jeune Anglais affirmait que c'était Harrison lui-même qui les avait tracées. Quoi qu'il en soit, pendant une heure que je scrutai ce livre, j'observai très-certainement que Daniel et Ezéchiel avaient été médités et tourmentés plus qu'aucun des autres textes. J'observai encore, fortement marqués à l'encre, les versets régicides des *Nombres* et de *Samuel* que j'ai cités et qui déterminèrent tant d'officiers et de citoyens à voter la mort de Charles Ier. Je ne m'excuse pas de cette courte digression, car elle est le fond de mon sujet, et parce que ce hasard de voyage est devenu pour moi une sérieuse leçon d'histoire.

A l'époque de la révolution d'Angleterre, les habiles se servaient de la Bible politiquement; les fanatiques la servaient religieusement. Entre ces derniers, Harrison se montrait l'un des plus ardents. Sa foi et sa bonne foi, malgré une certaine adresse, étaient entières. Avec moins de calme et avec autant de conviction que Ludlow et Hutchinson, il croyait que le roi méritait le supplice et que son jugement avait été porté d'avance par l'Éternel lui-même dans les *Nombres* et dans *Samuel*. Pour lui le régicide était un devoir, et, en le prononçant sous la dictée de Dieu, ne s'estiment pas des bourreaux, mais des sacrificateurs.

Harrison avait été choisi par les deux conseils de l'armée et du consentement de Cromwell pour la translation du roi à Londres. C'est donc par les ordres du major général que Cobbet avait conduit Charles Ier de Newport au château de Hurst, et du château de Hurst à Windsor. Le parlement que l'on appelait *the Rump*, parlement croupion, depuis l'épuration violente opérée par le colonel Pride, le parlement réduit à une cinquantaine de membres indépendants et niveleurs, ne songea pas à contester Harrison. Cet officier supérieur, qui était aussi membre des communes, conserva sur le roi une surveillance attentive. Il le laissa séjourner à Windsor du 23 au 29 décembre 1648. Le 29, ce fut toujours Harrison qui escorta le malheureux prince à la tête d'un escadron de cavalerie jusqu'à Saint-James. Ce palais, comme tous les palais d'Angleterre, était devenu une prison, et le roi y fut moins installé qu'écroué.

L'attitude, le visage, la courtoisie militaire et la belle tenue de Harrison avaient rassuré le roi, mais la réponse dure du major général à Farnham, quoique faite d'une voix douce, avait replongé Charles dans ses pressentiments cruels. C'était en effet un guide tragiquement poli que Harrison. Quoiqu'il eût exercé quelque temps la profession de son père, qui était boucher, le major général avait un extérieur noble. Il était grand, maigre, ascétique d'apparence. Dans les grands moments, les visions l'obsédaient. C'était un vrai soldat, un vrai saint, un vrai juge, comme il sera un vrai martyr; non pas vrai dans la raison, mais dans le fanatisme. J'ai dit qu'il appartenait aux sectaires de la cinquième monarchie. Il en était le plus formidable. Il croyait à la destruction des quatre monarchies représentées par les quatre bêtes de Daniel, et à une cinquième monarchie représentée par le second avénement du Christ avec lequel les justes régneront mille ans, selon une première sentence et par une première résurrection. Harrison se sentait déjà de cette cinquième monarchie, et il la préparait par ses œuvres, par ses discours. « Pendant mille ans, s'écriait-il, quand l'esprit s'emparait de lui, pendant mille ans, le dragon, l'ancien serpent, sera garrotté dans l'enfer, dont l'ange de l'abime a la clef. Après les mille ans, Satan sera lâché du gouffre dans l'espace et autour du camp des saints. Il échouera et il sera rejeté dans l'étang de feu. Et chacun sera jugé selon l'équité immuable dans une sentence définitive. Et les saints verront le ciel nouveau et la terre nouvelle de l'*Apocalypse;* et ils n'auront besoin ni du soleil ni de la lune; car la gloire de Dieu les éclairera, et l'amour de l'agneau les échauffera! »

Voilà le fond du sermon unique dont les hommes de la cinquième monarchie variaient les formes et l'accent au gré de leurs passions. Cromwell, qui n'était pas aussi sectaire qu'eux, l'était beaucoup cependant. Il était sincère et hypocrite à la fois, plus sincère qu'hypocrite; il était dupe de lui-même, sans l'être néanmoins complétement, puisqu'il cachait ses dextérités sous le voile mystique de son ambition. Harrison, moins compliqué, proposait son idéal biblique à tous. Mais pour le mériter

14

il fallait imiter les sept anges de la vengeance et verser les sept
coupes de la colère de Dieu. Malheur à Charles Ier ! malheur à
lui ! Car à ceux qni le jugeront selon la conscience, comme
Hutchinson, se joindront ceux qui le jugeront selon leur politique comme Cromwell, ceux qui le jugeront selon les *Nombres*
et *Samuel*, comme Ludlow, et ceux qui le jugeront, comme
Harrison, selon les *Nombres*, *Samuel* et l'*Apocalypse !*

Le pauvre roi, quoique fort triste, ne se doutait pas de ce qui
l'attendait, lorsqu'il s'établit à Saint-James le 23 décembre. Le
palais avait été arrangé d'après les traditions par M. Kinersly,
intendant de la garde-robe. Le roi disait à sir Thomas Herbert :
« Mes ennemis ne me condamneront pas à mort. Il y a eu des
rois assassinés, ma grand'mère Marie Stuart a été exécutée par
un gouvernement étranger, mais aucun roi n'a été jugé et voué
à l'échafaud, en plein jour, par ses propres sujets. Cela est sans
exemple dans l'histoire. Non, je ne serai pas décapité. Je serai
mis à la Tour, et les rebelles essayeront de placer sur mon trône
mon fils le prince de Galles, s'il y consent. » Voilà où en était
Charles Ier avant son procès. Pendant les deux premières semaines qu'il passa à Saint-James, il ne cessa pas d'être entouré
du cérémonial des rois. Sir Fulke Géville, grand échanson, lui
présentait le verre à genoux ; M. Mildmay, l'écuyer tranchant,
goûtait les plats que le capitaine Joyner, chef de la bouche, faisait
apporter couverts ; et le roi mangeait sous son dais. Ces égards
lui étaient chers. Tant qu'on n'y renonçait pas, il était toujours
roi, plus roi que prisonnier. Quelques jours avant son interro-
gatoire, l'étiquette fut modifiée. Plus de dais, plus de verre, ni
de coupe offerts à genoux, plus de plats couverts ; des soldats
les roulaient sur des tables mobiles, et personne ne les goûtait.
Le roi fut affligé et indigné. Il n'avait pas toujours eu dans
l'île de Whigt son luxe de linge habituel, et il n'avait pas daigné s'en apercevoir. Il n'avait pas eu non plus son bon vin de
France accoutumé, et, sans se plaindre, il l'avait remplacé par
du vin d'Espagne, dont il mettait un tiers dans deux tiers d'eau
(*Mém. de Warwick*, p. 281). Les privations lui étaient faciles,
mais l'humiliation le révoltait. La diminution du respect officiel était pour lui une dégradation. Plutôt que de se soumettre

à ce qu'il estimait un avilissement, il ne réclama qu'un très-petit nombre de mets dans ses appartements particuliers.

Le 19 janvier 1649, le prisonnier fut transporté à White-Hall. Il y occupa sa chambre d'autrefois. Des sentinelles l'environnaient, le cernaient de toutes parts. Jusque-là sir Thomas Herbert avait couché dans une chambre voisine de celle de Charles Ier. Dès cette nuit-là, sur l'ordre du roi, il coucha dans la chambre même de Sa Majesté.

Le 20 janvier, le roi fit, en une chaise doublée de velours et dont les stores étaient baissés, le trajet du jardin de White-Hall à la maison de sir Robert Cotton qui, sur le rapport du colonel Hutchinson, avait été assignée à Sa Majesté durant le procès. Sir Robert Cotton était mort en 1631, et le vaste recueil de ses manuscrits et de ses livres avait été donné à l'État par un de ses héritiers avec la maison attenant à Westminster. Au moment où Charles Ier y fut enfermé, il croyait encore qu'on se bornerait à le détenir dans une forteresse et qu'on allait nommer roi le prince de Galles. « Telle fut, dit sir Thomas Herbert (*Mém.*, p. 112), témoin et confident de ses pensées, telle fut la conviction de Sa Majesté jusqu'au moment où elle parut à Westminster-Hall pour y être jugée. Alors elle changea d'opinion. »

Tout le gouvernement était dans l'armée. Les officiers résolurent la mort du roi. Sa restauration eût été leur ruine ; et sa prison perpétuelle, une occasion sans cesse renaissante de complots. Il leur fallait, pour en finir avec lui, ou l'assassiner ou le juger. Le juger leur parut meilleur. Il y avait parmi eux des ambitieux et des cupides, mais il y avait aussi beaucoup de républicains et de sectaires intègres.

La proposition de juger le roi partit de l'armée et envahit la chambre des communes. Elle nomma un comité de trente-huit membres pour aviser au procès de Charles Ier. Widdrington et Whitelocke, deux de ces trente-huit, se retirèrent consciencieusement dans leurs comtés plutôt que de mettre la main au régicide. Whitelocke eut cette fois du courage, et je le constate avec un plaisir mêlé de surprise.

Sur les conclusions de ce comité, la chambre des communes

déclara, par un décret, crime de trahison toute guerre faite au parlement et à l'Angleterre. Elle créa ensuite une haute cour, dont la mission était de rechercher si Charles Stuart, à cause de diverses levées de bouclier, ne tombait pas dans la définition du décret.

Le 4 janvier, la chambre des lords, descendue au chiffre de douze membres, avait repoussé l'érection de la haute cour. Le comte de Manchester et le duc de Northumberland avaient parlé contre avec énergie, et le comte de Denbigh s'était écrié qu'on le couperait en morceaux avant qu'il consentît à ce forfait. Les indépendants, maîtres de la chambre des communes, arrêtèrent, et cette chambre décida que, nommée directement par le peuple, elle possédait à elle seule la souveraineté avec ou sans le roi et les lords. Cromwell s'enveloppait de modération extérieure, quoiqu'il fût l'instigateur assidu et secret du régicide légal. Fairfax, au contraire, placé en tête de la liste des juges, ne parut qu'à la première séance, dans laquelle rien ne fut fait. Il refusa d'assister aux autres séances et il ne signa aucune délibération. Il blâma le procès. Le chef de l'armée désavoua l'armée.

La chambre des communes avait nommé cent trente-cinq juges en déclarant que, sur ce nombre, vingt suffiraient pour rendre une sentence à la majorité. Ils avaient été choisis soit dans la chambre même, soit dans les régiments, soit parmi les simples citoyens. Lorsque, le 20 janvier, le roi arriva à la maison de sir Robert Cotton, qui confinait à Westminster, il trouva une garde qui fut commandée tour à tour par le colonel Hunks et par le colonel Hacker. Ce dernier avertit aussitôt l'auguste captif que la haute cour était réunie.

L'avocat Bradshaw la présidait. Entouré de soixante-neuf membres (*Journal de la Haute Cour*), il avait passé de la chambre peinte dans la salle de Westminster, précédé de vingt et un gentilshommes armés de hallebardes. Un bureau et un fauteuil de velours cramoisi étaient préparés pour le lord président; des bancs revêtus de drap d'*écarlate* étaient destinés aux juges, à droite et à gauche de Bradshaw. Deux secrétaires se tenaient à une table sur laquelle étaient posées l'épée et la

masse. En face du fauteuil du président, un fauteuil vide attendait le roi. Le procureur général, M. Cook, dès que le lord
président et la cour eurent pris place, avait occupé son siége
disposé à la droite du fauteuil royal.

Après les formalités d'usage et l'appel nominal, Bradshaw ordonna l'introduction du prévenu. Le roi se présenta bravement.
Son attitude était peut-être trop superbe. Il était accompagné
par le colonel Hacker et par trente-deux officiers. Il s'assit
dans son fauteuil sans saluer la cour, sans porter même la
main à son chapeau, puis, se levant, il regarda intrépidement
la garde, les galeries, les juges, et se rassit. L'acte de mise en
accusation fut lu par M. Broughton, clerc de la cour. Quand il
eut fini, Bradshaw, le lord président, dit : « Charles Stuart,
les communes d'Angleterre constituées en parlement ont résolu de vous appeler en jugement devant cette haute cour, et de
poursuivre en vous le principal auteur de la guerre civile et
des calamités qui ont ravagé ces trois royaumes. »

Le ministère public était à la droite du roi, qui avait à sa
gauche ses serviteurs et devant lui ses juges. Le lord président
Bradshaw n'eut pas plutôt annoncé l'intention de la cour, que
le procureur général, M. Cook, rassembla vivement ses notes.
Il allait commencer un discours, lorsque le roi, qui avait une
canne à la main, en toucha deux fois l'épaule de M. Cook, lui
enjoignant des plus cavalièrement de se taire. La pomme de la
canne, qui était d'or selon sir Philipp de Warwick et d'argent
selon sir Thomas Herbert, tomba à cette séance du 20, bien que
Herbert rattache cette circonstance à la séance du 23. Quoi qu'il
en soit du reste, le roi fut très-affecté, comme d'un mauvais
présage, de cette tête de canne qui s'était détachée, tandis que
M. Cook était indigné du procédé de Charles Ier à son égard.
N'était-ce pas, en effet, une insulte raffinée, que cet avertissement avec la canne en même temps qu'avec la voix ? Il y a des
grossièretés démocratiques, mais il y a aussi des insolences aristocratiques, dont les suites sont incalculables. La fierté blessée
dans le cœur est un sentiment semblable à la poudre à canon
dans le bronze. Elle éclate en explosions terribles. Elle a fait
plus de révolutions dans le monde que toute autre passion et

que tout autre intérêt. Le roi, ce jour-là et les autres jours, soit par sa contenance provocante, soit par ses airs de supériorité, se nuisit beaucoup à lui-même. Il dépassa un peu la dignité, la majesté. Ces hommes qu'il mesurait de si haut et qui, de leur côté, non moins que des rois abusaient du sceptre, rendaient à Charles Iᵉʳ mépris pour mépris. Au lieu de se respecter mutuellement, les ennemis révolutionnaires se défient, se haïssent et s'égorgent. C'est l'éternel spectacle de l'histoire, et rien n'est plus navrant, quel que soit le rayon, droit divin ou souveraineté du peuple, dont on colore les excès. Devant les grandes chutes, devant les larmes et devant le sang, comment la pitié ne tempérerait-elle pas la justice? L'heure des vengeances est l'heure solennelle où le fort devenu faible éveille l'intérêt, l'heure tragique où le cœur, qui s'était révolté contre le fort, à cause de ses tyrannies, s'attendrit sur lui à cause de ses infortunes.

Le roi donc ayant interrompu M. Cook en l'offensant, Bradshaw invita ce magistrat à parler, et le procureur général rompit le silence. Il demanda que l'acte d'accusation rédigé par lui, au nom des communes, contre Charles Stuart, roi d'Angleterre, fût fait immédiatement par M. Broughton. « Cet acte d'accusation imputait au roi d'avoir méconnu sa mission, qui était de gouverner avec les parlements et de conserver la paix à son peuple, tandis qu'il avait gouverné sans les parlements et suscité la guerre civile. Pour ces crimes, il était équitable que Charles Stuart fût jugé comme traître, tyran, meurtrier, ennemi public de l'Angleterre. » Le roi, pendant cette seconde lecture de M. Broughton, avait un maintien sévère, impassible. Seulement, à ces mots : « Charles traître, tyran, meurtrier... », il se prit à rire en toisant la cour amèrement. Le lord président lui dit : « Monsieur, vous avez entendu votre acte d'accusation. Qu'avez-vous à répondre? » Le roi repartit soudain : « — Je répondrai quand vous m'aurez expliqué le droit de cette assemblée. Je traitais dans l'île de Wight avec d'honorables commissaires du parlement, lorsque j'ai été amené de lieu en lieu, contre mon gré, jusqu'ici. Quelle est donc l'autorité qui pèse sur moi? Je veux dire l'autorité légitime, car il y a des autorités illégi-

times, celle des brigands et des voleurs de grand chemin, par
exemple. (Charles adressait ainsi à ses juges les mêmes objur-
gations que sa grand'mère Marie Stuart à Pawlet.) Souvenez-
vous, ajouta le prisonnier, que je suis votre roi. Songez au
jugement de Dieu sur vous et sur ce pays avant de passer du
crime de ma captivité à un crime plus grand. On a parlé de
mission, d'élection; je n'ai point de mission, car je n'ai pas été
élu. Ma couronne m'est venue par une ancienne succession
d'aïeux. Ceci n'est pas un parlement; il y faudrait les lords,
il y faudrait le roi sur son trône. Justifiez, monsieur, je le répète, l'autorité en vertu de laquelle vous agissez et je vous
répondrai. » Bradshaw dit : « — Monsieur, nous sommes vos
juges par le vœu du peuple d'Angleterre, votre souverain et
le nôtre. Si l'autorité que vous méconnaissez, notre autorité,
ne vous suffit pas, elle nous suffit à nous, puisqu'elle se fonde
sur l'autorité supérieure de Dieu et de la nation. »

La cour, c'était le samedi 20 janvier, s'ajourna au lundi à
dix heures du matin dans la chambre peinte et ensuite dans la
grande salle (*Procès du roi*). Le lord président commanda au
colonel Hacker de se retirer avec le prisonnier et de l'escorter
avec la garde. « A la bonne heure, monsieur », dit le roi, toujours couvert et sans saluer. Puis, dirigeant vers l'épée qui était
sur la table des clercs le bout de sa canne, il dit en partant : « Je
n'ai pas peur de cela. » Quelques spectateurs crièrent : « Dieu
sauve le roi! » Plusieurs criaient : « Justice! justice! » Rentré
dans la maison de sir Robert Cotton, Charles Ier s'agenouilla et
pria. Il témoigna ensuite le désir que M. Herbert couchât près
de lui, comme il avait fait à White-Hall. Ému de ce désir,
le serviteur courut chercher une natte qu'il étendit pour le sommeil, ou plutôt pour l'insomnie, près du lit de son maître.

Le 21 était un dimanche. Presque tout le jour, le roi écouta
les exhortations de Juxon, le seul de ses évêques qui lui eût
conseillé autrefois de ne pas consentir au bill d'attainder contre
Strafford. Charles aimait Juxon à cause de cela; il l'aimait aussi
pour la pureté de sa doctrine anglicane. Il fut pénétré de la parole
et de la présence de Juxon, et, le soir, il dit à sir Thomas Herbert
que cette longue visite lui avait été une grande consolation.

Le lundi 22, le roi entendit sur son chemin et jusque dans la salle de Westminster, ces cris : *Justice, justice!* Il n'en fut point ébranlé. Il continua de nier avec énergie la juridiction de la haute cour. Le lord président ayant ordonné de l'emmener, Charles dit : « C'est bien, monsieur; vous ne permettez pas au roi de donner ses raisons en faveur des lois et des libertés dont l'ensemble est la constitution même de ses sujets. — C'est à l'Angleterre et au monde, repartit le lord président, à estimer quel grand ami vous avez été des droits du peuple. » Pendant que le roi s'en retournait à la maison de sir Robert Cotton, un soldat proféra distinctement : « Dieu bénisse Votre Majesté! » Un officier frappa le soldat, et le roi dit : « La punition excède la faute. » Dès qu'il fut dans sa chambre, il demanda à Herbert s'il n'avait pas démêlé çà et là les cris de *Justice*. « Oui, reprit Herbert, j'ai démêlé ces cris et j'en ai été consterné. — Non pas moi, dit Charles; c'est une consigne des officiers. Au fond, les soldats ne me veulent pas de mal. » Le roi dit encore « qu'il avait bien considéré un à un les membres du tribunal, et qu'il n'en avait pas connu plus de huit à leur figure. » Cromwell était un de ces huit.

Le roi persista, le mardi 23, à rejeter la juridiction de la cour. « Moi, reconnaître une nouvelle cour contraire à la constitution de mes sujets et altérer ainsi les lois fondamentales du royaume! Non, monsieur, dit-il au lord président, je m'en dispenserai. — Monsieur, répliqua Bradshaw, c'est le troisième jour que vous désavouez publiquement la cour! Clerc, ajouta-t-il, inscrivez le dédain du prisonnier et son obstination à ne pas répondre, *the default and contempt of the prisoner*. » Le roi fut reconduit à la maison de sir Robert Cotton, et il recueillit quelques acclamations affectueuses en y rentrant.

Le 24 et le 25, la cour n'appela pas le roi. Des témoins déposèrent devant elle dans la *chambre peinte*, où furent lus aussi des lettres et d'autres papiers qui prouvaient la participation principale du roi à la guerre civile. C'est le 25 que Charles Ier fut condamné à mort. Say, Lisle, assesseurs du lord président Bradshaw, Harrison, Martin, Scott, Ireton et Love furent chargés de formuler l'arrêt. Il y avait eu seulement quarante-six juges, le 25; il y en eut soixante-deux, entre autres Cromwell, le lendemain 26, pour débattre et adopter la rédaction de la sentence. Le 27 janvier 1649, la cour quitta la *chambre peinte* pour Westminster-Hall. Le lord président Bradshaw siégeait en robe écarlate. Soixante-six juges étaient avec lui et tous furent régicides. Voici leurs noms tels que les a conservés le journal de la haute cour et les a enregistrés pour l'avenir :

William Say.
John Lisle.
Olivier Cromwell.
Henri Ireton.
Sir Hardress Waller, chevalier.
Sir John Bourchier, chevalier.
William Heveningham.
Isaac Pennington, alderman de Londres.
Henri Martyn.
William Purefoy.
John Berkstead.
Mattew Tomlinson.
John Blackistone.
Gilbert Millingtone.
Sir William Constable, baronnet.
Edmond Ludlow.
John Hutchinson.
Sir Michael Livesey, baronnet.
Robert Tichbourne.
Owen Roe.
Robert Lilbourne.
Adrian Scroop.
Richard Deane.
John Okey.
John Huson.
Francis Allen.
Peregrine Pelham.
Daniel Blagrave.
Valentin Wanton.
Thomas Harrison.
Edward Walley.
Thomas Pride.
Isaac Ewers.

Thomas lord Grey de Grooby.
Sir John Danvers.
Sir Thomas Malaverer, baronnet.
John Moore.
John Alured.
Henri Smith.
Humphrey Edwards.
Gregory Clément.
Thomas Wogan.
Sir Gregory Norton, baronnet.
Edmond Harvey.
John Venn.
Thomas Scott.
Thomas Andrews, alderman de Londres.
William Cawley.
Anthony Stapely.
John Downs.
William Goffe.
Cornelius Holland.
John Carew.
John Jones.
Miles Corbet.
John Dixwell.
George Flectwood.
Thomas Horton.
Simon Meyne.
Thomas Hammond.
Nicolas Lowe.
Vincent Potter.
Augustine Garland.
James Temple.
Peter Temple.
Thomas Waite.

Ce sont là les juges que Charles Ier affronta le 27 janvier 1649, à Westminster-Hall. Dès qu'il parut, les soldats crièrent : *Exécution, justice, exécution* ! Leurs officiers, et surtout le colonel Axtell, les excitaient à cette atroce irrévérence. Le roi vit dans la robe rouge du lord président un mauvais augure. Il pressentit la hache. Néanmoins, égal et même supérieur à ce grand moment, indomptable dans son agitation, il témoigna l'intention de dire quelques mots. Le lord président lui promit qu'il aurait la parole après la sentence de la cour, à la barre de laquelle il était, de l'aveu du peuple d'Angleterre. « Non, s'écria une voix de femme, vous n'avez pas le peuple avec vous, pas le dixième du peuple. » Cette même voix avait déjà répondu, à l'appel du nom de Fairfax dans une autre séance : « Il n'y est pas, il a trop de bon sens pour être ici. » Et maintenant elle défiait Bradshaw et lui répliquait audacieusement : « Vous invoquez le peuple ! Où est le peuple ? Où est son consentement ? Olivier Cromwell est un traître. » Alors Axtell cria : « A bas les ..... On va faire feu sur elles. » Cette femme intrépide qui protestait ainsi tout haut était lady Fairfax. Elle était près de mistriss Nelson et d'autres dames qui partageaient sa passion généreuse, et que les officiers ne réduisirent pas sans peine.

Ce tumulte apaisé, le roi insista vivement pour qu'il lui fût accordé une entrevue avec une commission des deux chambres. Il avait à proposer, affirmait-il, quelque chose qui rétablirait l'ordre dans le royaume. Le colonel Downs, l'un des juges, déclara que, si l'on refusait la demande du roi, sa religion ne serait pas éclairée. Sur cette réclamation appuyée d'un accent très-pathétique, la cour se retira dans la salle des Tutelles, où elle décida que la demande du roi était inadmissible. Elle rentra dans la salle de Westminster, et le roi, qui avait passé en prières, dans sa chambre, avec l'évêque Juxon, cette heure terrible de délibération, fut ramené. Le lord président lui annonça que sa requête avait été rejetée, et il ordonna au clerc de proclamer la sentence. Le clerc obéit et lut : « Attendu que les communes d'Angleterre réunies en parlement ont nommé cette haute cour de justice pour faire le procès à Charles Stuart, roi d'Angleterre, qui a comparu trois fois ; attendu l'acte d'accusation et à cause de tous les crimes énumérés dans cet acte; à cause des immolations, rapines, incendies, désolations, dommages de toutes sortes occasionnés par la guerre civile dont Charles Stuart est le fauteur, la cour prononce que ledit Charles Stuart, en qualité de traître, de meurtrier, de tyran, d'ennemi public, subira la décapitation. »

Après cette sentence, dont je viens de donner l'extrait officiel, le lord président dit : « La cour a été unanime. » Et tous les juges, en signe d'approbation, se levèrent comme un seul homme. Le roi, très-ferme dans cette extrémité, s'adressant à Bradshaw, dit : « Voulez-vous que j'ajoute une parole, monsieur ? — Monsieur, reprit Bradshaw, vous ne pouvez parler après la sentence. — Avec votre permission, repartit Charles Ier, j'ai le droit de parler même après la sentence; avec votre permission, je vous dis que... Comment, on défend au roi de parler! Pensez quelle justice doivent espérer les autres! » (*Procès de Charles Ier*, avec les additions de Nalson.)

Le roi fut alors arraché de la barre où il était et placé dans sa chaise. Axtell battit les porteurs trop respectueux et les contraignit ainsi à se couvrir devant le prisonnier. Il exaspéra les soldats, qui poussèrent de nouveau ces cris féroces : *Exécution! exécution!* « Pauvres gens, soupira le roi, pour quelque monnaie ils en crieraient autant contre leurs chefs. » La chaise funèbre suivit les rues à travers une foule irritée, par groupes comme la soldatesque, mais d'où tomba aussi plus d'une larme, et d'où monta plus d'une prière pour le roi. Ce prince ne fut pas reconduit cette fois chez sir Robert Cotton; il fut reconduit à White-Hall dans sa chambre à coucher, toute pleine des souvenirs de sa femme et de ses enfants. Il réprima toute colère. Il ne maudit ni Cromwell, ni les généraux, ni les colonels de l'armée, ni même sir Henry Mildmay, ni lord Mounson, ni John Danvers, ni Cornelius Holland, qui avaient été ses serviteurs avant d'être ses juges. Il les amnistia tous, tant le chrétien dans cette station à White-Hall dominait l'homme et le roi! Cette douceur d'âme ne l'abandonna point à Saint-James, où il fut transféré après deux heures de repos à White-Hall. Saint-James ne fut plus pour lui qu'un oratoire. Il y reçut du prince de Galles une lettre datée de la Haye. Il répondit de vive voix et confidentiellement au messager, M. Seymour, et interdit sa porte, soit aux seigneurs, soit aux pasteurs qui pourraient se présenter. Le prince électeur, neveu du roi, le duc de Richmond, le marquis de Hertford et plusieurs autres vinrent en effet. M. Herbert leur exprima l'intention du roi ; il l'exprima également aux ministres de l'Évangile, MM. Caryll, Vines, Calamy, Goodwin et leurs confrères. Le roi les remerciait tous de leur sentiment pour lui, mais il désirait passer les dernières heures ici-bas avec son pieux directeur, l'évêque Juxon ; il ne réservait quelques minutes de ces heures que pour la princesse Élisabeth et le duc de Glocester, les seuls de ses enfants qui fussent à Londres. Le 28 janvier s'écoula en un dialogue religieux du roi et de l'évêque, dialogue profond, mêlé d'élans humains et de textes évangéliques.

Le 29, les commissaires du supplice, Hardress Waller, Harrison, Deane et Okey, firent un rapport à la haute cour dans la chambre peinte. Sur ce rapport, l'exécution de Charles Ier fut fixée au lendemain 30 janvier. Un warrant pour la mort fut signé par soixante et un juges. Ce warrant était adressé au colonel Hacker, au colonel Huncks et au lieutenant-colonel Phayre. Cromwell fut d'une activité fiévreuse. Il intimidait les lâches et il enflammait les tièdes. Il entre-croisait de bouffonneries ces moments tragiques. Rien n'est plus pathétiquement curieux que le spécimen du warrant publié par la Société des antiquaires de Londres. L'érudition peut être plus saisissante que toute fiction, et ce document le prouve assez. Là, plusieurs noms sont écrits très-nettement : ce sont les noms des fanatiques et des braves. Beaucoup de noms, ceux des pusillanimes, sont presque illisibles ; leur main a hésité. Cromwell, en signant, noircit d'encre la figure de Henry Martyn, qui se vengea par la même plaisanterie. Le lieutenant général déterminait aussi les vacillants. Le colonel Ingoldsby, son parent, qui n'avait pas assisté aux séances de la haute cour, bien qu'il en fît partie, ayant pénétré fortuitement dans la chambre peinte, le 29, alors qu'on signait le warrant, Cromwell dit qu'Ingoldsby signerait avec eux ; et, malgré la résistance du colonel, le lieutenant général, aidé de quelques amis, fit asseoir Ingoldsby par manière de jeu, lui tint la plume dans les doigts et le força, sous sa pression, à signer réellement, feignant de rire et de badiner au milieu de cette violence terrible.

Le même jour, et pendant ces stratagèmes, le roi recevait à Saint-James la princesse Élisabeth et le duc de Glocester, ses plus jeunes enfants. Sa femme, ses deux fils aînés, Charles et Jacques, la princesse Henriette-Marie, unie au prince d'Orange, et la princesse Henriette-Anne étaient au delà des mers, à la portée seulement de son cœur : il n'y avait à la portée de ses bras que la petite princesse Élisabeth et le petit prince de Glocester. Il les y pressa et leur distribua des diamants qu'il avait envoyé chercher, la veille, chez une dame par son fidèle sir Thomas Herbert. Cette dame, mistriss Weeler, à la vue d'une bague du roi, remit à Herbert un coffret scellé du sceau des Stuarts. C'est dans cette boîte qu'étaient renfermés les diamants de Charles Ier, pour la plupart des Saint-George et des jarretières brisées. Le roi les avait montrés, le matin du 29, à M. Herbert et à l'évêque Juxon en rompant un triple cachet. « Voilà, leur avait dit Sa Majesté, le peu que le sort me laisse à transmettre. » Après avoir livré cette pauvre succession à ses enfants, il prit sur ses genoux la princesse Élisabeth et lui dit : « Ne t'afflige pas trop, ma fille, à cause de ma mort ; car cette mort est glorieuse. Je la subis pour avoir fait mon devoir de roi. Lis les sermons de l'évêque Andrews, la politique ecclésiastique de Hooker et le livre de Laud sur le jésuite Fisher, afin de t'affermir contre le papisme. Dis à tous les nôtres qu'ils doivent pardonner à mes ennemis comme je leur ai pardonné moi-même. Dis particulièrement à ta mère que mes pensées ont toujours été avec elle, et que mon amour sera le même jusqu'à mon dernier souffle. » Prenant ensuite le petit duc aussi sur ses genoux, Charles Ier lui dit : « Mon fils, ceux qui auront coupé la tête à ton père voudront peut-être te sacrer roi ; mais n'accepte pas la couronne, tes frères Charles et Jacques, tes aînés, seront en vie. Je t'ordonne de ne jamais te laisser faire roi par l'armée. — Plutôt me laisser mettre en pièces, » répondit le petit prince tout ému.

Le roi fut charmé de cette réponse. Il retint longtemps encore ses enfants serrés contre sa poitrine, leur prodiguant les
caresses, suppliant Dieu de les bénir comme il les bénissait,
songeant sans doute à leur mère, attendri par elle absente autant que par eux présents, n'oubliant pas non plus ses autres
enfants, évoquant toute sa famille, l'enveloppant dans une intime affection de mari et de père ! Enfin, le roi s'arracha à la
princesse Élisabeth et au petit prince de Glocester. Il les congédia dans les larmes et dans les baisers. Resté seul avec l'é-
vêque Juxon et avec M. Herbert, il se précipita à genoux,
pleura et pria dans le sein de Dieu, le seul consolateur, quand
il n'y a plus de consolation.

Ce jour-là (29), Juxon prêcha le roi et lui administra la communion. L'évêque se retira fort tard, et le roi continua ses orai-
sons, après avoir recommandé au prélat de revenir le plus tôt
possible, le lendemain. Sir Thomas Herbert coucha cette dernière nuit qui précéda le dernier jour, sur un matelas, près du
lit de Charles Ier. La lampe accoutumée brûlait dans la
chambre. Il était quatre heures du matin quand le roi se réveilla et réveilla M. Herbert. Il n'entendit pas, comme l'ont
faussement assuré Clément Walker et Hume, le bruit des ouvriers qui dressaient l'échafaud funèbre. Non ; car l'échafaud
s'élevait à White-Hall, et le roi était à Saint-James. Il eut bien
assez des détresses réelles, sans en ajouter d'imaginaires. Sur les
quatre heures du matin donc, le roi tira ses rideaux et, en robe
de chambre, pria une heure près du feu, avant de convier sir
Thomas Herbert à l'habiller. Vers les cinq heures, il lui dit :
« Je veux être paré aujourd'hui comme un marié ; peignez-moi
et accommodez-moi avec plus de soin qu'à l'ordinaire. » Il
choisit lui-même ses habits et dit : « Herbert, il me faudrait
une seconde chemise ; car dans une telle saison, je pourrais
trembler de froid, et les spectateurs abusés croiraient que c'est
de peur. »

Juxon arriva bientôt. Le roi l'accueillit avec joie. Il remit à
sir Thomas Herbert une Bible pour le prince de Galles. « Je
souhaite, dit Sa Majesté, que mon fils soit toujours respectueux et tendre pour sa mère, affectionné pour ses frères et

ses sœurs, et je souhaite de plus que tous lui obéissent comme à leur roi. Ce que je souhaite beaucoup aussi, c'est que Charles lise souvent cette Bible que j'ai tant lue moi-même. » Le roi remit encore à M. Herbert, pour le duc d'York, son cadran solaire d'argent en forme d'anneau, pour la princesse Élisabeth, pour le duc de Glocester et pour le comte de Lindsey différents livres qui avaient appartenu à Sa Majesté, enfin sa montre d'or pour la duchesse de Richmond.

L'évêque lut ensuite le vingt-septième chapitre de l'Évangile de saint Matthieu, où il est dit : « Ils l'ont maltraité par haine, et ils ont crucifié leur roi. » Charles supposa que le prélat avait choisi ce chapitre pour lui en faire l'application; mais lorsqu'il sut que c'était l'évangile du jour, il se découvrit en disant : « Je rends grâces à Dieu de ce que cela se rencontre ainsi. »

Il se détacha dans une longue méditation de toutes les séductions de ce monde, et, sortant de cette préoccupation religieuse, il dit d'un ton qui n'aurait pas déplu à Buckingham et qui révélait le cavalier sous le saint : « Maintenant, que les coquins viennent (*Mém. de Warwick*, p. 294); je suis indulgent même pour eux et résigné. » A cet instant, le colonel Hacker entra et dit au roi, avec émotion, que c'était l'heure d'aller à White-Hall. « Bien, monsieur, répondit froidement le prince, je vais vous rejoindre. » Hacker sortit, et Charles, étreignant la main de Juxon, dit : « Partons! » Il ordonna à M. Herbert de décrocher sa montre d'argent, et il s'achemina vers White-Hall par les jardins. Il s'enquit en route de l'heure auprès de M. Herbert, qui consulta la montre d'argent : elle marquait dix heures et quelques minutes. Le roi demanda la montre, et, l'ayant consultée à son tour, il la rendit à son bon serviteur en disant : « Gardez-la en mémoire de moi, Herbert. »

Cromwell, le même matin, était dans la chambre que Harrison occupait à White-Hall; Hacker, Huncks et Phagre, Axtell, Ireton et Harrison y étaient aussi. Le lieutenant général voulut obliger Huncks à écrire et à signer l'ordre au bourreau. Huncks refusa obstinément, et Cromwell, dans une impatience fébrile, rédigea lui-même l'ordre qu'il fit signer au colonel Hacker.

Ce n'est qu'après cette scène que Hacker avait rangé les troupes en haie, du parc de White-Hall aux jardins de Saint-James, où passa le roi. Hacker marchait en avant, derrière une compagnie de hallebardiers. Le roi venait à peu de distance de Hacker, et avait à sa droite l'évêque Juxon, à sa gauche le colonel Thomlinson, qui lui adoucit la prison et auquel il donna son étui d'or à cure-dents. M. Herbert suivait le roi et était suivi d'une seconde compagnie de hallebardiers.

Ce fut ainsi que le roi gagna l'escalier de White-Hall et sa chambre à coucher. Il s'y assit dans un recueillement de plus en plus religieux. Vers midi, Juxon l'engagea très-affectueusement à ne pas aborder l'échafaud sans s'être fortifié d'un peu de nourriture. Le roi, qui avait d'abord refusé, céda ; il mangea un peu de pain et but un verre de vin que lui apporta M. Herbert, auquel le roi dit qu'il mettrait son bonnet de nuit de soie pour le supplice. M. Herbert l'alla chercher et le confia à l'évêque. Le colonel Hacker ne tarda pas. A ce dernier signal, le confesseur et le serviteur tombèrent à genoux en gémissant. Le roi leur tendit sa main à baiser, releva le prélat en cheveux blancs et s'avança sur les traces du colonel Hacker, le long de la galerie et de la salle des banquets, entre deux files de soldats parmi lesquels, ce jour-là, il n'y eut pas un insulteur. L'une des fenêtres de cette salle des festins avait été refaite de plain-pied avec l'échafaud adossé contre la muraille de White-Hall. Le roi alla donc droit à cet échafaud par la fenêtre de la salle des banquets. Plusieurs régiments d'infanterie et de cavalerie séparaient du peuple Charles Ier, et ce ne fut qu'aux officiers de son escorte, surtout à l'évêque *Juxon* et au colonel Thomlinson, les plus proches de lui, qu'il adressa son discours.

« Messieurs, je ne puis être entendu que de vous, et néanmoins je parlerai afin de confesser mon innocence et de me faire connaître à tous pour un honnête homme, un bon roi et un bon chrétien.

« Et d'abord ce n'est pas moi qui ai pris l'initiative de la guerre avec les deux chambres. Le parlement m'a enlevé la milice qui m'appartenait. Tout le mal est venu de là. Cependant, quoique irréprochable dans la guerre dont je ne suis point l'auteur, comme on l'a dit, Dieu me punit justement à cause d'une sentence inique à laquelle j'ai adhéré autrefois (la sentence du comte de Strafford).

« Je vous ai affirmé mon innocence d'homme. Faut-il vous prouver que je suis un bon chrétien? j'ai pardonné à tous mes ennemis. Faut-il vous prouver aussi que je suis un bon roi? je meurs martyr du peuple dont j'ai voulu non la participation au gouvernement, mais la liberté sage. Un peu plus de temps me serait nécessaire pour manifester ma conscience. Vous m'excuserez, messieurs; je finis en priant Dieu pour l'Église, pour le royaume et pour vous. »

L'évêque *Juxon* reprit alors et dit au roi : « Sire, bien que vos sentiments soient connus, il serait désirable que Votre Majesté dît quelque chose de sa foi, pour l'édification du monde. — Je vous remercie, milord, repartit le roi, de n'avoir pas oublié ce que j'oubliais. Je déclare devant vous tous que j'ai vécu et que j'expirerai en chrétien, selon les croyances et la liturgie de la communion anglicane. » Quelqu'un s'étant approché de la hache, le roi dit : « Prenez garde à la hache, ne gâtez pas la hache : elle serait moins tranchante et me ferait plus de mal, » songeant peut-être confusément à Marie Stuart, son aïeule, que le bourreau n'avait pu décapiter d'un seul coup. Charles Ier dit ensuite à l'exécuteur : « Je ferai une courte prière, et quand j'étendrai les mains... mais pas avant. » Il se coiffa de son bonnet de soie que lui présenta Juxon, et il permit à l'exécuteur de relever sous ce bonnet ses cheveux parfumés par Herbert. Il dit à l'évêque de Londres : « J'ai pour moi une bonne cause et un Dieu clément. — Oui, dit Juxon, vous n'avez plus qu'un degré à franchir, un degré douloureux, mais sublime, qui vous soulève au ciel. — Je vais échanger, dit le roi, une couronne corruptible contre une couronne incorruptible. » Il ôta son manteau et son Saint-Georges gravé sur un onyx et brillant sur chacune des deux faces de vingt et un diamants. Ce Saint-Georges que le prélat devait transférer au prince de Galles en lui recommandant de pardonner, à l'exemple de son père, le roi le portait toujours. Il le remit à l'évêque et lui dit : « Souvenez-vous, *Remember*, » faisant allusion à la mission du prélat

15

auprès de son fils. « Le billot est-il ferme? dit encore le roi à l'exécuteur. — Oui, sire. — Quand j'étendrai les mains, reprit de nouveau le roi, alors... » Charles, se jetant à genoux, plaça sa tête sur le billot. Tandis que dans cette posture il priait, le bourreau lui ayant touché les cheveux pour les mieux disposer sous le bonnet, le roi lui dit vivement : « Attends le signal. — Je l'attendrai, sire, dit l'exécuteur. » Il ne l'attendit pas longtemps. Le roi étendit les mains, et le bourreau de White-Hall, plus adroit que celui de Fotheringay, abattit d'un seul coup la tête de Charles Ier. A côté du bourreau, l'exécuteur masqué, il y avait un autre homme masqué. Cet autre homme mystérieux saisit par les cheveux la tête du roi, et, la montrant au peuple, il s'écria : « C'est la tête d'un traître! » Le peuple frémit à cette exclamation comme il avait frissonné au coup de hache, et il se dispersa entre les évolutions de deux compagnies de cavalerie dont l'une balayait la foule de King's-Street vers Charing-Cross, et l'autre de Charing-Cross vers King's-Street.

Les groupes s'entretenaient de ces deux hommes masqués. Les uns prétendaient que ces hommes étaient Hugh Peters et Joyce; d'autres que c'étaient le major Rolfe et un fermier des environs de Huntingdon, un voisin de Cromwell. Ce qu'il y a de plus probable est ce qu'il y a de plus simple, et c'est ce dont on s'est le moins avisé. L'exécuteur le plus vraisemblable de Charles Ier fut, je crois, Richard Brandon, le bourreau ordinaire, qui habitait la petite rue du Romarin dans la Cité. Il avait pour aide un marchand fripier, son ami, et il mourut cinq mois après le roi, vers le 20 juin 1649. « Pourquoi alors, dit-on, se masqua-t-il, puisqu'il était le bourreau? » Sans doute pour se mettre à l'abri des vengeances que pouvait lui susciter la qualité de sa victime. Et cette supposition même, je le reconnais, ne saurait être imposée. Je l'adopte en convenant qu'elle est une conjecture sans certitude absolue, mais en ajoutant qu'elle est la plus raisonnable de toutes.

L'évêque de Londres, Juxon, qui avait si courageusement assisté le roi dans les heures suprêmes, et sir Thomas Herbert, qui ne l'avait pas quitté un instant depuis le château de

Holmsby, ces deux compagnons, ces deux anges des agonies de Charles Iᵉʳ, ensevelirent dans une bière recouverte de velours noir le corps et la tête du tragique prince. « Ils le firent transférer dans les petits appartements pour l'embaumer. En passant dans la grande galerie, ils rencontrèrent par hasard le général Fairfax, qui demanda à M. Herbert comment se portait le roi. M. Herbert trouva bien étrange cette question qui semblait prouver que le général ignorait ce qui venait d'arriver. Il avait, toute cette matinée, ainsi qu'il le faisait souvent, employé son pouvoir et son influence à obtenir que l'exécution fût différée de quelques jours... très-résolu à se servir de son propre régiment pour empêcher la mort du roi, ou au moins pour la retarder jusqu'à ce qu'il eût organisé dans les troupes un parti prêt à seconder ses projets. Mais le 30 janvier, le général était en prière ou en conversation avec des officiers de l'armée, chez le colonel Harrison, qui avait une chambre à l'extrémité de cette galerie dont la vue donnait sur le jardin réservé. M. Herbert ayant satisfait à la question du général, celui-ci montra la plus grande surprise.

« L'évêque Juxon et M. Herbert, en continuant d'avancer dans la galerie, trouvèrent un autre officier général, Cromwell; il savait, lui, ce qui s'était accompli, car il leur dit qu'ils recevraient bientôt des ordres pour que les funérailles du roi fussent faites promptement. »

Charles Iᵉʳ, embaumé avec soin et placé dans un cercueil de plomb, fut reporté à Saint-James. M. Herbert, qui n'avait jamais entendu le roi exprimer un vœu sur le lieu de son enterrement, pensa de lui-même à la chapelle de Henri VII, située sous les voûtes orientales de Westminster. Cette chapelle, où reposent le roi Jacques Iᵉʳ et Marie Stuart, le père et la grand'mère de Charles Iᵉʳ, fut interdite à sir Thomas Herbert, à cause du danger d'un concours de curieux et de partisans vers une telle abbaye. On craignit que la douleur ne devînt séditieuse. M. Herbert alors sollicita et obtint du parlement l'autorisation d'inhumer Charles Iᵉʳ à Windsor, dans la chapelle de Saint-Georges. Le 7 février 1649, la bière fut transportée de Saint-James sur un char de velours noir traîné par six chevaux drapés aussi de noir. Quatre voitures suivaient avec douze personnes en deuil. Le duc de Richmond, le marquis de Hertford, le comte de Southampton, le comte de Lindsey et l'évêque de Londres se rendirent, en outre, chacun de son côté, à Windsor. Réunis dans la chapelle de Saint-Georges, ils décidèrent que le roi serait déposé au fond du caveau de Henri VIII et de Jeanne Seymour, vers le milieu du chœur. Cette lugubre cérémonie fut profanée par l'intervention du gouverneur de Windsor, le colonel Whitchcott. Il contrista tous les amis du roi, et il contrista encore les amis de la liberté de conscience, en s'opposant à l'évêque Juxon, qui souhaitait de répandre sur les dépouilles mortelles de son maître les dernières prières, selon le rituel anglican. Le gouverneur invoqua, pour se justifier de cette rigueur, la liturgie décrétée par le parlement. Excuse banale qui cachait une servilité, et que les hommes officiels de tous les temps peuvent admettre, mais que flétrit la postérité.

La tendre imagination de sir Thomas Herbert, le Clery de Charles Ier, a fait luire du moins un rayon merveilleux sur ce sépulcre, d'où le colonel Whitchcott avait écarté les formules d'adoration chères au roi décapité. D'abord, le cercueil avait été déposé dans la chambre à coucher du roi, puis dans la salle Saint-Georges. Lorsqu'on l'accompagna au caveau de la chapelle, le ciel, jusque-là très-bleu, s'obscurcit soudain et neigea sur le velours de la bière, de sorte qu'avant d'atteindre son abri gothique, cette bière, de noire qu'elle était, fut d'une blancheur de lis. Herbert vit dans ce trouble de la nature un miracle de Dieu, et dans cette transformation du cercueil un symbole de l'innocence du roi. C'est ainsi, dit-il avec la plus saisissante des poésies, la poésie du cœur, que Charles Ier arriva tout blanc à son tombeau!

C'est à ce moment de pitié, de stupéfaction et d'horreur qu'apparut *l'Eikôn Basilikè*, le livre que le monde crut du roi. Ce fut une explosion de regret, de désolation, de désespoir. Le roi sortit de cette explosion avec l'auréole du martyre. On l'invoqua, on l'intercéda comme un saint. Ce livre fut un miracle. Il ne renversa pas la Révolution, mais il sema d'avance la Restauration. Il était court, assez étendu cependant pour varier l'émotion en la creusant. Il se compose, en effet, de vingt-huit chapitres. Deux seulement sont entièrement l'un de réflexions, l'autre de prières : les vingt-six autres ont chacun une partie philosophique et une partie lyrique, une méditation et un psaume, non de David, mais de Charles.

Écoutons :

« ... Dieu a imprimé sur les rois un tel caractère d'autorité céleste et de puissance sacrée, que personne ne peut sans péché chercher à l'effacer. La noirceur du voile dont ils me couvrent ne saurait amortir l'éclat de ma face, tant que Dieu me donnera un cœur capable de converser fréquemment et humblement avec lui, de qui seul partent réellement les rayons de la gloire et de la majesté.

« Tu connais, ô Seigneur, les reproches et l'opprobre dont on m'accable; mes adversaires sont tous devant toi !

« Mon âme est au milieu des lions, parmi ceux qui s'appliquent à souffler l'incendie, parmi les fils des hommes, parmi ceux dont les dents sont des lances et des flèches et la langue une épée acérée.

« Mes ennemis m'accusent tout le long du jour, et ceux qui sont furieux contre moi se sont liés ensemble par des serments.

« O mon Dieu ! combien de temps encore convertiront-ils mon honneur en honte? Combien de temps chériront-ils le mensonge?

« Fais que ma droiture paraisse comme la lumière, et que mon intégrité brille comme le soleil à l'heure de midi !... » (*Eikôn Basilikè*, ch. xv, p. 291-292.)

Écoutons encore quelque chose du dernier chapitre (*Novissima Verba*), un peu avant la translation du roi au château de Hurst, cette étape décisive vers l'échafaud :

« ... J'ai le temps qu'il me faut et plus de motifs qu'il n'en faut pour méditer sur la mort et m'y préparer, car, je ne l'ignore pas, la prison des princes touche à leur tombeau.

« Grâce à Dieu, ma prospérité ne m'a pas laissé totalement étranger aux pensées de la mort. Elles ne sont jamais hors de saison, puisque le moment de la mort est toujours incertain; éclipse qui peut survenir dans un jour serein, non moins que dans un jour ténébreux.

« ... Mes ennemis ont employé tous les poisons de la perfidie et toutes les violences de la guerre pour anéantir d'abord l'amour et la loyauté de mes sujets, et pour m'ôter toutes les joies de la vie, fondées sur ces sentiments.

« Ils ne m'ont laissé que bien peu de vie, et seulement, pour ainsi dire, cette enveloppe, cette écorce qu'un dernier acte de leur haine et de leur cruauté peut aussi m'enlever, après qu'ils m'ont privé de toutes ces consolations terrestres qui rendent la vie désirable aux hommes.

« Que comme homme je doive mourir, cela est certain; que comme roi je doive mourir de la main de mes propres sujets, de mort prompte, violente, barbare, au milieu de mes royaumes, de mes amis, de mes partisans, spectateurs impuissants de ma mort par mes ennemis triomphants, prodigues d'insolents outrages envers moi vivant, mourant et mort, cela est si probable, selon toutes les lois de la raison humaine, que Dieu m'enseigne à ne pas attendre autre chose de la férocité des hommes... Je souhaite humblement dépendre de lui, et me trouver soumis à sa volonté soit dans la vie, soit dans la mort, de quelque manière qu'il lui plaise de disposer de moi.

« J'avoue qu'il ne m'est pas facile de surmonter ces nombreuses terreurs de la mort, à qui Dieu permet de m'assiéger; elles sont également horribles, que je me la représente sous l'image inopinée d'un atroce assassinat, ou que je me l'imagine à travers ces formalités que mes ennemis, solennellement cruels, se proposent peut-être de m'infliger, comme les crucificateurs du Christ, qui ajoutèrent aux raffinements de leur haine les apparences dérisoires de la justice. Il sera nécessaire à leur politique de me faire périr avec plus de pompe et d'artifice, afin que j'inspire moins de pitié et que ma mort paraisse comme un acte d'équité exercé par des sujets sur leur souverain. Ils savent bien cependant qu'aucune loi de Dieu ni des hommes ne leur confère le droit de juger sans moi, encore moins contre moi !

« Dieu ne souffrira pas que ces rebelles triomphent longtemps dans la construction de cette Babel qu'ils bâtissent avec les os et qu'ils cimentent avec le sang de leur roi.

« La volonté de Dieu a borné et déterminé la mienne. J'aurai la joie de mourir sans que le désir de la vengeance élève aucune joie en mon âme. C'est là ce qui convient à un chrétien envers ses ennemis, à un roi envers ses sujets.

« Lorsqu'une fois ils m'auront jeté à la mer, tout ce que je demande, c'est que le vaisseau arrive sain et sauf au rivage. Il est cependant étrange que, pour apaiser la tempête qu'euxmêmes ont déchaînée, les matelots n'essayent rien de meilleur que de noyer leur pilote.

« O Dieu ! c'est toi, dont la justice nous inflige la mort et dont la miséricorde nous en sauve, ou nous sauve dans la mort !

« Si tu veux être avec moi, Seigneur, je ne craindrai ni ne sentirai aucun mal, même dans mon passage à travers la sombre vallée de la mort.

« Lorsque je meurs, je sais que toi, mon Rédempteur, tu vis à jamais ; bien que tu me donnes la mort, tu m'as encouragé à espérer en toi une vie éternelle.

« Tu m'as permis, comme homme, de te prier que ce calice s'éloignât de moi, mais tu m'as enseigné, comme chrétien, par l'exemple du Christ, cette conclusion : Que ta volonté soit faite, et non pas la mienne.

« Oh ! que la voix de ton sang se fasse entendre, en faveur de mes meurtriers, plus haut que la voix du mien contre eux !

« Seigneur, laisse aller en paix ton serviteur, car mes yeux ont vu ton salut ! » (*Eïkôn Basilikè*, ch. xxviii, p. 431 et suiv.)

L'*Eïkôn Basilikè* ne fut pas un livre, mais un cri du roimartyr. Ce qui donna tant de puissance à ce cri et en quelque sorte une puissance surnaturelle, c'est qu'il sortit du sépulcre quelques jours après que Charles Ier y fut entré.

Le roi, du fond de sa tombe, pardonnait à ses ennemis, amnistiait son peuple, bénissait ses enfants et leur prescrivait l'oubli de toute injure. Il restait fidèle à son dogme du *droit divin* des rois avec une dignité princière, avec l'accent intérieur d'un monarque. Il s'accusait douloureusement de la mort du comte de Strafford, un grand ministre et un ami qu'il avait sacrifié. Il confessait les prérogatives des évêques et mêlait les repentirs touchants au sentiment de tant de principes violés, de tant d'espérances déçues, de tant de bonnes intentions déjouées. Une mansuétude pénétrante répandait son onction sur toute l'œuvre, qui en exhalant la clémence éveillait la pitié et l'attendrissement dans tous les cœurs.

L'Angleterre, l'Europe entière y furent trompées. L'*Eikôn Basilikè* fut attribué à Charles Ier. On y reconnut plus que son style, on y célébra son âme. On y admira sa double personnalité empreinte à chaque page, sa personnalité royale et sa personnalité religieuse. C'était bien lui. Ce majestueux Stuart était un roi et un anglican. Il disait : « C'est de Dieu que je tiens ma couronne. » Il disait encore, en s'adressant au prince de Galles : « La profession de foi de l'Église d'Angleterre, dans laquelle vous avez été élevé, m'a toujours paru la meilleure de toutes. C'est dans cette religion que je vous enjoins de persévérer, comme en celle qui approche le plus, pour la doctrine, de la parole de Dieu, et, pour le gouvernement, du modèle primitif. » Voilà ce que disait Charles Ier dans l'*Eikôn Basilikè*. Dans sa controverse avec le docteur Henderson, il avait dit déjà : « Ce qui m'inspire le plus de respect pour la réforme de l'Église d'Angleterre, c'est qu'elle a été opérée, non par la multitude, mais par l'autorité monarchique. »

N'est-ce pas tout Charles Ier? Un roi et un anglican. Ces deux traces étaient marquées en lettres d'or et de feu dans l'*Eikôn Basilikè*. Aussi ce livre, que les envieux ont contesté à Gauden et que j'espère lui avoir restitué, est-il un livre de génie. C'est le plus prodigieux des pamphlets, le pamphlet non de la haine, mais de l'amour, — le pamphlet du cœur. Par là, Gauden fut un Monk moral et religieux de la Restauration, et son talent fut plus utile à la dynastie des Stuarts que tous les mensonges du machiavélique général qui ramena Charles II. L'*Eikôn Basilikè*, je ne le redirai jamais assez, fut le livre le plus pathétique de la vieille Angleterre. On le lisait, et on pleurait, on sanglotait. Ce livre, par l'émotion immense, était le plus dangereux des conspirateurs. Les cavaliers étaient heureux de ce réveil de la sensibilité publique, les patriotes en furent un instant consternés.

Cromwell, qui, pendant le procès et l'exécution du roi, avait été dans un état violent et qui avait affecté tantôt la modération, tantôt le respect, tantôt les larmes, n'avait pas cessé une minute d'être implacable. Il put aller à Windsor se faire ouvrir, sous les auspices de Whitchcott, le cercueil; il put considérer le cadavre, s'assurer même que la tête et le corps ne faisaient plus un; c'était bien là son ouvrage! Ce prince, qu'il aspirait à remplacer, était moins la victime de tous que sa propre victime. Malgré ses compassions menteuses, c'était lui, Cromwell, plus que les autres ensemble, qui avait tué Charles Ier. Il s'était moqué des épiscopaux, il avait désarmé les presbytériens, il s'était servi de l'armée. Les temps l'avaient enivré, et il enivra de textes bibliques, de promesses mondaines Harrison, Whalley, Hammond, Pride, Ewers; il fascina par l'amitié Ireton et Flectwood; il tenta par la république Ludlow et Hutchinson, qui conservèrent toujours une méfiance néanmoins et qui cédèrent principalement à leur conviction. Par-dessus tout, Cromwell avait flatté, enveloppé, trompé Fairfax. Le pauvre général ne s'était dégagé qu'au dernier moment. A ce moment décisif, Cromwell, ne pouvant l'entraîner au régicide, le lui déguisa, le lui déroba, jusqu'à ce que l'attentat fût consommé, de telle sorte que, si Fairfax s'en abstint, il ne l'empêcha pas du moins. Cet illustre général en chef, qui abhorrait la hache et qui tenait mieux une épée qu'une plume, accuse ses détresses dans des Mémoires d'une faible éloquence, mais d'un accent honnête et d'un regret profond.

« Le cornette Joyce, un archiagitateur, dit-il, enleva le roi de Holmsby. Les funestes conséquences de cet événement remplissent mon cœur d'un souvenir douloureux, de même qu'alors le désir d'y mettre obstacle me remplit de soucis.

« Tout allant de pis en pis, le roi essaya de s'échapper; il y parvint ; mais ce fut pour passer d'une prison plus vaste, à Hampton-Court, dans une plus étroite, à l'île de Wight.

« Le procès commença bientôt après.

« Pour préparer une pareille œuvre, le conseil des agitateurs pensa qu'il fallait d'abord expulser du parlement tous ceux dont ils avaient à craindre l'opposition. Ils conduisirent cette entreprise avec un tel secret que je n'en eus pas la moindre connaissance... L'affliction, le trouble d'esprit que m'a causé ce procès du roi, les efforts que j'ai faits pour m'y opposer, suffiront, je l'espère, pour attester l'aversion et l'horreur que j'en ai ressenties. Que ne feront-ils pas aux broussailles, quand ils ont abattu le cèdre ? »

Fairfax ne dit pas comme sa femme : « Cromwell est un scélérat ; » mais il le pensait. Ce Cromwell lui avait enlevé la direction de l'armée. Par Cromwell, l'armée était une terreur, un parlement, un gouvernement, et Cromwell était tout aussi par l'armée. Tandis que Fairfax avait dans sa main le bâton du commandement, Cromwell en avait le génie sous son front. C'était l'armée de Cromwell. Levée par les chambres, payée par elles, cette armée était un ordre, le seul ordre de l'État. Elle insinuait ou elle imposait les déterminations de Cromwell, et la volonté de cet homme extraordinaire devenait loi. Cromwell était le dictateur militaire de la révolution, bien avant d'être le lord protecteur de l'Angleterre.

Charles Ier lui avait fait la partie belle, en abusant des restrictions mentales. Cromwell, de son côté, avait triché avec Dieu, avec le peuple, avec l'armée, avec le roi. Il avait combattu aussi glorieusement, et il avait vaincu.

Le roi avait multiplié les fautes. Comment ne pas les rappeler ? Et cependant c'est une tâche pénible, poignante même, de juger ceux qui ont tant souffert. Ce n'est qu'à ce prix néanmoins que l'histoire est sérieuse. Je songeais à Charles Ier lorsque, dans mon *Voyage en Danemark*, j'écrivais : « L'histoire embrasse la nature humaine. Elle est mêlée de crime et de vertu, de poésie, de philosophie, de politique et même de prophétie. Son âme, si on sait l'éveiller, est vibrante. Elle communique la vie à la mort ; elle ressuscite. L'histoire fait pleurer et penser,

en déroulant le terrible combat de la sensibilité palpitante et
du principe inflexible. Elle est le poëme de la vérité, le plus
intéressant de tous les poëmes. »

La révolution était légitime. Charles Ier, quoique protestant,
avait adopté les idolâtries, les costumes, la hiérarchie et les
momeries de Laud. Cela n'était pas le papisme, mais cela y
ressemblait. Le roi avait blessé les mœurs et violé les lois de
l'Angleterre. Il avait supprimé les parlements, usurpé le pouvoir absolu, levé des taxes arbitraires, frappé des amendes,
condamné iniquement, emprisonné, ruiné son peuple. Il avait
éveillé une défiance incurable. Il avait manqué à sa parole, à
ses serments. Comment croire en lui sans puérilité ou sans servilité ? Il ne pouvait plus proposer la sanction d'une *Pétition
des droits*, après l'avoir si odieusement déchirée. Il avait
trompé incessamment et sur tout, sur l'impôt, sur la constitution, sur la religion, sur la souveraineté. C'était la faute de sa
situation, disent ses partisans ; je dis, moi, que c'était encore
plus la faute de son âme. C'est précisément dans les situations
ambiguës que les âmes droites sont nécessaires. Au lieu de tout
aggraver et de tout perdre, souvent elles rectifient tout et sau-
vent tout. Tel n'était pas le roi. Sous l'humilité du chrétien et
sous la gravité du monarque perçait en lui l'insolence du cavalier. Scrupuleux sur l'épiscopat, qu'il regardait comme d'institution évangélique, et sur la milice, c'est-à-dire sur l'armée,
qu'il regardait comme d'institution royale, minutieux sur toutes
les choses qu'il aimait, il était coulant sur toutes celles qu'il
n'aimait pas, bien qu'il les eût garanties. Il n'était jamais sûr.
Il trahissait ses engagements à la manière des jésuites, avec
des réserves mentales. Quoique très-assidu et même très-ponc-
tuel aux exercices du culte, sa piété ne déracina jamais son
caractère punique.

Les malheurs de Charles Ier, ainsi que ceux des révolutionnaires, n'effacent pas les erreurs et les crimes. Seulement la
pitié atténue le blâme. Dieu lui-même doit éprouver cela, et
c'est ce qui transforme sa justice en miséricorde. Il ne fait
nulle acception de rang, ni de secte, ce grand Dieu, lui qui ne
voit dans l'homme que l'homme, lui qui entend le battement

des cœurs avant le mouvement des lèvres et pour qui toutes les religions n'ont qu'une réalité, la conscience. Quand donc Charles Ier, le roi anglican, l'invoqua du fond de ses angoisses, il répondit comme il avait répondu à Hampden le presbytérien, comme il répondra à Henri Vane le millénaire, à Hutchinson l'indépendant, à Algernon Sidney le théiste. Voilà quelle est l'équité de Dieu, quelle devrait être l'équité des tribunaux politiques dans les révolutions, et quelle sera du moins l'équité de l'historien. Cependant les infortunes ne seront pas des absolutions. Ces infortunes me touchent beaucoup; mais elles éveillent la commisération sans désarmer en moi l'impartialité.

Si les maux naissaient de la révolution, la liberté en naissait avec eux, et c'était le bien suprême. Charles avait provoqué et démuselé cette révolution qui gronde toujours aux profondeurs des sociétés. Il eut toujours une intrigue ouverte, soit avec l'Irlande, soit avec l'Écosse, sans être ni papiste ni presbytérien. Ce qu'il fut avec autant de zèle que de constance, — c'est anglican. Il mêlait à sa foi des exagérations inutiles qu'il imposait et ne se souciait pas de déplaire. Lui qui avait le respect de toutes les convenances et le dégoût de tous les cynismes, lui qui était fait pour les actions nobles et pour le langage pur, il choisit pour favori l'effronté Buckingham! Laud et Strafford furent ses conseillers de superstition et de tyrannie. La reine Henriette leur succéda et n'inspira pas mieux Charles Ier. Que devait-il à sa compagne? La sécurité du catholicisme pour elle et pour les serviteurs qui l'entouraient. Mais cela ne suffisait pas à cette princesse, qui était loin d'avoir, comme le prétendaient les flatteurs, l'esprit de son père Henri IV. Il ne lui fallait pas que la tolérance pour elle et les siens; il lui fallait des titres, de l'argent, des places pour les papistes. Le roi accordait sans mesure; il froissait un peuple sectaire et jaloux, afin de contenter une reine étourdie.

Toutes les complaisances de Charles Ier, tous ses entêtements et toutes ses catastrophes eurent leur source première dans une idée fausse, *le droit divin*, idée fatale, qu'il avait reçue de son père, de l'éducation, de l'orgueil dynastique, et qui le détermina plus que tout, plus que tous, à la tyrannie. En dépit donc de tous les panégyriques, de tous les portraits, je tiens Charles Ier pour coupable, — coupable d'avoir tout subordonné au *droit divin*, coupable d'avoir voulu régner sans les lois et contre les lois, coupable d'avoir gouverné sans les parlements et contre les parlements, avec ses ministres oppresseurs, Buckingham, Laud et Strafford, avec sa femme ignorante, imprudente et présomptueuse. Ce furent tant de défis à la révolution qui amenèrent la guerre civile, le supplice du roi et la république. Si Cromwell tua Charles Ier pour un intérêt autant que pour une conviction, l'halluciné Harrison, le fanatique Ludlow, l'irréprochable Hutchinson et tant d'autres condamnèrent le roi à mort pour la patrie et pour Dieu. Je les comprends, et certes je ne les aurais pas imités. Moi qui n'aurais pas voué Strafford au billot, je n'aurais pas été non plus régicide; bien que je croie, je le répète, le comte et le roi coupables. Pourquoi? me dira-t-on. Pourquoi? C'est que la vraie justice est la miséricorde, je l'ai déjà dit, — la miséricorde et non l'impunité. Il ne fallait pas, selon moi, décapiter Charles Ier, il fallait le déposer et l'exiler. Le sang déshonore la justice et souille la conscience. Les amis de la liberté doivent répandre leur sang partout et toujours; ils ne doivent verser le sang de leurs ennemis que sur les champs de bataille; ils ne doivent pas même le verser dans les prétoires. Et cette indulgence n'est pas une indulgence de notre temps, elle est de tous les temps et de tous les cœurs magnanimes, témoins Henri Vane et Algernon Sidney, qui la pratiquèrent au milieu des passions du seizième siècle!

Il y eut quatre phases dans la vie de Charles. Durant la première, monarque du *droit divin*, il eut l'arrogance aussi pédantesque et opiniâtre que stupide de se présenter lui et sa famille comme possédant le peuple anglais, par héritage, avec tous les privilèges d'un propriétaire. Cette fatuité dynastique, bien digne du roi des cavaliers, sema la révolte dans tous les cœurs fiers, et Hampden, secouant sa crinière comme un lion blessé, fit entendre le rugissement de la révolution contre un despotisme avilissant.

La seconde phase de Charles jaillit de la première. Ce fut la
guerre civile préparée par les insultes de doctrine et de conduite au sentiment national. Le roi ne grandit pas dans cet
orage. Il ne déploya ni talent supérieur ni grande initiative.
Seulement, avec la confiance d'un homme qui croit Dieu intéressé à ses propres succès, il espéra obstinément; aveugle dans
son orgueil, imprévoyant dans sa légitimité.

La troisième phase fut celle des prisons du roi. Vaincu, il se
livra aux Écossais, qui le vendirent aux Anglais. Il se retrempa
dans ses préjugés de blason et de race. Certain qu'on ne pourrait se passer de lui, plus que jamais de la religion anglicane,
surtout « en qualité de religion monarchique, » plein de rancune contre les presbytériens des deux chambres et d'illusions
envers les indépendants de l'armée, il joua sans franchise avec
les uns et avec les autres, jusqu'à ce qu'il fût abandonné de tous,
entraîné de l'île de Whigt à Westminster-Hall en face d'un tribunal terrible.

Là commença pour lui une quatrième et dernière phase, une
phase formidable couronnée par l'échafaud. Ce fut la plus glorieuse. Les préventions du roi ne furent pas alors sans grandeur, et, dans cette lutte mortelle, il manifesta un homme. Il
fut hardi, religieux, éloquent. Le sentiment de son infortune, de
sa tradition, de sa majesté, lui élargit la poitrine et lui délia la
langue. Ce prisonnier de son peuple eut avant l'échafaud comme
sous la hache un héroïsme royal. Il demeura le chapeau sur la
tête devant ses juges. Il ne les reconnut pas, sinon comme ses
sujets et les sujets éternels de sa dynastie éternelle. Il ne cisela
point de phrases; non, il n'était point un artiste littéraire, lui
qui préférait, on s'en souvient, les platitudes de lord Carleton
au noble style de lord Falkland. Il ne fit point de rhétorique à
la barre de Westminster. Il n'eut que des paroles claires, unies,
rapides, mais elles éclatèrent d'une énergie qui révélait le roi
de naissance, et, dans leur simplicité, elles retinrent un poids,
une force, une impétuosité qui témoignent encore de la hauteur du trône et du cœur d'où elles tombèrent.

LIVRE SEPTIÈME

Portrait du roi. — Publication de l'*Eïkôn Basïlikè*. — Réponse de Milton. — Apologie du régicide. — Le parlement supprime la pairie, abolit la royauté, 6 février 1649. — Exécution du duc de Hamilton et de lord Capel, 9 mars. — Les niveleurs. — Lilburne. — Le parlement d'Édimburgh proclame roi Charles II. — Expédition de Cromwell en Irlande. — Prise et sac de Tredagh. — Retour de Cromwell en Angleterre. — Sa résidence à Cockpit. — Sa famille. — Levée de Montrose en Écosse, mars 1650. — Rencontre avec David Lesley. — Sa mort. — Charles II. Son débarquement en Écosse. — Cromwell général en chef en Écosse, juin 1650. — Combat de Dunbar, 3 septembre 1650. — Reddition du château d'Édimburgh, 24 décembre 1650. — Couronnement de Charles II à Scone, 1er janvier 1651. — Son entrée en Angleterre. — Bataille de Worcester, 3 septembre. — Fuite de Charles II, ses aventures. — Son débarquement à Fécamp. — Henriette d'Angleterre en France.

Charles Ier, le petit-fils de Marie Stuart, était beau et brave comme elle, mais, comme elle, marqué d'un signe fatal. Il est plus imposant et moins vivant, moins spirituel, moins passionné que sa grand'mère. Ce qu'il eut autant qu'elle et plus que tous les autres de sa race, pourtant si exquise, c'est la distinction.

Charles Ier est le grand seigneur accompli, si accompli, qu'il devient un type, le type de l'aristocratie. Pour le retracer, il me suffit d'évoquer quelques-uns des quatre-vingts portraits de lui que je connais, ou même un seul qui les résume, mais qui ne les surpasse pas tous, le portrait peint par Van Dyck et que tout le monde a contemplé au Louvre.

Voyez ce promeneur. C'est un lord et un roi, un roi de naissance, celui-là. Il va remonter à cheval. Il en est descendu un instant pour mieux regarder un parc et un château. Si Marie Stuart l'apercevait, elle tressaillirait d'aise. Elle, si humiliée

dans Jacques, eût été fière de Charles. Van Dyck a été un
courtisan sublime, parce qu'il l'a été avec génie. Il a beaucoup
flatté le roi, mais sans le travestir.

L'attitude et le costume de Charles sont incomparables. Il a
des bottes de cuir parfumé à éperons d'or et l'épée au côté.
Une de ses mains est appuyée sur sa hanche et l'autre sur un
jonc. Le prince porte un pourpoint très-court, des manchettes
de dentelles, une fraise rabattue, de longs cheveux et un large
chapeau souple sur l'oreille. Le visage est sérieux et souverainement noble. Le front est élevé, le nez délicat, la bouche façonnée aux banalités. Le menton et les lèvres sont ombragés
d'une barbe en flèche et d'une moustache élégante. Les yeux
vagues semblent un peu vides de pensées. Ce portrait du Louvre
exprime la dignité et la courtoisie chevaleresques, tandis que
les autres expriment pour la plupart la tristesse, une tristesse
suprême. On dirait, à les scruter successivement, que cette tête
sous la couronne a le pressentiment du billot.

Charles est le premier des lords. Il a de l'honneur, de la
piété, une supériorité d'éducation, de manières, je ne sais quoi
de royal même dans une certaine nullité. C'est le gentilhomme
et jusqu'à un certain point le Christ des princes, mais c'est le
gentilhomme sans les grands talents, c'est le Christ sans la sainteté, avec ses propres fautes et les fautes innombrables de ses
amis, dont quelques-uns ont des vertus *idiotes* non moins *odieuses*
que des iniquités.

Cependant, au milieu de ce trouble des cœurs où le drame
régicide de White-Hall avait jeté l'Angleterre, l'*Eikon Basilikè*
faisait son chemin. Il eut cinquante éditions dans l'année. On
l'attribuait sans contestation à Charles Ier. Ce livre était rempli
jusqu'aux bords de mansuétude comme une urne de l'Évangile.
L'oraison funèbre de César prononcée par Antoine et la robe
sanglante du dictateur agitée devant le peuple n'étaient pas plus
périlleuses pour la république romaine que ne l'était pour la
république d'Angleterre le poison de l'*Eikon Basilikè*, ce poison
qui s'insinuait doucement dans les âmes et qui, par la pitié, pour
le roi, excitait l'horreur contre la révolution. Milton essaya de
répondre à ce pamphlet profond, à ce discours intérieur qui

mettait la révolution en danger. Il était bien l'homme d'une telle entreprise. Il avait le dévouement inébranlable et le talent viril nécessaires à une pareille tâche. Son esprit était très-grand. Il avait attaqué les évêques et réclamé le divorce. Il portait la chaleur et la lumière dans toutes les questions. Il fut le plus éclatant des controversistes et le plus lyrique des publicistes. Voltaire, qui proclame Milton un poëte divin, l'appelle un mauvais prosateur. Cela prouve qu'il avait beaucoup lu les vers de Milton et qu'il n'avait pas même parcouru ses traités, où il y a autant de dialectique et de verve qu'il peut y avoir d'imagination dans le *Paradis perdu.*

On a dit que Milton fut maître d'école, lui dont le père exerçait les fonctions lucratives de notaire, lui qui revenait d'Italie où il avait voyagé pour son instruction et pour son plaisir. Milton néanmoins n'avait pas assez d'aisance. Pour ajouter à ses ressources, il consentit à diriger les études de deux de ses neveux et de quelques autres jeunes gens. Il fut ainsi un professeur distingué, un maître d'école si l'on veut, mais le maître d'une école de littérature, d'une école d'éloquence, de poésie et de philosophie. Il était connu, et c'est sur sa renommée que Cromwell l'appela. Indifférent au poëte, Cromwell ne l'était pas au patriote, à l'écrivain et à l'homme dans Milton. Il ne le considérait pas à la façon de Whitelocke, lequel en parlait comme d'un subordonné et d'un scribe ordinaire. Non, Cromwell avait plus d'estime pour Milton. Il le choisit après l'avoir deviné. Il l'attacha au conseil d'État du parlement, puis du protectorat en qualité de secrétaire-interprète pour la langue latine, cette langue de la science dont le futur dictateur voulait faire la langue de la diplomatie et des conventions internationales. Il faut s'en rapporter au génie pour découvrir le génie. Cromwell pressentit Milton en causant avec lui, il l'apprécia en lisant ses pamphlets, il comprit que la révolution défendue par un pareil athlète s'affermirait davantage, et l'on peut induire du bon sens du vainqueur de Preston qu'il tenait plus au burin de Milton qu'à l'épée de Lambert.

Le grand poëte était un indépendant ou plutôt il était supérieur aux indépendants, aux anglicans et aux presbytériens.

16

C'était un citoyen zélé, un philosophe pieux. Il fit dans sa polémique contre l'*Eikon Basilikè* ce qu'avait fait le colonel Hutchinson dans le procès de Charles Ier. Hutchinson n'avait pas
envie d'être un des juges du roi. Naturellement humain, il ne
se souciait pas de sévir; il prévoyait aussi les longues suites du
régicide. Cependant, lorsqu'il fut nommé juge, il se soumit à
cette dure nécessité qu'il déplorait comme à un devoir, et,
quand il fallut porter une sentence, il eut recours non-seulement au recueillement, mais à la prière. Il se persuada qu'il
votait la mort du roi sous la dictée de Dieu. Eh bien! c'est religieusement aussi et nationalement que Milton se servit du
glaive de la parole, du glaive spirituel contre l'*Eikon Basilikè*.
Il s'arma du génie et du nom de briseur d'images (iconoclaste),
afin de réduire en poussière le livre d'où l'on tentait de faire
sortir une réaction en faveur des Stuarts.

Milton, avec son goût délicat et son tact littéraire, s'aperçut
le premier que ce livre communicatif n'était pas de Charles Ier.
Le roi n'avait pas tant de raffinements, de théologie et d'antithèses. Il n'écrivait pas ainsi en père de l'Église, mais au courant de la plume, sans nulle prétention et en cavalier. Milton
avait le courage de ses opinions. Ce qu'il pensait, il le dit dans
l'*Iconoclaste* (1649) et il le dit cruellement, réfutant l'ouvrage
et niant l'auteur avec une vive éloquence. Car Milton, cet Homère chrétien, fut d'abord le Juvénal du pamphlet politique.

Les royalistes crièrent au sacrilége, et cependant Milton
avait touché juste. C'est lui qui avait raison.

L'*Eikôn Basilikè* n'était pas de Charles Ier. L'imprimeur
Royston avait reçu le manuscrit du docteur Symmonds, lequel
prétendait le tenir de l'un des chapelains mêmes de Charles,
de Duppa, plus tard évêque de Salisbury. Tous ces détails
étaient des vraisemblances; la vérité, c'est que l'*Eikôn Basilikè* appartient au docteur Gauden, depuis évêque d'Exeter
sous la Restauration. Les conversations de Gauden avec
Duppa, les confidences qu'il en put recueillir, quoique indirectement de Charles Ier, l'inspirèrent. Il contrefit à merveille le
roi, et le monde n'applaudit pas seulement, il fondit en
larmes.

Le secret pourtant ne fut découvert que longtemps après, sous la Restauration.

En 1686, lord Anglesey laissa à ses héritiers une bibliothèque où l'on trouva un exemplaire de l'*Eikôn Basilikè* avec cette note de l'écriture du noble lord :

« Le roi Charles II et le duc d'York, à qui je montrais, durant la dernière session du parlement, en 1675, une copie de ce livre où se rencontrent quelques corrections et changements de la propre main du roi Charles Ier, m'ont tous deux assuré que ce n'était point une composition du feu roi, mais l'ouvrage du docteur Gauden, évêque d'Exeter ; ce que j'insère ici pour détromper les autres sur ce point par cette attestation. »

Une seconde confirmation, non moins précieuse, ressort d'une lettre du grand comte de Clarendon. Gauden, à la Restauration, prétendait « qu'ayant écrit en roi il devait être récompensé en roi. » Il demandait qu'un supplément de cinq cents livres sterling de revenu fût ajouté à son évêché. Le comte, avec cette amère et farouche humeur qui était son génie, faisant allusion à l'*Eikôn Basilikè*, et, ricochant sur deux adversaires, répondait à l'évêque d'Exeter tout en admettant sa pétition : « — Le fait dont vous me parlez m'a été effectivement confié comme un secret ; je suis fâché de l'avoir jamais su, et, lorsqu'il cessera d'être un secret, cela ne fera plaisir à personne qu'à M. Milton. » Mot à deux tranchants, aiguisé de mépris contre Gauden et de haine contre le poëte du *Paradis perdu!* Mot qui, dans sa férocité, reconnaissait la sagacité de Milton, lequel n'avait point été dupe de la comédie pathétique subie encore plus qu'exploitée par le parti royaliste, à l'occasion de l'*Eikôn Basilikè*.

Ce n'est pas tout ; non content d'avoir dissipé la fausse auréole de l'*Eikôn Basilikè* autour de la tête sanglante de Charles Ier, Milton répondit encore à Saumaise. Ce savant prodigieux avait été salarié par Charles II pour flétrir le meurtre de Charles Ier. Il reçut en courtisan l'argent du roi et il attaqua la révolution d'Angleterre en pédant. Son plaidoyer mercenaire ne fut pas seulement bizarre, il fut ridicule. Au lieu e démontrer en historien que Charles Ier n'avait jamais été un tyran, il s'efforça de prouver en érudit l'irresponsabilité des tyrans depuis Néron. Rien ne fut plus facile à Milton que de battre Saumaise, à la grande joie de Cromwell, mais il se blessa dans la lutte. Il anima d'un immense et puissant talent, qu'il mêla trop de déclamation, la justification du régicide. Il se félicita, si vive était sa passion, d'user, dans ce travail sacré, sa vue déjà bien affaiblie. Il exalta le couperet de Brandon, le bourreau de Londres, comme la Bible bénit le couteau de Samuel. Il fut le publiciste de la hache.

C'est là un acte dans la vie de Milton que je ne saurais absoudre. Ce n'est pas une tache de sang, car Milton ne fut point un des juges de Charles Ier. Il ne participa en aucune sorte à l'arrêt. L'exécution tragique était accomplie, la tête royale avait roulé sur l'échafaud, lorsque Milton prit la parole pour couvrir le jugement de son approbation. Ainsi, ce n'est pas une tache de sang, mais c'est une tache d'encre non moins ineffaçable. La maxime perverse est même, peut-être, plus funeste que l'action criminelle. L'action s'évanouit dans un point de l'espace et du temps, la maxime persiste dans tous les âges et chez tous les peuples. Éternelle et universelle corruption des âmes, la mauvaise maxime déprave sans cesse et partout; sans cesse et partout elle conseille de nouveaux forfaits.

L'intention de Milton, en défendant le régicide, était de défendre la révolution. Qu'importe? Il ne faut pas gâter les belles causes par des sophismes. Sans doute la personne de Charles Ier n'était plus inviolable. La querelle s'était envenimée. Personne ne pensait plus à la constitution antérieure; tous étaient possédés par la colère. Le régicide fut une sentence passionnée. N'est-ce pas alors une raison de plus, surtout si l'on est un homme de génie et un grand cœur, pour ne pas acquitter le régicide.

Vous, Milton, vous avez dit : « — Charles Ier était un ennemi public; le parlement a bien agi en le condamnant à mort. »

Plus tard, en France, dans un autre drame royal, le conventionnel Ferry s'écriera : « — Hercule ne s'amusait pas à faire un procès en forme aux brigands; il en purgeait la terre. » Un autre conventionnel, Barrère, dira : « — L'arbre de la liberté ne peut croître qu'arrosé du sang des rois. » Robespierre dira : « — Le tyran est condamné, mais il vit encore. C'est par humanité que vous ne devez pas mettre d'intervalle entre la sentence et le supplice. » Legendre proposera de couper le cadavre royal en quatre-vingt-quatre morceaux, afin de les envoyer comme une satisfaction aux quatre-vingt-quatre départements.

Fox rétablira la vérité morale en s'écriant (24 janvier 1793) dans la chambre des communes : « — Les Français ont commis un crime exécrable. » L'exemple leur venait des Anglais.

Cette question, au reste, et c'est sa grandeur, n'est ni anglaise ni française : elle est divine. Il la faut dénouer par la clémence, non par la haine. La clémence est le plus beau droit des peuples comme des rois : elle est la justice de Dieu. Est-ce à dire qu'une nation sera désarmée devant son tyran? Non, non. Le tyran sera gardé dans une forteresse ou exilé du territoire. Il est permis de le dompter jusqu'à l'impossibilité de nuire ; il n'est pas permis de se venger. Un roi dans la situation de Charles I⁺ʳ était un vaincu. On emprisonne un vaincu ou on le conduit hors des frontières, on ne le tue pas.

Milton eut donc tort de protéger le régicide de sa parole. Il eut tort plus qu'un autre ; car il rendit le venin de sa doctrine indestructible en l'enchâssant dans l'or pur de son style. Voilà pourquoi je blâme l'aberration d'un si grand homme ; voilà pourquoi je dis du haut de l'histoire aux longs-parlements, aux conventions futures et aux législateurs qui les composeront : — Si vous êtes jamais juges, songez que vous serez jugés à votre tour par votre conscience, par Dieu et par la postérité ; si vous êtes juges, que vos jugements soient empreints de miséricorde! La cruauté peut être la justice d'un jour ; il n'y a que la miséricorde qui soit la justice des siècles!

Le plus impénétrable bouclier autour de la mémoire de Cromwell, c'est Milton. Milton n'aurait jamais servi un simple tyran. Il pensa que dans Cromwell il y avait un dictateur moins hostile à la liberté que les Stuarts. La Restauration prouvera qu'il ne se trompait point. Quoi qu'il en soit, Milton, qui ne se dissimulait pas les inconvénients du rôle et du caractère de Cromwell, est aussi le garant de ses intentions, et rien ne me fait tant estimer le lieutenant général que l'amitié du poëte pour lui. Ils s'étaient compris l'un l'autre. Milton voyait en Cromwell l'adversaire invincible de la papauté et du despotisme traditionnel, le Moïse de la délivrance d'Égypte, l'introducteur du peuple dans la terre promise de l'avenir, dans l'horizon tant désiré de la liberté religieuse, et Cromwell voyait dans Milton un Aaron, non pas orateur mais écrivain, un prophète de sa droite, un archange Michel dont la plume valait dix mille lances. C'est ainsi que s'apparurent, à travers les troubles de la terre et du ciel, ces deux grands hommes l'un de l'épée, l'autre de l'esprit.

Charles Iᵉʳ était un coupable aux yeux de Milton ; et Milton, qui avait la fibre républicaine, légitima le régicide. Je ne puis m'associer à ce sentiment, bien que je tienne aussi Charles Iᵉʳ pour coupable et que j'approuve la révolution d'avoir sapé le *droit divin* des Stuarts. — C'est que vous êtes inconséquent, me dira-t-on, et que vous n'avez pas l'audace pratique de votre logique. Pourquoi, en effet, si Charles est coupable, ne l'immolez-vous sans scrupule? — Pourquoi? Parce que, je l'ai dit déjà, et il vaut la peine que je le redise, parce que je me serais éloigné de la miséricorde qui est la justice de Dieu et qui doit être la justice de l'homme. J'ajoute que non-seulement je me serais abstenu par clémence, mais par politique.

Ce fut le billot de White-Hall qui rendit si pathétique l'*Eikôn Basilikè* et qui fit la restauration de Charles II. Si le peuple anglais eût agi en 1649 comme il agit en 1688, la révolution aurait triomphé plus tôt. Voyez ce qu'osa le peuple anglais contre Jacques II! Le bourreau excepté, il osa autant que contre Charles Iᵉʳ. Il abandonna le roi, il le força à fuir, il disposa de son trône en faveur de Guillaume d'Orange. Seulement il supprima le sang qui amène les larmes et qui, par les larmes, produit les réactions contre les révolutions les plus légitimes. Si donc le parlement d'Angleterre eût voté contre le coup de hache qui abattit la tête de Charles Iᵉʳ, il aurait, en retranchant la pitié qui s'attacha aux Stuarts, empêché leur restauration.

Plus la révolution eût été miséricordieuse, plus elle eût été irrévocable. C'est ce que Milton ne prévit pas dans le feu de la lutte, et ce qu'il aurait merveilleusement exprimé, s'il l'avait prévu. Milton eut deux langues d'un charme presque égal, le latin et l'anglais; sous sa plume, arrachée à l'aigle de Pathmos, le latin, la langue de ses pamphlets, et l'anglais, la langue de ses poëmes, semblent l'une et l'autre ses langues maternelles.

En politique, Milton est très-grand par les pressentiments. Son apologie du régicide est une erreur, mais sa cause est celle de l'avenir du monde. Il aime, il chante, il sert la liberté, la dignité humaine, la raison individuelle, la conscience. Il combat avec la lyre et avec le burin Rome et le moyen âge, comme Cromwell les combat avec le canon et avec l'instinct irrésistible des temps modernes. C'est un hasard heureux pour Cromwell d'avoir rencontré Milton, ce grand poëte, ce grand écrivain et ce grand caractère, qui rayonne sur tout ce qu'il a connu.

Après avoir étudié sa vie, ses pensées, c'est un plaisir et un enseignement de plus que la contemplation de son portrait. Lumière précieuse, pénétrante que celle du visage, parce qu'elle n'est en réalité que la splendeur de l'âme, jaillissant d'un ardent foyer intérieur.

Milton a de grands cheveux négligés qui lui retombent sur les épaules, comme la crinière d'un lion de la dispute. Son front est aussi élevé que large. Il contraste par son calme avec les tempes fiévreuses d'où s'échappent, tour à tour, la strophe et le syllogisme. Le nez droit et le pli tragique marqué entre les sourcils annoncent la volonté rigide, autant que les yeux annoncent le génie. Ces yeux, du creux de leurs belles arcades, éclairent soit des mondes de poésie, soit des questions immortelles de théologie et de politique. Quand ils seront voilés et qu'ils ne luiront plus au dehors, ils luiront au dedans, semblables à des torches retournées. Le fond de Milton, ce fut le divin qu'il dévoila dans l'énergie de sa dialectique et dans l'éclat de sa poésie. Homme privilégié entre tous, même lorsqu'il fut aveugle, car, à ce moment néfaste, il y eut encore plus de clarté dans ses ténèbres que dans le jour des autres

hommes! Sublime cécité qui eut Dieu pour soleil dans sa nuit!
Les joues de Milton sont labourées, ses pommettes accentuées,
son menton très-fort, comme celui de sa race insulaire. La
bouche intrépide, un peu contractée, indique la secrète et
longue patience d'un patriote qui ne désespéra ni de l'Angleterre ni du genre humain. Cette bouche triste dans sa fermeté,
mais plus courageuse que mélancolique, ne prononça jamais
que des vœux d'affranchissement pour la raison.

La physionomie de Milton captive et fascine. L'austérité très-
imposante du poëte tient à la majesté sérieuse de son âme. Il
n'est ni dur ni fanatique à la manière des puritains dont il
n'a que l'enthousiasme; il n'est ni léger ni téméraire à la
façon des cavaliers dont il n'a que la grâce, une grâce même
plus chaste et plus simple. Qu'est-il donc? Il est Milton, le
plus grand poëte de son pays avec Shakespeare, le meilleur
des citoyens, un éloquent controversiste, un publiciste mâle,
fier, transcendant, un artiste prodigieux dans un protestant
vaste; pour tout dire, un philosophe qui eut cette ambition dé-
sintéressée et persévérante de briser le joug de la tyrannie
religieuse. Il avertit Cromwell d'une voix grave et vibrante.
« Sauve, s'écrie-t-il dans un sonnet, sauve la conscience des
griffes du loup hurlant et dévorant. » Milton eut cette passion
de la liberté des âmes. C'est sa plus grande grandeur.

Cromwell n'était pas sourd aux conseils de Milton et des
indépendants, mais mille soins l'absorbaient en 1649. Immédiatement après la mort de Charles Ier, les presbytériens et les
cavaliers, encore attachés à la monarchie, désiraient, sinon le
prince de Galles et le duc d'York, trop ennemis de la révolution, du moins le petit duc de Glocester ou la princesse Élisabeth, qu'on pourrait plier aux idées nouvelles et réprimer par
des garanties libérales, par des lois patriotiques. Quelques-
uns même auraient accepté Charles-Louis, électeur palatin,
fils de la reine de Bohème, frère aîné des princes Rupert et
Maurice.

Ce parti des Stuarts était bien faible. L'immense majorité
réclamait la république. La république entraînait et ralliait
les esprits. La chambre des communes, sous le nom de parle-

ment d'Angleterre, supprima la pairie (6 février 1649). Elle abolit la royauté (7 février). Elle s'empara du pouvoir souverain et fut tout désormais. Elle créa un pouvoir exécutif qui fut appelé conseil d'État. La durée d'un an lui fut assignée ; Fairfax et Cromwell furent du nombre des quarante et un membres qui le composèrent. Le serment des conseillers d'État impliquait d'abord l'approbation soit du régicide, soit du renversement de la pairie et de la monarchie. Cromwell et dix-huit autres membres le prêtèrent ; Fairfax et vingt et un autres membres le refusèrent. Il y eut un compromis, et le schisme s'éteignit dans une réconciliation. Un nouveau serment ne stipula que la fidélité au parlement et obtint l'unanimité. Ce parlement, réduit de cinq cents députés à quatre-vingts, n'en était pas moins le maître de l'Angleterre. Son grand capitaine était Cromwell ; ses citoyens intègres étaient les colonels Ludlow et Hutchinson ; ses jurisconsultes, Bradshaw et Saint-John ; son marin, Robert Blake ; son diplomate, Whitelocke ; son visionnaire, Harrison, et son orateur Henri Vane.

Les prisonniers royalistes les plus illustres étaient le duc de Hamilton, Goring comte de Norwich, le comte de Holland, lord Capel et sir John Owen. Ils furent jugés par une haute cour, instituée pour les crimes de trahison. Cette cour les voua tous les cinq à l'échafaud. Dans un mouvement d'indulgence, elle décida pourtant que le parlement prononcerait en dernier ressort. Cette réserve ouvrit le cœur des prévenus et de leurs familles à l'espérance. Lady Capel et lady Holland, suivies d'une procession de suppliantes, demandèrent la grâce de leurs maris, mais en vain. Le comte de Holland fut condamné, et le comte de Norwich absous à une seule voix. Sir John Owen, soutenu par le colonel Hutchinson, fut épargné. Le duc de Hamilton et lord Capel furent frappés de la peine capitale à l'unanimité et exécutés le 9 mars.

Le duc de Hamilton avait été méconnu par Charles Ier. Ce duc, le plus grand des seigneurs écossais, aurait voulu servir les Stuarts sans trahir le presbytérianisme. Montrose, qui aspirait au pouvoir absolu du roi, l'emporta sur Hamilton. Le duc fut sacrifié et incarcéré. En 1649, il ne se vengea de

Charles Ier qu'en levant pour lui une armée de 20,000 hommes. Après la bataille de Preston, il paya de la vie sa témérité. Il mourut bien. Il y eut dans son attitude et dans son courage une sorte de grandeur héraldique. Ni à Preston en livrant son épée, ni à Londres en livrant sa tête, il n'oublia une minute qu'il était un Hamilton. Son honneur était pour ainsi dire collectif. Il songeait à ses pères et à ses enfants. Il n'était pas seulement un noble, il était presque un homme dynastique. Il eut sur le front, en l'inclinant sous la hache, le rayon de sa race.

Lord Capel était un héros antique avec une âme chevaleresque. Cromwell fit de lui un éloge qui donna d'abord quelque espérance : on pensa qu'il allait soutenir la supplique de lady Capel. Mais non ; après avoir célébré le généreux lord, il déclara qu'il faisait violence à son estime, et il l'abandonna. « Car, dit-il, le prévenu est un si habile et si persévérant ami des Stuarts, qu'il serait, à cause même de sa vertu, le plus redoutable des ennemis de la république d'Angleterre. » Il conclut au billot. Lord Capel y posa son cou en Romain féodal, avec une abnégation stoïque, sans chapelain ni pasteur, comme s'il lui suffisait de sa fidélité et de sa piété pour aller seul à Dieu et au roi dans l'éternité.

Les rigueurs mêmes témoignaient, aux yeux de la foule, de la souveraineté du parlement. Le sceau en témoigna aussi ; il fut changé. Au lieu de l'effigie du roi, il porta d'un côté le dessin de la chambre des communes, et de l'autre côté une croix et une harpe, les armes de l'Angleterre et de l'Irlande, avec cette inscription : *Dieu avec nous.* Il manquait à ce sceau le chardon d'Écosse.

L'un des grands embarras du gouvernement, concentré dans le parlement et dans le conseil d'État en 1649, fut le parti des niveleurs. Ce parti, composé de socialistes qui voulaient la subversion des propriétés, et d'honnêtes gens qui voulaient l'application des lois pour tous, sans privilége pour personne, ce parti, dans son ensemble, était turbulent et anarchique. John Lilburne en était le chef et le martyr. Il avait été emprisonné avec les fers aux pieds et aux mains, lié au pilori et fouetté de cinq cents coups de cordes nouées, depuis la prison de la flotte jusqu'à Westminster. Délivré par ordre du parlement, il était devenu colonel dans l'armée, et avait publié des pamphlets innombrables contre tous les gouvernements, contre Cromwell aussi bien que contre Charles Ier, jamais dompté, toujours ardent pour l'égalité et pour la théorie d'une justice universelle. Il aimait l'équité, en effet, et il aimait encore plus la discussion. « S'il n'y avait plus que lui au monde, disait Henri Martyn, l'un des régicides du parlement, John disputerait contre Lilburne et Lilburne contre John. » John Lilburne disait, lui aussi, des indépendants en général et de Cromwell en particulier : « Ils ne cherchent qu'à régner, tandis que les niveleurs ne demandent qu'à n'être pas opprimés. » Il avait refusé d'être l'un des juges du roi ; il blâma le procès des comtes de Holland et de Goring, d'Owen, de lord Capel et du duc de Hamilton. Il en maudit les suites tragiques.

Lilburne fut condamné, acquitté, proscrit à plusieurs reprises. Il multiplia les pamphlets. Ses amis et lui attaquèrent Ireton et même Harrison. Ils insinuèrent que le conseil d'État n'était qu'un instrument docile à Cromwell, et que ce dictateur organisait, par le despotisme de ses créatures, son propre despotisme. Les niveleurs et le chef des niveleurs ne réclamaient rien moins que la perfection. Lilburne, Prince, Walvis et Overton furent enfermés à la Tour de Londres. Leur popularité s'accrut, et celle de Lilburne eut la poésie d'une légende. Les ouvriers, les apprentis, les enfants et les femmes chantaient avec passion :

« John Lilburne est un hardi compagnon ; il sait ce qu'il doit faire ; il ne veut flatter ni roi, ni évêques, ni lords, ni chambre des communes.

« Il ne veut, le brave John, ni privilége ni pouvoir, excepté celui qui vient de Sion. Quant aux mitres et à la couronne, il les regarde de travers. »

Cromwell ne s'inquiéta jamais beaucoup des niveleurs. Il fut néanmoins énergique à l'occasion. Il se contentait, d'ailleurs, du milieu de ce grand courant national où il s'orientait, de surveiller les niveleurs du peuple par le conseil d'État, tout en

surveillant par lui-même ceux de l'armée. Ces niveleurs militaires étaient les plus redoutables. Ils firent des émeutes dans
plusieurs comtés. Fairfax et Cromwell les réprimèrent. Un
dragon, un cornette et deux caporaux furent passés par les
armes, après quoi tout rentra dans l'ordre en apparence.

Des nuages s'accumulèrent en Écosse et en Irlande.

Le lendemain du jour où fut connue l'exécution de Charles Ier,
le chancelier et les députés du parlement d'Édimbourg proclamèrent Charles II roi, sous la condition qu'il donnerait son
adhésion au covenant, c'est-à-dire à la ligue par le presbytérianisme. L'Irlande ne fut pas en retard de dévouement. Elle
s'offrit comme une Vendée à Charles II.

L'Angleterre s'émut. On s'y souvenait des massacres du commencement de la révolution. Les soldats et les citoyens désiraient à Londres que ces massacres subis par les protestants
en Irlande fussent vengés. Cromwell fut nommé général d'une
expédition qui répondrait à cette ancienne Saint-Barthélemy
par une Saint-Barthélemy nouvelle, qui rougirait de sang papiste la verte Erin, submergée en 1641 de sang calviniste. Telle
était l'intention féroce de cette guerre.

Avant de s'éloigner de White-Hall, Cromwell invoqua les
bénédictions du seigneur Sabaoth. Il partit de Londres avec
cent mille livres sterling. Il était escorté de quatre-vingts
jeunes gens de qualité, ses gardes du corps. Il avait un carrosse
à six chevaux, et tous les grands dignitaires de l'État formaient sa suite. A Windsor, il changea de voiture et s'achemina en poste vers Milford-Haven, rendez-vous de la flotte et
de son armée.

Cromwell n'était pas encore embarqué lorsque, le 2 août 1649,
le colonel Michel Jones, assiégé dans Dublin par le marquis
d'Oxmond, fit une sortie si vigoureuse qu'il mit en déroute les
Irlandais. Artillerie, tentes, drapeaux tombèrent en son pouvoir. Il prit deux mille hommes et quatre mille livres sterling.
Le marquis d'Oxmond, qui s'amusait à une partie de cartes, et
qui, par dédain, voulut la continuer, malgré les premiers coups
de feu, eut beaucoup de peine à s'échapper. Cette défaite eut
un grand retentissement à la petite cour de Charles II. Les uns

accusaient l'incapacité du marquis, les autres sa trahison. Charles fut magnanime : il écrivit à son général malheureux qu'il ne le rendait pas responsable des hasards de la fortune, et, pour l'encourager autant que pour le consoler, il lui envoya l'ordre de la Jarretière. C'était agir en ami plus qu'en roi. Il n'est pas d'une bonne politique de rompre tout équilibre entre les services et les récompenses. La légèreté, si ce n'est l'incapacité, ne doit pas se payer de la même monnaie que la gloire.

Ce beau succès du colonel Jones accéléra Cromwell, qui mit à la voile le 13 août. Il allait en Irlande pour y être le représentant de la république et du protestantisme, pour y grandir encore au milieu des victoires. Arrivé à Dublin avec trente-deux vaisseaux, il fut rejoint par Ireton, que l'orage poussa de la route de Munster sur la capitale, et qui amena ainsi à Cromwell soixante navires chargés de troupes et de munitions. Après quelques jours de repos et la jonction des différents corps, Cromwell fit la revue de son armée, qui montait à dix-sept mille hommes.

Il assiégea d'abord Tredagh. Cette ville avait quatre mille hommes de garnison, et le gouverneur était le vaillant sir Arthur Ashton. Cromwell voulait frapper fort son premier coup et tout soumettre auprès et au loin. Il espérait ricocher sur l'Irlande par la cruauté qui ferait la terreur, comme le bruit fait l'écho. Sir Arthur Ashton, qui avait perdu une jambe dans la guerre et dont la bravoure était célèbre, n'était pas homme à se laisser intimider aux sommations de Cromwell. Le lord lieutenant, ne pouvant réussir par la diplomatie, réussit par l'assaut. Il entra l'un des premiers à travers la brèche avec ses vétérans. Le combat, qui avait commencé sur les remparts, continua dans les rues. « Pas de quartier » était l'ordre de Cromwell, et cet ordre fut exécuté ponctuellement. Le carnage fut universel; il dura trois jours; les soldats égorgèrent plus de mille habitants, après avoir tué à peu près toute la garnison. Le vieux et intrépide sir Arthur Ashton fut criblé de blessures et resta gisant sur le pavé. Il était tombé en héros, l'épée à la main. Les puritains de Cromwell s'empressèrent de le dépouiller, et ils eurent une déception. Ils cherchaient dans la jambe artificielle de sir Arthur une jambe d'or ; ils ne trouvèrent qu'une jambe de bois. Le sang ruisselait dans les carrefours et y formait des rigoles comme l'eau de la pluie après un ouragan. « Il ne s'est sauvé qu'un seul officier ennemi, » mandait Cromwell à William Lenthall. « Nous sommes maîtres de *Tregah*, écrivait de son côté Hugh Peters à l'un de ses amis de Londres. On y a massacré plus de trois mille cinq cents Irlandais. Ashton, le gouverneur, est au nombre des morts. On n'a épargné personne. Je sors de la grande église où je viens de rendre grâces à Dieu. »

Le lord lieutenant ne s'écarta pas de ce système infernal : sommer d'abord une garnison, puis à la moindre résistance tout passer par les armes. Il s'empara de Vexford, de Trim, de Dundalk, de Carrick, de Dungarvon, de Clonmel. Il se préparait au siége de Waterford, lorsqu'au mois de février, il fut rappelé en Angleterre. Il ne se pressa pas, remit la conduite de la guerre à son gendre Ireton, parcourut le Munster et les places qu'il avait réduites, établit partout l'administration et les tribunaux que les circonstances comportaient, puis, ces devoirs accomplis, il s'embarqua pour Bristol, où l'attendaient les acclamations de l'Angleterre. Du mois d'août 1649 au mois de juin 1640, il avait versé le sang à flots en forban, et organisé la conquête en législateur.

Il était sans scrupule. Il écrivait à son ami lord Wharton, qui en avait eu sur la mort du roi et sur d'autres violences : « Milord et cher ami, ne vous offensez pas de la manière dont Dieu agit ; peut-être n'y en avait-il pas d'autre. Le Seigneur a témoigné qu'il approuvait et acceptait ce zèle... Chez vous, il y a difficulté, embarras ; chez moi, il y a sûreté, contentement, sagesse ; chez vous, doute, obscurité ; chez moi, satisfaction. »

Il y avait chez lui satisfaction même de sa conduite en Irlande ; il y avait même satisfaction dans le peuple d'Angleterre. « Cromwell, dit Whitelocke, par ses succès en Irlande et par l'ordre qu'il y avait établi dans les affaires civiles, s'était acquis une grande influence, non-seulement parmi les officiers de l'armée d'Irlande et de l'armée d'Angleterre, mais encore au sein du parlement, du conseil d'État et de tout leur parti. »

Aussi le parlement et le conseil d'État, qui destinaient Cromwell à la guerre d'Écosse, lui assignèrent-ils, à son retour d'Irlande, le Cockpit pour demeure avec les parcs de Saint-James et de Spring-Garden. De la sorte, le lord lieutenant fut logé dans cette partie du palais de White-Hall où Henri VIII se donnait le plaisir des combats de coqs. Ces appartements avaient été rendus dignes d'un prince par les embellissements en galeries, en tableaux, en splendeurs de tout genre que les deux derniers règnes y avaient ajoutés.

Cromwell s'installa donc au Cockpit avec sa mère, sa femme et ses enfants. Cette famille de parvenus était une famille privilégiée en réserve, une dynastie de la gloire. Le lord lieutenant goûta là un moment de repos.

La mère de Cromwell, qu'eût effrayée White-Hall, s'apprivoisait au Cockpit, ou, comme on disait encore, au *poulailler*. Cette dépendance du palais lui plaisait à cause du nom modeste qui lui rappelait ses habitudes champêtres. La mère du lord lieutenant était une belle vieille femme dont la sévérité puritaine et rustique n'était pas sans majesté.

La compagne de Cromwell est très-noble dans ses portraits, malgré ses origines. Il y a en elle un fond de simplicité qui rappelle Élisabeth Bourchier, la fille du riche marchand; mais cette simplicité est devenue élégante à cette époque de sa vie. Lady Cromwell a des cheveux blonds qui glissent le long des tempes et dont les boucles roulent jusque sur son sein. Son front est harmonieux, son nez finement aquilin; ses lèvres sont fortes, un peu sensuelles, et ses yeux brillants s'ouvrent sans étonnement à toutes les grandeurs. Elle est si fière de son mari que cette fierté lui donne le cœur d'une reine. Elle passe avec facilité de sa maison au Cockpit; elle passerait à White-Hall. Elle pense sincèrement qu'Olivier Cromwell, en la tirant de la boutique paternelle, lui a donné droit à tous les palais. Elle aime les résidences de la royauté pour elle et pour ses enfants. Ne sont-ils pas les enfants et n'est-elle pas la femme de Cromwell? Dans son opinion bien naturelle, le génie de son mari est toute une légitimité et vaut mieux qu'une tradition séculaire.

Le lord lieutenant, lui, à cette époque, est d'une tragique originalité. *Le tourment* de sa physionomie est religieux autant que politique, et Dieu ne le préoccupe pas moins que le peuple. Et avec cela, Cromwell avait une dignité, une force, une grâce, une séduction tout à fait en harmonie avec le pouvoir souverain. Il était le premier entre tous. La nature, si ce n'est la naissance, en avait créé un roi, plus qu'un roi, — un grand homme.

Richard, son fils aîné, était moitié bourgeois, moitié fermier, incapable de rien d'héroïque. Ce Richard ne tenait ni de son père ni de sa mère. Il n'avait pas, comme son père, la soif de salut éternel et d'autorité dictatoriale qui consumait le lord lieutenant; il n'avait pas non plus, comme sa mère, l'amour intense, quoique discret, des palais qui avaient abrité les Stuarts, les Tudors et toutes les races royales de l'Angleterre. Il n'avait que le goût de l'oisiveté et de son propre manoir. La chasse dans les forêts de Robin-Hood, la pêche dans les rivières poissonneuses des couvents disparus lui plaisaient et l'attiraient; il aimait à entendre hennir ses poulains dans les prairies et mugir ses génisses dans les étables. Les bûches qu'il faisait flamber le réjouissaient, et il était heureux de recevoir à sa table, sous son toit d'Hursley, à la chaleur de son foyer, son frère, ses sœurs, ses beaux-frères et ses voisins.

Je lis tout cela aussi couramment que dans les mémoires sur les médaillons placides du bon Richard Cromwell. Les cheveux sont négligés, le visage sans muscles, les regards sans rayon; la bouche surtout est bienveillante. Ce fils d'Olivier Cromwell n'eut jamais l'ambition d'être Cromwell II et de constituer une dynastie. Il avait désapprouvé le régicide. Il était aussi modéré dans son zèle puritain que dans ses cupidités politiques. Il n'était pas fait pour être, comme son père, l'athlète de la vie publique; il se contentait d'être le sage ou plutôt l'épicurien campagnard de la vie privée.

Il ne se souciait guère du Cockpit. Son frère Henri, qui était un peu fat, était charmé d'habiter le palais des rois, et les quatre filles de Cromwell n'étaient pas moins ravies d'un tel honneur.

La fille aînée, Bridget, avait, on le sait, épousé Ireton. Ils eurent une fille très-attachante qui fut dans la suite mistriss Bendysh.

Élisabeth, lady Cleypole, était la seconde fille et la favorite de Cromwell. Cet homme terrible était pour elle le plus doux des hommes. Aussi l'aimait-elle tendrement.

La troisième fille du lord lieutenant d'Irlande, Mary, épousera le lord Falconbridge. C'était une personne du monde uniquement dévouée à elle-même. Elle fera bon marché de sa première famille; elle adoptera celle de son mari. Elle permettra même plus tard des propos insultants sur le lord protecteur. La petite-fille de Cromwell, la fille d'Ireton, mistriss Bendysh, qui ressemblait au meilleur portrait de son grand-père et qui adorait sa mémoire, dira un jour à sa tante lady Falconbridge : « Si je ne connaissais la vertu irréprochable de ma grand'mère, je soutiendrais, madame, que vous êtes bâtarde, pour souffrir en votre présence des outrages à votre glorieux père. » Mistriss Bendysh eut toujours pour lui un enthousiasme immense. « Après les douze apôtres, disait-elle au docteur Brooke, Olivier Cromwell est le premier des hommes de la terre et le premier des saints du ciel. »

La quatrième fille de Cromwell fut lady Francis. Elle était très-mobile de cœur, la préférée, l'idole de sa mère.

Aucun des enfants de Cromwell ne faisait souvenir de lui. Une de ses petites-filles seule eut cet honneur insigne de rappeler dans ses traits, dans son caractère et dans son esprit Olivier Cromwell. Nous l'avons dit, son nom était mistriss Bendysh. Elle mourut en 1728. Elle avait, non moins que son grand-père, un mélange d'exaltation, de volonté et de ruse. Elle était pieuse et mondaine. La vie privée était trop étroite pour elle. Les grandes affaires et les grandes responsabilités lui manquaient. Elle n'était jamais aussi calme que dans une tempête ou dans un danger. Elle avait plus que le courage des épreuves formidables, elle en avait l'allégresse.

Cromwell l'aimait beaucoup, quoique, lorsqu'il la connut, elle fût très-petite. Il chérissait du reste tous ses enfants. Il les reprenait et folâtrait parmi eux tour à tour. Ainsi faisait-il au

17

Cockpit avec les soldats, ces autres enfants que lui avait donnés la fortune, et qu'il regardait comme un prolongement de la famille. Il se montrait souvent au milieu d'eux à l'improviste dans les casernes, débitait un sermon, commandait l'exercice, tirait en signe d'amitié l'oreille à un officier, disait une facétie et disparaissait.

Il recevait au Cockpit les puritains laïques, aux grands chapeaux à vastes rebords, à la forme pyramidale, et les ministres presbytériens à l'habit brun et au manteau bleu, qui avaient tous en guise de bréviaire une petite bible de poche avec des fermoirs d'argent.

Les soldats, dont les uns portaient des justaucorps de buffle serrant la taille, les autres des corselets d'acier, les autres des habits rouges, avaient leurs entrées plus libres encore. La hallebarde et le mousquet, le pistolet, le sabre et la dague étaient leurs armes. Ils prêchaient souvent dans ce costume, et Cromwell les provoquait aux dissertations théologiques, quand il était de loisir ou de bonne humeur; sinon il exigeait la brièveté la plus laconique. Les conseillers d'État, les représentants, les généraux se coudoyaient au Cockpit, allaient, venaient, soit après les espions, soit avant les sous-officiers de l'armée, selon des consignes distribuées d'avance. Cromwell disait à chacun ce qui était nécessaire ou ce qui était utile. Ordinairement ses discours étaient obscurs; mais lorsqu'il le fallait et au moment où il le fallait, l'éclair jaillissait des ténèbres. Cromwell avait plusieurs éloquences; il avait surtout celle du commandement.

Le roi mort, il représenta l'armée contre le parlement et contre le conseil d'État, par lequel le parlement gouvernait. Le parlement et le conseil d'État n'avaient que des arguments; Cromwell avait des arguments aussi et de plus des soldats. Il y ajoutait une magnifique tendance vers la liberté religieuse. Pour les sectaires, pour l'armée et même pour le peuple, le nom de Cromwell, bien que nouveau, était irrésistible et sonnait mieux que le nom traditionnel de Stuart. Ce nom de Stuart ne tintait que dans le passé, tandis que celui de Cromwell retentissait dans le présent et remplissait déjà l'avenir.

Le parlement avait été violé plus d'une fois. Presque tous les députés qui maintinrent la dignité de leur mandat et qui revendiquèrent la liberté de leurs opinions avaient été successivement éliminés. Il restait néanmoins encore, dans cette assemblée en ruine, quelques individualités puissantes, comme il reste des pierres vives dans un monument qui penche. Cromwell ne doutait pas qu'il ne les renversât au premier choc. Il disposait des indépendants. Il avait pour lui bien peu de presbytériens. Les épiscopaux lui avaient toujours été hostiles. Les presbytériens et les épiscopaux, quoique ennemis, se haïssaient moins entre eux qu'ils ne haïssaient les indépendants. Les indépendants leur étaient exécrables à cause de la liberté qu'ils accordaient aux consciences. Quelle que fût leur secte, en effet, les indépendants, loin d'être effrayés de la variété infinie qui les distinguait, réclamaient pour tous une tolérance absolue. C'est leur gloire, celle de Milton et celle de Cromwell : c'est le principe sacré qui fit d'eux tous le parti religieux durable. Par ce principe ils triomphèrent.

Olivier Cromwell eut soin de confier ce drapeau moral aux puissantes mains de l'armée. L'armée était son vrai peuple. Il connaissait tous les officiers et un grand nombre de soldats. Au Cockpit, il leur fit faire amitié avec sa mère, sa femme, ses enfants, ses belles-filles et ses gendres. C'était de la part des gens de guerre, pour la famille de Cromwell et surtout pour Cromwell, des sentiments enthousiastes, tendres, presque domestiques. Quand ils apercevaient le lord lieutenant d'Irlande, ferme sur ses jambes et inébranlable dans son embonpoint de nerfs et de muscles; quand ils l'apercevaient avec ses vêtements négligés, avec sa figure énergique, sa contenance assurée, ses manières brusques, sa jovialité familière, sa bouche grande et expressive, ses yeux gris étincelants, son front vaste de penseur, de théologien et de capitaine; quand ils le voyaient si simple et si naturel, si attentif à leurs intérêts, à leur santé, à leurs goûts, à leurs grades, à leur instruction, les vétérans poussaient des acclamations, et ils n'auraient demandé qu'à le saluer roi, si beaucoup de leurs sous-officiers et de leurs officiers n'eussent été républicains. Ils ne savaient donc préci-

sément ce que faire de Cromwell, mais en attendant, il avait
leur cœur et il était leur maître. Lui, de son côté, tandis qu'ils
lui préparaient instinctivement le trône pour siége et les tapis
de White-Hall pour marchepied, songeait à leur solde, à
leur avancement et à leur salut. Il ne négligeait aucune de
leurs réclamations et il tenait note de leurs services. Il
n'oubliait jamais d'envoyer pour les tables de ses corps de
garde particuliers, soit des bibles, soit du vin, soit de l'ale, soit
du tabac. Il avait des provisions inépuisables. Cromwell faisait
toutes ces choses, sans en avoir l'air, et avec une rudesse souveraine.

Avant son retour à Londres et son établissement au Cockpit, pendant qu'il soumettait l'Irlande, l'Écosse était troublée.
Montrose y débarquait au mois de mars 1650. Il y rallia un peu
plus de cent officiers, quinze cents soldats et quelques four-
gons de munitions, que sa prévoyance avait réunis aussitôt qu'il
eut reçu à Saint-Germain-en-Laye, de Charles II, une commission pour lever l'étendard royal dans les Higlands. Montrose
mena ses compagnons à travers les comtés de Caithness, du
Sutherland et de Ross, fomentant l'insurrection, et ne trouvant
que la froideur ou l'hostilité là où il avait autrefois éveillé
l'enthousiasme. Il avait adopté une bannière noire, sur laquelle
était peint un bras nu tenant une épée sanglante. Les montagnards eurent peur des vengeances du parlement d'Édimbourg,
qui envoya contre Montrose David Lesley avec quatre mille
hommes.

Durant ce temps, Charles II, tout en changeant de maîtresses, négociait avec les presbytériens écossais, — espérant
beaucoup de Montrose, dont le dessein était de rendre sans
condition au roi le sceptre des Stuarts.

Charles II était d'un esprit railleur, d'un tempérament voluptueux, d'une complexion paresseuse, indolente et longanime. Il
ne sentait aucune joie dans la haine. Il se souvenait pourtant
des injures, mais pourvu qu'il s'amusât et qu'on l'amusât, tout
était pour le mieux. Il se moquait des traditions et aimait les
nouveautés. Il n'avait aucune dignité morale. Rien ne lui plaisait comme l'intimité des libertins. Vanter le plaisir, calomnier

les femmes, s'adonner au vin, à la table, vouer au ridicule la Bible et les théologiens, contrefaire les ministres puritains, verser le ridicule sur les hommes austères, — voilà ses habitudes. C'est ainsi qu'il attendait en Hollande, dans une alternative d'orgies et d'anxiété, l'issue de la campagne de Montrose.

Ce général et David Lesley se heurtèrent le 17 avril 1650, dans le comté de Ross, — un réseau pittoresque de montagnes dont les sommets se hérissent et se déchirent en mille figures fantastiques. Cette contrée offre partout l'image d'un cataclysme, et la mélancolie de ce chaos de la nature dut se mêler à la tristesse de ce dernier combat de Montrose. N'ayant pas de cavalerie, il fut surpris par le général presbytérien. Il avait été enfunesté d'ailleurs par les piéges du marquis d'Argyle, son ennemi. Il n'avait pu grossir sa poignée d'aventuriers de ses vieilles bandes. Il ne recula pas néanmoins devant les troupes trois fois plus nombreuses de David Lesley. Il repoussa la première attaque. A la seconde, ses soldats plièrent. Beaucoup se firent tuer; quatre cents mirent bas les armes. Le reste se dispersa et fut soit noyé dans les torrents, soit égorgé par les montagnards. Abandonné de presque tous, le général royaliste enfouit son ruban bleu et se déguisa en paysan. Il réclama l'hospitalité d'un gentilhomme qui avait servi sous lui et qui le livra honteusement à prix d'or. Cet exécrable traître s'appelait Aston.

La captivité du héros était un triomphe pour l'Église presbytérienne et pour le marquis d'Argyle. Montrose fut conduit dans la direction d'Édimbourg. Cent personnes de sa petite armée tombèrent en route, fusillées par les vainqueurs. A Linlitgow, plusieurs femmes et quelques enfants qui avaient suivi l'expédition royaliste furent précipités du haut du pont dans la rivière. Montrose trouva les magistrats d'Édimbourg aux portes de cette capitale. Le bourreau était avec eux. Sur l'ordre du grand-juge, il lia Montrose au siége grossier d'une charrette. Le héros, garrotté et tête nue, consolait par ses paroles et fortifiait par son exemple vingt-trois officiers prisonniers avec lui et qui le précédaient sur d'autres charrettes à travers les rues

encombrées d'une foule curieuse, insolente, impitoyable. Il
arriva ainsi exténué et pâle, mais fier, à la vieille Tolbooth,
cette geôle sinistre du moyen âge, maison séculaire de douleur,
dont j'ai si souvent contemplé avec angoisse la sombre architec-
ture, qui résume dans sa masse gothique toutes les terreurs de
la nuit, de la torture et de la mort.

Le brave Montrose supporta tout intrépidement : insultes,
sermons presbytériens, sarcasmes, tourments, malédictions.
Il fut condamné par le parlement d'Écosse à être pendu trois
heures à un gibet de trente pieds. Il subit cette potence solennelle d'un cœur magnanime. Il ne se démentit pas une minute,
même sur l'échafaud. Quand, pour dernier outrage, l'exécuteur
suspendit sur la poitrine du général sa dernière proclamation
avec le récit de ses premières invasions, Montrose sourit et dit :
« Tu me passes au cou un ordre plus glorieux que l'ordre de la
Jarretière, dont mon roi a récompensé ce qu'il a daigné nommer mes exploits. » Ce furent ses paroles suprêmes. Lorsqu'il
eut expiré, serré par une vile corde entre ciel et terre, on le
détacha et on lui trancha la tête, qui fut exposée à la cime de
la *Tolbooth*, tandis que ses bras furent hissés sur les portes de
Perth et de Glasgow, ses jambes sur les portes de Stirling et
d'Aberdeen. Cette prévision ne l'avait pas effrayé. Il s'était
écrié : « Je souhaiterais d'avoir mille membres, afin de répandre avec eux par toutes les villes de ma patrie les preuves
sanglantes de ma fidélité. » Les mirages de Charles Ier et de la
reine Henriette avaient été l'Irlande et l'Écosse, Antrim et
Montrose, — un intrigant et un héros. Charles II avait les
mêmes illusions. Montrose lui enleva la meilleure par son trépas. Ce fut le 21 mai 1650 qu'il cessa de vivre, à trente-huit
ans. Il succomba du moins admirablement, et son supplice le
couronna d'autant de gloire que ses batailles.

Montrose avait un peu plus que la taille moyenne. Sans être
beau, il avait infiniment de grâce. Ses cheveux bruns séparés
au-dessus du front, à la manière de ceux de Charles Ier, descendaient sur ses épaules. Dans ses campagnes il les faisait couper plus courts avec la dague d'un montagnard. Il avait la
bouche très-discrète, le nez aquilin et le regard brillant, mais

dur. Sa physionomie était celle d'un aventurier. « M. de Montrose, dit le cardinal de Retz, fut l'un de ces hommes que le monde ne possède plus et que l'on ne rencontre que dans Plutarque. » Le défaut, le crime, selon moi, de ce grand serviteur des Stuarts fut le mépris du sang. Il n'était pas exempt de cruauté. C'était un marquis de Charette écossais comme Charette fut un marquis de Montrose vendéen.

David Lesley, si fatal à Montrose, était parent de cet autre Lesley que Charles Iᵉʳ fit comte de Leven. Le comte de Leven, qui était vieux, avait le titre de général en chef de l'armée écossaise; David Lesley en eut les fonctions actives. C'était un homme de guerre fort remarquable. Il avait été rapide, soudain avec Montrose, mais il était capable d'être temporisateur avec Cromwell.

Les barbaries exercées sur son général auraient exaspéré tout autre que Charles II. Ce prince, qui avait signé et scellé le brevet de Montrose, et qui avait envoyé ce héros à la mort, se contenta d'écrire au parlement d'Écosse, avec lequel il était en négociation et dont il désirait la bienveillance, que Montrose avait agi malgré le roi et contre le roi. Il ne pouvait donc le regretter, et il renia ce martyr chevaleresque devant les juges de qui il attendait un trône.

Cette lâcheté plut aux Écossais, qui exigèrent davantage. Dans son ardeur de régner, Charles II jura le covenant, c'est-à-dire le presbytérianisme, l'abolition de l'épiscopat et de la liturgie anglicane; il désavoua toute conciliation avec l'Irlande tant qu'elle serait papiste; il s'engagea formellement à ne tolérer jamais le catholicisme dans ses États et à prendre scrupuleusement conseil, soit du parlement pour les affaires civiles, soit de l'Église pour les affaires religieuses. Après de tels serments prêtés aux commissaires écossais, Charles partit de Hollande le 2 juin 1650, et il aborda le 23 au port de Cromarty, non loin d'Inverness. Quelques semaines seulement s'étaient écoulées depuis l'exécution de Montrose. Charles fut accueilli en souverain. On lui alloua neuf mille livres sterling par mois. Il était entouré de respect, mais le plus esclave des princes. Lui, le libertin; le délicat, l'incrédule, il lui fallait entendre tous les jours plusieurs sermons presbytériens, souvent jusqu'à six. Il ne lui fallait rien moins que le sceptre en perspective pour l'assouplir au plus odieux de tous les ennuis, à l'ennui orthodoxe.

Cependant les révolutionnaires anglais ne pouvaient permettre la royauté de Charles II en Écosse. Les presbytériens d'Édimbourg et de Londres étaient trop unis. Il était nécessaire que Charles Stuart n'eût pas de couronne; car s'il en avait une, il en aurait bientôt trois. Sous la pression de ces craintes, le parlement et le conseil d'État avaient rappelé Cromwell. Il était arrivé à Westminster au mois de juin pendant le voyage de Charles II pour le nord de l'Écosse. Cromwell s'était installé au Cockpit avec sa famille dans une des crises de sa vie. Il avait dompté l'Irlande. Après l'avoir conquise en grande partie, il y avait organisé une sorte de justice et d'administration. Le plan était tracé. Ireton et ses successeurs n'auraient qu'à imiter Cromwell. Il avait été sans pitié ce missionnaire armé dont les apôtres étaient des canons. Il avait jeté l'épouvante par des rigueurs préliminaires vraiment formidables, et il avait ainsi tout facilité. Son instinct était l'instinct même du succès. Il frappait fort et il diminuait par là les obstacles de l'avenir. C'était la loi mathématique substituée à la loi morale.

Que devint l'Irlande? On la confisqua. Et que devinrent les Irlandais? Ceux qui ne furent retranchés ni par l'exil, ni par la mort, furent parqués sur le territoire du Connaught, un désert engraissé des cadavres de la guerre, de la peste et de la famine. Ainsi l'Irlande refoulée dans le Connaught, une nation rapetissée, réduite en une province : voilà l'œuvre de Cromwell, et plus tard soit de ses gendres Ireton, Fleetwood, soit de son fils Henri, trois régicides sur quatre hommes du même foyer.

Le reste d'Erin, le Leinster, le Munster, l'Ulster, c'est-à-dire les trois quarts de l'Irlande, furent divisés entre les soldats du parlement et les loups-cerviers de la banque, dont l'or avait favorisé l'expédition. Quoi qu'il en soit, la terrible intervention de Cromwell en Irlande conserva l'Irlande sous le joug et sauva le protestantisme dans ce pays. Lui-même, l'implacable conquérant, il avait marché par la renommée militaire et politique à la souveraine puissance.

Pour la fonder en Angleterre, cette puissance, ce n'était pas assez d'avoir vaincu l'Irlande, il fallait vaincre l'Écosse, et avec l'Écosse le fils de Charles Ier.

Tout en travaillant à ses projets d'ambition gigantesque, Cromwell faisait de la théologie, plaçait de l'argent pour l'avenir des siens, et donnait à Richard d'excellents conseils. Il aurait bien voulu faire de cet aîné de ses enfants le second anneau d'une dynastie. Il lui insinuait des études sérieuses, entre autres la lecture attentive de l'histoire universelle par Walter Raleigh. On aime à voir le nom de Walter Raleigh tracé par Cromwell.

Richard était marié à la fille d'un ami de son père, à Dorothée Mayor. Il vivait dans la maison natale de sa jeune femme, à Hursley, une paroisse du Hampshire. C'est là que Cromwell lui écrivait d'Irlande, peu de semaines avant de revenir en Angleterre. Voici la lettre (avril 1650) :

« Dick Cromwell,

« Vos lettres me plaisent et me touchent ; j'aime les expressions qui viennent du cœur tout naturellement, sans étude et sans affectation.

« Je suis persuadé que c'est la bonté du Seigneur qui vous a placé où vous êtes : je désire que vous en soyez convaincu et reconnaissant, remplissant tous vos devoirs pour la gloire de Dieu. Recherchez constamment le Seigneur et sa présence. Que ce soit la grande affaire de votre vie et que là soit toute votre force ! Que toutes choses soient dirigées vers ce but. Vous ne pouvez trouver ni contempler la face de Dieu que dans Jésus-Christ ; efforcez-vous donc de connaître Dieu dans Jésus-Christ, lequel les Écritures annoncent être la somme de tout, même de la vie éternelle. Parce que sa connaissance n'est pas littérale ou spéculative ; non, elle est intérieure, elle transforme l'esprit divinement. Le connaître, c'est s'unir et participer à sa nature divine. (Seconde lettre de saint Pierre.) Combien peu les Écritures sont approfondies parmi nous! Mes faibles prières sont à votre intention.

« Gardez que votre intelligence soit vaine et inactive! Nourrissez-la par la lecture de l'histoire de sir Walter Raleigh, c'est une histoire substantielle et solide; elle vous intéressera plus que de simples fragments. Efforcez-vous de comprendre l'État que j'ai fondé, c'est votre affaire de le pénétrer en tous points, ainsi que les bases sur lesquelles il repose. Jusqu'à présent j'ai beaucoup souffert en me fiant trop aux autres. Je sais que mon frère Mayor vous sera d'une grande utilité dans tout ceci.

« Vous penserez peut-être qu'il est inutile que je vous recommande d'aimer votre femme. Que le Seigneur vous enseigne en cela, autrement vous ne le ferez pas saintement... Mes amitiés à cette chère femme; dites-lui que je l'aime de toute mon affection et que je me réjouis de la bonté du Seigneur envers elle. Je désire qu'elle soit féconde de toutes les manières. Je la remercie de sa douce et tendre lettre.

« J'ai envoyé mes souhaits à ma sœur et à ma cousine Anna dans ma lettre à mon frère Mayor. Je ne voudrais pas qu'il se gênât dans ses affaires pour ce qu'il me doit. J'entends qu'il regarde ma bourse comme la sienne... Dick, que le Seigneur vous bénisse de toutes les façons. Je suis toujours,

« Votre père affectionné,

« OLIVIER CROMWELL. »

Peu de temps après cette lettre, le lord lieutenant s'était installé au Cockpit ainsi que nous l'avons vu, et Richard s'était empressé de l'y venir embrasser. Il y avait joui en bon fils de l'hospitalité paternelle. Mais Cromwell, qui passait vite des affaires générales aux affaires domestiques, retournait vite aussi des attachements privés aux devoirs publics. A son arrivée en Angleterre, tous les esprits étaient préoccupés de l'adoption que faisait l'Écosse de Charles II. Il était urgent de porter la guerre à Édimbourg, afin d'empêcher Édimbourg de la porter à Londres. Il fallait se hâter de rejeter Charles Stuart sur l'autre rivage de l'Océan. Or, pour une telle guerre, il n'y avait que deux généraux : Fairfax et Cromwell. Ils se mirent l'un et l'autre à la disposition du parlement. Seulement Fairfax, qui était presbytérien, quoiqu'il eût tant avancé la suprématie des indépendants, Fairfax, cédant à l'influence de sa femme et de Bowles, son chapelain, avoua au conseil d'État que sa conscience ne lui permettait pas d'accepter en cette conjoncture le bâton du commandement. Une députation de cinq membres de la chambre se rendit auprès de lui pour le décider. Ces cinq membres étaient Whitelocke et Saint-John, Cromwell, Lambert et Harrison. Ils insistèrent, et Cromwell plus que tous, pour que Fairfax ne refusât pas à cette grande entreprise le prestige de son nom, de son épée, de sa présence. Les conférences durèrent deux jours (24-25 juin). Fairfax fut inébranlable. Les instances de Cromwell furent si vives, si naturelles, que Ludlow et Hutchinson, qui en furent témoins, les crurent sincères. Ni Whitelocke, il est vrai, ni Saint-John ne furent dupes. Fairfax n'accepta pas le grade nouveau de général en chef qu'on lui offrait, et il se démit de l'ancien par un message dont il chargea son secrétaire Rushworth. Le parlement remercia Fairfax de ses grands services, lui vota un revenu de cinq mille livres sterling, et Fairfax se retira dans son château de Nun-Appleton, non loin d'York. Il y vécut en lord, dans un luxe modeste, avec la réputation d'un admirable soldat, d'un politique médiocre et d'un honnête homme.

C'est Cromwell qui le remplaça comme général en chef. Il fut nommé à l'unanimité. Il était marqué par la fortune. Sous une bonhomie feinte, il ressentit une immense joie. Ce qui est un grand signe, il se posséda au milieu de son ivresse. Il mit tout en règle, prescrivit la marche des troupes, leur nombre, leur variété, et les achemina dans un mouvement alternatif avec la flotte, le long des côtes orientales de l'Angleterre, dans la direction du nord. Son armée était nourrie par les comtés, tant qu'elle était sur le sol britannique. Au delà de Berwick, elle serait ravitaillée par les vaisseaux. En trois jours depuis sa promotion, il prit toutes ces mesures, et le quatrième jour (29 juin), il était en route.

Cette vaste responsabilité, écrasante pour tout autre, lui était légère. D'Alnswick, dans le Northumberland, il écrivit, le 17 juillet, à Richard Mayor, le beau-père de Richard Cromwell :

« Cher frère.

« L'extrême foule d'affaires que j'ai eues à Londres est la meilleure excuse que je puisse donner de mon silence en fait de lettres. Vraiment, monsieur, mon cœur m'est témoin que je ne suis pas fautif dans mon affection pour vous et les vôtres. Vous êtes tous souvent dans mes humbles prières.

« Je serais bien content d'apprendre comment va le petit. Je gronderais volontiers père et mère de leur négligence à mon égard. Je sais que mon fils est paresseux, mais j'avais meilleure opinion de Dorothée. J'ai peur que son mari ne la gâte ; je vous en prie, dites-le-leur bien de ma part. Si j'avais autant de loisir qu'eux, j'écrirais quelquefois. Si ma fille est enceinte, je lui pardonne, mais non si elle nourrit.

« Que le Seigneur les bénisse ! J'espère que vous donnez à mon fils (Richard) de bons conseils ; je crois qu'il en a besoin. Il est à l'époque dangereuse de sa vie, et ce monde est plein de vanité. Oh ! combien il est bon de s'approcher de Jésus-Christ de bonne heure ! Cela seul mérite notre étude. Je vous en supplie, exhortez Richard. — J'espère que vous me garderez toute votre amitié. Vous voyez comme je suis occupé. J'ai besoin de pitié. Je sais ce que je ressens en mon cœur. Une haute situation, un haut emploi dans le monde ne méritent pas qu'on les recherche ; je n'aurais pas de consolation dans mes occupations, si mon espoir n'était dans la présence du Seigneur. Je n'ai pas ambitionné ces choses ; véritablement j'y ai été appelé par le Seigneur ; c'est pourquoi je ne suis pas dépourvu de l'espérance qu'il donnera à son pauvre ver de terre, à son faible serviteur, la force de faire sa volonté et d'atteindre le seul but pour lequel je suis né. En cela, je demande vos prières. Je

vous prie de me rappeler à l'amitié de ma chère sœur, à notre
fils et à notre fille, à ma cousine Anna, et je suis toujours

« Votre très-affectionné frère,

« OLIVIER CROMWELL. »

Cromwell avance, et, tout en surveillant jusqu'aux moindres détails, il est attentif aux incidents et il y prend part. Il
est toujours ainsi en rapport avec ses vétérans, soit qu'ils
prient, soit qu'ils s'exercent, soit qu'ils prêchent. Leurs facé-
ties même l'amusent. Le colonel Hodgson raconte que dans un
repas, au bord de la mer, à quelque distance de Berwick, le
général en chef se divertit singulièrement à voir un soldat
coiffer son camarade d'une jatte de lait caillé. « Olivier, dit le
colonel Hodgson, riait à se tenir les côtes ; car notre Olivier
aime une bonne farce. »

La bouffonnerie passée, Cromwell redevenait sérieux ou terrible. Le badinage avec lui ne durait pas. Il ne plaisantait qu'à
ses heures.

Depuis le commencement de la guerre civile, on peut
compter trois généraux en chef. Milord Essex, un presbytérien
modéré, commandait l'armée pour le parlement et pour le roi.
Sir Thomas Fairfax fut le général du parlement seul. Cromwell
fut exclusivement le général de l'armée. S'il ménageait la
chambre et le conseil d'État, c'était pour suffire au présent. Il
leur demandait pendant leur jour assez d'autorité pour les renverser le lendemain ; mais avec une activité dévorante, il ne se
pressait pas dans les grandes choses et il agissait à propos. Il
ne devançait pas l'occasion ; il savait l'attendre pour la mieux
saisir.

Pour le moment, sa grande préoccupation était l'Écosse.

J'ai voyagé lentement de Londres à Berwick par York, Durham, Newcastle, Morpeth, Alnswick, entre les montagnes et
la mer ; j'ai voyagé de Berwick à Musselbourg par Cockburns-
path, afin de recueillir sur les traces de Cromwell des souvenirs. Cette route fut son itinéraire dans cette redoutable campagne de 1650, où ce grand homme se montra, sans effort et

dans une harmonie naturelle, théologien, politique et capitaine.

Il faut l'entendre :

« Au très-honorable lord président du conseil d'État cette lettre.

« Musselbourg, 30 juillet 1650.

« Nous sommes partis de Berwick lundi, le 22 juillet, et nous avons couché dans la maison de milord Mordington lundi, mardi et mercredi. Jeudi, nous nous sommes dirigés sur Copperspath ; vendredi, nous sommes allés à Dunbar, où nous avons reçu quelques vivres de nos vaisseaux ; de là nous avons marché sur Haddington.

« ... Nous couchâmes à Musselbourg (26), campés tout près de l'ennemi, l'armée écossaise étant entre Édimbourg et Leith, à environ quatre milles de nous, retranchée par une ligne flanquée de Leith à Édimbourg ; leur canon de Leith battant la plus grande partie de la ligne, de façon que leur position est très-forte. »

Cromwell demeura plus d'un mois entre Dunbar et Édimbourg, cherchant à attirer le général David Lesley hors de ses retranchements, luttant d'un autre côté contre la famine qui menaçait l'armée anglaise ; car le pays était un désert, tant Cromwell inspirait de peur. Les paysans écossais, dans la crainte d'être traités comme les Irlandais, s'étaient repliés sur Édimbourg, emportant tout et ne laissant que le vide. Cromwell ne désespérait pas. Il réclamait de l'Angleterre des approvisionnements par la flotte ; il soignait ses soldats que l'humidité, les privations, les intempéries du climat infectaient de maladies ; il dressait des embuscades et méditait des escarmouches, afin de contraindre l'ennemi à une bataille.

Quand il avait rempli tous les devoirs d'un chef, il écrivait à l'assemblée générale de l'Église d'Écosse :

« Musselbourg, 8 août 1650.

« Messieurs,

« Vous prenez sur vous de nous juger touchant les choses de Dieu, quoique vous ne nous connaissiez pas. C'est par vos paroles dures et fallacieuses que vous avez engendré le préjugé de ceux qui se fient trop à vous en affaires de conscience, affaires dans lesquelles chaque âme doit répondre au Seigneur pour elle-même.

« Je vous adjure par les entrailles du Christ de croire qu'il est possible que vous vous trompiez. Avons-nous fait alliance, nous, avec des hommes méchants et charnels (Charles II et ses favoris)? Avons-nous de l'estime pour eux? Les avons-nous amenés à faire pacte avec nous? Ce ne serait plus alors un covenant de Dieu, un covenant spirituel. Pensez à cela ; nous y avons pensé, nous. Il ne peut y avoir de covenant avec la mort et avec l'enfer.

« Que le Seigneur vous donne l'entendement pour faire ce qui est agréable à ses yeux. »

Cromwell écrivait aussi au général David Lesley dans le même dessein qui avait dicté sa lettre à l'Église. Ses manifestes antidynastiques, il les répandait le plus qu'il pouvait parmi les Écossais. Il essayait de déraciner Charles II, et il éveillait dans toutes les poitrines presbytériennes les colères toujours vives contre les Stuarts incorrigiblement épiscopaux.

« Du camp des monts Pentland, 14 août 1650.

« Monsieur,

« ... Nous vous faisons cette réponse par laquelle j'espère, avec la grâce, faire voir que nous continuons à être ce que nous avons déclaré aux honnêtes gens d'Écosse. Nous faisons des vœux pour eux comme pour nos propres âmes, notre affaire n'étant aucunement d'empêcher nul d'entre eux d'adorer

le Seigneur selon leur conscience. Nous sommes toujours prêts
à remplir en cela les obligations que le covenant nous prescrit.

« Cependant que, sous le prétexte du covenant mal inter-
prété, torturé hors de son véritable sens et de la justice, un roi
soit accepté par vous et nous soit imposé (Charles II) — et que
cela soit appelé la cause de Dieu et du royaume... cela ne se
peut souffrir. Sachez que celui... sur lequel repose l'espoir et
tout le bien-être de la nation a une armée papiste en Irlande,
combattant à présent même pour lui et sous ses ordres ; qu'il a
le prince Rupert, dont la main s'est plongée profondément
dans le sang de beaucoup d'hommes innocents en Angleterre ;
qu'il a de fortes intrigues avec les méchants de la Grande-Bretagne... Comment les intérêts de Dieu, pour lesquels vous pré-
tendez l'avoir reçu et les intérêts des méchants dans leur but
et leurs conséquences tous concentrés en cet homme, comment
ces intérêts peuvent être conciliés, — c'est ce que nous ne
pouvons concevoir.

« Comment croire, pendant que d'un côté les méchants avé-
rés combattent et complotent contre nous, pendant que d'un
autre côté vous vous déclarez en faveur de lui leur drapeau,
comment croire que ce n'est pas là épouser la querelle du parti
des méchants ? »

Cromwell ajoute qu'il ne voit aucune garantie sérieuse dans
les serments de Charles Stuart, dressé par les conseillers de
son père à la fourberie. Il attirait la défiance écossaise. Les
coups de Cromwell pénétrèrent si bien, et en attendant qu'il
frappât du glaive d'acier, il enfonça si avant le glaive de la parole, que les ministres, afin de raffermir dans le cœur des calvinistes pour Charles Stuart l'affection chancelante, imaginèrent de contraindre ce prince à un devoir qu'il eut l'infamie de
ne pas rejeter et qui le déshonore à jamais. Le marquis d'Argyle et les seigneurs presbytériens avaient accompagné
Charles II de Cromarty à Édimbourg. En passant à Aberdeen,
il avait aperçu l'une des jambes de Montrose clouée à la porte
principale de la ville ; en traversant Édimbourg, il vit la tête
du héros fixée sur la vieille Tolbooth, la plus funèbre des pri-

sons. Cette tête de mort de son grand serviteur affecta
Charles II. Un autre eût été plus ému. Lui réprima l'expression de sa douleur qui aurait pu lui nuire ; car il était un roi
covenantaire.

Des épreuves nouvelles l'attendaient à Holyrood. Les ministres qui l'avaient réduit au jeûne, aux prières, à plusieurs
sermons par jour, sentaient la pointe de l'argumentation de
Cromwell ; ils désiraient échapper aux reproches qu'ils se faisaient à eux-mêmes et que redoublait le général du parlement
sur leur zèle pour Charles II, le roi des papistes et des épiscopaux *autant que le leur.* Ils cherchèrent un expédient décisif
pour se justifier, et voici celui qu'ils trouvèrent. Ils rédigèrent
une déclaration expiatoire qu'ils entraînèrent à signer le fils de
Charles Iᵉʳ et de Henriette de France. Dans cet acte, il maudissait l'épiscopat et le papisme ; il confirmait la sincérité de
son adhésion au covenant, et, bassesse qui ne fut jamais égalée
par aucun homme, il désavoua « le péché de son père et l'idolâtrie de sa mère. » Les ministres envoyèrent cet acte parricide
soit à leur troupeau presbytérien, soit à Cromwell et à l'armée
anglaise. Ils montèrent dans toutes les chaires des églises, ils
se hissèrent sur toutes les bornes des carrefours, ils escaladèrent les affûts des canons disposés d'Édimbourg à Leith, et ils
crièrent partout : « Le jeune homme est justifié ; malheur maintenant au général blasphémateur et à l'armée schismatique ! »

Le théâtre de cette guerre de Cromwell est vraiment magnifique. J'en ai visté les différents campements au pied des monts
Lammermoor, près d'Haddington, sur les collines des monts
Pentland, près d'Édimbourg, à quelques portées de carabine
des rocs d'Arthur et de Salisbury. Le grand capitaine n'avait
pu débusquer par des provocations David Lesley, qui s'était
obstiné à rester dans ses lignes formidables. Il eut plus de succès avec les ministres presbytériens. Il les embrasa de fureur,
en les accusant de faire de la diplomatie humaine au lieu de
faire de la théologie divine. Les ministres ne se possédèrent
plus. Ils agitèrent de prédications retentissantes la Haute-Rue,
High-Street, qui commence à Holyrood et qui finit au château.
L'émeute sacrée roulait à leur voix dans les escarpements de

cette rue, la plus pittoresque du monde. Ils appelaient le combat, ils blâmaient les temporisations de David Lesley, leur général. Cromwell leur dut son salut. Menacé de la contagion, de la disette, réduit à une armée de onze mille Anglais contre vingt-deux mille Écossais, il s'était retiré vers Dunbar. Il avait déjà embarqué ses malades, et il allait peut-être lui-même se réfugier sur la flotte. Il hésitait au-dessous de Dunbar, dont le château domine l'Océan immense. Il s'était posté non loin de Broxmooth-House, lorsque David Lesley se développa sur les hauteurs de Lammermoor. Un ravin de trente pieds séparait les deux armées. Le général écossais ne voulait pas pousser Cromwell. C'était assez pour lui de garder les hauteurs de Lammermoor, comme il avait gardé les lignes de Leith. Par cette tactique de Fabius, il eût obligé Cromwell soit à gagner avec ses vaisseaux Newcastle, soit à tenter les défilés vers Berwick, soit à mettre bas les armes, ce qui était la honte, soit à attaquer très-désavantageusement, ce qui était la ruine. Les ministres, moins sages et moins expérimentés, voulurent le combat pour anéantir Cromwell et ses vétérans. La faute de Lesley fut de céder à ces gens d'église. Il n'avait que des dévots soumis, qui croyaient sur parole; Cromwell avait des fanatiques terribles, qui étaient chacun d'une religion individuelle et qui puisaient dans leur communication directe avec Dieu une énergie indomptable. Plus la religion est personnelle, — plus elle est inspirée, plus elle est vivante et plus elle enivre les hommes d'enthousiasme. On le comprit à la supériorité des indépendants sur les presbytériens, à la force irrésistible de ces soldats de Cromwell, dont il n'y avait presque pas un qui ne fût son prêtre et qui ne cherchât aussi librement le Seigneur qu'Olivier, leur généralissime.

Le 2 septembre, Cromwell pria une partie du jour avec ses officiers. Sa ferveur fut si grande, qu'elle surmonta le trouble d'esprit où le jetait sa situation désespérée. Au milieu de l'extase où fut ravie son âme, il devina le sort. Une révélation surnaturelle, selon l'ambassadeur vénitien Segredo, annonça la victoire à Cromwell. Le général parlementaire éprouva alors une grande paix, et la longue épée de feu qui avait étincelé sur

Edimbourg lui parut d'un bon présage. Au sortir de son ivresse religieuse, il alla se promener en face de Lammermoor, dans les jardins du comte de Roxburg (Barnett, *Hist. de mon temps*, t. 1er, p. 115). Il braqua plusieurs fois sa lunette sur l'ennemi, et, constatant un mouvement inaccoutumé parmi les Écossais, il s'écria : « Le Seigneur nous les livre ; les voici qui vont venir ! »

Les Écossais employèrent toute la nuit à exécuter leur évolution, et le matin 3 septembre, à six heures, Cromwell, qui avait pris ses mesures, les assaillit avant qu'ils pussent se reconnaître. Il lança contre eux le général Fleetwood, qui fut arrêté court, puis le major Wite de son propre régiment, le major Wite qui menait les vétérans du généralissime et qui pénétra, jouant du pistolet et sabrant à droite et à gauche. Trois mille Écossais, et parmi eux plusieurs prêtres presbytériens, succombèrent; dix mille furent faits prisonniers en une heure de mêlée. « Ainsi, s'écria Cromwell, le Seigneur dissipe ses ennemis ! — Ils fuient, ajouta-t-il, c'est le moment de remercier le Seigneur Sabaoth. Chantons, mes compagnons, chantons le psaume CXVII. » Alors, aux rayons du soleil qui dorait leurs armes, le château de Dunbar et les flots de l'Océan, les Anglais avec le généralissime entonnèrent en chœur :

« Nations, louez toutes Jéhovah ; et vous, peuples, célébrez le Seigneur.

« Car sa bonté plane sur vous, et sa vérité ne passera point. Louons l'Éternel ! »

« Le corps d'armée des ennemis, dit Ludlow (t. II, p. 60), s'occupa de sa sûreté avec tant de préoccupation, qu'il y en eut peu qui osassent regarder derrière eux avant d'être arrivés à Edimbourg, sans se soucier de leur roi (Charles II), qui fit pour se sauver ce que faisaient ses nouveaux sujets. »

Le psaume n'absorbait pas tellement Cromwell qu'il ne précipitât escadron sur escadron à la poursuite de l'ennemi, et qu'il n'expédiât des ordres innombrables. Il dirigea Lambert sur Édimbourg et sur Leith, qui en est comme le port. Il s'occupa des blessés et des prisonniers. Il eut en Écosse autant de douceur qu'il avait eu d'atrocité en Irlande. Et ce n'était pas bonté

que cette sollicitude, c'était calcul. Il pressentait, par une sorte
d'algèbre politique très-fine, que ce qui avait terrassé l'Irlande
révolterait l'Ecosse, et qu'il ne fallait pas se conduire avec les
populations les plus éclairées de la Grande-Bretagne, comme il
avait fait avec les plus ignorantes et les plus barbares.

Le 4 septembre, le généralissime écrivit sept lettres, — un
long bulletin au président du conseil d'Etat et une proclamation aux habitants du pays pour le transport des officiers et
des soldats encore vivants restés sur le champ de bataille.
Cromwell ne se réservait que les armes et les munitions. Sur
les bruyères humides de sang, et que j'ai vues, après deux
siècles, si fraîches de rosée, il y avait çà et là quinze mille
fusils pour les soldats républicains et deux cents drapeaux pour
le parlement.

De toutes ces lettres, trois me paraissent assez importantes
pour que je les cite ici : ce sont celles qu'il adressa d'un élan
de cœur à sa femme, au beau-père de son fils Richard et à son
gendre le général Ireton, qui le remplaçait en Irlande.

Sa première pensée est pour sa femme.

                                        « Dunbar, 4 septembre 1650.

« Ma très-chère,

« Je n'ai pas le loisir d'écrire beaucoup ; mais je serais tenté
de te gronder de ce que, dans plusieurs de tes lettres, tu me
mandes que je ne devrais pas oublier toi et tes petits enfants.
Véritablement, si je ne vous aime pas trop, je crois que je ne
pêche pas beaucoup par l'autre extrême. Tu es pour moi la plus
chère des créatures ; que cela te suffise.

« Le Seigneur nous a montré une miséricorde extrême : qui
peut savoir combien elle est grande ! Ma faible foi a été soutenue.
J'ai été merveilleusement supporté dans mon homme intérieur,
quoique, je t'assure, je devienne vieux ; je sens que les infirmités
de l'âge s'emparent de moi rapidement. Plût à Dieu que mes
corruptions diminuassent aussi vite ! Prie pour moi à ce dernier
sujet. Henri Vane et Gilbert Pickering te donneront les détails

de nos derniers succès. Mes amitiés à tous nos chers amis. Je suis toujours à toi.

» OLIVIER CROMWELL. »

A Richard Mayor, qui habite Hursley, Cromwell annonce la victoire ; puis il ajoute :

« Dites à Dorothée (la fille de Richard Mayor et la femme de Richard Cromwell), dites à Dorothée que je ne l'oublie pas, non plus que son petit. Elle m'écrit avec beaucoup trop de cérémonie et de compliments ; j'attends d'elle une lettre tout unie. Elle est trop décente pour me dire si elle est enceinte ou non. Je demande à Dieu de répandre sa bénédiction sur elle et sur son mari. Le Seigneur rend féconds tous ceux qui sont purs. Nos enfants pourraient m'écrire souvent ; mais ils sont paresseux l'un et l'autre. Ils méritent d'être grondés. Priez pour votre affectionné frère,

« OLIVIER CROMWELL. »

Il se souvient aussi d'Ireton, son gendre, le vice-lieutenant d'Irlande.

« Dunbar, 4 septembre 1650.

« Quoique vous m'écriviez rarement, je sais que vous ne m'oubliez pas. Croyez la même chose de moi ; car je prie souvent pour vous au pied du trône de la grâce. — J'ai été informé de la protection que le Seigneur vous a accordée en vous faisant réduire Waterford, Duncannon et Catherlogh. Son nom soit loué !

« Nous avons été employés à un service rempli d'épreuves... Nous avions affaire à beaucoup d'hommes pieux... Le Seigneur nous a inspiré de douces paroles et nous les a fait penser avec sincérité. Ils les ont repoussées à diverses reprises, et chaque fois nous les avons suppliés de croire que nous les aimions comme nos propres âmes : ils nous ont souvent rendu le mal pour le bien.

« Nous avons réclamé d'eux des garanties contre les entreprises de Charles Stuart sur l'Angleterre. Ils n'ont pas voulu nous écouter et ne nous ont pas répondu un mot. Nous en avons appelé à Dieu; eux en ont appelé à lui également. Nous avons été fréquemment sur le point d'en venir aux mains; mais ils avaient de meilleures positions que nous. Une terrible dyssenterie a ravagé notre armée et l'a réduite de quatorze mille hommes à onze mille : trois mille cinq cents de cavalerie et sept mille cinq cents d'infanterie. L'ennemi avait seize mille fantassins et six mille cavaliers.

« Les Écossais poursuivirent sur nous leurs avantages. Nous étions à l'extrémité. Le 3 septembre, nous les avons attaqués cependant. Après une affaire chaude, qui a duré une heure, nous avons mis toute leur armée en déroute. Nous leur avons tué environ trois mille hommes. Nous avons fait dix mille prisonniers; nous avons conquis toute l'artillerie, composée de trente pièces grosses et légères; nous nous sommes emparés d'une grande quantité de poudre, de mèches et de boulets. Nous avons ramassé deux cents drapeaux et quinze mille armes. Je crois que nous n'avons pas perdu plus de trente hommes, quoique nous ayons parmi les nôtres beaucoup de blessés. Avant la bataille, nous étions dans une situation déplorable; mais le Seigneur nous a soutenus par une confiance en lui inaccoutumée.

« Sachant que le récit de cette grande œuvre du Seigneur excitera vos âmes à chanter sa louange et à vous réjouir, ignorant si votre condition n'a pas besoin du bonheur de vos frères pour vous rafraîchir intérieurement, et nous rappelant que la nouvelle de vos succès a ranimé nos espérances dans notre détresse... j'ai pensé qu'il était bon, quoique pressé de mille soins, de vous annoncer l'inexprimable miséricorde que le Seigneur a manifestée pour la gloire de son nom et pour la consolation de ses saints.

« Que le Seigneur vous bénisse, ainsi que nous, afin que nous lui rendions grâces, maintenant et toute notre vie. Saluez tous nos chers amis qui sont auprès de vous, comme si je les nommais. Je n'ai plus rien à ajouter, et je suis toujours

« Votre père affectionné et ami véritable,

« OLIVIER CROMWELL. »

Telles sont quelques-unes des correspondances de Cromwell soit avec l'Angleterre, soit avec l'Irlande. Ces communications traversaient la terre et la mer pendant que le généralissime de l'armée d'Ecosse, après avoir assuré son triomphe par ses prévoyances, faisait son entrée à Édimbourg. Il s'y établit et l'administra merveilleusement, tout en continuant son duel doctrinal, soit avec les ministres presbytériens, soit avec le gouverneur du château. Le château était pour tous un poste admirable. C'est ici l'occasion de signaler l'étrange méprise d'un écrivain distingué, qui confondait dans une publication récente Holyrood et le château d'Édimbourg. Holyrood est le palais des Stuarts, au bord d'une plaine délicieuse qui confine à la mer, tandis que le château est au sommet de High-Street, la forteresse redoutable de la ville. Les ministres et le gouverneur avec des troupes étaient donc là, sous l'abri du canon. Cromwell, avant de les assiéger en règle, entama une négociation théologique. Plein de déférence pour les presbytériens, de bons calvinistes, il essaya de les convaincre de la supériorité des indépendants, lesquels revendiquaient, en faveur des laïcs, le droit de choisir une foi et de prêcher, eux aussi, l'évangile. C'est une grande passion et l'un des plus vifs plaisirs de l'esprit que la controverse religieuse pour ceux que préoccupent les choses éternelles. Cromwell se livra à la discussion avec une joie profonde. Il en dégagea la liberté de conscience et la tolérance universelle. C'est par là, on ne saurait trop le redire, que le vainqueur de Dunbar s'attacha Milton et le parti de l'avenir; par là qu'il fut incomparable, par là que l'on pénètre le sens caché, mais glorieusement historique de toute sa vie. Il ne se démentit jamais sur cette question capitale. Aussi le fit-elle le lord protecteur de l'Angleterre, en le faisant le roi des sectes, leur conciliateur, leur providence. Au dix-neuvième siècle, son influence dure encore. En 1650, à Édimbourg, il faut l'entendre. Parlerait-on mieux aujourd'hui?

« Êtes-vous mécontents, écrivait-il aux ministres retranchés dans le château, êtes-vous mécontents de ce que l'on prêche le nom de Jésus-Christ? La prédication vous paraît-elle exclusivement attachée au sanctuaire? Notre liberté scandaliset-elle vos églises ? Est-elle contraire à la loi ? Anathème à la loi, s'il en est ainsi !... Ce serait une jalousie injuste et déraisonnable de refuser à quelqu'un l'exercice d'un droit naturel, sous prétexte que l'abus de ce droit est possible... Lorsqu'un homme s'exprime follement, souffrez-le parce que vous êtes sages. S'il se trompe, reprenez-le, fermez-lui la bouche par des paroles judicieuses, irréfutables. S'il blasphème et trouble la tranquillité publique, laissez aux magistrats civils la tâche de le punir. S'il dit vrai, réjouissez-vous de la vérité ! »

Trois mois après ce beau siége théologique, le 24 décembre 1650, le château capitula. Le gouverneur fut accusé de s'être rendu aux guinées de Cromwell, plus qu'à ses arguments. Du milieu de son tourbillon de diplomatie et de guerre, Cromwell songeait au *Cockpit;* il songeait à tous les siens. Il s'entretenait affectueusement et pieusement avec sa femme.

« Édimbourg, 3 mai 1651.

« Ma bien-aimée,

« Je n'ai pu me décider à laisser partir ce courrier sans en profiter, quoique j'aie peu de chose à dire ; mais, en vérité, j'aime à écrire à celle qui est au fond de mon cœur. Je me réjouis d'apprendre que son âme prospère : que le Seigneur augmente de plus en plus ses faveurs envers toi ! Le grand bien que ton âme puisse désirer, c'est que le Seigneur jette sur toi la lumière de sa face, ce qui vaut mieux que la vie. Que le Seigneur bénisse tous tes bons conseils et ton bon exemple donné à ceux qui t'environnent ; qu'il entende toutes tes prières et qu'il te soit toujours propice !

« Je suis bien aise d'apprendre que ton fils et ta fille (Richard et Dorothée) sont auprès de toi. J'espère que tu trouveras quelque occasion de donner de bons conseils à lui. Présente mon respect à ma mère, et mes amitiés à toute la famille. Prie toujours pour ton

« OLIVIER CROMWELL. »

Cependant, la déroute de Dunbar avait été une délivrance pour le roi. Il s'enfuit à Perth ; mais là, opprimé encore par le marquis d'Argyle et par les ministres, il fit une escapade (*start*) comme on l'appela, et il se réfugia dans une chaumière des Highlands, au village de Clova, dans l'intention de rejoindre les royalistes des montagnes, soit Athol, soit Murray, soit Huntly, avec qui il avait des intelligences. Ramené à Perth, Charles s'affranchit de jour en jour du despotisme d'Argyle et des obsessions du clergé presbytérien. Il convoqua un parlement à Stirling, pour avoir une armée et un budget. Il rappela Buckingham et Wilmot, qui avaient été éloignés de lui. Il se gêna moins et se donna la récréation du scandale. Le major Massey, l'ancien ami du comte d'Essex, le héros de Glocester, qui s'était rallié à Charles II, le retenait un peu néanmoins. Il lui démontrait sans pédanterie qu'il devait se rallier aux ministres de l'Église écossaise pour régner. Charles, qui tenait Massey pour un aussi bon diplomate qu'il était un bon capitaine, lui faisait la concession soit d'une hypocrisie, soit d'une femme, soit d'un jeûne, soit d'un faux serment, puis il retournait à ses débauches et à ses vices. Massey, qui avait espéré la veille, désespérait le lendemain.

Le 1er janvier 1651, Charles se rendit tout près de Perth, sur la Tay, à Scone, où les rois d'Écosse avaient coutume de se faire couronner. Il se prosterna dans l'église à deux genoux, et promit solennellement d'observer le *covenant*, de fonder le presbytérianisme, à commencer par son palais, d'abolir toute fausse religion et de gouverner selon les lois. Le marquis d'Argyle lui mit alors le sceptre dans la main. Charles s'assit sur son trône, où il reçut les respects de la noblesse et du peuple, qui lui jurèrent fidélité. Le prédicateur Douglas l'exhorta violemment à ne manquer ni au covenant, ni à Dieu, ni à l'Écosse, s'il voulait éviter le sort de son aïeul et de son père, deux prévaricateurs.

Malgré les mensonges que Charles II avait proférés, malgré les insultes de Douglas et de quelques autres théologiens austères, cette cérémonie du couronnement fut une consécration efficace. Il échappa au marquis d'Argyle, tout en le flattant d'épouser sa fille, tout en honorant son fils, le comte de Lorn, d'une feinte faveur. Le lord Lorn et son père le marquis d'Argyle avaient des rôles très-bien combinés, l'un de complaisance, de zèle même, l'autre de sévérité. Tous deux échouèrent. Le cœur de Charles était ailleurs. Il nomma chef de la cavalerie, dans l'armée que lui avait votée le parlement de Stirling, Hamilton, le frère de celui qui avait été vaincu à Preston, puis décapité. Il désigna comme son aide de camp principal, ou plutôt comme son guide, le brave Massey, successivement major, colonel, général, le plus profond et le plus brillant de ses tacticiens. Les volontaires accoururent, sous l'étendard royal, à Aberdeen. Le roi passait joyeusement la mauvaise saison dans ses quartiers. Au mois de mai, il avait vingt mille hommes sous son commandement. Ses deux lieutenants officiels étaient David Lindsey et Middleton.

Cromwell fut malade une partie de l'hiver de 1650 et tout le printemps de 1651. Le conseil d'État lui envoya des médecins qui lui firent du bien. Il en exprima sa reconnaissance dans une lettre où le tact du politique s'allie à la sensibilité de l'homme.

Au lord président du conseil d'État.

« Édimbourg, 3 juin 1651.

« Milord,

« J'ai reçu votre lettre du 27, mais avec un ordre du parlement de retourner en Angleterre pour changer d'air, afin que, par ce moyen, je puisse mieux recouvrer la santé. Le tout m'est parvenu pendant que le docteur Wright et le docteur Bates, que vous m'avez dépêchés, étaient auprès de moi.

« Je n'ai pas besoin de dire l'extrémité de ma dernière maladie ; cette maladie a été si violente qu'en vérité ma nature était à peine capable d'en supporter le poids. Mais il a plu au Seigneur de me délivrer au delà de mon espérance et de me faire dire encore une fois : « Il m'a retiré du tombeau ! » Milord, l'indulgence du parlement, manifestée dans cet ordre, est une très-haute faveur non méritée, de laquelle je dois conserver un souvenir affectueux; cependant je juge que ce serait trop de présomption de ma part d'en faire des remerciments formels. Je vous prie de me permettre d'oser exprimer mon humble gratitude au conseil de m'avoir envoyé deux personnages si recommandables, à une si grande distance, pour me visiter. J'ai reçu d'eux beaucoup d'encouragements et de bons avis pour le rétablissement de ma santé et de mes forces, lesquelles, par la bonté de Dieu, je sens maintenant croître au point, si c'est son bon vouloir, d'être encore en état de me rendre utile selon mes faibles moyens dans le poste où il m'a placé.

« Je désirerais voir ici plus de stabilité dans vos affaires et qu'elles ne dépendissent pas au moindre degré d'une aussi frêle créature que moi. Véritablement elles n'en dépendent pas, — elles ne reconnaissent aucun instrument. Ceci est la cause de Dieu, et il faut qu'elle prospère. Oh! que tous ceux qui y ont la main soient persuadés de cela, qu'ils ceignent les reins de leur âme et essayent en toute chose de marcher dignes du Seigneur! telle est la prière.

« Milord,

« De votre très-humble serviteur,

« OLIVIER CROMWELL. »

En été, le généralissime sortit de son immobilité et secoua toutes ses langueurs. Il organisa contre le Nord des évolutions dont le but était de chasser le roi et de soumettre l'Écosse. C'est alors que Charles II, probablement inspiré par Massey, forma la résolution de faire une irruption en Angleterre, impatient de soulever les cavaliers par sa présence et de jouer sa vie contre le trône. Quoique suscité par Massey, cet élan, le plus beau, peut-être le seul de Charles II, mérite d'être applaudi. Quand un homme, quand un prince est sous cette meule de la nécessité, et qu'au lieu de se laisser broyer, de gémir et de mourir sur place, il se dégage par un puissant effort, dût-il plus tard retomber sous une meule plus lourde, il ne faut pas lui chicaner l'éloge, même si de généreux conseils l'ont entraîné.

Ludlow raconte que le roi ne pouvait plus s'approvisionner dans le fertile comté de Fife, à cause de l'occupation de ce comté par le général Lambert et par le colonel Overton. De là certainement la détermination de Charles. Menacé de la disette, serré de près par les officiers de Cromwell, à l'approche de Cromwell lui-même sur Tormood, le roi se déroba avec une armée de seize mille hommes et déboucha en Angleterre par Carlisle (6 août 1651). Il traversa le comté de Lancastre, s'avançant vers le pays de Galles, où il attendait beaucoup de sa popularité, et vers le Glocestershire, où il attendait tout de la popularité de Massey, le héros de cette contrée fort presbytérienne.

A la première nouvelle de cette marche hardie, Cromwell devina l'influence de Massey. Il chargea Monk de gouverner et de maintenir l'Écosse, enjoignit à Lambert et au major général Harrison de surveiller chacun les progrès de Charles II; puis il écrivit au parlement de ne rien craindre, de compter sur le Seigneur et sur lui pour réprimer cette invasion. Content d'avoir tout réglé, Cromwell se mettait en route trois jours après le roi. Il ne songeait plus qu'à combattre. Sa rapidité, son allégresse, sa piété furent prodigieuses. Il avait avec lui ses meilleurs vétérans, ceux qu'on appelait ses *côtes de fer*. Il les égayait, les encourageait et les prêchait tour à tour. Il chantait avec eux les psaumes au pas accéléré, et les saints versets soutenaient de leur rhythme le rhythme des cœurs et des pas.

Le parlement lui aussi fut héroïque. Il agit avec une célérité révolutionnaire. Il arma les milices, désarma les cavaliers et décréta soit la confiscation, soit la mort, contre tout ce qui favoriserait le mouvement royaliste. Sous une telle compression, l'Angleterre ne remua nulle part. Peu de volontaires et beaucoup de déserteurs, voilà ce qu'observait Massey dans cette expédition épuisée vite par la fatigue, par les privations, par les incertitudes. Charles, pour ranimer un peu l'esprit des troupes, se décida soudain à s'établir entre les murs de Worcester. Il avait de nombreux amis dans cette ville et y fut proclamé roi. Ses soldats s'y rafraîchirent. La confiance lui revint, mais pas assez grande pour le pousser à Londres. L'opinion ne lui faisait pas un courant. Il se fortifia donc ou plutôt il s'ensabla à Worcester.

Cromwell, auquel s'étaient ralliés Lambert et Harrison, arriva le 28 août. L'enthousiasme était pour lui. Les miliciens s'empressaient autour de ses étendards. Il eut bientôt une armée de quarante mille hommes. Celle de Charles, au lieu de grossir, avait diminué. Il ne comptait pas à Worcester plus de douze mille soldats, tandis que, avant de franchir la frontière anglaise, il en avait seize mille. Cromwell apprit au bord de la Severn qu'il était seul excepté du pardon avec Bradshaw et Cook par le manifeste du roi. Ce manifeste, du reste, avait été brûlé solennellement à 'Londres, le 11 août, par le bourreau. Comme Harrison parlait au généralissime de cette mesure du parlement, Cromwell dit : — « Je ne blâme pas la sévérité républicaine de la chambre, mais elle n'était pas nécessaire. Il n'est accordé qu'aux victorieux de pardonner ou d'excepter du pardon, oui, il est très-vrai que cela n'est accordé qu'aux victorieux, et, par le nom du Seigneur, le victorieux ne sera pas, j'espère, ce jeune homme. » C'est ainsi que Cromwell désignait toujours Charles Stuart.

Le 28 août, Lambert emporta le pont d'Upton sur la Severn. Il était défendu par la meilleure tête et le meilleur bras de l'armée royale, par le général Massey. Cet habile capitaine fut blessé dangereusement, au grand préjudice du roi.

Olivier Cromwell laissa presque reposer son armée et ne l'engagea que partiellement pendant plusieurs jours. Il était superstitieux comme tous les favoris du destin et il avait fixé sa bataille de Worcester au 3 septembre, anniversaire de la bataille qu'il avait gagnée à Dunbar l'année précédente. Le matin de cette grande journée, Fleetwood tenta et opéra sous la mitraille le passage du Team, pendant que Cromwell jetait un pont de bateaux sur la Severn et la traversait. La lutte fut très-sanglante. Charles II, qui considérait tout du haut de la cathédrale, descendit l'escalier gothique du monument, monta à cheval, opposa Montgommery à Fleetwood et courut à Cromwell qui conduisait le gros de ses troupes, après avoir eu soin

de placer au port d'armes et à l'abri plusieurs bataillons de
ses vétérans. C'était sa réserve accoutumée. Entouré d'une
partie de son infanterie, de la cavalerie de Hamilton et des volontaires, Charles chargea vainement une première fois ; une
seconde fois, il chargea avec ses montagnards, et la milice républicaine plia. Mais Cromwell les ramena rudement, tout en
faisant avancer sa réserve. A la voix de leur général et aux
éclairs de son épée qu'il agitait, les vétérans, cette élite des
saints, culbutèrent tout. Lesley ne sortit pas de Worcester pour
secourir Charles. Le malheureux prince fut entraîné par les
fuyards jusque dans Friar-Street. Il voulait concentrer ses
troupes, et elles se débandèrent. Il désirait mourir. Wilmot,
Derby, Buckingham, ses plus dévoués amis, le supplièrent de
penser à sa sûreté. Harrison et les républicains étaient entrés
pêle-mêle dans la ville avec les royalistes. Toutes les positions
furent prises. Le colonel Drummond rendit le château. Après
cinq heures de combats acharnés hors des murs et dans les
murs, Worcester fut livrée du soir au matin à tous les excès de
la soldatesque. Hamilton, qui avait eu la jambe brisée d'un
boulet de canon, expira le 4 septembre. Dans l'élite des captifs
on comptait les noms les plus illustres soit de l'aristocratie, soit
de l'armée : les comtes de Cleveland et de Rhotes, les lords
Kenmure, Sainclair, Grandisson, le général Middleton. L'intrépide Massey se remit à la comtesse de Stamford dans le Leicestershire, d'où on le transporta à la Tour de Londres. Le
nombre des morts parmi les royalistes fut de trois mille hommes,
le nombre des prisonniers de sept mille. Les fugitifs étaient
deux mille au plus. Chose horrible ! presque tous les Écossais
errants étaient massacrés à leur accent étranger.

Le généralissime républicain appela cette victoire une victoire couronnante, *the crowning victory*. Peu à peu il congédia
les milices et ne garda que l'armée régulière. Il grandit de vingt
coudées aux yeux du monde et à ses propres yeux. Ses manières
furent celles d'un dictateur. Il alla droit à Londres. Le parlement lui envoya une députation qu'il reçut à merveille ; mais
déjà l'autorité du maître perçait sous la bienveillance du général. Il fit don à chacun des commissaires d'un cheval et de deux

prisonniers écossais. Le parlement fit proposer Hampton-Court
à Cromwell, comme s'il eût été le roi. Bradshaw et une af-
fluence soudaine soit de représentants, soit de grands personnages, vinrent l'accueillir au delà du faubourg de Londres. Là
il fut chaudement félicité. Quoique son attitude fût modeste, il
accepta en souverain tous ces hommages, puis il monta dans un
carrosse d'honneur attelé de six chevaux, et il traversa lentement les rues de Londres aux acclamations passionnées de la
multitude.

Charles Stuart, cependant, que devint-il? Nous le savons
très-authentiquement, car c'est lui qui nous l'a appris. Nous
avons deux récits, l'un que Charles fit en causant familièrement avec lord Clarendon, l'autre plus solennel qu'il se donna
la peine de dicter à M. Pepys, secrétaire de l'amirauté. L'annaliste fidèle des aventures du roi après Worcester, c'est donc le
roi lui-même !

Vers la fin de la bataille, quand tout fut perdu, il avait sondé
les suites d'une telle déroute pour lui. Comment échapperait-
il? Au lieu de retourner en Écosse, il était tenté d'aller à Londres. Le lord Henri Wilmot, qu'il consulta, fut de son avis. Mais
pour cela, il fallait saisir le moment de s'isoler non-seulement
des restes de sa cavalerie, mais d'une soixantaine de seigneurs,
de gentilshommes et d'officiers qui lui servaient d'escorte. Au
premier rang, se trouvaient avec lord Wilmot, le duc de Buckingham, lord Landerdale, lord Derby et plusieurs autres lords
de la plus haute distinction. Ils avaient galopé devant eux,
franchi Wolverhampton, où il y avait une garnison républicaine, et plusieurs autres postes parlementaires qui, ne les con-
naissant pas, ne les inquiétèrent pas non plus. Le roi avait ainsi
couru toute la nuit pendant vingt-cinq milles. Au petit jour, il
atteignit une maison écartée, à la frontière méridionale du
comté de Stafford, sur la lisière des bois qui couvraient ce pays
entrecoupé de taillis, de fourrés et de futaies. Le capitaine Giffard, en guide intelligent même au milieu des ténèbres, avait
séparé de la cavalerie Charles II et son cortége de noblesse pour
les conduire à cette maison qu'on appelait White-Ladys. Elle
appartenait à la famille de Giffard. Une autre famille, les Pen-

derell, des fermiers laboureurs, possédaient près de là un mou-
lin et deux maisons, l'une à Boscobel, l'autre à Hobbal-
Grange.

Les Penderell, dont le beau-frère *Yates* était un soldat de la
compagnie du capitaine Giffard, avaient été entretenus ardemment dans la religion des Stuarts et du pape par deux prêtres
zélés, M. Walker et le père Hodleston. Cette famille primitive
des Penderell se composait de six frères disséminés aux environs de White-Ladys. Ils avaient été recommandés à Charles
par le comte de Derby, et le capitaine Giffard se portait caution
de ces bons catholiques et de ces bons royalistes.

Après un repas rustique de pain et de fromage, le prince,
décidé de plus en plus à demeurer à l'écart, prit congé de son
état-major de grands seigneurs. Le duc de Buckingham se sauva
chez lady Villiers, lord Talbot dans la maison de son père.
Le duc Derby, le comte de Landerdale et d'autres vaillants
chefs tombèrent entre les mains des miliciens ou des dragons
de Cromwell, tandis que, non loin de Stafford, David Lesley
se rendait avec ses derniers escadrons.

Délivré de ses amis, Charles eut de meilleurs dés contre
la fortune et plus de probabilités pour déjouer les embûches de
ses ennemis. Il se fagota en paysan d'une culotte courte grise,
d'un pourpoint de cuir et d'un habit de drap vert. On voyait
passer entre les boutons de son pourpoint une grosse chemise
de toile commune qui achevait la métamorphose. Ainsi déguisé,
Charles jeta dans un puits son riche costume de prince afin
d'effacer toute trace, et il convint avec Wilmot, son seul compagnon désormais, qu'ils iraient chacun avec un Penderell, par
une route différente, à Londres, et qu'ils se réuniraient dans le
marché au vin de cette ville, à l'hôtel des *Trois Grues*. Ce
rendez-vous donné et accepté, Charles, sous les auspices de
Richard Penderell, connu depuis par la dénomination du fidèle
Richard, et l'un des six frères, se coula dans le bois, une hache
de bûcheron à la main. Il employa tout le jour à observer du
bord de la forêt si l'on recherchait les fuyards. Une troupe de
miliciens passa, mais ne fit pas de perquisitions parmi les arbres à cause de la pluie qui tombait. Cette pluie sauva proba-

blement le roi. Son évasion de White-Ladys le sauva aussi ; car, peu de moments après qu'il se fut esquivé de la maison, elle fut investie et fouillée. Chárles interrogea Richard Penderell sur les chances d'un voyage à Londres et, détrompé de ses illusions par les réponses, il renonça vite à ce voyage. Il résolut de se glisser dans le pays de Galles, où il y avait beaucoup de gentils-hommes à qui il pourrait se confier, et qui lui ménageraient sa traversée en France sur un des vaisseaux de leur côte.

Quand la nuit fut très-sombre, le roi, qui n'avait ni bu ni mangé depuis le matin, fit un sobre repas qui lui avait été apporté de l'une des demeures des Penderell, et il se dirigea à pied, avec Richard, vers la Severn. Poursuivis comme des voleurs par un meunier, le roi et Richard s'enfuirent à toutes jambes et se cachèrent sous une haie jusqu'à ce que cette alerte eût pris fin. Rassuré par le silence de la nuit et de la campagne, le roi envoya Richard pour demander, de la part d'un homme de qualité, l'hospitalité de quelques heures à M. Wolf, un vieux seigneur catholique, infatigable à cacher des prêtres de sa communion dans les retraites de son manoir. M. Wolf assura Richard qu'il ne risquerait plus sa vie pour personne, si ce n'est pour le roi, et il lui refusa sa requête. Richard s'étant hasardé à dire que son homme de qualité, c'était le roi, M. Wolf, ému d'une profonde et sainte pitié, déclara qu'il n'hésitait plus. Il indiqua à Richard Penderell la poterne du château, et c'est par là que Richard introduisit Charles II. Le vieux gentil-homme baisa tendrement et respectueusement la main de son roi avant de le conduire, par un détour furtif, derrière des monceaux de blé et de foin. Il le munit d'aliments froids et lui persuada de ne pas tenter le passage de la Severn dont le cours entier était minutieusement surveillé. Charles alors ressaisit son projet de se réfugier à Londres, et il revint avec Richard par les maisons des Penderell jusqu'à la proximité de White-Ladys.

Il sut là que lord Wilmot s'était établi chez un M. Whit-grave, ami du major Careless et voisin, comme le major, des Penderell. Son premier mouvement avait été de rejoindre Wilmot ; cependant il manda le major Careless pour le consulter.

Le major s'empressa vers son souverain, auquel il témoigna beaucoup d'appréhension, à cause des recherches pratiquées partout contre les fugitifs de Worcester. « L'asile certainement le plus secret, dit-il, serait, à mon avis, un grand chêne touffu planté au milieu d'une plaine toute proche d'ici. Ni soldats ni miliciens ne soupçonneront cet arbre, et de son sommet nous pourrons scruter le pays alentour. » Le roi applaudit fort à cette ouverture, et, sans plus tarder, ils allèrent se loger dans le chêne, plaçant leur nid entre les nids des oiseaux, loin du trône, mais aussi loin de l'échafaud. Ce chêne, Charles l'a célébré dans ses souvenirs (Mss Pepys), et Pope l'a chanté dans ses vers. Careless l'avait approvisionné de pain, de fromage et de bière. Tout en suivant du regard l'apparition des habits rouges et les démarches des émissaires chargés de découvrir les suspects, les hôtes du chêne, appelé depuis cette époque le chêne Royal, firent un bon dîner dans les rameaux, et ce ne fut que le soir qu'ils pénétrèrent clandestinement à Mosely, chez M. Whitgrave, où lord Wilmot les attendait.

Le roi se concerta avec Wilmot et le dépêcha à cinq milles de là, chez le colonel Lane, à Bentley, pour avoir son avis sur l'itinéraire de Londres. Le colonel combina toutes les chances d'évasion, et il conclut à proposer au roi un voyage chez M. Norton, qui demeurait à trois milles de Bristol. M. Norton était cousin de mistriss Lane, sœur du colonel, et cette jeune dame, qui avait des passe-ports pour cette excursion, guiderait le roi, qui serait transformé en valet. Charles adopta ce plan avec reconnaissance. Reçu avec enthousiasme chez le colonel, il y déposa son bâton d'épine, dépouilla son costume de bûcheron et revêtit un costume nouveau. Il endossa une sorte de livrée, choisit un chapeau gris pointu et assujettit avec soin autour de ses doigts de pied du papier très-doux afin de ne pas s'écorcher. Ses cheveux coupés fort courts lui donnaient assez l'air d'une tête ronde, et il espérait beaucoup de cet air-là.

C'est dans cet accoutrement que Charles II partit avec mistriss Lane et M. Lassels pour Bristol. En route, le cheval du roi s'étant déferré, le monarque eut recours à un maréchal qu'il aida dans sa besogne. Il lui demanda, tout en tenant la jambe du cheval, s'il n'y avait pas quelque bruit politique. « — Non, dit-il, ce brigand de Charles Stuart est battu, mais il n'est pas pris. — Ah ! s'écria le roi, ce coquin-là mérite la corde plus que tout autre pour avoir amené les Écossais dans la vieille Angleterre. — Voilà qui est parlé en brave homme, » repartit le maréchal. Et ils se quittèrent les meilleurs amis du monde. Mistriss Lane mena le roi coucher à Long-Marsan, chez un parent à qui elle tut le vrai nom de son compagnon énigmatique. La seconde nuit, les voyageurs débridèrent à Cirencester. De là ils s'acheminèrent chez M. Norton. Le roi se découvrit à Pope, le sommelier, qui l'avait reconnu, et demeura quelques jours dans cette maison, où lord Wilmot arriva aussi par les subterfuges du bon Pope.

M. Norton habitait au delà de Bristol, près de la mer, et cependant, malgré l'ardeur de Pope le sommelier, ne parvint pas à louer un navire. Ne pouvant séjourner longtemps dans un même lieu, il s'éloigna de la résidence de M. Norton pour aller à Trent, chez le colonel Frank Windham. Le colonel habitait avec sa mère, une femme forte qui avait déjà perdu trois fils et un petit-fils au service des Stuarts sans que son dévouement fût éteint. Elle était toute vive encore pour d'autres sacrifices, s'il le fallait. Mistriss Lane accompagna le roi jusque chez cette Romaine de la monarchie absolue. C'est à Trent que la jeune et courageuse amie du roi, avec M. Lassels, son cousin, qui les avait suivis pendant tout le voyage, saluèrent Charles II d'un adieu tendre et plein de souhaits. Ils revinrent directement à Bentley, chez le colonel Lane, à quelques milles des maisons forestières et rustiques où vivaient les Penderell, ce clan royaliste et religieux, ces modèles de loyauté et d'honneur, ces paysans dignes d'être des lords.

Le roi, lui, était enveloppé de dangers, traqué par les espions et par les soldats de Cromwell. Il ne priait pas et ne récitait pas des psaumes comme autrefois Charles Ier, mais il fredonnait des chansons grivoises et ne s'avisait ni de la ferveur, ni de la chasteté, ni de la sobriété de son père. Lord Wilmot ne se montrait pas sévère non plus, et c'était un

maître de débauche autant que de bravoure. Jamais le roi ne
put obtenir que ce brillant courtisan changeât de costume.
« Ces diables de déguisements m'iraient trop mal, répondait-il,
et je ne veux pas être défiguré. » Il continua de s'avancer avec
la hardiesse d'un grand seigneur en chasse, un faucon sur le
poing et trois chiens courants autour de son cheval. Aussi
Charles II exigeait-il, pour sa sûreté, que Wilmot allât toujours en avant ou en arrière. Ils ne cheminaient pas ensemble.
Le roi cependant et le lord jouaient avec le péril, et c'était un
miracle qu'ils n'eussent pas été arrêtés vingt fois. C'est qu'a-
près les Penderell et mistriss Lane, ces héros et cette héroïne
de la légitimité des Stuarts, il se rencontra, pour veiller sur le
roi, d'autres serviteurs magnanimes, Frank Windham à Trent,
le colonel Robert Philips et mistriss Hyde à Salisbury et aux
environs, mistriss Coningsby à Charmouth, petit village près
de Lym, où, étant en croupe derrière le roi, qui était censé
un gentilhomme enlevant une pensionnaire, elle s'attira la
bienveillance de l'hôtesse indulgente aux faiblesses du cœur.
Dans cette ville de Lym, quelqu'un, dans l'écurie, à l'inspec-
tion des pieds des chevaux du roi et de lord Wilmot, observa
que ces chevaux avaient été ferrés dans quatre comtés différents. Ce connaisseur était un forgeron qui, par bonheur, communiqua sa remarque un peu tardivement, de telle sorte que
lorsqu'on chercha les suspects, ils étaient déjà loin. A Frank
Windham, à mistriss Coningsby, il faut joindre le colonel
Gunter, qui, favorisé par d'autres encore, fréta enfin un navire
dans la rade de Shorcham. Le marchand à qui appartenait le
bâtiment s'appelait *Mansel*, et le patron qui devait le conduire
était le capitaine Tettershall. Lord Wilmot s'embarqua seul
avec le roi. A la marée montante, ils sortirent du port et firent
voile vers les côtes de France dans une joie facile à comprendre
jusqu'au milieu de si grandes adversités. Après quarante jours
depuis la bataille de Worcester (3 septembre 1651), le 14 octobre, ils prirent terre à Fécamp, y passèrent un jour et gagnèrent Rouen, où ils renouvelèrent leurs costumes. Lord
Wilmot était vêtu en courtisan très-fané et le roi en domestique, les mains noires, les cheveux ras et une barbe plus que

négligée. Ils avaient une si déplorable apparence, qu'ils furent obligés d'avoir recours à un riche négociant, M. Sandburne, pour être admis chez un aubergiste du marché aux poissons, dans la capitale de la Normandie. Là ils achetèrent des habillements, se rafraîchirent un peu et se hâtèrent vers Paris. La veuve de Charles Ier alla hors des murs, avec plusieurs carrosses, à la rencontre de son fils qu'elle ramena au Louvre, palais de délices pour un Bourbon, mais triste résidence pour un Stuart, puisque c'était celle de l'exil! C'était, du moins, pour Charles II, dans ce premier moment, un bien inexprimable qu'un peu de repos et de sécurité, après qu'il avait erré tant de semaines, dont chaque minute pouvait être la minute suprême de sa vie, à travers les comtés révolutionnaires, depuis Worcester jusqu'à Shorcham, le dernier sable anglais qu'il eût foulé. La mer s'était ouverte pour lui là où elle s'était fermée pour son père, tout près de l'île de Wight, non loin des châteaux de Carisbrock et de Hurst!

Lorsqu'on apprit l'arrivée de Charles II à Paris, il y eut un cri d'étonnement et d'admiration en Europe. Le bruit de ses aventures s'était répandu. On loua son courage, sa présence d'esprit, et l'on augura bien d'un prince que la Providence semblait avoir conservé pour un grand destin. Ses partisans, qui l'avaient cru mort, l'exaltèrent vivant. Ils le proclamèrent un grand homme; mais ils ne purent continuer les uns ce fanatisme, les autres cette hypocrisie. Le roi, livré à toutes les corruptions, ne se contraignait pas même à feindre. Il n'était qu'un homme d'argent et de plaisir, capable de tout pour se procurer l'un ou l'autre.

Les peintres ont tous été des historiens en retraçant ce prince. Les portraits de Charles II sont parlants. La chair et le sang y dominent. Le visage est régulier et basané, le menton est prononcé, le front sans étendue, le nez sans finesse. Les lèvres rouges et impudiques rappellent les lèvres de François Ier dans la toile du Titien. Ses yeux bistrés sont cyniques : distraits et noyés de volupté, ils ne rêvent que de femmes. Ce prince-là ne pense ni au gouvernement, ni à la guerre, ni même à l'amour; il ne songe qu'au plaisir et à l'argent. Son

vrai royaume, c'est une alcôve au fond de laquelle il y a un
coffre-fort.

En 1651, à l'époque où Charles II fit son entrée à Paris dans
l'un des carrosses de sa mère, cette princesse avait quarante-
deux ans. Elle était encore pleine d'agréments et de gaieté,
en dépit de la révolution. Depuis 1644, date de la naissance de
sa fille Henriette, elle avait fui la guerre civile d'Angleterre.
Elle s'était pour toujours abritée en France comme dans un
port. Quoique loin du trône, elle tint soit au Louvre, soit au
Palais-Royal, sa petite cour, avec un enjouement naturel qui
éclipsait l'étiquette presque espagnole de sa belle-sœur Anne
d'Autriche à Saint-Germain. Elle s'amusait même dans la
proscription. « Henriette de France, dit Voltaire, avait secouru
en héroïne un époux à qui, du reste, elle était infidèle. » Cette
fille de Henri IV et cette mère de Charles II avait quelque
chose, en effet, de la complexion de ces monarques. La galanterie qu'elle alliait avec la piété la consola de tout. Pendant
qu'elle fondait le couvent de la Visitation à Chaillot, où elle se
plaisait à faire des retraites, elle avait pour amant le lord Jermyn, qu'elle épousa ensuite de la main gauche après la mort
de Charles Ier et dont elle eut plusieurs enfants (*Mem. de Revesby*, p. 4; Hallam, *Hist. constit.*, t. III, p. 57). Les religieuses ignoraient ces liaisons de Henriette, et elles la traitaient
en sainte plutôt qu'en reine. Mais Bossuet savait tout, ce qui
ne l'empêcha pas de dire dans l'oraison funèbre qu'il consacra
à cette princesse : « Grande reine, je satisfais à vos plus tendres désirs quand je célèbre ce monarque (Charles Ier) ; et ce
cœur, qui n'a jamais vécu que pour lui, se réveille, tout poudre
qu'il est, et devient sensible, même sous ce drap mortuaire, au
nom d'un époux si cher. »

Que conclure des adulations d'un si grand homme sur un
sépulcre? C'est que l'oraison funèbre obéit à d'autres lois que
l'histoire.

L'histoire aborde ses personnages pour les connaître et pour
les faire connaître. Elle les dépouille de leurs ornements et
pénètre jusqu'au vif. D'un regard clair, elle contemple le nu et
ne voile pas d'un seul mensonge un seul défaut. L'oraison fu-

nèbre, au contraire, s'inquiète peu de ce qu'il y a sous les draperies de ses héros et de ses héroïnes. Elle s'étudie à cacher
de ces draperies flottantes les difformités. Elle distribue l'ombre
et fait jaillir la lumière à son gré pour le plus grand triomphe
de l'éloquence et de la poésie. En un mot, elle aspire à l'idéal,
mais à un faux idéal, à l'illusion, tandis que l'histoire, sans
oublier l'idéal divin, cherche à cette splendeur éternelle la
vérité, supérieure même à la beauté.

Je comprends les faiblesses de la veuve de Charles Ier, mais
je les constate. Elle les expiera par ses malheurs, par les du-
retés de Jermyn, par les légèretés et les ingratitudes de ses
fils, par les passions de sa fille Henriette, qui, descendant des
Bourbons et des Stuarts, résumera dans une perfection orageuse les perfides coquetteries de ses deux lignées. Qui n'a
suivi ses amours avec Louis XIV, son beau-frère, avec le comte
de Guiche, avec bien d'autres? Qui n'a démêlé sa négociation
de 1670 avec Charles II? Louis XIV, à l'aide de la duchesse
d'Orléans, détachera de l'alliance de la Hollande, dont il avait
résolu la ruine, le roi d'Angleterre. Henriette ne perdit pas
son temps durant ces conférences de Douvres. Elle mena pour
son compte une intrigue de cœur avec le duc de Montmouth ;
elle donna beaucoup d'argent, elle en promit davantage et sembla désigner pour maîtresse à Charles II la plus charmante de
ses filles d'honneur, mademoiselle de Kéroual, qui devint plus
tard la duchesse de Portsmouth. De l'or et une belle personne,
voilà les arguments irrésistibles de Henriette auprès de son
frère. Et voilà comment elle arrive à ce traité qu'exalte Bossuet. Écoutons. « La confiance de deux si grands rois, s'écrie
le prélat, élevait la princesse au comble de la gloire. » Ainsi,
de ce démon de grâce, Henriette d'Angleterre, duchesse d'Orléans, l'oraison funèbre fera un ange de vertu. C'en était un de
séduction, de perdition, et Bossuet, là comme ailleurs, avec
tout son génie n'imposera que l'étonnement ; il ne forcera pas
la conviction. Le miracle, chez ce pontife, le plus grand des
évêques, le plus éloquent des orateurs, le plus original, le plus
créateur et le plus biblique des écrivains, c'est de rédiger en
chefs-d'œuvre des légendes orthodoxes ou officielles. C'est

beaucoup sans doute; mais la conscience moderne, dont le grand Leibnitz a été l'interprète, exige plus : sous les enchantements de la beauté, elle voudrait la vérité.

Ce qui est incontestable ici, c'est que la veuve de Charles Ier fut plus violente encore et égoïste que spirituelle. C'est elle qui le dissuada obstinément de quitter l'Angleterre, même lorsqu'il le souhaitait le plus. Sans la reine et sans l'instrument de la reine, le courtisan Ahsburnham, Charles aurait évité le billot. « Selon lord Clarendon (VI, 192), dit Hallam (*Hist. const.*, III, 57), la répugnance qu'avait Henriette de France pour la fuite du roi se manifesta même lorsque cette fuite parut le seul moyen d'assurer la vie de Charles, prisonnier dans l'île de Whigt. » Hallam ajoute : « On pourrait soupçonner que Henriette s'était trop bien consolée avec lord Jermyn pour désirer le retour de son mari. »

Telle était l'héroïne de Bossuet. Elle avait tellement abusé de son influence sur Charles Ier que son despotisme de famille lui paraissait de *droit divin*, non moins que la couronne. Quand elle tint sous son toit du Louvre ses enfants les plus aimables, le prince de Galles, devenu Charles II, et Henriette, — très-libres dans leur corruption, ils eurent pourtant à compter avec leur mère, toujours remuante et dominatrice. Elle ne dédaignait pas à l'occasion la fourberie. Lord Clarendon en fit souvent l'épreuve, une fois entre autres que voici. Il ne déplaisait pas à la reine que Charles II eût pour maîtresse une jeune dame qu'il aimait; seulement il lui déplaisait fort qu'il la logeât au Louvre. Que fit la reine? Elle eut l'art d'engager M. Hyde (depuis lord Clarendon) à obtenir du roi que la personne suspecte sortirait du Louvre, et en même temps elle eut soin de persuader aux amis de l'offensée que le chancelier était l'unique auteur de cet outrage, s'en lavant les mains et aussi prompte qu'adroite à dégager traîtreusement sa responsabilité.

LIVRE HUITIÈME

Élévation de Cromwell au retour d'Écosse. — Acte de navigation. — Blake. — Guerre avec la Hollande. — Mort d'Ireton. — Entretien de Cromwell et White-lock. — Bataille des Dunes, 28 février 1653. — Coup d'État de Cromwell. — Dispersion du parlement, 10 avril 1653. — Cromwell au conseil d'État. — Fière réponse de Bradshaw. — Conseil militaire. — Parlement Barlebone, juillet 1653. — Ses travaux, sa démission. — Résistance de Harrison. — Cromwell nommé lord protecteur, 16 décembre 1653. — Victoire navale de Blake, 30 juillet 1653. — Mort de Tromp.

Mais revenons à l'Angleterre. Il n'y a plus là de roi, ni de dynastie, ni de Stuarts : il y avait encore un peuple cependant. Il y avait surtout un homme. Cromwell remplissait les trois royaumes, et l'Océan, qui borne sa patrie, ne limitait pas sa renommée. Il datait de loin. Ce propriétaire rustique de l'île d'Ely, cet éleveur de bestiaux, nommé au parlement à cause de ses convictions religieuses et de sa parenté avec Hampden, a laissé peu à peu tomber les épiscopaux ; il a trompé, puis battu dans les chambres et à la guerre les presbytériens. Il s'est servi contre eux d'un des leurs, — de Fairfax. Il les a presque détruits, ainsi que les cavaliers. Il a chassé par l'épée Charles II, après avoir décapité par la hache Charles Ier. Il a fait de l'Irlande un désert, puis une colonie ; il a soumis l'Écosse, et il y a placé pour la gouverner le colonel Monk, dont il a fait un lieutenant général et dont il a compris l'habileté servile, tant que lui, Cromwell, vivrait. Il a achevé toutes choses par la *victoire couronnante* de Worcester. La gloire a sacré ce grand capitaine, ce grand politique ; elle a même dé-

robé son crime dans un éblouissement immoral. Cromwell est
en situation de prétendre à tout maintenant, et, sous quelque
nom que ce dictateur nécessaire, avant d'être un dictateur
légal, désigne ou déguise sa puissance, cette puissance ne saurait être que souveraine.

Par un bonheur singulier, cet homme étonnant se faisait
entendre d'une façon saisissante, et, malgré le préjugé contraire,
sa parole n'était pas moins grandiose que son action.

Ce style de Cromwell, parfois opaque et diffus, avait des
nuages ou des éclairs merveilleux, qui enténébraient ou illuminaient le point précis des difficultés, soit politiques, soit religieuses. Il était familier ce style, simple, ambigu, viril, jovial
et sublime tour à tour. S'il s'adressait aux soldats, c'était un
clairon; au peuple, c'était un tocsin. Il imposait aux assemblées
ou il s'insinuait à leur oreille. Le style de Cromwell était Cromwell lui-même, qui ensorcelait partout, quelquefois violemment
haï, mais à l'épreuve du dédain comme certaines armures sont
à l'épreuve des balles.

Olivier Cromwell avait tous les sentiments de la famille.
Mais hors du foyer, il avait deux passions qui coexistaient,
inséparables l'une de l'autre. Ces passions étaient comme deux
métaux fondus ensemble, que l'on ne reconnaît plus à leur état
primitif et qui ne font plus qu'un, bien qu'ils soient deux.
Cromwell était à la fois passionné pour Dieu et passionné pour
le pouvoir. Il avait une flamme de théologie et une flamme
d'ambition, qui en se confondant brûlaient plus fort. Il en était
dévoré également. Il aspirait à son salut et au salut de ses
frères; il aspirait à la liberté de conscience, qui était la condition de ce salut, et à l'ordre civil, qui était la garantie de cette
liberté de conscience. Voilà le programme de Cromwell. Pour
être complet, ajoutons que, sous un triple voile de modestie,
le vainqueur de tant de champs de bataille n'entendait pas que
la grande régénération de l'Angleterre se fît sans lui ou même
par un autre que lui. Quelle que fût sa diplomatie d'humilité, il
ne se serait pas contenté d'être le troisième ou le second; il ne
lui était possible d'être que le premier.

Son bon sens si prodigieux qu'il était du génie, sa volonté si

intense qu'elle était du destin, sa piété si sincère qu'elle était
du miracle, toutes les facultés ardentes, tous les instincts irrésistibles de cet homme extraordinaire se concentraient dans
l'unité complexe de ces deux frénésies sourdes ou violentes,
mais toujours entières : la théodicée et l'autorité. Or, de là, de
ce double élément de vie en Cromwell naissait, comme je l'ai
dit, une langue à lui, une langue de feu, qui jaillissait dans les
grands moments de son âme insondable. Cette langue était
diverse, selon les heures, sectaire, bizarre, soldatesque ; mais,
lorsqu'il le fallait et à la minute où il le fallait, — d'une énergie
soudaine et d'une suprême éloquence dans son mystère. Ne vous
inquiétez pas. Cet homme des brumes et du Nord, cet énigmatique anglo-saxon, pour qui vous demandez excuse sous le prétexte indulgent qu'il n'a pas eu l'occasion d'apprendre les beaux
préceptes classiques, il a une langue dont vous ne vous doutez
pas, une langue que les Machiavel, ces hommes du Midi, ont
parfois atteinte, mais qu'ils n'ont jamais dépassée. Cette langue
a des crépuscules, des obscurités profondes et accumulées ; —
qu'importe, si la foudre en sort avec les oracles !

Le long parlement avait été inauguré par Charles Ier, le
3 novembre 1640. Il avait détruit la monarchie, tué le roi,
fondé la république. Il était, après la bataille de Worcester,
la seule autorité. Les victoires successives avaient fait de Cromwell une autre autorité. Le parlement reculait sa dissolution.
Forcé dans ses retranchements, il sentait la nécessité de cette
dissolution ; mais il ne consentait à l'accomplir qu'en instituant
un conseil, qui gouvernerait jusqu'au prochain parlement.
Cromwell, lui, qui désirait être l'autorité unique, méditait de
prévenir la dissolution volontaire et armée de la chambre en
l'exécutant dictatorialement.

Le parlement devinait Cromwell, et parmi les expédients
qu'il inventait pour retarder sa chute, il en est un plein de
grandeur sur lequel il convient d'insister.

On se souvient qu'à propos de la pêche aux harengs par les
Hollandais sur les côtes de la Grande-Bretagne, Grotius fit un
traité intitulé *Mare liberum*, la mer est libre à tous. Selden
répondit par un autre traité, *Mare clausum*. Il fermait la mer

à tous les navires étrangers, et il décernait la prééminence nautique à l'Angleterre, qui la convoitait déjà. Le parlement réveilla cette fureur d'orgueil national, et il l'imposa à Cromwell. Ce n'est pas la seule pensée grandiose inspirée du peuple au parlement et du parlement au lord général. Quoi qu'il en soit, cette idée-là, qui recelait un âpre monopole, ne demeura pas stérile.

La Hollande, à cette époque, était très-hostile à Cromwell et à la république d'Angleterre. Cromwell résolut de se laisser forcer la main par la chambre et, tout en froissant la Hollande, de transformer dans des proportions inconnues la marine, qu'Élisabeth avait la première tant développée. La chambre, qui crut prendre par là dans la marine un point d'appui contre l'armée de terre, seconda Cromwell. Elle vota une ordonnance qui interdisait aux vaisseaux de décharger dans les ports anglais des denrées autres que celles du pays auquel ces vaisseaux appartenaient. C'était la guerre avec la Hollande ; car le commerce de cette nation ne consistait qu'à transporter des marchandises étrangères d'un peuple chez un autre. C'était même la guerre universelle. Comment admettre en effet chez tous les gouvernements une résignation impossible? C'est pourtant cette résignation qui s'enracina peu à peu. L'Angleterre, par son parlement et par Cromwell, fit d'un acte de navigation une charte maritime, qui défendait à chaque contrée de transporter sur ses navires d'autres produits que ceux de son sol, tandis que cette charte décrétait que les seuls vaisseaux britanniques auraient le privilége de distribuer partout les richesses diverses, soit de l'Asie, soit de l'Afrique, soit de l'Amérique. Certes, ce n'était pas l'empire des mers, c'en était la tyrannie, le monopole. Et cependant l'Angleterre fonda sa prospérité, ses trésors, sa puissance sur cette loi du plus fort, qui lui imposait l'obligation d'avoir une marine supérieure à toutes les marines ensemble. De là des droits monstrueux pour la Grande-Bretagne, — comme de faire visiter tous les autres vaisseaux par les siens, — comme d'exiger l'abaissement de tout pavillon devant son pavillon. Il n'y avait qu'une révolution égoïste chez le plus personnel de tous les peuples pour imaginer de pareils droits et d'autres qui en dérivaient; il n'y avait que Cromwell, le plus rapace des dictateurs, le dictateur anglo-saxon, pour les faire exécuter. Un homme encore était indispensable pour accomplir et fixer ce despotisme prodigieux. Cet homme se trouva dans l'armée. Il s'appelait Robert Blake. Sur terre, où il combattit longtemps, il avait du talent; sur mer, il eut du génie, un génie inspiré, indomptable. C'est qu'il était par-dessus tout un héros de l'Océan.

Blake naquit dans le comté de Somerset, à Bridgewater. Il était fils d'un négociant. Sa vocation fut d'abord obscure. Les grandes eaux la lui révélèrent quoique assez tard. Il s'était cru soldat et il était marin. Il était marin comme on est poëte, orateur, historien, par un entraînement irrésistible. Les grandes aptitudes de la nature sont des décrets de la Providence. Il faut y obéir à la fin. Blake s'était déclaré vite pour la révolution, et, à cause de son puritanisme, il avait été élu député au parlement. Il se distinguera partout ailleurs qu'à la chambre, — dans la poursuite du prince Rupert jusqu'en Portugal, dans la réduction des îles de Scilly et de Guernesey, dans la prise de l'île de Man, l'île du comte Derby, et dans des combats de mer sans nombre. Cromwell le nommera amiral pour en faire le demi-dieu de la nation anglaise, et pour faire par lui de cette marine, la première du globe.

Rien ne s'était jamais vu de pareil à la lutte de Blake contre van Tromp et Ruyter. Les amiraux de la Hollande étaient au fond les amiraux de toutes les nations, et c'est le monde qu'ils défendaient en attaquant les flottes de la Grande-Bretagne Blake admirait Ruyter; il admirait et aimait van Tromp. Ils étaient plus rivaux qu'ennemis. Quand van Tromp eut battu Blake aux Dunes, sa fierté héroïque soulagea toutes les poitrines européennes. Il fit arborer un balai à son grand mât pour indiquer par ce signe qu'il avait nettoyé la mer de vaisseaux anglais. Tous les peuples auraient dû applaudir et se liguer avec la Hollande. Il n'en fut pas ainsi. Blake battit à son tour van Tromp, et fut, sous les auspices de Cromwell qu'il détestait, le créateur de la marine révolutionnaire. Il la développa en tous sens et il la sacra d'une gloire immortelle. Drake avait com-

mencé, Nelson continuera; mais entre eux Blake est culmi-
nant, à cause des amiraux avec lesquels il se mesura et du
mouvement qu'il imprima à la marine anglaise. Depuis Blake,
le matelot anglais n'a pas plus son semblable que le fantassin
français. Cromwell, à qui le parlement avait jeté Blake comme
un obstacle, s'en servit comme d'un instrument pour répandre
au delà de l'Océan, son propre pouvoir comme il s'était servi
de Fairfax pour élever ce pouvoir dans sa patrie. Blake était
son Fairfax maritime. Seulement Blake fut beaucoup plus
grand et ne fut pas dupe. Fairfax, qui était presbytérien, avait
agi pour les indépendants et pour Cromwell; Blake, lui, bien
que contraire au régicide, était un puritain énergique, son parti
était celui des indépendants, et il ne songeait qu'à l'Angleterre.
Comme Fairfax, il était un homme spécial, mais dans des proportions si magnifiques et si vastes, que Fairfax ne peut être
nommé à côté de lui que dans l'équation des avantages que
Cromwell tira de l'un et de l'autre.

Le lord généralissime perdit, en 1651, un homme dont la vie
lui avait été bien utile et dont la mort lui fut peut-être aussi
très-profitable. Cet homme est Ireton, son gendre et son meilleur ami, qu'il avait institué en Irlande et qui avait pratiqué
dans ce malheureux pays la même politique, une politique de
conquête militaire d'abord, puis légale.

Ireton s'efforçait de porter en toute chose la plus exacte impartialité; il n'y parvenait pas toujours. Il avait, du moins,
l'intention de l'équité. Il cédait parfois à des sophismes de jurisconsulte dont il avait mené assez loin les études. Il était
prudent au conseil, hardi, infatigable dans l'action, dur à lui-
même et sévère aux autres. Whitelocke et les mémoires du
temps attestent l'affection mutuelle du beau-père et du gendre.
Ludlow s'exagère peut-être le républicanisme d'Ireton et les
empêchements qu'il aurait mis à l'ambition du généralissime.
Il est vraisemblable qu'il eût été séduit, soit par tendresse, soit
par intérêt. Cependant je ne voudrais rien affirmer. Il était
capable d'une magnanimité stoïque.

D'une très-bonne famille, Ireton était un homme bien élevé.
Il s'honorait d'être le proche parent du colonel Hutchinson,

l'une des plus grandes âmes de la révolution d'Angleterre. Hutchinson était hostile aux presbytériens, sympathique aux puritains et même aux niveleurs raisonnables. Il se défiait déjà de Cromwell avant la bataille de Preston. Aussi Cromwell eut soin de tenir toujours éloigné de l'armée un républicain aussi ombrageux et aussi clairvoyant que le colonel Hutchinson, qui était pourtant le cousin de son gendre. Mais Hutchinson n'offrait aucune prise, et le futur protecteur le redoutait comme ce qu'il y a de plus inflexible, comme une conscience.

Si j'en crois deux portraits fort remarquables, Ireton était beau d'une beauté virile et militaire. Ce révolutionnaire audacieux est souple sous la cuirasse. Sa taille est noble, son attitude déterminée. Son front large contient des idées, tandis que ses yeux ardents, sa bouche serrée et ferme, la fixité imperturbable de sa physionomie, et je ne sais quel élan austère dans tout l'ensemble du visage, annoncent un héros, non de cour, mais de peuple ou d'armée. Il était adoré des femmes et craint des hommes. C'était un puritain assez religieux, quoique plus politique, d'une expérience consommée, de mœurs faciles et d'une volonté forte, un Pym en uniforme.

Il expira d'une maladie contagieuse. Il était aimé de quelques-uns, estimé de tous. Cromwell était pour lui d'une tendresse vraie. Il ordonna que son gendre serait ramené par un vaisseau de l'État en Angleterre et inhumé à l'abbaye de Westminster, dans la sépulture des rois. Il lui semblait que, maître du gouvernement, il était comme un chef de dynastie et que tous les siens devaient vivre et mourir en princes. Une somme de deux mille livres sterling de rente fut assignée aux enfants et à la veuve d'Ireton, qui étaient, les uns, les petits-enfants, et l'autre la fille de Cromwell.

L'accroissement colossal de la flotte ne fut pas la seule grande pensée du parlement. Il en eut d'autres, celle-ci, par exemple, de faire des trois royaumes unis un royaume, en attribuant à l'Écosse et à l'Irlande une part de la souveraineté. Cromwell s'associait à ces belles initiatives, les absorbait et méditait la ruine du seul pouvoir qui fît contre-poids au sien.

Il roulait dans sa tête mille plans. Il avait rêvé, avec Ireton, la régénération des lois civiles. Ireton n'étant plus, la question qui agitait uniquement Cromwell était la question du pouvoir suprème. Quelle forme lui donnerait-il, lorsque le long parlement serait dispersé ? Car Cromwell en lui-même avait prononcé l'arrêt de mort de la représentation nationale. Comment lui survivrait-il, et sous quel nom ? Cette inquiétude se trahissait par moments, et des lueurs perçaient à travers les ombres dont Cromwell enveloppait son désir.

Déjà Cromwell, après la bataille de Worcester (1651), avait sondé avec ses collègues chez l'orateur de la chambre (le président), s'il ne serait pas nécessaire d'introduire dans le gouvernement un certain mélange de monarchie. Quelques-uns avaient songé au petit duc de Glocester.

En 1652, il y eut entre Cromwell et Whitelocke une conversation plus intime. Whitelocke avait une science profonde, une adresse, une modération, une prudence et des habitudes de légiste. Il reconnaissait volontiers les faits accomplis et les gouvernements constitués. Il n'était pas un caractère, mais une intelligence, et ce ne fut pas un appui que Cromwell réclama de cet homme politique, ce fut un conseil

« *Cromwell*... Votre Seigneurie a remarqué, avec beaucoup de justesse, la disposition des officiers de l'armée à se livrer aux factions. Relativement aux membres du parlement, l'armée commence à prendre contre eux une étrange humeur. Je voudrais bien qu'ils fournissent des motifs moins réels à la malveillance ; mais véritablement leur orgueil, leur ambition, cet attachement à leur intérêt personnel qui leur fait envahir pour eux et pour leurs amis toutes les places honorables et lucratives, ces dissentiments qui éclatent chaque jour entre eux, ces retards qu'ils apportent aux affaires, ce projet de se perpétuer et de conserver le pouvoir dans leurs propres mains... tout cela, milord, donne trop de sujet de les réprouver et de les haïr. Et, comme ils sont l'autorité de la nation, n'ont aucun compte à rendre à personne, il n'y a nul moyen de les retenir dans les limites de la loi et de la raison. Ainsi, à moins qu'on n'établisse quelque autre pouvoir assez fort et assez élevé pour les réprimer, amener un meilleur ordre et mettre un

terme à toutes ces animosités, il deviendra impossible d'empêcher notre ruine.

« *Whitelocke...* Quant aux membres du parlement, j'avoue
que la grande difficulté est là, attendu que c'est d'eux que vous
avez votre commission. D'ailleurs, comme chefs et législateurs
de la nation, ils ne dépendent d'aucune suprématie et il n'y a
contre eux aucun appel possible.

« *Cromwell.* Eh quoi! si un citoyen se faisait roi?

« *Whitelocke.* Je pense que le remède serait pire que le
mal.

« *Cromwell.* Vous croyez? »

Le dialogue continua et il faut en suivre le développement
authentique et curieux dans les mémoires de Whitelocke. Ce
cauteleux jurisconsulte n'entra pas dans l'insinuation de Cromwell. Il lui démontra tous les inconvénients d'une monarchie
de la gloire, son instabilité inévitable, et finit par lui proposer
de restituer à Charles II le trône sous de bonnes conditions
pour le généralissime, pour ses amis et pour l'Angleterre.
Cromwell rompit l'entretien, et, sans disgracier Whitelocke,
lui témoigna moins de confiance. Même il ne tarda pas à le dé-
porter honorablement dans une ambassade lointaine, l'ambassade de Suède. Whitelocke ne méritait pas autre chose, lui qui
ne savait être ni ami ni ennemi. Malgré son expérience, il
n'était pas un homme d'État d'indiquer à Cromwell un rôle qui
sera à la taille de Monk dans des circonstances plus opportunes.
Il n'avait pas, du reste, ce légiste si fin, le sens de la grandeur.
Car, en même temps qu'il prenait Cromwell pour un restaura-
teur de dynastie, il ne voyait dans Milton qu'un commis des
dépêches étrangères. Le lord général profita néanmoins de
l'ouverture de Whitelocke. Puisque l'on pensait vaguement
aux Stuarts, il n'était pas habile d'en avoir en Angleterre.
Cromwell envoya donc à La Haye le petit duc de Glocester,
afin d'éloigner jusqu'à la tentation d'un retour à la maison
déchue.

Nous l'avons dit, après Worcester (1651), le parlement ne
trouva rien de plus efficace contre l'armée et contre Cromwell
que la marine et Blake. Les batailles se succédèrent, des ba-

tailles telles, que ce sont les plus grandes de l'histoire. Et les
hommes sont supérieurs encore aux batailles. Le 19 mai 1652,
Blake et van Tromp se rencontrèrent dans le détroit, se heurtèrent et se mitraillèrent au milieu de manœuvres savantes ou
soudaines, sans parvenir à se vaincre. Le 28 septembre de la
même année, Blake fut plus heureux contre Ruyter et de Witt,
près de Plymouth. Le 29 novembre, van Tromp vengea la Hollande de Blake dans les Dunes. Le 28 février 1653, l'amiral
anglais se mesura avec van Tromp dans un gigantesque duel
de mer qui dura trois jours et qui coûta soixante-huit vaisseaux
à la Hollande. Cette nation était frappée dans ses pêcheries,
dans son commerce, dans ses richesses, dans son avenir, mais
non dans son honneur ; car ses amiraux étaient son orgueil et
couvraient de gloire jusqu'à ses défaites. Les Provinces-Unies
toutefois souhaitaient la paix, et, pour l'obtenir, elles auraient
consenti à payer trois cent mille livres sterling et à baisser
leur pavillon devant le pavillon anglais dans les parages britanniques. Mais le parlement de Londres ne voulait pas une paix
qui l'eût désarmé de la marine contre les troupes de terre. Il
espérait toujours, ce parlement jaloux de ses derniers droits et
de son dernier souffle, opposer Blake à Cromwell. Malheureusement c'était impossible, non pas certes que Blake ne fût très-
digne d'une semblable lutte, mais il n'était pas un homme de
parti, quoiqu'il fût républicain. Cromwell, qui savait cela, ne
s'inquiétait ni de la marine ni de Blake, sinon pour s'en aider
à grandir l'Angleterre et à se grandir lui-même. Le parlement,
au contraire, lui était odieux, et il l'observait comme une proie.

Il s'y était pris de loin. Il avait ménagé les classes, les cor-
porations, les compagnies universitaires, afin de trouver leur
concours, du moins moral, au jour de la mêlée. Sachant de quel
poids les humanistes étaient dans l'opinion publique, il saisissait toutes les occasions de les protéger. Il envoyait aux garnisons des lettres collectives comme celle-ci :

« A tous ceux que cela peut concerner.

« Par ces présentes, je vous ordonne et commande, à vue d'icelles, de ne loger aucun officier ni soldat dans aucun des collèges, lieux de sciences ou maisons appartenant à l'université de Cambridge, comme aussi de ne faire aucun tort ni aucune violence aux étudiants ou aux membres de ladite université. Vous répondrez de toute infraction à vos risques et périls.

« Donné de ma main et scellé de mon sceau, le 1er juillet 1652.

« OLIVIER CROMWELL. »

D'un autre côté ces officiers, auxquels il enjoignait la modération envers les savants, il les gagnait en leur laissant tout attendre, s'ils lui accordaient tout. Telle était sa mystérieuse tactique avec eux. Il ne les oubliait jamais. De l'un des leurs, de Fleetwood, il avait fait son gendre. Une petite circonstance hâta cet événement. Après la mort d'Ireton, Lambert avait été nommé lord député d'Irlande. Or, il arriva que la veuve d'Ireton et la femme de Lambert s'étant rencontrées dans le parc de Saint-James, madame Lambert réclama la préséance que lui donnait le titre de son mari. Madame Ireton exaspérée se plaignit à Cromwell, qui indemnisa Lambert d'une autre façon et qui investit du gouvernement de l'Irlande Fleetwood. Il l'unit ensuite à sa fille, la veuve d'Ireton, qui reprit la préséance sur madame Lambert. Fleetwood devint aussi, comme Ireton, le diplomate permanent de Cromwell auprès de l'armée soit d'Irlande et d'Écosse, soit d'Angleterre. « Rappelez-moi, lui écrit Cromwell, à tous les officiers. Véritablement mes prières de chaque jour sont pour eux. Engagez-les à se tenir en garde contre l'amertume du cœur. » Tout en ayant l'air de les calmer, Cromwell les attisait ainsi. Dans leurs réunions, ils accusaient les avocats du parlement qui exploitaient la gloire des soldats et des généraux. Ils adressaient pétitions sur pétitions à l'assemblée pour la presser de se dissoudre. Un seul homme, le

major Streater, dont l'histoire grave respectueusement le nom,
se plaignit de Cromwell, qui était bien près, dit-il, de trahir la
république. Harrison était là tout plongé dans les songes de la
cinquième monarchie et persuadé que le généralissime aplanis-
sait les voies au fils de Dieu. Ce fut donc lui, le visionnaire
Harrison, qui reprocha à Streater d'interpréter à faux Cromwell, dont toutes les sollicitudes tendaient à préparer le trône
de Jésus-Christ. « Alors, répliqua Streater, que Jésus-Christ se
dépêche ; autrement il trouvera la place occupée. » Tous les
temps se ressemblent. Sous le consulat de Napoléon Ier, il n'y
eut aussi qu'une protestation à la veille de l'empire, celle du
colonel Foy. Dans un nombreux dîner d'officiers parmi lesquels
il était, un toast fut porté au futur empereur ; ce fut une acclamation universelle. Le colonel Foy seul restant immobile, l'un
de ses camarades enthousiastes lui dit : « Pourquoi ne bois-tu
pas ? — Je n'ai pas soif, repartit Foy avec un accent de patriotique douleur. » Il fut compris à Paris comme Streater
avait été compris à Londres, mais personne ne s'associa au
sentiment de ces grands citoyens. Les armées passent toujours
aux dictateurs.

Malgré toutes les attaques, le long parlement s'occupait très-
lentement de sa dissolution. Il ne voulait pas mourir. Tandis
que Cromwell exigeait une résolution, les représentants discutaient à leur aise sur un bill d'élection et sur les successeurs
probables que ce bill leur substituerait. Si Blake, l'incomparable marin, eût été homme d'État, le parlement n'aurait pas
tant parlé ; il aurait lancé Blake contre Cromwell, comme il le
lançait contre van Tromp, et le dénoûment d'un pareil combat aurait pu fixer le sort. Mais réduit à lui-même, c'est-à-dire
à quelques colonels magnanimes, à quelques sectaires généreux,
à quelques légistes subtils, le parlement, faute d'un grand
homme, avait trop de chances défavorables. Il avait été bien
souvent violé. Les cinquante-trois membres qui le composaient
avaient presque tous approuvé l'attentat du colonel Pride. De
quel droit repousseraient-ils un attentat semblable ? Il y avait
là des talents et des courages : des jurisconsultes comme Whitelocke, Bulstrode, Bradshaw ; des orateurs et des citoyens

comme sir Henri Vane ; des militaires comme Ludlow, cet utopiste de la république, comme Hutchinson, ce héros de la conscience ; il n'y avait pas d'homme assez puissant et d'un assez éclatant prestige, Blake ne s'en mêlant pas, pour balancer Cromwell.

Le parlement s'obstinant à vivre, Cromwell se décida subitement à en finir. Il eut plusieurs conciliabules. Il s'entendit avec les généraux les plus influents, avec les officiers les plus énergiques, avec Harrison entre autres.

On était au 20 avril 1653. La veille 19, il y avait eu chez Cromwell une conférence de trente membres du parlement. Le désir du lord général avait transpiré par les insinuations et même par les discours de ses amis. Il souhaitait que le parlement le dispensât de la force, en choisissant dans son sein et dans l'armée quarante membres qui, sous la direction de Cromwell, formeraient un gouvernement entre la dissolution immédiate de l'assemblée et la convocation d'une assemblée nouvelle. Cette pensée de Cromwell persista le 20, dans une seconde conférence. Ce qui le prouve bien, c'est qu'il rompit la délibération afin que les députés pussent remplir leur devoir à la chambre. Harrison était d'accord avec Cromwell et répugnait aussi à la violence, sans se l'interdire toutefois au besoin. Quand il s'aperçut qu'au lieu de se dissoudre, le parlement s'égarait dans une question de souveraineté qui devait se prolonger beaucoup de séances, il chercha par la persuasion à rectifier le débat. Il échoua complétement. Le colonel Ingoldsby, un autre conspirateur régicide, s'empressa d'aller instruire Cromwell de l'effort inutile de Harrison et de l'opiniâtreté de la chambre. Le lord général, enflammé de colère et d'impatience, brusqua son coup d'État. Il aurait préféré le mode pacifique de la dissolution volontaire, mais il n'hésita plus. Il marcha à Westminster avec plusieurs compagnies de grenadiers, de dragons et de mousquetaires. Il posta les grenadiers et les dragons autour du palais, les mousquetaires dans le vestibule même, et il entra inopinément à la chambre. Il était dans un costume fort négligé et qui éloigna toute idée de préméditation. Sur le récit d'Ingoldsby, il s'était décidé sans se préoccuper

de ses vêtements. Il avait donc gardé ses souliers larges, ses
bas gris, son habit noir usé, et s'était présenté à l'assemblée
dans cette tenue un peu familière. Il s'assit, écouta quelques
instants, et, appelant d'un geste significatif le major général
Harrison, il lui dit : « Le parlement est mûr pour la dissolution; puisqu'il s'y refuse, accomplissons-la. » Le major général
répondit : « C'est une grave détermination, monsieur; réflé-
chissez. » Cromwell attendit encore un quart d'heure. Alors,
voyant que le parlement persévérait dans le dessein d'un certain gouvernement intérimaire, il appela de nouveau Harrison
et dit : « Voici le moment; agissons. Il le faut, il le faut. » Harrison s'inclina, et Cromwell, ôtant son chapeau, commença par
un exorde modéré un discours énergique. Il avait à la porte ses
mousquetaires commandés par le lieutenant-colonel Worsley.
De tels clients lui étaient nécessaires pour qu'il osât une telle
harangue. Au lieu de la flûte et des thyrses qui accompagnaient
l'orateur antique dans les rostres du Forum, Cromwell avait en
réserve à Westminster des clairons et des sabres prêts à sonner et à jaillir. Son éloquence était soutenue. Il est vrai de dire
qu'il paya audacieusement de sa personne. D'abord assez calme,
il s'anima peu à peu et se jeta bientôt dans l'invective. « Vous
n'avez pas dans le cœur, s'écria-t-il, l'intérêt public. Vous êtes
les fauteurs des presbytériens et des jurisconsultes. Vous vou-
lez éterniser votre tyrannie. Mais le Seigneur a choisi d'autres
instruments que vous, des instruments plus dignes de son
œuvre! » Cromwell était hors de lui, et dans son trouble sa
vigueur était irrésistible.

Peter Wentworth essaya pourtant de répondre. « C'est un
langage antiparlementaire, dit-il, et je m'étonne qu'il nous soit
tenu par notre serviteur, par celui que nous avons élevé à la
hauteur où il est, par celui que nous avons comblé de toutes
nos complaisances. »

« Allons, allons, s'écria Cromwell, je vais faire cesser tout
ce babil. » Et remettant, enfonçant son chapeau, il s'élança de
sa place au milieu de la salle, se promenant çà et là, gesticu-
lant et frappant du pied. Soudain, d'une voix de tonnerre, il
dit : « Vous n'êtes plus un parlement; je vous jure que vous

n'êtes plus un parlement. Je clos vos séances. Qu'on les fasse entrer, qu'on les fasse entrer. » Sur un signe de Harrison, le lieutenant-colonel Worsley envahit la chambre avec deux files de mousquetaires.

Henri Vane cria de sa place : « C'est un sacrilége ! » Crom-well, regardant en face son interrupteur, l'apostropha par des injures, ajoutant avec une inexprimable passion : « O sir Henri Vane, sir Henri Vane ! le Seigneur me délivre de toi ! » Puis, s'adressant à Challoner, voisin de Henri Vane, il dit : « Toi, tu es un ivrogne. » Puis, désignant Whitelocke, il le troubla si bien, que l'effroi du député se sent à cet endroit au désordre de ses mémoires. Puis, Cromwell montrant Henri Martyn et sir Peter Wentworth, dit encore : « Ceux-ci sont des coureurs de filles. » Et il continua cette revue outrageante, qu'il interrompit en ordonnant d'emporter la masse. « Hors de là, dit-il, hors de là cette marotte de fou ! »

Pendant ce temps, Harrison faisait descendre l'orateur (le président) de son siége. Alors les membres de l'assemblée se levèrent à l'approche des soldats et se dirigèrent vers la porte. Parmi eux pourtant combien d'hommes intrépides ! Je n'en citerai qu'un : Algernon Sidney. Il paraissait indigné et se retira silencieux avec une lenteur menaçante ; mais quoiqu'il eût des armes, il ne s'en servit pas. Il jugea, sans doute, que la force militaire était au delà de toute proportion avec une résistance individuelle. Cromwell, qui s'en aperçut peut-être et qui insulta tant de députés, respecta Sidney. Il fut un instant saisi d'une sorte de remords et s'écria : « C'est vous tous qui m'avez contraint à cette action. J'ai prié le Seigneur jour et nuit de ne pas m'imposer ce devoir. » A ces mots de repentir ou plutôt d'hypocrisie, M. Allen, du milieu du tumulte, ayant répondu à Cromwell que, s'il congédiait ses mousquetaires, une réconciliation était possible encore, Cromwell lui cria qu'il n'avait pas rendu ses comptes de trésorier de l'armée, et il le fit arrêter aussitôt. Il commanda ensuite à ses mousquetaires de balayer la chambre de tous les députés jusqu'au dernier. Aucun, je le répète, ne tira l'épée du fourreau. Plusieurs cependant étaient d'une bravoure téméraire, mais il y a des moments d'asphyxie

dans les luttes politiques, et ce jour-là, le génie de Cromwell
fut le plus fort.

L'usurpateur s'empara des papiers de l'assemblée et dicta au
greffier Scobel, dans le journal du 20 avril 1653, ces paroles
mémorables : « Aujourd'hui, Son Excellence le lord général a
dissous le parlement. » Il assista ensuite à la fermeture de la
salle des séances, et, la clef à la main, il retourna à White-
Hall. Le 21 avril, on lisait une affiche à la porte de Westminster ; elle était ainsi conçue : *Chambre à louer non meublée.*
Vile facétie d'un cavalier, après le grand forfait du lord
général !

Cromwell déploya dans ce forfait plus de hardiesse et de ressources qu'à Worcester et dans toutes ses victoires. Le parlement était un bien autre ennemi qu'un prétendant et qu'un roi !
C'était aussi plus qu'une armée, c'était un peuple, ou ce qui est
égal à un peuple, — sa représentation, — une assemblée qui
était par les lois et qui faisait les lois, une assemblée de qui
Cromwell avait tout reçu! Il joua sa vie devant ce parlement,
sa renommée devant l'opinion publique et devant l'histoire.
Comme toujours il était moitié fourbe et moitié sincère, ou
plutôt son ambition se mêlait tellement avec sa conscience, qu'il
ne les distinguait plus. Il pensait que tout ce qu'il risquait
pour lui, il le risquait pour Dieu, et qu'il était l'ouvrier indispensable du Seigneur. Cette identification le soutenait et le
rassurait. Le crime même sous ce rayon lui devenait vertu.

Lord Clarendon, Denzil Hollis, le colonel Hutchinson pro-
testèrent dans des partis bien dissemblables. Ludlow, qui était
absent, Algernon Sidney et sir Henri Vane, qui étaient présents, furent inflexibles dans leur réprobation. Mais les adhé-
sions étaient innombrables. La marine, création du parlement
et rivale de l'armée, ne s'insurgea pas. Cromwell avait bien deviné Blake. Tout républicain qu'il était, l'amiral dit à ses officiers en apprenant la dispersion du parlement : « J'aurais
mieux aimé le contraire de ce qui a été fait, messieurs, — mais
dans notre métier, nous n'avons que deux mérites : l'obéissance et la victoire. »

Le lord général se hâta d'adopter cette gloire qui lui venait de l'Océan et qui ne le désavouait pas. Et cette double gloire de terre et de mer le couvrit de splendeur. Elle fit oublier la liberté. Les adresses affluèrent de plus en plus. Les saints se réjouirent. Les épiscopaux, les presbytériens, les républicains étaient vaincus. Les indépendants, qui composaient presque entièrement le parlement renversé étaient blessés à fond. Cromwell s'attirait par tant de points la haine des partis, et cependant il fut tout-puissant. Malgré plusieurs minorités réunies contre lui, la majorité lui arriva de partout. Il était l'homme le plus capable de gouverner l'Angleterre. Cette nation, et l'Irlande et l'Écosse donnaient d'intention au dictateur l'autorité qu'il avait prise. Dans l'anarchie universelle, seul il inspirait la confiance. C'est que Cromwell ajoutait à son habileté, à son prestige, à sa cupidité du sceptre, quelque chose de vraiment grand et qui dépassait la politique : je veux dire une ouverture vers la tolérance, une issue vers l'affranchissement des âmes. Un reste de persécution contre le papisme et contre l'anglicanisme n'était qu'une réaction contre une oppression récemment subie, mais la liberté religieuse était le principe même de Cromwell. Ce principe s'établira peu à peu et malgré des déviations, d'abord sous Cromwell lui-même, puis sous Guillaume III et jusque dans le dix-neuvième siècle. C'est par ce principe que Cromwell triompha d'un parlement qui avait fait une Angleterre nouvelle, agrandie de l'Irlande et de l'Écosse, accrue d'une marine gigantesque. Oui, ce principe de la liberté religieuse que protégea Cromwell le protégea à son tour. Quiconque ne pénétrera pas cette perspective n'aura le secret ni de Cromwell, ni de Milton, ni de Guillaume d'Orange, ni de la révolution d'Angleterre.

Le coup de foudre avait éclaté sur le parlement le matin du 20 avril. Le même jour, Cromwell, qui ne faisait rien à demi, apparut à l'improviste en pleine séance du conseil d'État. Bradshaw était au fauteuil. Le conseil d'État, c'était plus que le ministère, c'était le pouvoir exécutif du parlement. Il ne pouvait donc logiquement survivre à l'assemblée de laquelle il émanait. Cromwell, s'adressant à tous les membres, mais regardant Bradshaw, dit : « Messieurs, si c'est comme

simples particuliers que vous êtes ici, à la bonne heure, je ne
m'y oppose pas ; si c'est comme conseil d'État, je ne le peux
souffrir et je vous dissous comme j'ai dissous le parlement. » Il
se fit un silence, — et Bradshaw, le chef des jurisconsultes républicains, répondit d'un accent qui avait consterné Charles Iᵉʳ
et qui, sans dompter Cromwell, le troubla : « Monsieur, nous
savons ce que vous avez fait ce matin à la chambre. Bientôt
l'Angleterre et le monde le sauront. Mais, monsieur, vous vous
abusez étrangement si vous croyez que le parlement ait pu être
dissous par un autre que par lui-même. Le fait est radicalement
nul devant le droit. A votre tour, sachez-le bien. » Après ces
paroles, plus éloquentes que la désapprobation muette de Lenthall au parlement, et où Bradshaw avait mis la fermeté du
magistrat, la fierté du citoyen en même temps que la majesté
de la loi, il se retira à la tête de ses collègues.

L'émotion de Cromwell fut passagère. Il n'était pas homme
à se déconcerter devant un légiste. Affranchi de toute autorité
préexistante, lui, le héros de l'armée, il n'avait qu'à se replier
sur un conseil plus facile que le conseil d'État, sur un conseil
d'officiers. Ce conseil, quand il serait organisé, s'il n'était pas
définitif serait encore très-utile. Par lui, le lord général pourra
nommer à son gré un parlement duquel lui viendra sinon le
droit, du moins l'apparence du droit. Les « saints » étaient
nombreux autour de Cromwell. Les uns proposaient un conseil
de dix membres ; les autres de soixante-dix, à la ressemblance
du sanhédrin des juifs ; les autres de treize, à l'image du Christ
et des apôtres. C'est ce dernier avis qui fut adopté par Cromwell, malgré l'avis de Harrison, qui était pour un sanhédrin.
La souveraineté résida donc provisoirement dans douze citoyens
anglais parmi lesquels il y avait quatre jurisconsultes, huit officiers supérieurs et le lord général pour les présider. On distinguait dans le groupe : Lambert, un charlatan très-étourdi en
épaulettes ; Worsley, un sicaire sans scrupule ; le colonel Tomlinson, un geôlier militaire de Charles Iᵉʳ dans lequel le roi
trouva un consolateur ; Desborough, un beau-frère de Cromwell franchement voleur ; Harrison, brave et honnête, capable
de servir le lord général ou de lui nuire au gré de ses visions.

Le secrétaire des treize, qui devint le secrétaire de Cromwell, était Thurloe. C'était un de ces rares avocats dans lesquels il y a l'étoffe solide des hommes politiques. Il plut au lord général par sa modération, sa promptitude, sa netteté, son sens toujours juste et sa science toujours prête. Heureux Cromwell, qui avait dans Milton un secrétaire d'idées, d'avoir dans Thurloe un secrétaire de gouvernement! Tous deux ont laissé des papiers d'État; mais ceux de Thurloe, publiés par Birch en sept volumes in-folio, ont un avantage incomparable, celui de renfermer des pièces de l'intérêt le plus grave, le plus historique. Milton cependant, tout en obéissant à sa propre conviction, fit pour Cromwell ce que ni Thurloe, ni personne n'aurait pu faire, ce que peut faire le génie seul. Il changea un instant la vérité, il voila un instant la pitié; un instant il légitima la hache, un instant il dora l'échafaud de Charles Iᵉʳ. Thurloe, lui, venu plus tard, après le coup d'État contre le parlement, s'associa sincèrement à la course ascensionnelle du lord général. Cromwell s'abandonnait à la fortune. Son horizon était d'autant plus vaste qu'il était plus vague. « On ne va jamais si haut, dit-il un jour à M. de Bellièvre, que lorsqu'on ne sait plus où l'on va. » Cromwell marchait dans l'inconnu, lorsqu'il rencontra Thurloe, et il y marchait avec hardiesse, mais avec embarras. Il n'avait pas besoin d'une inspiration, il avait besoin d'une expérience, et c'est précisément ce que lui apporta Thurloe. Il coupa les broussailles sous les pas de Cromwell, et il lui traça un chemin décent. Il eut ce don spécial de rédiger admirablement la tyrannie du lord général. Cromwell s'y accoutuma si bien, que Thurloe lui fut dès lors indispensable, Thurloe qui régularisait toutes les usurpations et qui avait l'art de rendre légale par la forme jusqu'à l'illégalité.

Cromwell avait alors un grand problème à résoudre avec son petit conseil d'officiers et de légistes évangéliquement constitués. Il lui fallait, au moyen de ce cénacle, faire une assemblée qui eût l'air d'un parlement et qui, à ce titre, investît le lord général d'un semblant de droit. Cromwell, au milieu de ses collègues dociles ou trompés, chercha donc le Seigneur, et voici comment il le trouva. D'accord avec ce conseil et avec les

ministres des Églises, il choisit sur des renseignements certains
cent trente-neuf représentants pour l'Angleterre : six pour le
pays de Galles, six pour l'Irlande et quatre pour l'Écosse, —
en tout cent quarante-cinq. Les noms enregistrés, le secrétaire
Thurloe expédia à chacun des députés une lettre ainsi conçue :

« Monsieur,

« Assuré de votre zèle pour Dieu et pour les intérêts du bon
peuple, moi, Olivier Cromwell, capitaine général, je vous
avertis et requiers, comme étant une des personnes désignées,
de vous présenter à la chambre du conseil à White-Hall, dans
la cité de Westminster, le 4 juillet prochain (1653), pour y recevoir la commission à laquelle vous êtes appelé par la présente et pour remplir votre service en qualité de membre du
comté de ***. Vous ne devez pas manquer.

« Donné sous ma signature et mon sceau.

« OLIVIER CROMWELL. »

Presque tous ces singuliers législateurs accoururent. Ils
s'imaginèrent être les élus de Dieu. Que leur importait le
peuple ! C'était, en minorité, le troupeau de Harrison, des millénaires, des anabaptistes, des hommes de la cinquième monarchie. Harrison était le chef de ce groupe. Un groupe plus
nombreux se rattachait à Cromwell ou à ses officiers, dont les
plus influents dans cette assemblée étaient le colonel Sydenham
et le major Worsley. Il y avait là deux noms très-populaires :
le plus grand homme de mer des Trois-Royaumes, Robert
Blake, et le général Monk. Cromwell avait inscrit, malgré leur
absence, ces hauts dignitaires pour honorer et pour flatter son
parlement de moyenne bourgeoisie ; car, bien qu'il se trouvât
dans ce parlement quelques nobles, ce qui s'y trouvait le plus,
c'étaient des marchands, des propriétaires campagnards ou ci-
tadins, même des artisans aisés. Le peuple, qui ne respecte
jamais les siens, se moquait un peu de ce parlement où il n'y
avait pas assez d'aristocratie, et il l'appela le parlement *Bare-*

bone, du nom d'un député qui était corroyeur. Ce Barebone, du reste fort honnête, usait et abusait de la parole. Son défaut était de s'être pris au sérieux et de se trop exercer à l'éloquence, incapable de comprendre que ce qui était pour lui un devoir pût être pour d'autres un ennui.

La partie naïve de « ce parlement de poche », ainsi que le définissait mistriss Hutchinson, cette partie naïve et démocratique relevait de Harrison ; l'autre partie, moins systématique, plus accessible aux nécessités, aux calculs, aux conjonctures, recevait d'avance comme une consigne le bon plaisir de Cromwell. Cromwell disposait des cupides et des tièdes. Il accueillit affectueusement l'assemblée à White-Hall. Il l'aborda familièrement, presque sans étiquette. Il était entouré néanmoins de ses officiers en grand uniforme ; lui portait un habit gris et des parements noirs.

« Messieurs, dit-il, soyez les bienvenus. Tout, dans notre glorieuse révolution, atteste la main de Dieu, — le succès de la guerre civile, — le jugement du roi, — la suppression de la pairie, — la dissolution de la chambre des communes, cette dissolution que j'ai tout fait pour ajourner et à laquelle j'ai été contraint. Maintenant c'est à vous de chercher le Seigneur. Vous arrivez comme « des saints », sans avoir à vous reprocher aucune brigue. Vous avez été entièrement passifs. Personne, il y a trois mois, ne concevait la pensée d'une réunion comme celle-ci, convoquée à la lumière du Seigneur pour exercer le pouvoir suprême. »

Après d'autres considérations, Cromwell transmit aux saints l'acte constitutionnel d'où dérivait leur mandat. Ils furent saisis, par cet acte, de l'autorité souveraine jusqu'au 3 novembre 1654, sous la condition de désigner leurs successeurs pour l'année suivante. On surprend ici l'intention de Cromwell, qui se leurrait d'une illusion, celle de tirer très-vite le droit du fait. Accoutumé à prêcher, le lord général électrisa ces notables anglais, surtout Harrison et les hommes de la cinquième monarchie. « Dieu, s'écria-t-il, frappe les montagnes, et elles chancellent. Mais il a une haute montagne seule inébranlable ; il l'habite dans les siècles des siècles. » Ils ne s'aperçurent pas,

les saints, que cette haute montagne était la figure de celle que
Cromwell escaladait. Le lord général s'était emparé de leur
imagination. Ils crurent que le règne du Christ était proche,
que Dieu avait agi par le bras de Cromwell et parlé par ses
lèvres.

Le lendemain (5 juillet), le petit parlement chercha le Seigneur. La prière dura de huit heures du matin à six heures du
soir. Douze d'entre les députés expliquèrent tour à tour les
Écritures, citèrent des versets, commentèrent le discours du
lord général et s'y associèrent. Ils étaient à leurs yeux plus
que le parlement du peuple, ils étaient le parlement de Dieu.
Ils n'eurent qu'une extase toute cette longue séance. Jamais
les saints n'avaient goûté une pareille fête de ravissement intérieur. De telles orgies ascétiques se renouvelèrent plus d'une
fois. Le parlement n'eut pas de chapelain ; tous les représentants n'étaient-ils pas des chapelains entre eux? Ils ne per-
daient pas leur temps. Westminster était une sorte de temple.
Dès que les députés étaient à leurs bancs, ils se mettaient en
oraison jusqu'à ce qu'ils fussent assez nombreux pour délibé-
rer ; alors ils passaient aux affaires.

Ils nommèrent Rouse leur président, et ils invitèrent le lord
général, Lambert, Harrison, Desborough, Tomlinson à partager leurs travaux. Ils y prirent goût. Ils préludèrent à la réforme des lois, qu'ils résolurent de condenser en un grand code,
à la manière des Romains. Ils adoucirent le régime des prisons : plusieurs les connaissaient bien pour y avoir logé durant
les troubles. Ils abolirent la cour de la chancellerie, dont les
prévarications étaient un scandale. Ils attaquèrent hardiment
les dîmes. Ils restituèrent l'élection des pasteurs à la majorité
des paroissiens. Leur plus virile tentative fut d'enlever au
clergé le baptême et le mariage en substituant les juges de
paix aux ministres. Par là, ces sacrements devenaient des
actes civils, et l'État remplaçait l'Église.

Une fois lancés, les saints cessèrent d'être ridicules, car ils
firent peur à beaucoup. Cromwell, profitant de cette impression, donna un mot d'ordre qui fut obéi de point en point.

Le colonel Sydenham, l'un des députés, prononça un discours contre l'œuvre désorganisatrice de l'assemblée. Il déclara que cette œuvre était nuisible, qu'il ne voulait pas continuer d'y concourir, et il proposa de remettre le pouvoir souverain à celui qui le leur avait communiqué, au lord général. Cette motion fut appuyée par le major Worsley et par tous les clients de Cromwell. Ils se levèrent et se dirigèrent du côté de White-Hall. Le président, le sergent et les secrétaires prirent la même route, et Harrison demeura seul avec son troupeau de « saints ». Ils étaient à peu près cinquante. Harrison les fortifia et se fortifia lui-même par des textes bibliques, mais, sa finesse surmontant ses rêveries, il sentit bien qu'il avait été joué par Cromwell. Il ne le lui pardonnera jamais. Il fut tiré de ses réflexions par le major White et le colonel Goffe, qui le chassèrent de Westminster avec ses collègues, comme il en avait chassé le long parlement. Représailles de la Providence dès ce monde, représailles divines qui en présagent d'autres aux coupables et qui témoignent de la justice éternelle !

Hors de la salle des délibérations, plusieurs des saints de Harrison se ravisèrent et se rendirent à White-Hall, où ils approuvèrent l'acte de démission du parlement : tant est rapide la pente de la lâcheté humaine vers le succès, tant est rare l'héroïsme qui lui résiste ! L'acte de démission, placé dans une pièce du palais, eut bientôt quatre-vingts signatures, dont Cromwell se réjouit. Lui, qui avait tout conseillé et tout préparé, — lorsque le colonel Sydenham et le président Rouse lui présentèrent en triomphe cet acte de démission de la chambre, il joua l'étonnement, la stupéfaction, et ce n'est que peu à peu qu'il se soumit au Seigneur.

Le parlement, par son suicide et son testament, avait en quelque sorte nommé Cromwell son héritier. Le lord général l'entendait bien ainsi. Dans son scrupule néanmoins, il confia à deux réunions successives le soin d'une constitution nouvelle, d'où, malgré quelques objections, il sortit roi tout-puissant, sous le titre de protecteur. Cette constitution, en effet, dictée par Cromwell, fit résider l'autorité législative dans le protecteur permanent et dans le parlement annuel. — Le protecteur devait être assisté d'un conseil. — Il avait le veto. — Il décernait tous les emplois. — Sa liste civile avait été fixée à deux cent mille livres sterling de revenu. — Il était investi du pouvoir royal ; le nom seul de roi avait été retranché.

Dans l'intervalle d'un parlement à un parlement, c'était le lord protecteur qui gouvernerait avec son conseil. Ce conseil comprit d'abord tous les principaux complices du général : Lambert, Desborough, Henri Lawrence, sir Charles Worsley, le colonel Sydenham, Francis Rouse, le vicomte Lisle, le colonel Philippe Jones, le colonel Montagu, le major Richard, Walter Strickland, sir Gilbert Pickering, Skippon et Ashley. Chacun de ces quatorze conseillers eut un traitement fixe de mille livres sterling par an.

Le 16 décembre 1653, un cortége se mit en marche de White-Hall à Westminster. Les commissaires du sceau, les juges et les barons de l'échiquier formaient l'avant-garde avec le lord maire, les aldermen et les sheriffs en toges rouges. Cromwell, entouré d'officiers, venait ensuite dans un carrosse à six chevaux. Lambert portait l'épée devant lui. Le cortége prit place solennellement dans la salle de Westminster. Le lord général se tint d'abord debout près de son siége de parade : il avait un chapeau galonné d'or, des bottes à l'écuyère, un habit et un manteau de velours noir. Après la lecture de la constitution et le serment qu'il prêta, Cromwell s'assit, et le major général Lambert, à genoux, présenta au protecteur l'épée civile revêtue du fourreau. Cromwell la reçut et déposa la sienne, l'épée militaire. Désormais il n'était plus capitaine, il était le premier magistrat des trois royaumes britanniques.

La cérémonie terminée, Cromwell et le cortége retournèrent dans le même ordre à White-Hall. Seulement le lord maire, à cheval, précédait le carrosse du protecteur. C'était cette fois lui, le chef municipal de la cité de Londres, qui, tête nue, portait l'épée civile de Son Altesse et qui, en la portant, paraissait la légitimer, la rendre nationale. Cromwell avait profondément combiné cette sorte de couronnement. Le lendemain, il fut proclamé lord protecteur. Londres battit des mains, et des adresses de félicitation, parties de tous les comtés d'Angleterre, de toutes les villes d'Irlande et d'Écosse, encombrèrent White-Hall.

Ainsi Cromwell, le représentant de l'armée, de conseil en conseil d'officiers avait usurpé le pouvoir suprême. Son fauteuil de lord protecteur était un trône. Comment il y était parvenu, je l'ai raconté. Son chemin fut signalé par une suite mémorable de victoires, de violences et de ruses, par son coup d'État contre le long parlement et par son guet-apens contre le parlement Barebone. Ce dernier acte fut tellement ménagé, si diplomatique et si habile, que le protecteur, né de la force et de la fourberie, sembla presque l'élu providentiel d'un suffrage légitime. Le droit était dans le long parlement : Cromwel l'avait pris à la façon des brigands, et il l'avait communiqué tout souillé au parlement Barebone, qu'il avait créé exprès pour le lui rendre purifié. Il avait essayé de le consacrer encore, ce droit, par l'intervention des autorités municipales. Ce n'était toujours pas le droit, mais c'était une comédie du droit que Cromwell, par une alchimie savante, s'efforçait de transformer de plomb en or. Son espérance était de se faire sanctionner par un vrai parlement. Toutes ses pensées se concentrèrent sur ce but.

La famille était son seul repos. Entre la guerre d'Irlande et la guerre d'Écosse, il s'était installé au Cockpit ; après Worcester à White-Hall ; après la chute des deux parlements, il s'était familiarisé avec toutes les résidences de la couronne. Le soldat du Dieu vivant, comme il se désignait, plus grand par le génie que les princes par la naissance, s'établit peu à peu sans scrupule dans les châteaux d'Élisabeth et de Charles Ier, où il n'avait fait jusque-là que des séjours passagers.

Au milieu de ces splendides résidences, Cromwell conserva une certaine bonhomie et ne perdit pas ses tendresses. Il aimait tous les siens, mais il avait trois préférences de cœur irrésistibles : sa vieille mère, une femme biblique, vénérable par son austérité mêlée d'une sensibilité inquiète ; sa fille Claypole, mobile d'imagination, et d'autant plus touchante à Cromwell, qu'elle était comme sa néophyte et son élève en théologie. La troisième personne très-chère à Cromwell était sa petite-fille, connue depuis sous le nom de mistriss Bridget Bendysh. Cette enfant d'Ireton avait un tempérament, un esprit, qui rappelaient Cromwell, comme ses traits et sa physionomie rappelaient les traits et la physionomie du protecteur. Dissimulée, sincère, diplomate, imprudente, capricieuse, éloquente, appuyant ses fantaisies sur des versets sacrés, *tellement liguée* avec Dieu, qu'ils ne faisaient plus qu'un, elle réussissait dans tout ce qu'elle entreprenait. Elle était résolue, quelquefois intraitable, toujours respectueuse et douce pourtant avec son grand-père, qu'elle admirait passionnément. Cromwell l'adorait. Il se plaisait à la tenir sur ses genoux, et il la gardait de cette façon contre sa poitrine pendant de longues conférences. « Ne craignez rien, disait-il à ses interlocuteurs souvent indécis à cause de la présence de cet enfant, ne craignez rien. Je réponds d'elle autant que de moi. Je lui ai confié des secrets, et j'ai prié soit sa mère, soit sa grand'mère de les lui dérober par des caresses ou de les lui arracher par des châtiments. Rien n'y a fait. La petite est une Romaine, ou plutôt c'est une Judith, une fille de ma droite. Elle sera la femme forte de l'Écriture et la bénédiction de ma vie. » Et il n'exagérait pas. Quand il avait été enfant avec Bridget quelques minutes, il était plus homme le reste du jour avec Thurloe et il dirigeait plus facilement les affaires du monde.

Dans le premier mois du parlement Barebone, il y avait eu un combat de mer admirable non loin du Texel. La flotte anglaise, commandée par Blake et Monk, avait bloqué le golfe de Zuyderzée. Van Tromp en sortit au bout de sept semaines employées à réparer les navires hollandais. Le 30 juillet, il attaqua les Anglais. La nuit sépara les combattants. Le lendemain, Tromp, réuni à de Witt, fit un effort suprême. Il avait pris des dispositions qu'il croyait infaillibles. Il donnait ses ordres sur le tillac, le parcourant l'épée nue à la main, en grand uniforme, animant tous les siens, soldats et officiers, bravant la mitraille, défiant Blake et Monk. C'est au milieu de cette inspiration navale et dans l'élan d'une grande âme servie par le

génie le plus prompt, le plus instinctif, que Tromp fut atteint
d'une balle au cœur. Il tomba roide sur le pont. Les Hollandais, atterrés, se dispersèrent. Leur retraite eût été une fuite
sans les manœuvres de leur vice-amiral, qui continua de faire
son devoir malgré la fortune. Les Anglais coulèrent vingt navires, et ils envoyèrent beaucoup de prisonniers à Londres.
Monk, qui était un bon général, fut un bon marin ce
jour-là, un marin digne de Blake lui-même. Il s'illustra et
illustra l'Angleterre, qu'il devait trahir plus tard. Les pertes
des vainqueurs furent considérables. Ils eurent un grand
nombre de blessés et huit de leurs plus braves capitaines tués :
Chapman, Owen, Newman, Cox, Crisp, Peacock, Graves et
Taylor.

Le parlement, de l'aveu de Cromwell, donna à Blake et à
Monk deux chaînes d'or de la valeur de trois cents livres sterling chacune.

Van Tromp avait assisté à cinquante-quatre combats sur
l'océan. Il était, par ses qualités d'initiative, l'idole de tous les
marins du globe. Il savait tout de son métier sans avoir jamais
eu de maîtres. C'était un homme spontané qui devinait toujours et qui n'était, en aucune occasion, ni embarrassé ni surpris. Il estimait peu d'hommes, mais de tous Blake était celui
qu'il estimait le plus. « C'est le démon de l'algèbre, » disait-il
de Blake, tout comme Condé aurait pu le dire de Turenne.
Blake rendait à Tromp admiration pour admiration ; il y mêlait
même une affection très-rare dans un ennemi et dans un émule
de gloire. Rien ne m'a plus touché que de les entendre, un soir,
au bord de la Tamise, de la bouche d'un vieux amiral en cheveux blancs. Le vétéran nous disait : « Blake n'était pas une
femme, je vous en réponds ; c'était un homme terrible qui a fait
de l'Angleterre en quelques années une nation nouvelle, et par
qui cette nation en un clin d'œil a grandi de vingt coudées dans
le sang. Eh bien ! lorsque Blake apprit la mort de Tromp, il le
pleura si amèrement, que la douleur lui ôta la conscience de
lui-même et qu'il laissa flotter les rênes du commandement durant plusieurs heures. » Larmes sublimes d'un héros sur un héros, et qui les honorent l'un et l'autre.

Tel est encore le souvenir que les plus rudes marins gardent à Blake. « Il fut bon toujours, me disait un autre officier de mer, mais il ne fut faible que deux fois : pour sa mère et pour Tromp; sans cela, on n'aurait jamais su qu'il eût de l'eau salée dans les yeux. »

LIVRE NEUVIÈME

Le protestantisme. — Cromwell inaugure la tolérance religieuse. — Hauteur de Cromwell devant les gouvernements étrangers. — Sa politique extérieure. — Christine de Suède. — Traité de paix avec la Hollande, 5 avril 1654. — Grandeur de Cromwell. — Il convoque un parlement, 3 septembre 1654. — Son discours. — Il impose le serment. — Sa vie à White-Hall. — Il dissout le parlement, 22 janvier 1655. — Conspiration républicaine. — Détention d'Overton et d'Harrison à la Tour. — Conspiration royaliste à Salisbury, mai 1655. — Expédition en Amérique. — Prise de la Jamaïque. — Cromwell secourt les Vaudois. — Traité avec la France, 1656.

Le lord protecteur, qui applaudissait la marine, s'aidait de tous les partis et ne s'inféodait à aucun, pas même au parti militaire, qu'il contenait tout en le comblant de faveurs. Il fut doux aux cavaliers, les prévenant en même temps et prévenant Charles II d'éviter les attentats contre sa vie, car il était décidé à user de représailles contre la famille royale. Il releva un peu les presbytériens trop abattus. Les indépendants lui donnèrent de grandes tribulations. Les plus radicaux étaient les hommes de la cinquième monarchie, les saints de Harrison ; il était plus indulgent que sévère avec eux. Quand ils conspiraient, il se bornait à les incarcérer et à envoyer, de loin en loin, Harrison à la Tour. Les plus éclairés des indépendants étaient de purs théistes, comme Sidney, Haslerigh, Nevil et Challoner ; il les laissait philosopher. Il réprimait plus volontiers les théologiens qui lui faisaient de l'opposition devant le peuple, par exemple les docteurs Rogers et Simpson. Il ne persécutait pas des calvinistes de la trempe de Ludlow et d'Hutchinson, même quand ils étaient républicains. Il était d'une bienveillance universelle pour les sectes. L'anglicanisme et le papisme, qui touchaient à la faction, furent seuls traités avec quelque rigueur.

Dès lors se manifesta l'influence contraire du protestantisme et du catholicisme. Cette influence a été croissante. Le protestantisme a mené l'Angleterre, l'Amérique, les Pays-Bas, la Suisse, l'Allemagne à la liberté, à la prospérité et à la philosophie. Où le catholicisme a-t-il conduit l'Italie? Où il a conduit l'Espagne, ce grand peuple, et Pascal, ce grand homme : à l'anéantissement des plus fiers et des plus forts, à la tyrannie et à la superstition, qui stérilisent tout.

Même sous Cromwell, et par la haute tolérance de ce génie pratique, on s'affranchissait, en partie, de la prédestination. Calvin, en cela l'écho de Luther, avait admis cette doctrine. La Providence, soutenaient-ils, a ordonné par un décret souverain que les uns seraient infailliblement élus, les autres infailliblement damnés. Les œuvres sont impuissantes. Ce n'est pas la justice qui sauve, c'est la grâce. Dogme odieux qui, en abolissant la conscience, faisait de l'homme une victime nécessaire et de Dieu un despote éternel! Il était si révoltant, ce dogme, que beaucoup cherchèrent le remède et le trouvèrent dans le libre arbitre au risque de concilier plus tard difficilement le libre arbitre avec la grâce et la prescience divine.

Toute pensée est infime si elle ne s'élève pas au-dessus de la terre; toute politique est condamnée si elle est vide de Dieu, si de sa base à son sommet elle n'est pas religieuse. Les grands législateurs antiques étaient religieux par la contrainte; Cromwell essayait de l'être par la liberté. Plus de colléges de prêtres qui dans les arcanes du temple faisaient deux parts : l'une pour eux, la lumière; l'autre, pour la foule, les ténèbres.

Les temps paraissaient accomplis. Le moment était venu de constituer la liberté de conscience. Mais comment la fonder, cette liberté sainte, sans blesser les cultes? Non-seulement Cromwell ne voulait éteindre aucun culte, il permettait encore d'en allumer de nouveaux. Il humiliait le nombre. Plus de majorité, plus de minorité devant Dieu ; l'égalité absolue entre les Églises nées et à naître. La religion d'un homme peut valoir mieux que la religion d'un peuple, que la religion d'un monde.

Le pieux théisme de Sidney, que Cromwell appelait un paganisme sans le proscrire, n'était-il pas aussi sacré, aussi digne des respects du gouvernement que les rêveries de Harrison et de tous les autres croyants ?

Une conséquence de ce principe, c'est de substituer au privilége la justice. Toute secte, tout culte, quel que soit le chiffre de ses fidèles, aura le droit d'une autre secte, d'un autre culte. L'État les tolérera tous et n'en préférera aucun. Les cultes qui vivent, l'État les accepte; les cultes qui végètent sourdement dans les poitrines, l'État les attend. Il est propice à tout ce qui fleurit et même à tout ce qui germe. La foi seule sera la mesure de la puissance des cultes. Toute tyrannie cessera, toute liberté sera encouragée. Les traditions seront vénérées, les innovations seront bénies. Dieu choisira et donnera la durée à ce qui viendra de lui, à ce qui reflétera le mieux son image. Est-ce à dire que l'on demeurera éternellement dans la liberté? Sans doute, puisque même si l'unité était de ce monde et qu'on y entrât, on pourrait toujours en sortir. La grandeur de la liberté, c'est de n'être pas enchaînée dans un système. Tandis que les uns descendront des grandeurs immatérielles de la substance aux incarnations et aux symboles, les autres auront le droit de remonter par les belles lignes ascensionnelles de la liberté, de rayon en rayon, de prière en prière, jusqu'à l'âme éternellement providentielle et fortifiante du Dieu des astres et des hommes.

C'est cette liberté intérieure, invoquée par le protestantisme, qui a enfanté tant de sectes. Elles ont dans leur ensemble et dans leur individualité la beauté de l'intelligence, de la sincérité et de la vie. Ce n'est certes pas un médiocre honneur pour Cromwell, ce grand capitaine théologien, d'avoir compris cette liberté de conscience au moment où il accomplissait son avénement de dictateur. Il pouvait tout. L'Angleterre, qui avait abandonné Charles Ier par horreur du despotisme, se ralliait de toutes parts au lord protecteur par effroi de l'anarchie. La gloire immense de Cromwell brillait autour de sa tête comme l'auréole même de l'ordre. Cette gloire attirait tout, absorbait tout, et Cromwell eut le génie d'en profiter, soit pour inaugurer la tolérance, soit pour développer la marine, soit pour régulariser l'administration, soit pour relever la diplomatie. Il parlait aux puissances étrangères, tantôt avec fermeté, tantôt avec dignité, tantôt avec hauteur, selon les conjonctures, attentif à ce que la Grande-Bretagne, défendue au dedans, se sentît encore par la vertu généreuse du gouvernement nouveau respectée au dehors.

Une circonstance montrera bien l'attitude de ce gouvernement de Cromwell devant les gouvernements européens.

Don Pantaléon Sa, frère de l'ambassadeur de Portugal, se prit de querelle à la Bourse avec un jeune Anglais du nom de Gérard, lequel était fort attaché aux Stuarts, pour qui il conspirait. Le lendemain de cette dispute, don Pantaléon revint avec ses gens, sous prétexte d'être secouru au besoin, mais en réalité pour se venger de son adversaire. Gérard se retrouva au même lieu. Il avait des amis; une rixe s'engagea. Dans la mêlée, un compagnon de Gérard tomba mortellement frappé. Ce fut un cri public. Les traîtres méridionaux s'étaient servis du poignard. Cet assassinat sur un Anglais ne pouvait rester impuni. Le meurtrier s'était retiré avec don Pantaléon à l'hôtel de la légation portugaise. L'ambassadeur fit tout pour sauver son frère. Il allégua que ce frère avait été insulté, que d'ailleurs il était inviolable et ne ressortait, comme diplomate accrédité, que de la juridiction du roi de Portugal. Cromwell répondit, à l'applaudissement du peuple, qu'il y avait eu meurtre sur un Anglais, et que ce meurtre devait être puni en terre anglaise. Il fit enlever par une compagnie de sa garde don Pantaléon et quatre de ses complices. On les jugea. L'assassin présumé et don Pantaléon Sa furent exécutés. Cromwell gracia les trois autres Portugais. Gérard paya sur l'échafaud son crime de sicaire des Stuarts et de conspirateur; mais lui et les siens avaient d'abord été couverts du bouclier de la justice comme Anglais. L'opinion publique approuva vivement la conduite de Cromwell, qui dans toute cette affaire n'avait pas moins satisfait à l'équité qu'à l'orgueil national.

Les puissances étrangères reconnurent le protecteur unanimement. Lui, le régicide, les rois s'inclinèrent devant son épée et devant sa hache, comme s'il eût été l'un d'entre eux et même parmi eux le premier. Ils ne traitèrent pas seulement avec Cromwell, ils le flattèrent. Ils ne se contentèrent pas d'être ses égaux, ils furent ses courtisans.

Le Portugal était trop faible pour se révolter contre le protecteur d'Angleterre; il en supporta tout, jusqu'aux outrages.

Les petits États d'Allemagne, moitié par curiosité, moitié par attrait de protestantisme, ne refusèrent pas leurs hommages.

De grands gouvernements comme l'Espagne et la France se disputèrent l'amitié du dictateur insulaire. Lui ne se prononçait pas. Il recevait avec politesse les adulations de l'ambassadeur don Louis de Cardenas et les empressements du cardinal Jules de Mazarin. Il rejeta fièrement le titre de « mon cousin » que les deux souverains de Madrid et de Paris tentèrent de lui donner. Ne pouvant pas décemment, lui qui n'était pas roi et qui avait tué un roi, leur imposer de le nommer « mon frère », il exigea qu'on l'appelât « monsieur le protecteur » et « Votre Altesse », maintenant d'ailleurs avec les ambassadeurs étrangers l'étiquette d'un roi de naissance et pliant à cette étiquette toutes les dynasties. Philippe IV, du reste, ni Louis XIV, ne gagnèrent rien aux souplesses de leurs ministres. Cromwell ne se hâtait pas. Il distribuait de bonnes paroles comme l'aurait pu faire un vieux roué de chancellerie, et il attendait que le poids de son intérêt fît pencher la balance de l'un ou de l'autre côté.

De tous les monarques, aucun ne témoigna pour Cromwell plus d'engouement que Christine, auprès de laquelle Whitelocke était accrédité. Christine fut très-bienveillante pour ce jurisconsulte homme d'État qui était incapable d'un crime, mais qui était capable de beaucoup de bassesses, soit avec un roi, soit avec une république, soit avec un lord protecteur, soit avec une reine. Il avait fasciné Christine par les diplomaties de son esprit. Cette fille de Gustave-Adolphe, une folle née d'un héros, gouverna sagement tant qu'elle subit l'influence d'Oxenstiern. Depuis 1649, livrée à des caprices de pouvoir avec des courtisans corrompus, elle était, en 1654, sur le point d'abdiquer, lorsqu'il fut question de reconnaître Cromwell. Avant de descendre du trône, il ne déplut pas à Christine d'être favorable à un régicide; cela était bizarre et cela lui parut piquant.

Le lord protecteur fut d'abord très-sensible à l'enthousiasme de cette singulière personne, mais elle lui paraissait un peu insensée. Elle l'était, en effet. Son étrange aspect la révélait tout entière. Sa physionomie était pleine de désordre. A ce grand visage, à ces cheveux épars, à ce front intelligent, à ce nez hardi, à ces yeux brillants et durs, à cette bouche impitoyable, on comprend que les goûts de Christine sont illogiques autant que sa vanité est féroce et son âme sèche. C'est au fond un académicien de province déguisé en reine, un basbleu couronné. Elle commettra un attentat sur Monaldeschi, son écuyer et son amant, lorsqu'elle aura déposé la souveraineté, et, lorsqu'elle ne croira plus à rien, elle ira mourir catholique à Rome. Ce qui la grave donc en médaille, c'est un crime et une bêtise. Je lui pardonne la bêtise; mais le crime, comment l'en absoudre? La pierre funéraire de la petite église d'Avon, près de Fontainebleau, pèse plus sur la mémoire de Christine que sur les restes du pauvre Monaldeschi. Fille de Gustave-Adolphe par le sang et de Descartes par l'esprit, elle est la honte de ses deux pères, qui furent l'un et l'autre si grands!

Cromwell, le plus réfléchi des généraux, se trouva tout naturellement un négociateur circonspect. Ce caractère impétueux savait temporiser. Dans cette guerre de ruse, il battra Mazarin lui-même.

Il commença par la Hollande, dont il exploita les propositions de paix. Ces propositions, modifiées par Cromwell, furent rédigées en un traité le 5 avril 1654. La guerre avait été de dixhuit mois, et Segredo, l'ambassadeur vénitien qui résidait à Amsterdam, affirme que cette courte guerre coûta à la Hollande plus d'argent et de navires que les vingt années de ses luttes avec l'Espagne. Elle diminua comme puissance maritime; l'Angleterre grandit immensément. L'une avait perdu Van Tromp et l'autre conservait Blake, ce qui facilita tout à Cromwell. Il avait obtenu des indemnités considérables pour les héritiers des Anglais massacrés à Amboyne, pour les frais de la guerre et pour vingt-deux vaisseaux confisqués sur les Anglais par le roi de Danemark, allié des Provinces-Unies. La Hollande, qui avait perdu quinze cents navires dans ces campagnes immortelles sur l'Océan, s'engagea à baisser dans le détroit son pavillon devant le pavillon britannique, et, par un article caché, à ne rétablir jamais le jeune prince d'Orange, soit comme stathouder, soit comme général, soit comme amiral. Il n'y eut que la province de Hollande qui signa cet article; les autres provinces s'y opposèrent. Elles stipulèrent toutes que chacune des deux républiques interdisait son territoire, sous peine de mort, aux exilés et aux rebelles de son alliée. C'était contre Charles II la pointe d'un poignard dont Cromwell tenait le manche : contre Charles Ier, il avait tenu le manche de la hache.

La main du régicide avait toujours la même vigueur, et les Stuarts devaient s'en méfier. Ce qui ajoutait à la solennité de cet acte diplomatique, ce fut l'humilité des vaincus. Les négociateurs hollandais apportèrent les ratifications du traité dans un coffret d'argent, qu'ils offrirent à Cromwell comme à un roi.

Il était roi, en effet, roi devant l'Angleterre, l'Écosse et l'Irlande; roi devant l'Europe, devant le monde. Il avait tout, moins un vain titre, et cependant, quoiqu'il eût tout, il lui manquait au fond quelque chose : il ne pouvait se le dissimuler. Il avait détruit le long parlement, qu'il n'avait pas créé; il avait dispersé le parlement *Barebone*, qu'il avait fait. Ce parlement, une assemblée des saints de Harrison et des séides de Cromwell, avait, par fraude et par violence exercées de la majorité à la minorité, remis le pouvoir souverain, qui ne lui appartenait pas, au généralissime. Le généralissime s'était efforcé de légitimer deux fois de plus ce pouvoir souverain par un conseil d'officiers et par le lord maire, qui le saluèrent presque roi sous la dénomination de lord protecteur. A défaut du droit, Cromwell avait l'apparence du droit. C'était beaucoup, et cependant ce n'était pas assez. Car le lord protecteur n'ignorait pas le respect, la superstition même de l'Angleterre pour les parlements. Le parlement dans cette île, c'est l'orgueil de tous; c'est la loi, c'est la tradition, c'est l'honneur, c'est le budget, c'est l'éloquence, c'est la majesté du peuple anglais. Il n'y a pas de gouvernement durable en Angleterre sans le parlement. Telle était la grande difficulté de Cromwell, et il y pensait sans cesse.

Charles Ier avait voulu gouverner sans parlement : de là sa chute. Son blason de Stuart ne l'avait pas préservé. Cromwell, lui, pouvait oser davantage. Car Charles était la contre-révolution, et Cromwell était la révolution. Toutefois, malgré son origine, malgré sa nouveauté, et à cause de cela, Cromwell ne devait pas blesser trop longtemps le sentiment public, dans toutes les fibres duquel il y avait une piété pour le parlement. Il en convoqua donc un régulièrement, le premier de son protectorat. Ce parlement, composé de trois cent quarante Anglais, de trente Écossais et de trente Irlandais, Cromwell l'aborda le 3 septembre 1654, anniversaire de ses batailles de Dunbar et de Worcester. Il allait avoir devant lui des amis et des ennemis. Il assista avec eux à un sermon dans l'abbaye de Westminster, puis les représentants se rendirent au palais dans la salle des délibérations, puis dans la *chambre peinte*, où Cromwell les attendait. Il leur annonça pour le lendemain, 4 septembre, un sermon, et après le sermon un discours.

Le lendemain donc, le lord protecteur partit pour l'abbaye, non plus du Cockpit, qui ne suffisait plus à sa fortune, mais des grands appartements de White-Hall, qu'il s'était assignés de lui-même, nous l'avons constaté. Il habitait ce palais avec une aisance dynastique, tout comme s'il eût été un Tudor ou un Stuart. Personnellement simple, son génie était une majesté de la nature, plus éclatante à ses yeux que la majesté de la naissance, et il se permettait dans les occasions, sans qu'il éprouvât le moindre vertige, tous les luxes de la royauté. Ce jour-là, le jour de l'ouverture du parlement, son trajet de White-Hall à Westminster fut magnifique. Les canons retentirent sur la terre et sur les eaux, dès dix heures du matin. Deux détachements de cavalerie piaffaient en avant, puis venait un cortége nombreux d'officiers en brillants uniformes, puis les pages du lord protecteur en livrées étincelantes précédaient immédiatement la voiture à six chevaux où il n'y avait que Cromwell, son fils Henri, nommé représentant, et le général Lambert. La marche était fermée par l'un des gendres du protecteur, par Claypole, grand écuyer du palais, et qui conduisait avec pompe le cheval de bataille que le généralissime montait à Worcester. Au milieu de tant de broderies et de splendeurs dont s'était paré l'état-major de l'armée, qui était là tout entier, Cromwell seul avait dans ses vêtements la modestie d'un gentilhomme campagnard. Un portrait que j'ai bien étudié m'a donné exactement son costume. Il portait un habit gris de fer avec des revers et des parements noirs. Il avait l'épée au côté et le chapeau sur la tête. Il réunit autour de lui comme la veille les députés dans la *chambre peinte* du palais de Westminster. Ils s'assirent sur des banquettes, tous découverts, tandis que lui s'assit, couvert, sur un fauteuil à piédestal qui aurait mérité le nom de trône. Cromwell se recueillit quelques minutes, se leva, ôta son chapeau, salua l'assemblée, et debout, solide d'attitude, ferme d'accent, de geste, de regard, il parla pendant trois heures. Il improvisa selon son habitude.

« Messieurs, dit-il, vous êtes ici pour régler les intérêts de trois nations et pour aider le règne du christianisme parmi ces nations ou plutôt parmi tous les peuples du monde. »

Il retraça la détresse de l'Angleterre dans les derniers temps, — l'égalité des niveleurs qui menaçaient la propriété ; le fanatisme des hommes de la cinquième monarchie qui maudissaient le gouvernement civil ; la violence des sectaires qui se réservaient la prédication et qui excluaient de la chaire tout clergé établi ; la perfidie des jésuites qui, par la résurrection de l'épiscopat, tendaient à ramener les anciennes erreurs. Il déroula les désastres du crédit, l'épuisement du trésor, les dépenses de la guerre de Hollande, les troubles intérieurs, les difficultés avec les puissances étrangères ; la ruine enfin au dedans et au dehors. Voilà, s'écria-t-il, où nous en étions il y a moins d'un an. Aujourd'hui tout est bien changé. Les impôts sont réduits et facilement perçus, les flottes et l'armée

ont touché leur solde un mois d'avance, les caisses de l'État
sont abondantes, les juges renouvelés, les intolérants réprimés,
les prêtres respectés. La guerre avec la Hollande a été terminée glorieusement. Des traités avantageux ont été signés
avec le Danemark et la Suède, tandis qu'il s'en négociait d'autres non moins favorables avec le Portugal et la France. « A
tant de maux qui nous accablaient, continua-t-il, on a opposé
un remède : c'est le gouvernement actuel. Permettez-moi de
le dire, car je parle avec confiance devant un plus grand que
vous, devant Dieu, — ce gouvernement a été calculé pour le bien
seul du peuple et sans aucun égoïsme. » Ce gouvernement a,
dans ses stipulations avec le Portugal, placé les négociants
anglais hors des atteintes de l'inquisition. Il poursuivra de
plus en plus une ligue protestante à la tête de laquelle sera
l'Angleterre, et qui mettra la réforme à l'abri soit des persécutions, soit des massacres. Il souhaite que les sectaires ne
répandent pas leurs théories subversives, ou ces théories ne
nuiront qu'à ceux qu'elles aveuglent. « Si l'on vient à la pratique et que l'on nous dise : La liberté et la propriété sont
incompatibles avec le règne du Christ, il faut abolir la loi ; —
je le déclare, cela n'est point supportable, et il sera temps que
le magistrat s'en mêle. Si, de plus, on met tout en œuvre pour
bouleverser les choses, famille contre famille, mari contre
femme, parents contre enfants, si l'on va ne proférant que ces
mots : — Révolutionnez, révolutionnez, révolutionnez, — oh !
alors, je dis que l'ennemi public s'arme et que le magistrat doit
s'en mêler. »

Cromwell conclut en assurant que le gouvernement avait
guidé les trois nations sur les frontières de la terre promise,
que c'était au parlement à les y introduire. « Je serai avec
vous, messieurs, ajouta Cromwell, et je prierai pour vous. Je
ne vous parle point en homme qui affecte l'autorité, mais en
ouvrier de la même œuvre et en collègue de travail dans le
service du peuple de ces trois nations. C'est pourquoi je ne
veux pas retarder vos délibérations : je vous invite, au contraire, à passer dans la salle de vos séances et à choisir librement votre président. »

Sous ce masque d'abandon, Cromwell était inquiet. Il n'avait pas fait à son gré les élections. Elles avaient été trop révolutionnaires. Elles ne lui avaient donné qu'une majorité incertaine. Le front calme et l'âme agitée, il veillait donc avec cette prudence qui n'excluait pas l'audace, comme s'il eût été à quelques pas d'un champ de bataille.

Par un comité de son conseil chargé de vérifier les scrutins, il avait élagué un certain nombre de députés violents, entre autres le major Wildman et lord Grey de Groby, mais Bradshaw, Haslerigh, Scott, des républicains du long parlement, étaient là avec une forte minorité ; et Lenthall, que les souvenirs de son ancienne présidence, malgré la faiblesse de son caractère, entouraient d'un prestige menaçant, fut nommé à l'unanimité président du parlement nouveau.

L'opposition devint formidable en quelques jours. Il fut soutenu dans un bureau (8 septembre) que le gouvernement émanait d'une autorité illégale, et la chambre, à une majorité de cinq voix, prononça que le gouvernement ne résidait pas dans « une seule personne » et des parlements successifs.

Cromwell était aux aguets sous la cuirasse et sous le casque. Il ne s'endormit pas. Il avait cinquante-cinq ans, l'expérience des assemblées ; il était très-hardi par tempérament et par réflexion. Il n'avait pas les timidités du scrupule et les respects du droit. Il comprit qu'il fallait ériger sa prérogative au-dessus de la contradiction et que pour cela l'opinion publique lui prodiguerait des forces qu'elle avait refusées à Charles Ier. Il déploya un grand appareil militaire, ferma les avenues de la salle des séances et manda les députés à la *chambre peinte*.

Il improvisa une seconde harangue, très-méditée, à l'adresse de tous. Il parla en maître, en apôtre. Il fut moitié fourbe, moitié grand homme. — « Messieurs, dit-il (12 septembre), j'ai été appelé de Dieu et confirmé par le peuple. Je ne me suis pas mis à cette place. Non, ce n'est pas moi, c'est Dieu et c'est le peuple qui portent témoignage pour mon office et pour moi. Dieu et le peuple me l'ôteront cet office ou autrement je le défendrai.

« J'étais gentilhomme de naissance, aussi éloigné de la splendeur que de l'obscurité. L'Angleterre me confia plusieurs fonctions, et je la servis soit dans le parlement, soit dans l'armée. Partout je m'efforçai de faire mon devoir et j'y réussis assez. Je conquis une certaine estime dans le cœur des Anglais et j'en ai quelques preuves. Après la bataille de Worcester, en vérité je vous le dis, j'espérais rentrer dans la vie privée. J'offris la démission de mes emplois, je l'offris plusieurs fois, mais en vain. Beaucoup savent que je ne mens pas matériellement; si je mens au fond de l'âme, que Dieu en soit juge. Je crus que le long parlement donnerait le repos au peuple et à l'armée; je fus déçu dans mon attente. La dissolution du long parlement et l'abdication de celui qui le suivit furent nécessaires. Après la dispersion de ces parlements, je me trouvai investi du gouvernement sur les trois nations. L'armée le voulut ainsi, et non-seulement l'armée, mais Dieu et le peuple.

« Que maintenant on prétende avilir ce gouvernement institué par Dieu, acclamé par les hommes, avant que d'y consentir jamais, je veux à mon tour être enterré et roulé avec infamie dans mon sépulcre. »

Le protecteur se fonda sur un pouvoir qui avait reçu l'assentiment de la cité de Londres, les félicitations des magistrats, des officiers, des citoyens, des bourgs et des villes, de l'Écosse, de l'Irlande et de l'Angleterre. C'était bien le moins que l'homme ainsi consacré ne fût point ébranlé comme gouvernement par les députés qu'il avait suscités avec tant d'abnégation.

« Je suis affligé, mortellement affligé, s'écria Cromwell pour achever sa pensée, qu'il existe un motif d'en user comme je vais le faire, mais ce motif n'est que trop réel. Voici, dit-il en montrant un parchemin, voici de quoi nous accorder. Quand vous aurez signé cela, cette condescendance imprimera certainement aux affaires un mouvement heureux. Du reste, si je me refusiez satisfaction dans une démarche aussi juste, — moi, n'en doutez pas, je ne reculerai pas, j'accomplirai ce que je dois, après avoir consulté le Seigneur. »

Quel était donc ce parchemin auquel Cromwell faisait allusion et qui fut déposé dans le vestibule de la salle des séances

de Westminster? Il contenait une déclaration, que tout député
était tenu de signer avant de franchir le seuil du parlement.
Cette déclaration était ainsi conçue : — « Je promets librement
d'être fidèle envers le lord protecteur et la république d'Angleterre, d'Écosse et d'Irlande. Conformément à mon mandat
de député, je ne proposerai aucune altération du gouvernement
tel qu'il existe en la personne d'un citoyen et d'un parlement. »

Les principaux républicains se refusèrent à l'ignominie de
cette formalité. Pour eux signer eût été forfaire. Mais Lenthall,
qui était flexible, signa, et en quelques jours trois cents députés
signèrent comme leur président. La cour du protecteur fut
dès lors en majorité dans la chambre qui avait perdu, par ce
manége de Cromwell, les cent membres les plus énergiques de
l'opposition.

La mère du lord protecteur mourut quelque temps après cette
victoire parlementaire de son fils. Les généalogistes la ratta-
chaient de loin aux Stuarts. Elle ne croyait guère à ce blason.
Malgré les flatteries héraldiques, elle était restée modeste. Elle
y répondait volontiers en disant qu'elle n'avait pas eu plus de
cent livres sterling de patrimoine. Elle n'avait qu'un orgueil :
Cromwell. Elle était fière de son Olivier ainsi qu'elle l'appelait toujours; elle en eût été heureuse sans un effroi perpétuel.
De son côté, avec lady Claypole et sa petite fille Ireton, ce
que Cromwell aimait le plus, c'était sa mère. Il soutint son
agonie et pleura son trépas. Elle méritait bien la tendresse du
lord protecteur, elle qui, à chaque bruit de poudre, tressaillait
et disait : — Est-ce lui qu'ils ont tué? Elle ne respirait qu'en
le revoyant. Lui, la reprenait de ses terreurs et lui reprochait
doucement d'être une mère de la nature plutôt que de la bible.
Il la fit inhumer dans l'abbaye de Westminster sous l'éclat
d'autant de flambeaux que si elle eût été une reine. Il n'y eut
peut-être dans cette pompe funéraire que de la vanité; mais
dans les larmes de Cromwell, il y eut un cœur.

Le lord protecteur, qui avait échappé à tant de périls, manqua de succomber à un accident (5 octobre 1654). Il avait reçu
du duc de Holstein le magnifique présent de six chevaux d'une

22

beauté admirable. Un jour, qu'il avait dîné à Hyde-Park sous les chênes avec Thurloe, il fit venir son attelage danois et l'essaya. Cromwell fut ravi de la vitesse de ses chevaux. Les voyageurs qui auront éprouvé le plaisir que donne la rapidité de cette race dans les plaines du Holstein, de la Fionie ou de la Seeland, comprendront l'enivrement du lord protecteur. Ses chevaux d'un blanc de neige volaient à travers les allées, comme si chacun avait eu huit ailes aux quatre pieds. Ils ne touchaient pas la terre. Il prit à Cromwell la fantaisie de laisser Thurloe dans la voiture et de monter sur le siége du cocher. Exécuter ce caprice fut l'affaire d'un moment. Cromwell lança de nouveau son attelage dont il avait saisi les rênes, et lui, qui menait trois nations, fut renversé par six chevaux moins patients que les hommes. Il les avait fouettés témérairement : ils se vengèrent en jetant le protecteur, d'abord sur le timon, puis sous la voiture. Un pistolet de Cromwell qui partit anima encore l'ardeur de ces chevaux fougueux. Par un bonheur surprenant, Cromwell ne fut pas touché des roues. Les gardes accoururent. Ils relevèrent le protecteur presque évanoui, et Thurloe qui, ayant sauté de la voiture, avait été secoué plus violemment que Cromwell. Tous deux regagnèrent péniblement White-Hall, où ils furent retenus assez longtemps. Les cavaliers ne manquèrent pas de dire que si Cromwell portait des armes, c'est qu'il avait peur. Ils ajoutèrent que la première fois ce ne serait pas d'un carrosse qu'il tomberait, mais d'une charrette. Le lord protecteur dédaignait ces sarcasmes et s'affermissait de plus en plus. Seulement quand les royalistes dépassaient la mesure, il les envoyait en prison rejoindre Harrison et les séditieux de tous les partis.

Il vivait laborieusement à White-Hall. Ce palais, depuis que Cromwell s'y était installé, n'était plus un palais de fêtes, de comédies et de bals comme dans les belles années de Charles Ier et de la reine Henriette. Non, à l'exception de quelques circonstances solennelles où l'étiquette reparaissait, par exemple pour la réception d'un ambassadeur ou pour un dîner politique, White-Hall ressemblait à une demeure de haute bourgeoisie où lady Cromwell et ses filles faisaient un peu prétentieusement les honneurs. Le lord protecteur réparait quelques inconvenances et quelques disparates, en se montrant toujours avec une grande simplicité de manières, et en jetant involontairement par sa présence un rayon de gloire devant lequel pâlissait même l'ancienne splendeur monarchique. Le château de la tradition n'était pas trop vaste pour Cromwell, dont le foyer pouvait bien être égal à celui des rois, qu'il surpassait en génie. Hors des grands appartements où il se conduisait comme un souverain et des petits appartements où il aimait, soit à jouer avec sa petite-fille Ireton, soit à causer avec sa fille lady Claypole, — son logement à lui était sévère. Mais que d'épisodes, d'interlocuteurs, le variaient à toute heure ! C'était quelquefois un cloître protestant où il donnait audience aux sectaires et aux théologiens ; quelquefois, c'était un ministère de la police où il interrogeait des espions ; souvent, c'était une caserne où il accueillait les généraux, les colonels, les officiers de tous grades et les sous-officiers de l'armée ; c'était toujours un multiple cabinet d'étude où il devinait, où il manœuvrait les hommes politiques, où il traitait les questions intérieures et extérieures de la république avec une profondeur étonnante, prompt quand il fallait devancer ou fixer l'occasion ; et, quand il fallait l'attendre, d'une lenteur imperturbable. Il avait fait à son secrétaire Thurloe un domicile à White-Hall ; Milton, le secrétaire des dépêches latines, n'était pas l'hôte du palais, il en était le grand écrivain. Lorsque Cromwell mandait Milton, il trouvait en lui cette flamme religieuse et cette ouverture vers la tolérance qu'il avait aussi, et que le poëte illustrait dans une prose immortelle. Le lord protecteur avait plus habituellement besoin de Thurloe, en qui il rencontrait l'interprète pratique de ses plans et de ses pensées. Thurloe, un ami, un confident, un intermédiaire, rédigeait en décrets ou en traités les illuminations de Cromwell. Le jurisconsulte était nécessaire à toute heure au grand homme d'État de l'Angleterre et il excellait dans son rôle utile comme Milton dans son rôle brillant.

Cromwell, qui avait alors cinquante-cinq ans (1654) et qui avait toujours été assez indifférent aux femmes, ne leur accordait que peu de place dans sa vie. Il était aimable pour elles par moments, et son *rare* sourire avait une grande séduction ; mais sa courtoisie n'allait ni jusqu'à la passion, ni même jusqu'à la galanterie. Tous les contes qu'il a plu aux historiens superficiels ou romanesques de débiter sur ses relations soit avec madame Lambert, soit avec d'autres, ne sont pas avisés du tout. Malgré des brusqueries de tempérament, Cromwell n'eut jamais ce qu'on appelle une maîtresse, en 1654 moins qu'à aucune autre époque. Il avait plutôt des pruderies puritaines. Il cessa tout à coup d'inviter un très-grand seigneur danois qui l'avait charmé d'abord par son esprit, pour la raison que ce seigneur, il l'avait appris, était un effronté libertin. Il refusa de recevoir en Angleterre la visite de Christine, dont il était le héros, parce que, disait-il, une reine si débauchée ne pouvait lui être agréable et scandaliserait les saints. Le lord protecteur savait très-bien se passer de femmes, et ses plaisirs domestiques tantôt avec sa famille, tantôt avec ses amis lui suffisaient. Il endormait sur ses genoux sa petite-fille Ireton, ou bien il lutinait lady Cromwell sur certains détails de ménage, de dépense et de luxe, ou bien il prenait lady Claypole par une boucle de ses cheveux et il lui faisait un petit sermon.

Il y eut peut-être une exception, non pas dans le cœur, mais dans l'imagination de Cromwell, pour une seule femme, pour lady Dysert, depuis duchesse de Lauderdale. Elle était la fille aînée d'un gentilhomme qui avait été page de Charles Ier et que ce prince avait fait comte. Ce gentilhomme s'appelait Murray, et il avait marié sa fille à Lionel Tallmarsh de Suffolk. Après la mort de son père, la jeune femme se fit appeler lady Dysert. Elle devint la maîtresse de lord Lauderdale, qu'elle épousa plus tard, lorsqu'ils furent tous deux veufs. Son amant ayant été pris à Worcester, pour le servir et aussi pour se contenter, elle essaya de conquérir l'amitié de Cromwell. Elle l'obtint un moment, cette amitié, et elle en fit, sinon de l'amour, du moins de la fascination.

Lady Dysert était vraiment un démon d'audace. Elle était fort belle et très-prodigue. Elle rêvait sans cesse des hommages et de l'or. La renommée d'ailleurs l'ensorcelait. Elle voulut soumettre Cromwell, qui pouvait tout lui donner. Si elle ne le garda pas, elle le surprit étrangement, et elle eut son jour. Comment ne l'aurait-elle pas eu? Cromwell, sans cesse plongé dans la guerre, dans le gouvernement ou dans la Bible, n'avait jamais vu une telle femme. C'était un esprit étincelant. Sa conversation était un miracle et un mirage. Cromwell eut un éblouissement. Cette femme très-décevante, versée dans les mathématiques, la théologie et la poésie autant que dans la coquetterie la plus raffinée, attira le vainqueur de Worcester par des gerbes de lumière comme un feu d'artifice (Burnet, *Hist. de mon temps,* passim). Cependant la politique ne cessait pas de dominer l'homme en Cromwell, et une ivresse chez lui n'était pas longue. Dès qu'il s'aperçut que lady Dysert le compromettait, il la congédia sans hésitation.

Il en fut quitte pour redoubler ses distractions, soit avec les siens, soit avec de bons compagnons comme lord Broghill, Pierrepoint, Worsley, Thurloe et Whitelocke lui-même. Alors, dans les salons du lord protecteur, les rangs disparaissaient. Le lord protecteur n'était plus qu'Olivier Cromwell. Il disait des histoires de sa jeunesse, riait, et par manière d'amusement provoquait chacun à faire des vers; il en faisait lui-même. Ces vers devaient être bien mauvais, et Milton s'en fût moqué. Mais les heures coulaient au milieu de propos interrompus, à la lueur des chandelles, à travers les tourbillons de fumée des pipes, que Cromwell ordonnait de placer toujours sur une table, près d'un immense pot de tabac où il était le premier à puiser. Il avait des gaietés d'enfant; il inventait des niches de soldat, et il déposait le fardeau du pouvoir à son grand divertissement. Ces détentes le délassaient singulièrement, et il retournait ensuite tout rajeuni aux affaires.

C'est ainsi qu'il revint au parlement. Modifié par l'engagement que le protecteur lui avait infligé, le parlement avait tenté beaucoup de petites oppositions sans se permettre un acte décisif. Il avait même reconnu et consacré l'autorité et le titre de Cromwell. Il lui avait accordé une liste civile de deux cent mille livres sterling. C'était quelque chose, mais le dictateur y était moins sensible qu'il n'était irrité des hostilités secrètes de l'assemblée. Le refus qu'elle fit de limiter l'emploi de protecteur à la fille de Cromwell et son obstination à écarter l'hérédité proposée par Lambert avaient surtout blessé le dictateur. Il rendit au parlement colère pour malveillance. Il l'appela dans la *chambre peinte*, et il se complut à le dissoudre douze jours avant l'expiration du mandat des députés. C'était une insulte, et il l'accomplit d'un air irréprochable, en supputant dérisoirement la durée législative par les mois lunaires et non par les mois du calendrier.

« Messieurs, dit-il aux représentants dans la *chambre peinte*, le 22 janvier 1655, voilà presque la moitié d'une année que vous siégez comme parlement. Or, qu'avez-vous fait? Vous n'avez rien fait du tout, ni bill, ni adresse ; vous n'avez rien fait pour le peuple, rien pour l'armée, rien pour Dieu. Je me trompe, vous avez fait quelque chose. Vous avez encouragé deux conspirations, l'une de niveleurs, l'autre de cavaliers. J'ai les yeux sur eux tous.

« Vous avez cru peut-être que je désirais l'hérédité du protectorat dans ma famille. C'est une erreur. Si vous eussiez inséré cela dans la constitution, je n'aurais pas accepté. Quand le gouvernement m'a été proposé, ce fut toujours mon principe d'en exclure l'hérédité. Je dis qu'il faut des hommes choisis par leur amour du Seigneur, de la justice et de la vérité, et non par succession; car, ainsi que le déclare l'Ecclésiaste : « Quel homme sait s'il engendrera un insensé ou un sage? »

« Je vous parle dans la crainte de celui qui donne la puissance. Vous avez pensé que le parlement m'était nécessaire pour avoir de l'argent. Il n'y a que Dieu qui soit nécessaire. J'ai été endurci aux difficultés, et je n'ai jamais éprouvé que Dieu m'ait manqué, lorsque je me suis fié à lui. Je puis au fond du cœur rire ou chanter, quand je vous entretiens de mes embarras, et quoiqu'il ne soit pas facile de lever de l'argent sur la nation sans le parlement, j'ai en réserve un argument pour le bon peuple d'Angleterre : c'est de savoir s'il aime mieux se perdre en commandant pour son mal que de se sauver en obéissant pour son bien. Ce serait faire tort à ma patrie que de douter d'elle.

« Oui, Dieu seul est nécessaire, et c'est un crime de le méconnaître dans ses œuvres. Mais cela nous mènerait trop loin, messieurs. Pour ne pas vous fatiguer davantage, je me bornerai à vous dire que la continuation de votre présence n'étant pas indispensable à ce pays, le parlement est dissous. »

Ce discours de Cromwell est un attentat contre le *droit de naissance* de tout Anglais. Strafford et Charles Ier avaient été décapités pour ce forfait, pour le forfait de vouloir gouverner sans parlement. Cromwell était aussi coupable qu'eux. Bradshaw, Haslerigh, Scott, Ludlow, et Sidney, et Hutchinson, tous les patriotes régicides, ou non régicides, furent indignés. Mais Cromwell était la révolution. Il était passager comme une dictature et il préservait l'Angleterre de Charles II, qui vivait à Cologne d'une pension annuelle accordée par Mazarin. Le protecteur, plus roi que les rois, honorait d'ailleurs le nom de la Grande-Bretagne soit sur terre soit sur mer, et il propageait, sauvegardait dans le monde entier la liberté des âmes. Cela faisait prendre patience, et c'est ce qui adoucissait, ce qui désarmait Milton. Il pensait que le peuple anglais, décidé comme il l'était à ne pas être gouverné sans parlements, les rétablirait plus tard, malgré la tradition de Charles Ier et l'exemple de Cromwell. Le temps, en effet, sera pour l'Angleterre, qui a éternellement le droit, contre toutes les tyrannies, qui n'ont que le fait.

Et puis, il faut le redire, la *Libéralité* religieuse de Cromwell le fortifiait infiniment. Car, dans cette sphère sublime des convictions, il devançait sa patrie et les parlements. Il le prouva toujours. En cette année 1655, il manifesta sa mansuétude théologique envers John Biddle, le chef des unitaires. Biddle soutenait que Dieu seul est Dieu, et que ni selon les Écritures, ni selon la raison, le Christ ne doit recevoir ce nom auguste. Le long parlement avait incarcéré trois fois le philosophe. Il le tenait à Gate-House et allait le frapper à mort. Le lord protecteur fit mettre en liberté John Biddle par la cour supérieure (1655). Il le délivra encore en 1658, et ce ne fut qu'en 1662, sous la restauration, que le pauvre Biddle, n'ayant plus Cromwell pour sauveur, mourut à Newgate où il avait été emprisonné de nouveau. Le lord protecteur était l'adversaire des persécutions religieuses, et l'histoire n'a pas assez montré jusqu'ici que ce fut là sa grandeur suprême.

Il poursuivit une ombre de conspiration républicaine. Le colonel Overton fut arrêté. C'était un ami de Milton, le plus littéraire des officiers de Cromwell, un homme de la trempe de Sidney, une âme de héros dans une poitrine de citoyen. Il lisait Virgile et Tacite, la veille et le lendemain d'une bataille. Son courage était brillant, son esprit lumineux, sa parole incisive. On trouva dans ses papiers cette définition : « — Qu'est-ce qu'un protecteur? un singe de roi, un César de théâtre, représenté par un paysan. » Renfermé à la Tour, Overton garda toute sa fierté et protesta contre le despotisme par une contenance et des mots dignes d'un Romain. Le major Wildman, lord Grey de Groby et Harrison furent aussi détenus à la Tour, mais dans un autre pavillon que le colonel Overton, sous la même surveillance, celle de Barkstead dévoué à Cromwell.

Si la colère des républicains n'alla pas jusqu'à la conspiration, la jactance des cavaliers alla jusqu'à la révolte armée. Le lord Wilmot, qui avait été créé comte de Rochester, et le colonel Wagstaff quittèrent Cologne, où Charles II résidait avec sa petite cour et abordèrent étourdiment en Angleterre. Le roi s'avança sur les côtes de Zélande pour être à portée des événements. L'entreprise de ses partisans avorta vite. Le colonel Wagstaff, à la tête de deux cents chevaux entra dans Salisbury, et sortit le même jour, après avoir proclamé Charles II. Ce ne fut qu'une échauffourée. Chargés par un détachement de Cromwell, sous la conduite du capitaine Crook, les royalistes se rendirent. Wagstaff s'évada. Plusieurs de ces prisonniers furent pendus à Salisbury, déportés à la Barbade. Deux gentilshommes très-braves, Penruddock et Grove furent décapités le 16 mai 1655, à Exeter. Lord Wilmot, ne voyant aucune chance de succès dans le comté d'York où il était, dispersa, même avant de combattre, sa petite bande de cavaliers. Il s'abandonna ensuite à son étoile d'aventurier, et, à travers beaucoup de périls, d'où sa présence d'esprit le tira, il rejoignit Charles II, qui de Zélande, au bruit de la défaite de Wags-

taff, était retourné à Cologne. Lord Wilmot n'était ni un
général ni un politique; c'était un homme du monde, un courtisan, l'idéal du cavalier ; nul ne fut jamais plus libertin, plus
spirituel et n'eut surtout plus facilement et plus gaiement que
lui cette belle intrépidité insoucieuse, cette faculté charmante
de l'à-propos devant le danger et devant la mort.

Le lord protecteur avait besoin d'argent afin d'assurer sa
dictature. L'insurrection des cavaliers lui en fournit. Il frappa
d'un dixième la fortune des royalistes, exempta de cette confiscation ceux qu'il voulait gagner, et se servit des sommes
immenses qu'il perçut, soit pour payer la marine et l'armée,
soit pour augmenter sa police, soit pour multiplier ses moyens
d'influence en Angleterre et hors de l'Angleterre. Bien plus,
Cromwell soumit quelques mois les comtés à douze majors
généraux, ses lieutenants et ses exécuteurs. Ils se conduisirent
en pachas, mais en pachas anglais. Tout en violant le droit, ils
ménagèrent les mœurs toujours fières et frémissantes du peuple
de la grande charte. Ils foulèrent cette nation sans l'avilir.
Beaucoup, parmi eux, quoique trop absolus, sentaient le frein
au dedans de leurs anciens principes. Ils craignaient aussi les
réprimandes et la disgrâce. Les souvenirs du lord protecteur
étaient les mêmes que leurs souvenirs. Leur origine était révolutionnaire. C'était Skippon, c'était Goffe, et Worsley, et Desborough, et Fleetwood, et Lambert, et d'autres, tous fils de
leurs œuvres. Ils eurent encore plus de ridicules qu'ils n'exer-
cèrent d'iniquités, et cependant, au milieu des haines qu'ils soulevèrent, ils accomplirent le vœu de Cromwell : ils étouffèrent
les conjurations. Ils firent l'ordre dans la rue et ils entretinrent
la sécurité du commerce. Seulement, ils contristèrent le libé-
ralisme anglais que consolèrent de nobles juges comme Hale et
Jenkins, ces soldats en toges, plus braves avec la loi que les
majors généraux avec l'épée. Ces majors généraux néanmoins,
entre 1655 et 1656, tout en humiliant l'Angleterre, la paci-
fiaient et faisaient du loisir à Cromwell.

Lui, employait le temps. Il régularisait l'impôt et nommait
de bons administrateurs ; il simplifiait la législation civile et la
procédure, d'après ses propres idées et ses anciennes conver-

sations avec Ireton ; il améliorait la justice, au désespoir des légistes qui vivaient d'abus ; il couvrait de sa tolérance tous les sectaires pourvu qu'ils ne fissent pas de leurs opinions des brandons de discorde ; il se constituait le centre européen du protestantisme et commençait cette ligue de la réforme dont Guillaume d'Orange sera le grand promoteur ; il déclarait en quelque sorte l'Océan un lac anglais, et il interdisait à l'Espagne comme au Portugal de citer devant l'inquisition des citoyens britanniques.

Il équipa deux flottes pour deux expéditions. Un ancien prêtre, Gage, qui revenait d'Amérique, lui décrivit, sous de si brillantes couleurs, les colonies espagnoles, leur opulence, leur faiblesse, que Cromwell résolut un coup d'éclat lointain contre le roi catholique, lequel, dit Burnet, n'avait jamais consenti à la paix avec l'Angleterre entre les tropiques. « Le protecteur pouvait donc y porter la guerre avant qu'elle eût été déclarée en Europe. » Cromwell pensait que les trésors des Indes occidentales lui permettraient de fonder tout seul son autorité et le dispenseraient d'avoir recours au parlement, son grand obstacle, avec lequel et sans lequel il ne pouvait gouverner. Dès qu'il n'aurait plus de subsides à demander, il annulerait ces parlements redoutables pour lui sur les questions d'argent, mais en tout le reste faciles à vaincre ou du moins à éviter. Il avait toujours les meilleures cartes de toutes les contrées. Il se mit à les consulter avec ardeur. Stoupe, un aventurier suisse que le protecteur consultait volontiers sur les affaires étrangères, s'aperçut que la carte étudiée par Cromwell avec une attention particulière était la carte du Mexique. Il en conclut la probabilité de la guerre.

La première des expéditions de Cromwell était de dix-huit vaisseaux. Elle avait pour commandant le vice-amiral Penn et logeait une petite armée sous les ordres de Venables, qui devait s'emparer d'Hispaniola (Saint-Domingue). Le vice-amiral et le général ayant échoué contre cette île se rabattirent sur la Jamaïque et s'en emparèrent le 10 mai 1655. Cette conquête ne parut pas à Cromwell une compensation suffisante. A leur retour, il envoya le vice-amiral et le général à la Tour de Londres, comme si pour cet homme du destin une défaite, même rachetée par un succès, eût été un crime.

La seconde expédition était menée par Blake. Cet amiral était chargé d'intercepter les galions espagnols entre les Indes occidentales et l'Espagne. Il ne réussit pas cette fois dans cette tâche principale de sa mission, et ses lettres que conservent les papiers d'État de Thurloe témoignent de la désolation de l'amiral accoutumé à l'impossible. Il nettoya, du reste, la Méditerranée des corsaires qui l'infestaient. Il imposa au dey d'Alger de respecter partout les Anglais. Il incendia, le 18 avril 1655, à Porto-Ferino, la flotte du dey de Tunis, auquel il arracha par la terreur, ainsi qu'au dey de Tripoli, le même traité qu'au dey d'Alger. Il revint ensuite en Angleterre. Un autre eût été fier d'une si belle campagne, mais lui n'estimait pas les demi-triomphes. Il fallait à ce Cromwell non politique, à ce Cromwell de la mer, des triomphes complets.

Au printemps de l'année 1656, le lord protecteur se porta énergiquement au secours des Vaudois du Piémont persécutés par le duc de Savoie. Cette secte innocente et pieuse remonte au douzième siècle, à Pierre Valdo, nommé aussi Pierre de Vaux, du nom d'un village où il était né, près de Lyon. Valdo s'enrichit par le commerce et distribua tous ses biens aux pauvres. Il prêcha une doctrine qui ramenait la foi aux temps de la primitive Église, et qui déclarait chaque fidèle digne des fonctions de prêtre. Ces doux sectaires, connus sous la dénomination de Vaudois, furent appelés aussi les *gueux de Lyon*. Ils furent confondus avec les Albigeois, lesquels comprenaient dans leur vaste signification tous les hérétiques du Midi, dont la plupart étaient manichéens. Ces malheureux Albigeois, dont les principaux centres occupaient Albi, Béziers, Toulouse, Carcassone, Avignon, Montauban, furent livrés par le pape Innocent III à l'éloquence de son apôtre espagnol, saint Dominique, et à l'épée de son féroce général, Simon de Montfort. Ce bourreau féodal massacra jusqu'à soixante mille Albigeois à Béziers dans la première croisade qui commença en 1204; dans la seconde croisade commencée en 1219 et durant laquelle le fils de Philippe Auguste (Louis VIII) acheva presque d'exter-

miner les Albigeois ; le peu qui resta de ces excommuniés se
perdit sous la désignation de Vaudois, — mot qui devint universel pour exprimer tous les hérétiques méridionaux, mais
qui resta particulier pour exprimer les *gueux de Lyon*, les disciples de Pierre Valdo. Ces disciples, les vrais Vaudois, multi-
pliés par la prédication, avaient été décimés par le fer et par le
feu à l'époque des deux croisades contre les Albigeois. Ils se
cachèrent dans les vallées de la Provence et dans les gorges
du Piémont, où ils vécurent avec une pureté évangélique et des
mœurs pastorales agréables à Dieu et aux hommes. Les massacres de Cabrières et de Mérindol les extirpèrent de France
en 1545. En 1656, ils furent traqués dans les Alpes par le duc
de Savoie, leur souverain. Leur culte fut aboli, leurs maisons
furent pillées et brûlées, leurs femmes et leurs filles violées,
eux-mêmes égorgés dans beaucoup de lieux. Leur cri perça les
rochers, roula de montagne en montagne par toute la Suisse,
traversa l'Allemagne, la Hollande, l'Océan, et retentit dans le
palais de Cromwell. Le cœur de Milton se brisa de pitié, et
toute l'Angleterre fut navrée de douleur. Le sentiment et la
politique de Cromwell furent émus à la fois. Il intervint au nom
du Dieu vivant, comme le représentant du protestantisme anglais
et européen. C'est une époque magnifique dans la vie du lord protecteur. Il envoya un diplomate à Turin, un autre à Paris. Il réclama la médiation du cardinal de Mazarin auprès du duc de
Savoie, qui était l'allié de Louis XIV, et il fit de la liberté religieuse la condition de son amitié avec la France. Cette grande
voix de Cromwell fut écoutée. Mazarin annonça au lord protecteur (20 août 1656) qu'une amnistie avait été accordée aux
proscrits et que tous leurs privilèges étaient restitués aux martyrs. Le duc de Savoie confirma cette nouvelle de salut, et le nom
de Cromwell, béni dans les vallées, célébré sur les sommets,
monta plus haut que les Alpes. Il signa alors son traité avec la
France et y inséra une clause secrète bien honteuse à subir : ce
fut le bannissement hors de nos frontières du roi Charles, du
duc d'York, du duc d'Ormond, d'Edward Hyde et de quinze
autres amis de Charles II.

LIVRE DIXIÈME

Guerre contre l'Espagne. — Nouveau parlement, 17 septembre 1656. — Secte des quakers. — Cromwell défend la liberté religieuse contre le parlement, 25 décembre 1656. — Le parlement lui offre la royauté. — Complot contre sa vie, 9 janvier 1657. — Blake incendie la flotte espagnole à Ténériffe. — Sa mort. — Division du parlement en deux chambres. — Cromwell le dissout, 1658. — Complot royaliste. — Siége de Dunkerque. — Bataille des Dunes, 4 juin 1658. — Cession de Dunkerque aux Anglais.

Cromwell, en se grandissant, grandissait l'Angleterre. Il avait suspendu la liberté politique, mais il avait rétabli la liberté civile et religieuse, les affaires et le repos même de ses ennemis. La patrie respirait. Cromwell avait fermé les rivages aux Stuarts, il avait répandu des torrents de richesse, purifié les codes, propagé l'industrie, ressuscité les échanges, abrité d'un bouclier d'airain la conscience des tribus vaudoises, et fait des forêts de la Grande-Bretagne une Angleterre flottante dont Blake était l'amiral. Malgré toutes ces choses, néanmoins, sans parlements, cette fière nation était humiliée.

Il y avait ce nuage sur la situation de Cromwell qui, d'ailleurs, était admirable. Vers la fin de l'année 1656, le lord protecteur avait toute la puissance d'un roi ; le nom seul de roi lui manquait ; Charles II, au contraire, avait le nom de roi et n'en avait pas la puissance.

Après les aventures qui suivirent la bataille de Worcester et son retour en France, il vécut chez sa mère Henriette, soit au Louvre, soit au Palais-Royal ; mais elle ne pouvait guère lui donner que le toit d'une résidence étrangère et une place à sa table d'exilée. Charles, qui avait une petite cour et beaucoup de maîtresses à entretenir, s'adressa à Mazarin, qui était l'oracle et un peu plus que l'oracle d'Anne d'Autriche.

Le cardinal, dans ses prodigalités du trésor, n'était royal qu'envers lui-même. Il accorda une pension de six mille francs par mois au petit-fils de Henri IV et il crut très-bien faire. Charles ajoutait à ces faibles revenus les dons de ses partisans d'Angleterre, subsides nobles mais peu abondants de la fidélité à l'infortune. Avec cela, des emprunts et quelques prises de corsaires qui arboraient son drapeau, le roi était fort pauvre, soit à Paris, soit à Cologne, où il demeura deux ans près de la cathédrale et au bord du Rhin. Ses plus grands serviteurs, Edward Hyde et le marquis d'Ormond, n'avaient pas le plus strict nécessaire. « Je n'ai plus ni souliers ni chemises, écrivait, en 1654, Edward Hyde, depuis lord Clarendon, et le marquis d'Ormond n'est pas plus heureux que moi. » En 1653, il avait écrit déjà : « Je ne sache pas que personne parmi nous soit encore mort faute de pain, et j'en suis vraiment étonné. Je suis sûr que le roi doit tout ce qu'il a mangé à dater du mois d'avril, et je ne connais pas un de ses amis qui ait une pistole dans sa poche. » Charles ne trouvait de l'or que pour ses débauches. Lucie Walters ou Baron, mère du duc de Montmouth, et les autres coquins de l'intimité de Charles II nageaient dans le luxe à Cologne, en 1655, tandis que les grands officiers du prince étaient réduits aux extrémités les plus dures. Tout insouciant qu'il fût, et dans la soif des plaisirs qu'il rêvait à White-Hall, à Hampton-Court, à Windsor, ses résidences de famille, Charles saisit l'occasion de la guerre de Cromwell avec l'Espagne pour offrir au roi catholique son alliance. Nul ne pouvait être plus redoutable à l'usurpateur régicide, pensait le ministère espagnol, que l'héritier des Stuarts.

Sans rien craindre, Cromwell équipa une flotte terrible, la flotte de Blake. Il adjoignit Montague comme collègue à ce grand marin. En réalité, ce ne fut qu'un second. Montague était l'homme de Cromwell, Blake l'homme de l'Angleterre. Les deux amiraux croisèrent de Cadix à Lisbonne du mois d'avril au mois de juillet 1656. Ils avaient jeté l'ancre dans le Tage,

après avoir laissé devant Cadix le capitaine Stayner et sept
frégates. Le 10 septembre, le vice-roi de Lima revenant d'A-
mérique avec huit vaisseaux chargés de richesses, Stayner l'attaqua dans les parages de San-Lucar. Il coula quatre vaisseaux,
en prit deux, et les autres s'enfuirent vers Gibraltar. Le vice-
roi fit sauter le vaisseau amiral. Il mourut en héros avec sa
femme et deux enfants par l'eau et par le feu, à la vue des côtes
d'Espagne, où il ne put aborder. Montague ramena en Angleterre des lingots d'une valeur de deux cent mille livres sterling. Les chariots qui transportèrent cet or de Plymouth à
Londres furent salués passionnément par le peuple, qui n'aimait
pas moins l'argent que la gloire et dont il est permis de dire,
sans le calomnier, ce que Tacite disait des Romains : « *Rap-*
« *tores orbis, postquam vastantibus defuere terræ, mare scru-*
« *tantur,* » Brigands du monde, quand la terre manque à leurs
rapines, ils dévastent les mers !

Ces ravages qui comblaient le fisc et que célébrait la renommée facilitèrent la réunion d'un parlement à Cromwell. Ce
grand homme d'État, malgré ses méfiances, malgré son horreur personnelle, sentait que la condition normale du gouvernement de l'Angleterre, — c'était le parlement. L'Angleterre
ne donne de confiance et de subsides qu'à la voix de ses députés. Quand ils sont groupés en parlement, l'Angleterre respire, elle délie les cordons de sa bourse, elle est prête à tous
les dévouements, à tous les sacrifices. Lui refuse-t-on ses parlements, elle devient avare, féroce ; elle chicane pour un
shilling, elle décapite un roi, elle exterminerait dix lords
protecteurs. Cromwell, qui déplorait cela, mais qui le savait,
convoqua un parlement le 17 septembre 1656.

L'Angleterre souhaitait un parlement, et Cromwell, tout en
satisfaisant l'Angleterre par ce parlement, le voulait docile
pour se contenter lui-même.

Il pesa sur les élections et les fit à son gré en Irlande et en
Écosse, des pays conquis. En Angleterre, la compression des
majors généraux réussit moins. Dans certains comtés, les mul-
titudes crièrent : « A bas les soldats ! » Beaucoup de royalistes
furent écartés sans doute, beaucoup de républicains aussi,

entre autres Ludlow, Hutchinson, Harrison, Vane et Bradshaw, mais cependant l'opposition passa assez nombreuse pour que Cromwell en eût de l'ombrage. Il ne dénouera pas ce nœud, il le tranchera.

Du haut de ce fauteuil élevé qui lui était préparé toujours aux grandes solennités dans la chambre peinte de Westminster, le lord protecteur désirait plaire aux députés et leur faire peur, afin d'obtenir plus d'impôts. C'était le 17 septembre (1656), son mois heureux. Sa parole s'en colora. Il loua les représentants, il les électrisa pour la guerre d'Espagne, pour cette guerre entreprise contre le peuple le plus papiste du globe, contre le peuple de l'inquisition et des auto-da-fé. Il dit que Charles II se disposait à débarquer en Angleterre avec l'intention d'y éteindre la révolution dans le sang, à la tête des Espagnols, des cavaliers, des niveleurs, des hommes de la cinquième monarchie ligués, malgré leurs contradictions monstrueuses, seulement comme ennemis du gouvernement national de la Grande-Bretagne. « C'est ainsi, assura Cromwell, qu'il y eut une réconciliation entre Hérode et Pilate pour que le Christ pût être mis à mort. Que faire donc, poursuivit-il, pour conjurer de tels dangers? — Trois choses : voter les fonds nécessaires, soutenir l'armée et la flotte à l'extérieur, à l'intérieur prêter main-forte au gouvernement. Voilà comment nous vaincrons. Oui, s'écria-t-il en terminant, soyons de bons Anglais, — et que le pape, que l'Espagnol, que Charles Stuart, que le monde entier, que le diable lui-même fondent sur nous, qu'ils nous environnent et nous chargent comme des abeilles, nous les briserons au nom du Seigneur qui est notre rocher! »

Après ce discours où il mêlait à sa diplomatie raffinée des images tirées de la campagne et de la Bible, le lord protecteur renvoya les députés à la salle de leurs séances. Ils trouvèrent à la porte un garde militaire. Sur quatre cents qu'ils étaient, trois cents avaient été munis d'un certificat du conseil d'État, « le conseil de Son Altesse ». Ce certificat validait l'élection. Tous ceux qui le présentèrent furent introduits dans la salle des délibérations. Les autres, les cent députés, qui n'avaient pas été favorisés du certificat, furent éliminés. La tyrannie est maladroite : en touchant à la liberté, elle la blesse. Elle avait d'ailleurs grandi depuis le dernier parlement, cette tyrannie brutale et glorieuse. Les membres admis se résignèrent lâchement, et la protestation des membres exclus éveilla assez d'échos pour l'indignation, mais pas assez pour la révolte.

Le parlement épuré fut tout au protecteur. Chaque député devint un courtisan. La majorité presque unanime organisa des précautions infinies de sécurité autour de la personne du protecteur. Elle prononça la nullité de tous les droits prétendus de la maison de Stuart. Elle proclama la légitimité de la guerre avec l'Espagne et consacra d'un premier élan quatre cent mille livres sterling à cette guerre. Cromwell, charmé de cette entente avec le parlement, le reçut dans la *chambre peinte*, écouta la lecture des bills et les sanctionna législativement par ces mots : « Nous consentons. » Et cependant cette réciproque bienveillance d'un parlement décimé et d'un lord protecteur despote n'était qu'un mensonge fondé sur une violence. Les apparences y étaient, et cela suffisait à Cromwell. Il pensait qu'on oublierait le triage des représentants, un attentat indélébile, et il se félicitait d'avoir composé ce bon parlement si prompt à voter un budget, si dévoué à sa personne et si hostile aux Stuarts.

Le protecteur néanmoins jugeait trop fanatiquement superstitieuse cette assemblée, où il y avait beaucoup de presbytériens. Il était, comme Milton, l'homme de la liberté de conscience. Il haïssait les persécutions religieuses. Seulement, lorsque des enthousiastes troublaient l'ordre public, il appelait le magistrat et réclamait quelques jours ou quelques mois de prison ; mais les mutilations et la mort, si communs avant la révolution, Cromwell les repoussait. Cela ressort de tous les documents, des papiers d'État de Thurloe comme des papiers d'État de Milton, des mémoires de Whitelocke, de Ludlow, comme du Journal de Fox, du témoignage des amis et des ennemis. Aussi les discussions théologiques étaient respectées par le lord protecteur, et les sectes les plus diverses prospéraient.

L'une de ces sectes, la secte des quakers, avait été fondée, en 1648, par George Fox, né à Drayton, dans le comté de Lei-

cester. George Fox fut d'abord un zélé presbytérien. Fils d'un
pauvre tisserand, et lui-même cordonnier, il vécut, dès son
enfance, dans une sorte de misère qu'il aima, parce qu'elle lui
parut la simplicité évangélique. Entraîné un jour à une foire
du Leicestershire, la vue des danses, les bruits de la musique,
les chants du cabaret le pénétrèrent de pitié pour tant d'âmes
en détresse. Elles allaient se perdre, il fallait les sauver.
George Fox fut touché de la grâce. Il avait déjà gravé en lui-
même la vraie doctrine. Cette doctrine s'en tenait à l'Évangile ;
elle n'admettait ni culte extérieur ni hiérarchie ; elle rejetait
la guerre et les procès, qui sont autant de guerres privées. Elle
interdisait comme des bassesses d'incliner la tête ou de fléchir
le genou, et défendait le serment. Du reste, elle était toute
foi envers Dieu, tout amour, toute charité envers les hommes.
George Fox prêcha cette doctrine, vivant, à l'occasion, de l'air
du temps, couchant sous le ciel, habillé d'une veste et d'une
culotte de peau, toujours le plus humble, le plus infatigable, le
plus ardent des apôtres, malgré la faim, la soif, les sueurs ;
souvent le plus éloquent, malgré son ignorance et ses préjugés.
Il avait parcouru l'Angleterre, la Hollande et l'Amérique. Il
abordait les puissants comme les faibles. Il avait des disciples
qui, à son exemple, agissaient sous l'impulsion de l'esprit. Ces
inspirations individuelles menaient par instants fort loin, —
jusqu'à la divagation, jusqu'à la folie.

James Neyler le montra bien. C'était un ancien soldat de
Lambert. Le général disait de lui : « Il a été deux ans mon
quartier-maître et il m'a été très-utile. Je m'en suis séparé avec
peine. Sa vie et sa conversation étaient irréprochables. » Or
Neyler, s'étant déclaré pour Fox, improvisa aussi des sermons.
Il eut des succès. Quelques femmes se persuadèrent qu'il était
bien supérieur à Fox, puisqu'il était le Christ, et elles convain-
quirent Neyler de cette grande vérité. Neyler n'en douta pas.
Il crut qu'il était le Christ de Nazareth ressuscité en Angleterre. Il permit qu'on l'adorât. Il fit une entrée triomphale à
Bristol, comme autrefois à Jérusalem. N'ayant pas trouvé
d'ânesse, il montait une haridelle. Il était précédé et suivi
de béats. Deux femmes le dirigeaient par la bride de son

cheval maigre. D'autres femmes se distinguaient dans son cortége. Elles jetaient des châles, des branches et des fleurs devant ses pas. Elles criaient : « Hosanna au plus haut des cieux ! Saint, saint, saint est le Seigneur Sabaoth, le Dieu d'Israël et de Jacob ! » L'une de ces femmes racontait qu'elle avait été morte et que James Neyler lui avait rendu la vie.

La municipalité de Bristol envoya ce Christ anglais à Londres. Le parlement évoqua cette affaire et consacra cent dix séances à un débat sauvage. Neyler ne fut sauvé de la corde qu'à une majorité de quatorze voix. Condamné comme blasphémateur, il fut conduit au pilori sur un âne sans selle, la tête tournée vers la queue de l'animal. Parvenu sur l'échafaud, l'exécuteur lui marqua le front de la lettre B (blasphémateur) et lui perça la langue d'un fer rouge (*Journal* de Burton).

Le lord protecteur éprouva le besoin de séparer sa responsabilité de celle du parlement dans ce procès barbare. Il écrivit de sa main à sir Thomas Widdrington, le président de l'assemblée :

« Très-ami et très-féal,

« Ayant remarqué un arrêt prononcé par vous contre un certain James Neyler..., nous, à qui le présent gouvernement est confié dans l'intérêt du peuple de ces nations, *ne sachant pas jusqu'où pourraient s'étendre les conséquences d'une procédure entreprise entièrement sans notre aveu*, nous désirons que la chambre nous fasse connaître d'après quels principes et quels motifs elle a sévi.

« White-Hall, le 25 décembre 1656. »

La chambre comprit la réprobation de Cromwell et ne tortura plus d'hérétiques. Cette réprobation du lord protecteur, quoique très-contenue, était significative. Elle réjouit sans doute Milton, et elle atteste une fois de plus l'éminente qualité de Cromwell, sa plus grande mission, sa sollicitude constante pour la liberté des consciences.

Le parlement, afin de calmer le mécontentement du lord protecteur, résolut de lui offrir le titre de roi, et Cromwell, afin de maintenir ces excellentes dispositions de la chambre, se hâta de lui sacrifier les majors généraux. Il s'en était servi pour la compression des partis et pour les élections. Maintenant il se conciliait l'opinion publique et la chambre en les supprimant. Ils lui avaient donc été deux fois utiles par leur création et par leur ruine. Enchanté de cette concession du protecteur, le parlement s'empressa, sur la motion de Pack, l'un des magistrats de la Cité, de proposer au lord protecteur le titre de roi. Ce fut la plus grande tentation de Cromwell, son plus intense désir. Il n'avait qu'une minorité contre cette mesure, mais une minorité sérieuse, car elle était composée de ses anciens amis, des majors généraux destitués, de presque tous les officiers de l'armée. Son beau-frère Desborough et son gendre Fleetwood étaient à la tête de l'opposition. Cromwell avait étudié la carte du parlement et des partis, lorsque entouré de son conseil et des grands dignitaires de son gouvernement, il reçut la chambre entière, dont le président, sir Thomas Widdrington, lui offrit au nom de la représentation nationale le titre de roi, « ce titre le mieux assorti, disait-il, à la constitution et au caractère des Anglais. » Le lord protecteur remercia profondément la chambre de l'honneur qu'elle lui faisait, et il répondit, qu'avant de se décider, il éprouvait le besoin de chercher le Seigneur. Tandis qu'il le cherchait, les factions, tout en conspirant, travaillaient pour lui. Une conjuration des hommes de la cinquième monarchie, dirigés par Harrison, Rich et Lawson éclata. Le but de ces étrangers séditieux était de proclamer Jésus-Christ roi, et ministres les plus accrédités des saints. Le meurtre de Cromwell eût été le premier acte de cette théocratie armée. Un attentat si odieux porta au comble l'enthousiasme de servitude qui possédait la chambre, et des instances furent renouvelées auprès de Cromwell pour le presser d'accepter enfin la royauté. Il y allait du salut de l'Angleterre. Ce fut la plus burlesque des comédies jouée dans de graves conférences entre la bassesse de presque tous et l'ambition d'un seul.

Le parlement dépêcha au lord protecteur des commissaires chargés de le convaincre, lui le plus merveilleusement convaincu de tous. Saint-John, qui avait tant aidé Cromwell, était prodigieusement blasé sur tout ce qui n'était pas son coffre-fort. Il n'avait pas désiré le généralissime protecteur, il le désirait encore moins roi. Il eut la tiédeur de l'indifférence et s'abstint de toute démonstration. Excepté lui, tous les commissaires firent du zèle. Lord Broghill fut très-pressant. Il dit que l'Angleterre ne se constituerait que sous un roi, et que Cromwell, en sa qualité de grand homme, était de taille à remplacer une dynastie ancienne. Il promit que les cavaliers eux-mêmes se rallieraient à Cromwell roi. Whitelocke, ne se souvenant plus des objections qu'il avait faites au protecteur contre l'établissement de la monarchie, prouva que la royauté nouvelle était nécessaire parce qu'elle rattachait mieux qu'aucune autre forme le passé au présent et à l'avenir. Lenthall avoua qu'il préférait, comme Whitelocke, la royauté qui serait limitée par la tradition, au lieu que le protectorat, une innovation, deviendrait plus facilement tyrannique. Le chef de la justice, Glynn, supplia Cromwell de ne pas offenser le parlement et la nation en rejetant leur vœu; il le supplia d'agréer le mot, puisqu'il avait déjà la chose. Le colonel Worsley, celui qui avait envahi le long parlement avec ses mousquetaires, poussait ardemment Cromwell. « Songez, lui disait-il, que le peuple anglais ayant toujours été gouverné par un roi, vous le dégraderiez en ne l'étant pas. » Ainsi argumentaient ce bandit de l'épée et ces âmes de chambellans dépaysés dans la république. Il y eut des objections de Cromwell, des réfutations éloquentes de la part des commissaires; il y une lutte grotesque et bouffonne entre ces hommes de mauvaise foi qui couvraient tous d'un voile de patriotisme les intérêts personnels les plus égoïstes.

Pendant ces assauts de fourberie, Cromwell s'efforçait de persuader l'armée, qui était hostile au titre de roi. Il caressa Fleetwood et Desborough. Il leur insinua dans un dîner intime que la royauté n'était qu'une plume à un chapeau, et qu'il ne comprenait pas tant de résistance à une bagatelle. Fleetwood

et Desborough furent inflexibles. Le colonel Pride, leur ami,
le même qui, à la porte de Westminster, au mois de décembre
1648, avait décimé le long parlement, adressa à la chambre
une pétition signée de deux colonels, de quinze majors et de
seize capitaines. Il réclamait contre le titre de roi qu'on voulait
décerner à leur ancien général pour le perdre. Cette pétition,
qui était au fond le souhait de l'armée, arrêta Cromwell. Il
devait tout à l'armée et il ne voulut pas lui déplaire. Il se contenta de l'autorité de roi sans le nom. Son orgueil, l'orgueil
anglais, le plus intense de tous les orgueils, fut peut-être satisfait dans l'âme de Cromwell. Car en refusant d'être roi, il
semblait dédaigner ce titre, et il se plaçait par là au-dessus des
rois.

Ce fut dans la première quinzaine de mai 1657 qu'il se détermina et qu'il s'expliqua après des semaines d'un imbroglio
diplomatique plus digne des ironies du théâtre que de la gravité de l'histoire. Déçus dans leurs aspirations de servitude,
les députés, par un acte solennel connu sous ce nom : *Humble
requête et avis*, se bornèrent simplement à confirmer le titre
de protecteur et le pouvoir suprême entre les mains de Cromwell. Le lord protecteur eut la direction absolue de la flotte
et de l'armée, de l'administration et de la justice. Il eut le droit
de désigner son successeur. Il fut tenu de convoquer tous les
ans un parlement composé de la chambre des communes et
d'une autre, ce mot de chambre des seigneurs ne pouvant se
prononcer encore. A la représentation nationale seule était
réservée la faculté d'exclure ses membres et de voter le budget.
Malgré ses complaisances, on le sent, cette assemblée avait du
bon et s'étudiait à prémunir l'Angleterre contre le despotisme. Il
fut convenu aussi que le protecteur et le parlement régleraient
une confession de foi et une Église, mais Cromwell exigea
qu'en dehors de cette confession de foi et de cette Église, tous
jouiraient de la liberté de leur conscience et même de l'exercice de leur culte, à l'exception des juifs, des épiscopaux et
des catholiques. Le lord protecteur, au fond, n'était hostile ni
aux juifs ni aux épiscopaux, ce qui est fort extraordinaire
pour son temps. Il n'était opposé aux papistes que politique-

ment. Toutes ses paroles, tous ses actes démontrèrent qu'il eut
la plus grande ouverture de cœur et d'esprit, le souhait continu,
persévérant de la tolérance religieuse. S'il ne l'étendit pas aux
juifs et aux épiscopaux, c'est qu'il en fut détourné par les préjugés et par les passions de son époque ; s'il ne la décréta pas
pour les catholiques, cette tolérance, c'est qu'il ne voulait pas
leur livrer le protestantisme, que son premier devoir était
de préserver. Il prépara néanmoins le règne futur d'une tolérance complète pour le temps où le catholicisme, désespérant
de perpétuer l'ancienne oppression, ne demanderait plus que
l'égalité. Cette influence de Cromwell dépassera même Guillaume III et se prolongera jusqu'au dix-neuvième siècle. Elle
ira au delà, cette influence, et la raison humaine s'en mêlant à
la fin donnera droit de culte aux théistes aussi bien qu'aux
papistes, et à toutes les variétés du sentiment religieux. Ce
qui fut beau chez Cromwell, c'est que cette tolérance qui était
son principe n'était pas de l'indifférence. Il avait des chapelains
de plusieurs communions, et il les comprenait tous ; il les dominait, il les ralliait à l'essence de tous les cultes, à l'adoration d'un Dieu, père des âmes immortelles et de la morale
immuable. Cromwell s'écarta souvent de cette morale, mais il
eut deux magnifiques dons : une foi vaste et une fibre religieuse toujours vibrante. Par ces qualités merveilleuses qu'avait
aussi Milton et qui sont ordinairement incompatibles, il attira
son siècle et il disposa les siècles qui suivirent à une civili-
sation plus haute, — à la grande charte libre des consciences.

Voilà, on ne saurait trop le répéter, quel était Cromwell en
religion.

Il avait renoncé péniblement à la royauté. Sa bonne grâce,
du reste, fut parfaite, et il ne céda point à ses concurrents. Il
éloigna, en lui assignant une pension de deux mille livres sterling, le général Lambert, qui était son ennemi intime. Il ne
disgracia ni Fleetwood, ni Desborough ; car s'ils lui avaient
déplu, ils ne l'avaient pas trahi. Il sanctionna la constitution
nouvelle et il soumit sa dignité de lord protecteur à une seconde inauguration. Il se rendit dans sa barge au parlement. Il
était accompagné de son fils Richard, qu'il avait mandé du

Hamdshire, où il vivait avec sa femme chez son beau-père Mayor, à Hursley. Le lord protecteur n'était pas bien certain de l'avoir pour héritier de son pouvoir, mais en homme sage il prenait ses précautions. Un fauteuil, sorte de trône, avait été dressé, sous un dais, au-dessous d'une estrade, dans la grande salle de Westminster. Tout le parlement y était. Cromwell gravit l'estrade et se tint debout près du fauteuil. Le comte de Warwick portait l'épée de l'État, le lord maire l'épée de la cité de Londres; Lisle, Montague et Whitelocke, les assesseurs du président Widdrington, avaient tous l'épée nue à la main. Le président, aidé de Whitelocke, passa au protecteur le manteau de pourpre bordé d'hermine, puis il lui présenta la Bible, le sceptre d'or, et il lui ceignit l'épée. Manton, l'un des chapelains de Cromwell, pria pour Son Altesse, pour le parlement et pour l'Angleterre, après quoi le protecteur s'assit dans son fauteuil, entre les ambassadeurs de France et de Hollande. Il prêta serment sur la Bible. Alors un signal fut donné. Les clairons sonnèrent, les hérauts proclamèrent Son Altesse, et les députés crièrent : « Dieu bénisse le lord protecteur ! » Cromwell se leva, salua l'assemblée, et, suivi de Richard, son fils aîné, de Fleetwood, de Claypole, ses gendres, et d'un nombreux cortége, il gagna sa voiture. Parti de White-Hall dans sa barge, il y retourna dans un carrosse attelé de six chevaux, à la manière d'un roi, lui qui était moins et plus qu'un roi.

Ce qui avait ajouté un prestige à Cromwell et l'avait entouré d'un intérêt plus pathétique fut le complot de Syndercomb. C'était un très-brave soldat, un cavalier qui devint l'instrument du major niveleur Sexby. Charles II et Edward Hyde (lord Clarendon) n'ignoraient pas ce plan. Sexby lança à Londres Syndercomb. Ce hardi compagnon s'adjoignit Cecil, un bandit, et Took, un des gardes du corps du protecteur. Il disposa une douzaine de fusils dans différents logements sur la route que choisissait habituellement le protecteur pour aller de White-Hall à Hampton-Court. Il résolut soudain d'immoler le protecteur à White-Hall. Le 9 janvier 1657, il entra au palais avec une mèche et des matières inflammables. C'est au milieu de l'incendie et du désordre inséparable d'une telle catastrophe qu'il devait commettre son attentat sur la personne du lord protecteur. Mais Took et Cecil révélèrent tout ce qu'ils savaient et ils furent arrêtés en même temps que Syndercomb. Leurs aveux les sauvèrent, tandis que Syndercomb fut condamné au dernier supplice. Avant le jour fixé pour l'échafaud, il fut relevé sans vie dans sa prison.

Sexby, l'instigateur de Syndercomb, aborda en Angleterre pour organiser de nouveaux guet-apens contre Cromwell. Il avait répandu à des milliers d'exemplaires le traité écrit probablement par le colonel Tétus et où se lisait cette maxime fondamentale : « Tuer n'est pas assassiner. » Sexby était un Brutus niveleur. Il avait contre Cromwell une haine inextinguible. Surpris le 25 juillet 1657, il fut conduit à la Tour, où, soit meurtre, soit suicide, comme Syndercomb, on le trouva mort le 2 janvier 1658. Le même mystère plana sur la fin de ces féroces ennemis de Cromwell.

Le protecteur, lui, n'envoyait pas des assassins, mais des espions, à Charles II. Il en avait jusque dans la maison du prince, Henri Manning, par exemple.

Un gentilhomme qui avait servi Charles Ier sollicita de Cromwell la permission de faire un voyage sur le continent et l'obtint à la condition de ne pas visiter Charles II. Il alla néanmoins à Cologne, où il eut du roi une audience de nuit. Ils causèrent confidentiellement, et le voyageur se chargea d'une lettre de Charles II qu'il cacha dans son chapeau. De retour en Angleterre, le gentilhomme, interrogé par Cromwell, nia qu'il eût vu le roi. « Il est vrai que vous ne l'avez pas vu, répondit le protecteur, car la nuit était profonde et quelqu'un (c'était Henri Manning) avait emporté les flambeaux. » Le gentilhomme continuant d'affirmer son innocence, Cromwell lui demanda encore ce que lui avait dit le roi. « Il ne pouvait pas me dire un mot, » repartit le gentilhomme. Alors le protecteur prenant le chapeau du cavalier, y saisit la lettre du roi et logea le voyageur à la Tour.

Olivier Cromwell profitait de tout. Harrison, qui ne s'effrayait de rien, en était épouvanté. Il s'indignait d'avoir trop subi la fascination du protecteur. Ludlow s'étant présenté chez l'obstiné général-major, afin de s'informer auprès de lui pourquoi il avait aidé Cromwell dans son attentat contre le long parlement : « J'ai agi, répondit Harrison, parce que j'étais persuadé que cette assemblée n'était plus utile au Seigneur. » Il cita la Bible : « Les saints prendront le royaume et le posséderont. » Harrison était un fanatique pur. Il avait été dupe de l'astuce de Cromwell et se disculpait par ses bonnes intentions. « Que l'iniquité, ajouta-t-il, retombe sur ceux qui l'ont commise ! » Il ne faisait allusion qu'à Cromwell dans cet anathème ; Cromwell seul était coupable. Harrison, selon son texte du prophète Daniel, avait pris le royaume pour Dieu, tandis que Cromwell l'avait pris pour Cromwell.

Il l'avait pris et il le gardait de parlement en parlement, mais toutes ces assemblées étaient trop mutilées pour être légitimes et leur suffrage était bâtard.

Cependant Blake avait passé l'hiver entre Cadix et Lisbonne. Pressé par Cromwell de lui conquérir des galions et de lui être plus qu'un parlement par ce budget de la gloire, l'amiral scrutait les mers. Il apprit, le 8 avril, qu'une flotte espagnole était amarrée dans l'île de Ténériffe, au port de Santa-Cruz. Le 19 du même mois, Blake touchait aux Canaries. Il explora immédiatement la baie de Santa-Cruz et ses alentours. Elle abritait dix vaisseux marchands et six galions qui, rassurés par le feu du château et par les batteries du rivage, ne s'inquiétaient guère de l'arrivée des Anglais. Blake, pourtant, n'était jamais plus formidable que dans l'impossible. Il avait examiné toutes les positions, et ses matelots avaient remarqué tous qu'il portait parfois la main à ses moustaches, ce qui n'était pas un augure pacifique. Le 20, en effet, précédé du capitaine Stayner, qui montait une frégate, Blake avec ses vaisseaux se précipita dans le port, sous la mitraille du château, des côtes et des navires ennemis. Pendant quatre heures, il chassa les équipages de ces navires sur les galions et des galions sur l'île. Le vent, favorable pour entrer dans le port, étant contraire pour en sortir, Blake brûla les galions ; puis le vent ayant changé subitement, l'amiral, après cet incendie de la flotte espagnole, gagna la pleine mer, riche d'honneur et pauvre de trésors. Cette victoire fut la dernière de Blake. Il ramena jusqu'à Plymouth son pavillon triomphant; mais ce pavillon, lorsqu'il fut salué dans la rade, ne flottait plus que sur un cadavre. L'amiral était mort en plein Océan. C'était une seconde patrie pour lui, une patrie de tempêtes et de combats qu'il n'avait pas quittée depuis trois années. L'hydropisie, qui n'avait pu l'empêcher de vaincre, l'empêcha de vivre. Il expira stoïquement, cet homme qui, simple officier de terre, eut le génie d'un amiral dès qu'il fut à son bord, — et quel génie? un génie double, le génie le plus spontané et le plus réfléchi tout ensemble, un Condé et un Turenne d'escadres, ces deux héros fondus en un seul qui s'appela Blake, le premier aventurier et le premier tacticien de cette Grande-Bretagne qui compte Drake et Nelson.

Cet illustre amiral, déjà légendaire, qui avait rendu le dernier soupir à la vue de Plymouth, le 17 août 1657, fut descendu respectueusement sur le port par ses matelots en deuil et en pleurs. Les sanglots de tout un peuple se mêlaient aux sanglots des marins et de l'Océan. Cromwell décida que le corps de Blake serait embaumé et exposé à Greenwich, puis transporté dans une chaloupe couverte de velours noir par la Tamise à Westminster. Il fut accompagné d'une flotte innombrable de barques, et l'Angleterre sut gré à Cromwell d'ouvrir à ce grand homme dans l'abbaye royale la chapelle de Henri VIII.

Il y a de Blake un portrait rare et curieux qui suffirait à le dévoiler. La figure est fort lumineuse dans son cadre sombre. Ses cheveux sont épars, comme s'ils étaient fouettés par l'orage sur le pont d'un vaisseau de guerre. Les moustaches sont longues et se relèvent en pointes. On n'en parlerait pas sans l'habitude qu'avait l'amiral de les toucher aux grands moments. Le front n'est ni très-haut ni très-vaste; il est encore moins bas et étroit. Ses proportions sont celles de la volonté et de l'intelligence sans exagération et sans effort. Le menton est solide, la bouche d'une fermeté naturelle; les yeux sont clairs comme des rayons pour percer les nuages de l'artillerie et les nuages de l'atmosphère. En tout, une physionomie souveraine.

Ce républicain est un roi de l'Océan, — bien plus qu'un roi, un grand capitaine des grandes eaux, un oracle du destin, un arbitre de la fortune, l'étonnement de ces puritains d'Angleterre que rien n'étonnait. Il attire, il électrise. Il respire le mépris de la mort, de la mer, du danger sous toutes les formes. Il a le secret des vents et des flots, l'instinct rapide des évolutions navales les plus compliquées sur un champ de bataille mobile, sur un gouffre insondable en profondeur, en étendue. Blake porte dans son aspect la certitude de la victoire. Il n'est pas énigmatique, il est irrésistible. On sent une grande âme qui se possède au milieu des éclairs du ciel et du feu des canons; et non-seulement elle se possède, mais elle calcule, elle combine, elle commande; elle se soumet le sort, tant elle frappe juste et tant elle frappe mortellement, tant elle est infaillible et soudaine, tant elle se compose de mathématique et de foudre. C'était assez pour triompher de la nature, de van Tromp ou de Ruyter, et de Witte; ce n'était pas assez pour triompher de Cromwell, car Blake n'était pas politique. Ni pour ni contre Cromwell, plutôt contre cependant, son imagination l'entraînait à la tête des escadres. Ce ne fut jamais le lord protecteur qu'il rêva pour antagoniste, — c'était l'Océan ou la tempête, ou l'un des formidables amiraux de la Hollande. De là sa destinée toute navale !

A cette époque (1657), Cromwell maria sa troisième fille à lord Falconbridge.

La quatrième, lady Francis, avait dû épouser Charles II. Elle désirait par vanité cette union, lord Broghill y poussait par dévouement aux Stuarts et au lord protecteur. Cromwell eut le bon sens et l'orgueil de rejeter un tel dessein qui eût été une mésalliance pour Charles II, et pour lui-même une dégradation : car eût-il été connétable, il se serait toujours subordonné à son gendre roi. Pour un homme de la trempe de Cromwell, il valait mieux rester roi sous le titre de lord protecteur. Éveillée de son rêve romanesque, lady Francis avait aimé Jerry White, un chapelain de son père, un favori de l'Église et du monde, un pasteur peu grave, mais très-spirituel et très-séduisant. Cromwell déjoua encore cette passion. Il ne s'opposa pas à un troisième caprice, aux noces de sa fille avec Robert Rich, petit-fils du comte de Warwick. Ces noces furent célébrées avec une grande pompe à White-Hall, le 11 novembre 1657. Cromwell se livra, sans nul souci de l'étiquette, à beaucoup de jovialités. Il lança des confitures liquides sur les robes des femmes, il en aspergea les canapés et les tapis. Il arracha la perruque de son gendre. Il fit des moustaches de charbon à quelques convives. Il excita « ses quatre bouffons » à l'amuser et ils ne s'y épargnèrent pas. Le mariage de lady Francis ne dura que trois mois, au bout desquels mourut Robert Rich. D'abord désespérée, cette jeune veuve épousa bientôt sir John Russell.

Cromwell cependant poursuivait laborieusement à l'extérieur la possession de Dunkerque. Il n'attendait pas moins du cardinal Mazarin, auquel il avait envoyé six mille volontaires qui grossirent l'armée de Turenne. Le maréchal s'était réjoui de renforts si opportuns, car il avait devant lui les Espagnols commandés par don Juan, les proscrits anglais et les proscrits français conduits par le duc d'York et par le grand Condé. Cromwell comptait absolument sur Dunkerque ; c'était le prix de son concours. Il lui fallait cette clef de la France et du continent. Son négociateur auprès de Mazarin était Lockart, un Écossais qui avait épousé une nièce de Cromwell.

Cet Écossais était un gentilhomme de vieille race. Il avait servi Charles Ier et Charles II. Mécontent de quelques injustices de son parti, plus mécontent de son inaction, il se dévorait en silence. Il résolut de voyager et vint à Londres demander des passe-ports. Cromewll, qui par des rapports exacts de sa police connaissait tous les hommes supérieurs des Trois-Royaumes, voulut voir Lockart. Dans un entretien, il se l'attacha, puis il en fit son neveu, puis il l'envoya comme son diplomate à Mazarin. Lockart tint tout ce qu'il avait promis. Aussi rusé que le cardinal, il ne se laissait pas égarer par lui, et aussi impérieux que le lord protecteur, il était hardi à exiger. Cromwell et Lockart regardaient Mazarin comme un faquin en robe rouge. Le mépris et la domination perçaient sous leurs respect officiels.

Lockart, l'interprète de Cromwell et le disciple de Milton, ne cessait de revendiquer auprès du cardinal sa tolérance pour les protestants de France et sa recommandation pour les protestants des Alpes. Si quelquefois, en retour de ces concessions, le cardinal réclamait avec timidité l'adoucissement du sort des catholiques, Cromwell répondait (*Thurloe's state papers*) : « Je fais tout ce que la politique me permet et plus que ne faisait le gouvernement du parlement. « J'en ai retiré beaucoup (de ca-« tholiques) du feu dévorant de la persécution qui tyrannisait « leur conscience et envahissait leurs biens. » Et en cela Cromwell disait vrai. Toujours cette corde de la tolérance était frémissante dans sa poitrine. La liberté religieuse fut son instinct, puis son instinct et son système, de telle sorte que sa politique fructifiait de sa théologie comme d'une séve généreuse. Car moins opprimer, n'était-ce pas rattacher plus de croyants à Dieu, et à Cromwell plus de partisans? Le lord protecteur n'était pas si absorbé dans sa conscience qu'il ne discernât ses intérêts. Il n'était pas un idéologue, il n'était pas un utopiste, et ce qui était bon, en devenant utile, lui semblait meilleur.

Quelles que fussent, au reste, leurs difficultés, les affaires étrangères tourmentaient moins Cromwell que les affaires intérieures.

Le parlement, qui s'était ajourné six mois après la cérémonie de l'inauguration de Cromwell comme lord protecteur, se réunit le 20 janvier 1658. Cromwell l'ouvrit par un discours mystique, et Fiennes, le garde du sceau, par un discours pédantesque. Le parlement n'était plus une seule chambre. Cromwell avait créé une chambre de soixante lords, une seconde chambre. Ne pouvant y placer la haute aristocratie, il y avait introduit ses deux fils, ses plus illustres compagnons d'armes et jusqu'aux ennemis dont il redoutait le talent dans la chambre des communes. Cette chambre, la plus populaire des deux, était formidablement modifiée. Tous les membres écartés par le conseil d'État, des républicains opiniâtres, Haslerigh et Scott en tête, qui avaient refusé le serment au protecteur, consentirent à prêter ce serment pour avoir dans la chambre des communes un champ de bataille contre Cromwell. Le parlement compta ainsi une centaine de députés de plus, tous hostiles, tous déterminés, tous implacables. Haslerigh, que Cromwell avait désigné pour la chambre des lords, où il eût été déporté et impuissant, préféra la chambre des communes, où il demeura avec toute son influence, heureux de donner par son choix une preuve de son estime aux communes et de jeter aux lords son dédain.

Le parlement de 1656, dans sa seconde phase de 1657, fut donc divisé en deux chambres et en deux esprits. La chambre des communes, sourde aux exhortations de Cromwell, qui lui insinuait la concorde, s'exalta de plus en plus sous la parole ardente de Haslerigh et de Scott. Elle attaqua la chambre des lords, composée par le protecteur de la famille du protecteur, de ses fils Richard et Henri, de son gendre Fleetwood, de son beau-frère Desborough, d'officiers et de jurisconsultes, ses créatures, en un mot, de législateurs presque tous serviles. L'opposition allait très-loin dans ses espérances. Le projet de ses chefs était tout radical. Ce n'était rien moins que la résurrection de la république sans protecteur et sans chambre des lords. Cromwell savait tout à mesure. Il consultait pour la forme Thurloe et ses principaux conseillers. Quoique consumé d'une flamme intérieure, il paraissait calme. Il observait en silence le progrès de la sédition légale. Il se contint pendant quatorze jours. Tant qu'on ne touchait pas à l'armée, il patientait ; mais lorsqu'il apprit qu'on se disposait à infester les régiments d'une pétition suspecte et tumultueuse, il fit explosion. Il sortit, un matin, de White-Hall avec douze gardes et son neveu Henri Cromwell, du même nom que son second fils. Il monta dans une voiture très-simple à deux chevaux et courut à Westminster. Il pénétra vivement dans la chambre des lords et causa un moment avec Fleetwood qui le suppliait de se modérer ; mais sans plus de retard, il manda les députés des communes, et, les regardant en face, il les apostropha en homme qui a pris son parti. Sa démarche était comme une stratégie, et son discours comme une de ces charges qu'il exécuta d'un élan imprévu à Worcester et dans toutes ses grandes journées militaires.

« Messieurs, dit-il, ce n'est pas moi qui ai rien usurpé, c'est vous qui m'avez fait ce que je suis. Le ciel et la terre m'en sont témoins. Croyez-vous que je n'aurais pas mieux aimé garder mon troupeau de brebis à la lisière de ma forêt? Mais puisque, sur votre demande, j'avais accepté le protectorat, je devais compter sur votre appui. Cependant vous soulevez des troubles dans la nation et dans l'armée. Et à quel moment? alors que les cavaliers et les niveleurs se donnent la main, alors que les papistes se remuent, alors que Charles Stuart médite une descente sur nos côtes. Si Dieu m'aide, je préserverai ce pays de l'anarchie et de la conquête. Que peut-il résulter de vos séances, sinon le désordre, la rébellion? Puisque vous n'avez pas permis que je fisse mon devoir avec vous, je le ferai sans vous. Je pense qu'il est grandement temps de vous dissoudre et je dissous ce parlement. Que Dieu soit juge entre vous et moi ! — Amen, » répondirent Haslerigh et d'autres membres de l'opposition. Cromwell ne punit pas individuellement cette indignation des patriotes. Il n'imita pas les colères royales et puériles contre les parlements. Cette fois encore il avait agi en grand et il triomphait.

C'était le quatrième parlement qu'il chassait. Ainsi, en moins de vingt ans de distance, Cromwell, le représentant de la révolution, ne pouvait pas plus gouverner avec les parlements, que Charles Ier, le représentant de la contre-révolution ! Toute la différence est dans l'habileté des hommes. Cromwell est plus fort et calcule mieux ses coups ; et puis on le supporte mieux qu'un roi perpétuel, ce dictateur passager. Mais le fait formidable des parlements incompatibles subsiste. Et cependant ce sont les parlements qui resteront ! Charles Ier est mort de la hache, Cromwell mourra d'une fièvre : les parlements seuls ne mourront pas. Ils sont aussi indestructibles que le peuple anglais. Ils sont la tradition et ils sont le droit. Ils vivront donc et ils mériteront de vivre, malgré des interruptions, des transitions, des attentats ; ils vivront et ils mériteront de vivre tant qu'il y aura un cœur anglais pour les désirer, une éloquence anglaise pour les réclamer, un courage anglais pour les imposer et pour les défendre.

Toutefois, il y a de rapides dictatures nécessaires, et la dictature de Cromwell était peut-être de celles-là. Car tout en faussant la révolution, il la personnifiait.

Il avait, en dispersant son quatrième parlement, la conviction d'être providentiel. Il remplit la cité et la république de son nom et de ses bonnes intentions. Il fit peur aux citoyens qui avaient encore besoin de lui. Il s'entoura des magistrats municipaux et maintint l'ordre de la rue. Il destitua beaucoup d'officiers ; il épura jusqu'à son propre régiment pour résister à Charles II. Le colonel Hacker lui-même, le gardien de Charles Ier avant l'échafaud, fut atteint. « Moi, s'écria-t-il (111, 166, *Journal* de Burton), moi qui l'avais servi quatorze ans, moi qui avais commandé un régiment sept années sans jugement ni accusation, il m'a rejeté d'un souffle de ses narines ! »

A cette heure difficile de son histoire, Cromwell est magnifique de génie et de volonté. C'est le plus glorieux des coupables. Il a grandi et sauvé l'Angleterre. Il empêche l'avénement des démagogues et la restauration des Stuarts. Il combat la superstition méridionale, la superstition italienne et espagnole. Il abrite le protestantisme du monde, et laisse à la philosophie de l'avenir son horizon de liberté, de tolérance. Il venge toute injure faite au nom anglais dans la personne du moindre trafiquant, et ce nom est aussi respecté, sous Cromwell, jusqu'aux extrémités de l'univers, que dans l'antiquité le nom romain. Il poursuit à outrance ses ennemis les Espagnols, et ses amis les Français, il les détache de Charles II, il les constitue en bienveillance avec les protestants et avec les Vaudois. Il leur dépêche des auxiliaires, mais à quel prix ? au prix de Dunkerque. Nous enlevons Dunkerque à l'Espagnol et ce sera pour Cromwell. Dès le 13 août 1657, il écrivit à Lockart, son ambassadeur : « Nous entendons que Dunkerque soit votre but — et non Gravelines, et nous souhaitons beaucoup mieux Dunkerque, — l'une des deux néanmoins plutôt que rien.

« Réellement, monsieur, prenez dans cette affaire de la hardiesse et de la liberté avec les Français.

« O. P. »

24

Et non-seulement il convoite Dunkerque, il l'aura; il va plus loin, il convoite aussi Gibraltar. Il écrit à l'un de ses amiraux : « Ne serait-il pas opportun d'attaquer la ville et le château de Gibraltar? Ne pourrions-nous pas nous en emparer et les conserver? » Quelle prévoyance ! Quarante-six ans plus tard, la Grande-Bretagne accomplira cette visée du lord protecteur. Il n'avait pas seulement illustré la marine par Blake, il ne l'avait pas seulement recréée, cette marine, par ses règlements et par ses budgets, non content d'en être le bienfaiteur, il en était le législateur et le prophète. C'est que personne ne savait mieux que Cromwell combien l'Angleterre était appelée à multiplier ses forteresses et ses garnisons navales, afin d'être partout présente dans toutes les mers, soit pour porter de prompts secours, soit pour inspirer une sécurité permanente à ses colonies, à ses comptoirs, à son industrie et à son commerce.

Voilà quel était Cromwell lorsqu'il expulsa le parlement (4 février 1658). Il avait tort constitutionnellement; il se peut que politiquement il eût raison. La double conspiration des cavaliers et des niveleurs allait éclater. L'armée et le peuple chancelaient. Il raffermit tout par sa décision. Ni la houlette ni le sceptre n'auraient suffi; Cromwell serra la poignée de son épée, et cette épée de Worcester qu'il avait tirée du fourreau éblouit de ses éclairs peuple, armée, Europe.

Arrêtons-nous un instant, afin de mieux connaître cet homme extraordinaire, cet Olivier Cromwell qui allait traverser d'autres périls que la sédition de son parlement : je veux parler de la dernière conspiration royaliste qui l'enveloppa.

C'est vraiment une grande date pour Cromwell que cette année suprême de 1658! Il vient de dissoudre le parlement, de rallier les masses; il veille aux intérêts et à la gloire de l'Angleterre sur toute l'étendue de la mappemonde. Il a cinquante-neuf ans, et je ne sais quelle lueur mélancolique éclaire cette colossale figure, l'une des plus prodigieuses des annales du genre humain. Ce grand homme est doué d'une vigueur aussi forte que celle de la jeunesse, quoique plus tranquille. Tout n'est pas hypocrisie en lui et tout n'est pas bonne foi. Je l'ai déjà dit, il s'est arrangé avec le ciel. Il sera récompensé dans les siècles des siècles, car ce qu'il a conçu pour le Seigneur, c'est par le Seigneur qu'il l'a exécuté. Cromwell est un David insulaire dans une communication intérieure et continue avec Dieu. Seulement il ne fait pas des psaumes ; il fait des discours.

J'ai de lui un portrait rare et expressif, de 1658. Malgré l'ombre du destin qui l'obscurcit déjà, ce portrait conserve une vie puissante. Il a même un sens d'une si merveilleuse profondeur que l'art n'est plus que secondaire. Cette estampe est un monument historique.

Le corps, moyen, paraît robuste, bien qu'un peu affaissé. Cromwell est solide sur ses jambes chaussées de bottes éperonnées. Son cou nerveux porte une tête si énergique dans son ampleur, qu'il s'en échappe une épouvante. C'est une puissante physionomie anglo-saxonne. Les mâchoires sont massives et les joues sillonnées de plis. La bouche, hardie et pieuse, est plus prête néanmoins au commandement qu'à la prière. Le nez est lourd et coloré. Les yeux, creux, sont préoccupés et roulent une sorte d'effarement, soit de l'infini, soit de la guerre civile. Le front est pensif et sinistre. Les cheveux retombent sur les larges tempes.

Au premier aspect, Cromwell a l'air d'un simple gentilhomme campagnard. En y regardant mieux, il devient grandiose. Quelle est cette intensité terrible et pathétique de tout le visage ? Que signifie-t-elle ? Quel problème tourmente cet homme énigmatique ? Il aspire à deux choses peut-être contradictoires. Il veut entrer dans le royaume des cieux et il veut posséder le royaume de la terre. Voilà ce que veut ce taureau du Lincolnshire, que le quaker Fox appelait un Taureau de Basan, et voilà ce qui est empreint sur sa face avec une arrière-tristesse mâle qui témoigne de son double orage et de la vieillesse qui s'avance.

Loin de s'endormir au milieu des dangers de son pouvoir, il pratiquait l'indulgence. Harrison, qu'il aurait pu frapper de mort comme un conspirateur perpétuel, il se contentait de l'incarcérer à la Tour ; la crise passée, il le délivrait. Le marquis d'Ormond étant à Londres pour sonder l'opinion et pour

préparer les voies à Charles II, Cromwell se borna à le faire
partir. Il dit à lord Broghill : « Un de vos anciens amis est ici.
Il loge à Drury-Lane chez un chirurgien papiste. Je ne sais pas
seulement qu'il est à Londres, mais pourquoi il y est. Con-
seillez-lui de s'en aller. » ·Le marquis s'évada, et Cromwell
n'inquiéta pas la marquise d'Ormond restée en Angleterre :
même il lui faisait payer très-exactement une pension de deux
mille livres sterling sur les fiefs confisqués de son mari.

Le lord protecteur était son meilleur ministre de sa police
anglaise et européenne. Il avait des espions partout et de
toutes les conditions. Le plus célèbre est Willis. C'était un
raffiné de corruption, un scélérat de bonne compagnie. Il avait
toute l'estime du parti royaliste, à commencer par Charles II
et par lord Clarendon. Ce parti, frivole, tapageur, étourdi,
instruisait de tout Willis, qui conseillait selon l'inspiration de
Cromwell. Willis naturellement était surtout dévoué au lord
protecteur qui lui accordait autant de confiance et plus d'argent que Charles II. Ce singulier· agent avait fait ses conditions. Il ne nommait pas toujours les conjurés ; il pouvait
sauver un ami au besoin, et il ne devait avoir de rapports qu'avec
Cromwell ou avec Thurloe. Le lord protecteur n'avait pas chi-
cané. Pour être informé, ce grand politique ménagea même
cette fausse générosité, ce dandysme capricieux, cette épicu-
rienne fatuité d'un mouchard aristocratique.

Cromwell avait été plein de mansuétude avec les niveleurs ;
il avait été indulgent aussi avec les royalistes. Il ne les rendit
pas prudents par sa modération. Moins ils le craignirent, plus
ils osèrent. Les cavaliers le poussèrent à bout. Après le voyage
du marquis d'Ormond, les associations pour les Stuarts, loin
de se séparer, continuèrent de susciter l'insurrection. L'une
d'elles, entre autres, délivrait des commissions militaires et
conférait des grades. Elle créait peu à peu une armée qui deviendrait l'armée du roi à son débarquement. Cette association
téméraire attira le fils d'un régicide, Stapley, et ne s'en
défia pas. Il n'était pas un traître en effet, mais il fut déconcerté, puis confessé par Cromwell, qui avait connu son père et
qui lui parla avec bonté. Le lord protecteur obtint de cette

faible tête de conjuré tout ce qu'il voulut savoir. Le chef de la conspiration était sir Mordaunt, de l'illustre famille de Peterborough, dont j'ai visité la vieille résidence féodale au milieu des prairies du Northamptonshire. L'un des plus compromis avec Mordaunt était Slingsby. La détention à Hull de ce gentilhomme catholique n'avait été qu'une longue tentative de subornation sur les officiers de Cromwell. Le docteur Hewet, enfin, était l'un des trois grands coupables et le plus éminent. Théologien subtil, prédicateur insinuant, cavalier dans l'âme, il avait toujours été l'un des plus utiles amis de Charles II en Angleterre. Il avait un coup d'œil clair, un courage facile et un dévouement prompt. Il était de ceux que la circonspection ne retient pas dans le cercle paisible des habitudes et que l'audace emporte. Le docteur Hewet, dût-il y laisser sa vie, appelait les hasards d'où pouvait sortir la restauration de l'ancienne dynastie.

Voilà quels étaient les trois conjurés sérieux que le lord protecteur déféra à la haute cour, un tribunal odieux, puisqu'il supprimait le jury en le remplaçant. Le jury n'est pas moins cher aux Anglais que le parlement; le jury est le parlement de la justice, comme le parlement est le jury de la liberté. Cromwell les brisait ou les éludait selon l'occasion. En cette circonstance, Whitelocke refusa de siéger à la haute cour que présida Lisle, un régicide. Slingsby et Hewet furent condamnés à mort. Mordaunt fut préservé par sa femme, qui attendrit les témoins. La haute cour, qui avait destiné la hache à Hemet et à Slingsby, réserva la corde pour Ashton, Stacy et Bellesley. Un grand nombre d'accusés vulgaires furent graciés par Cromwell.

Le pamphlet du colonel Titus avec ce titre : « *Tuer n'est pas assassiner*, » n'était pas inconnu; il avait déjà transpiré par fragments. Il fut répandu alors à beaucoup d'exemplaires.

Le colonel invoquait de tous ses vœux la mort du protecteur. — « En ce temps-là, dit-il, la religion sera rétablie, la liberté remise dans ses droits; les parlements recouvreront les priviléges pour lesquels ils ont combattu; nous pourrons espérer d'être régis par d'autres lois que celle de l'épée et par une morale qui ne sera pas le bon plaisir du plus fort. Nous nous flattons que les hommes tiendront leur serment et ne seront plus obligés, pour leur propre conservation, d'être menteurs, perfides, infâmes, semblables à ceux qui les gouvernent. Telle est l'attente que nous fondons sur l'heureux trépas de Votre Altesse. »

Le lord protecteur avait été implacable contre le chevalier Slingsby, un parent de son gendre Falconbridge; il résista même à lady Claypole, sa fille bien-aimée, qui lui disputa par de touchantes supplications la tête du docteur Hewet. Lady Claypole admirait l'éloquence du docteur, sa fidélité aux Stuarts; elle estimait sa piété, ses lumières et sa charité. Il avait été son directeur, quoiqu'il tînt aussi ferme pour l'épiscopat que pour le roi. Lady Claypole inclinait un peu elle-même pour ces deux causes dont l'ascendant de son père parvint à l'éloigner. Elle n'eut pas assez d'influence pour arracher le docteur Hewet au bourreau. Malgré ses larmes, elle échoua auprès du lord protecteur. Cromwell, qui avait été très-clément envers les royalistes, ne voulut pas qu'ils le crussent débonnaire, et il avait résolu de les effrayer par le supplice du plus brillant et du plus brûlant d'entre eux, de celui qu'il appelait « une torche ardente au milieu d'une grange de blé ». Lady Claypole souffrit de ce supplice qu'elle avait essayé de conjurer. En proie à une maladie douloureuse, désolée de la perte d'un enfant qu'elle chérissait, elle fut affligée par surcroît de l'exécution d'un prêtre qu'elle appréciait comme orateur, comme casuiste et comme homme. Mais elle n'eut que de la pitié, la sainte et généreuse pitié d'un cœur de femme, et cette pitié n'était pas de l'amour, ainsi que l'ont prétendu de graves historiens. Il s'est inventé à ce sujet, en Angleterre et ailleurs, tout un roman. Il faut le saper par la base et restituer l'histoire. On ne diminue pas l'intérêt de l'histoire, on l'augmente par la vérité. Plus on fait l'histoire sérieuse, plus on la fait belle. En cette conjoncture donc, lady Claypole est adorable. Car son sentiment pour le docteur Hewet, comme son sentiment pour les Stuarts, était désintéressé. Il ne dépassait pas la commisération. Ce qui le prouve, c'est une lettre d'elle-même (12 juin 1658) à l'une de ses sœurs par alliance, à la femme de Henri Cromwell. « Remercions Dieu, dit-elle (VII, 171, Thurloe), remercions Dieu de nous avoir tiré de cette conspiration. Si elle eût réussi, certainement notre famille eût été immolée, et probablement la nation eût été noyée dans le sang. » Est-ce là le cri d'une amante qui préfère sa passion à tout et à tous ? ou bien n'est-ce pas plutôt l'action de grâces d'une charmante femme qui, après avoir cherché à délivrer son ennemi, se félicite naturellement et simplement du salut de sa maison et de sa patrie ? Lady Claypole aimait par-dessus tout son père, à qui elle demandait des conseils théologiques avec une candeur qui enchantait Cromwell. Lui l'encourageait dans le bien, la reprenait avec douceur, et ces conférences intimes, qui finissaient toujours par des caresses, étaient les meilleures joies du lord protecteur.

Du fond de White-Hall, où tant de soins le préoccupaient, Cromwell réglait avec une vigilance magnanime les affaires étrangères où il mettait ordinairement tout son esprit et quelquefois tout son cœur.

On se souvient de sa première intervention auprès de Louis XIV pour les Vaudois. Il lui écrivit de nouveau le 26 mai 1658, et ce fut encore la noble latinité de Milton qui exprima le vœu de Cromwell. Le lord protecteur rappelle au roi qu'ils ont consacré leur union si utile à la France et à l'Angleterre par leur bienveillance mutuelle envers les Vaudois. Ces malheureux, massacrés alors, sont menacés maintenant. Tout annonce l'extermination de ceux qui ont survécu aux exterminations précédentes. Le protecteur prie Louis XIV, en son nom et au nom de Henri IV, l'ancien ami des protestants, d'insister avec un redoublement d'énergie et d'obtenir du duc de Savoie un pardon, au lieu de la persécution qui se prépare. Cromwell pourrait invoquer des raisons d'État (Mazarin est averti); mais dans une cause aussi sainte, il lui suffit de s'adresser à la sensibilité de Sa Majesté. Il lui promet pour prix d'une coopération si nécessaire sa reconnaissance personnelle avec toutes les faveurs divines. On sent que l'Homère anglais, à la veille de la cécité et de la création épique, a tenu cette plume de miséri corde. « *Quod ergo per dextram tuam, rex christianissime, quæ fœdus nobiscum et amicitiam percussit, obsecro atque obtestor, per illud christianissimi tituli decus sanctissimum fieri non sineris.* — Je vous supplie et je vous adjure, ô roi très-chrétien, par votre main droite qui a scellé un pacte d'alliance et d'amitié avec nous, ne permettez pas que cela s'accomplisse. »

Le lord protecteur avait des hommes différents pour des tâches diverses. Tandis qu'il pressait par Milton Louis XIV de sauvegarder les Vaudois, il pressait par Thurloe et par Lockart Mazarin de prendre Dunkerque. Cromwell souhaite Dunkerque. Il désire fortement que Dunkerque ne soit plus aux Espagnols et ne soit pas aux Français. Il l'a désignée pour les Anglais et marquée de sa griffe. Mazarin a consenti. Aussi Cromwell pense à Dunkerque le jour, il en rêve la nuit. Il ne laisse ni repos ni trêve à son ambassadeur Lockart, lequel fond sur Mazarin de toute l'impétuosité que lui imprime Cromwell.

Sous cette obsession, le cardinal ordonna au maréchal de Turenne d'assiéger Dunkerque. Lui-même vint avec le roi à Calais. Cromwell avait envoyé quatre mille vétérans de la guerre civile, choisis dans plusieurs corps et commandés par des officiers excellents, la plupart suspects à sa politique. Il s'en délivrait ainsi, et en même temps il les utilisait. Lockart fut leur général en chef ; son second était le colonel Morgant. A la fin de mai, une flotte anglaise bloquait la place par mer, et deux mille soldats de Cromwell se joignaient aux quatre mille déjà expédiés à M. de Turenne. Ces soldats, sur la demande expresse du lord protecteur, recevaient de la France double paye. Turenne marcha sur Dunkerque avec eux et avec une armée de Français. Don Juan, le fils naturel de Philippe IV et d'une actrice, était le généralissime de l'armée espagnole en Flandre. Ce n'est pas Dunkerque, c'est Cambrai qu'il avait fortifié et ravitaillé. Pour réparer cette faute et pour sauver la ville dont il avait négligé la défense, il alla offrir la bataille à Turenne le long des Dunes qui s'étendent entre Nieuport et Dunkerque. Il avait trente mille hommes sous ses ordres. Le duc d'York et le grand Condé n'étaient que ses lieutenants, et

M. le prince, le seul homme qui aurait pu contre-balancer Turenne, fut annulé par le marquis de Caracena, sorte de dictateur militaire que Philippe IV avait imposé à son fils. Condé, mécontent des dispositions de don Juan, prédit la défaite et ne s'en conduisit pas moins en héros, malgré la fortune. Turenne vainquit par une stratégie qu'avait prévue Condé, et les Espagnols furent réduits à la retraite. Les Anglais auxiliaires se conduisirent en soldats de Dunbar et de Worcester. Le maréchal de Turenne les loua de leur solidité au feu. Le jour de cette bataille mémorable, Cromwell, à White-Hall, jeûnait avec toute sa maison et implorait les bénédictions du Seigneur. « Vraiment, dit Thurloe, je n'assistai jamais à un exercice de piété où il y eut un plus grand esprit de prière et de foi. » — « Le Seigneur, dit Fleetwood, inspira au cœur de Son Altesse de passer ce jour à le chercher, et elle reçut une réponse éclatante. » Cette réponse fut la victoire des Dunes (14 juin 1658).

Moins d'une semaine après, le maréchal de Turenne était maître de Dunkerque. Ce dénoûment de siége fut signalé par un événement pathétique. Le marquis de Leyde, qui était gouverneur de la place, fut blessé mortellement. Ce vieux et sombre Espagnol n'attendait que d'être hors de ce drame militaire pour s'enfermer dans un cloître et se revêtir d'un cilice jusqu'à la tombe. Il avait vécu en héros, et il rêvait de mourir en saint. Son vœu fut trompé. « Que la volonté de Dieu soit faite et non la mienne, dit-il stoïquement. Il sait ce qui est le mieux en m'envoyant le baptême du soldat. Aussi bien je serai toujours moine, et mon sépulcre sera ma cellule. Que mon corps l'habite, et que mon âme monte vers mon Sauveur ! »

Louis XIV accourut de Calais à Dunkerque, où il entra le 24 juin. Ce fut lui qui remit les clefs de cette place à l'ambassadeur d'Angleterre. Lockart les avait réclamées avec une énergie respectueuse, et il prit fièrement possession de Dunkerque au nom de Cromwell.

Le protecteur avait envoyé à Calais son gendre, lord Falconbridge, le seigneur le plus élégant de sa rude cour, afin de complimenter brillamment Louis XIV. Le jeune roi, qui devait être si hautain plus tard, guidé alors par Mazarin, se tenait la tête

découverte en parlant à Falconbridge pour mieux honorer
Cromwell, et le cardinal conduisait ce fat officiel jusqu'à sa
voiture, ce qu'il ne faisait pas souvent pour le roi.

Du reste, Louis XIV n'avait pas de maison. Il mangeait chez
le cardinal, qui, grâce à l'amour d'Anne d'Autriche, usait du
trésor de la France comme de son trésor privé et usurpait toute
la splendeur de l'autorité royale.

Par un retour de courtoisie, Louis chargea le duc de Créqui
de porter une magnifique épée à Cromwell, et le cardinal hâta
Mancini, son propre neveu, vers le lord protecteur avec une
riche tapisserie des Gobelins et une lettre. Mazarin assurait
Cromwell « de sa vénération ». Il lui exprimait tous ses regrets
de ne pouvoir, à cause de l'indisposition de Louis XIV, aller
rendre personnellement ses hommages les plus humbles au plus
grand homme de l'Europe, à celui qu'il eût le plus souhaité de
servir comme son maître, s'il n'eût appartenu déjà au roi de
France. Le protecteur accueillit ces messages et ces messagers avec une dignité mêlée de bonhomie. Ses filles, lady
Rich et lady Falconbridge, furent très-touchées de la visite
que leur fit le duc de Créqui selon toutes les pompes de l'étiquette.

La cession de Dunkerque à l'Angleterre par Louis XIV fut
le dernier triomphe de Cromwell. Il atteignit par là le sommet
de sa renommée.

LIVRE ONZIÈME

Situation de Cromwell en Europe, en Angleterre et dans sa famille. — Mort de sa
fille lady Claypole. — Maladie de Cromwell. — Sa mort (3 septembre 1658).

Examinons un peu la situation de Cromwell. La France
l'agrandit, la Suède, le Danemark et l'Allemagne le prennent
pour arbitre, l'Espagne et l'Italie le craignent. Il a fasciné
l'Europe et pacifié les trois nations qu'il gouverne. Le parti
niveleur, le parti républicain et le parti royaliste se taisent.
Les conspirations sont domptées et paraissent déracinées. Les
cultes vivent l'un à côté de l'autre et se tolèrent par l'influence
de Cromwell. Il a des chapelains de toutes les sectes et
même un théiste parmi eux, Jeremiach White, ce qui explique
bien comment le lord protecteur soutint contre la chambre des
communes et ne cessa de secourir John Biddle, père des unitaires anglais, lesquels étaient des théistes. L'exemple vient
de haut. Ce grand caractère, qui a mis l'ordre dans la rue, est
un grand esprit qui voudrait mettre la liberté dans les consciences. Il permet tout comme théologien, — excepté les intrigues des sacristies et les émeutes des carrefours qu'il réprime
comme magistrat. Il a donc donné à l'Angleterre la tranquillité
au dedans et la gloire au dehors.

Et néanmoins il a deux troubles secrets et profonds. Comment conservera-t-il sa popularité dans l'armée?. Par l'argent.
Mais comment aura-t-il de l'argent? Par une représentation
nationale. La question de l'impôt est la même que celle du

parlement, et cette question, suprême pour Charles Iᵉʳ, ne l'est pas moins pour Cromwell. Elle était le plus poignant souci du lord protecteur.

Il avait observé aussi avec déplaisir l'union des presbytériens et des cavaliers. Fairfax n'avait-il pas fait son gendre de Buckingham ? Le lord protecteur eut sa dernière entrevue avec lord Fairfax, à l'époque où nous sommes (1658), et lui accorda la grâce de Buckingham qu'il allait exiler à Jersey. Cromwell s'inquiétait toujours de *l'Eikon Basilikè*, le livre qui prépara le plus la restauration des Stuarts, en gravant dans les cœurs les tragiques infortunes de cette race superstitieuse et sacrée, malgré ses fautes, avec son auréole de siècles, de haches et de proscriptions. Toutefois, quoiqu'il n'ignorât pas la sourde et fatale végétation de *l'Eikon Basilikè*, le lord protecteur ne chercha pas à en tarir la séve. Il n'essaya point de couper l'arbre par la racine. Cromwell n'était pas hostile aux idées. Il respectait les œuvres de l'intelligence humaine. Il favorisa les sciences et les lettres. S'il fut sévère pour Cowley et Davenant, deux poëtes de la reine douairière, veuve de Charles Iᵉʳ, il aimait Milton et Waller; il comblait de dons les universités, et singulièrement celles de Cambridge, de Durham, de Dublin.

Quand il n'entretenait pas d'affaires Thurloe, ou son conseil, ou les ambassadeurs étrangers, ou ses instruments innombrables de politique, d'administration, de guerre, de diplomatie et de police; quand il ne discutait pas au milieu de ses chapelains, il se délassait, ainsi que je l'ai dit, dans la famille. L'année 1658 fut l'une de ses années les plus paternelles, les plus domestiques. Il avait rappelé Richard, son fils aîné, du Hampshire où il demeurait au manoir de Hursley. Il s'était séparé avec peine de Henri, son second fils, qu'il avait nommé lord lieutenant d'Irlande, et qui montra dans ce poste difficile autant d'application que d'habileté. Il s'entoura de plus en plus de ses quatre filles, qui égayaient le vide laissé par sa mère morte à quatre-vingt-quatorze ans et qui réjouissaient sa femme, la bonne Élisabeth Bourchier.

L'aînée, lady Bridget, était fort républicaine, et puritaine

comme Ireton et Fleetwood qu'elle épousa successivement.
La fille qu'elle avait eue d'Ireton et qui fut mistriss Bendysh,
cette enfant spirituelle tantôt turbulente et tantôt pensive,
reverdissait la vieillesse de Cromwell. Mais celle qu'il préférait
à tous et à toutes, même à sa mère, même à miss Ireton, était
sa fille Élisabeth, lady Claypole. Elle avait, en 1658, une maladie interne fort douloureuse, redoublée par la perte d'un
enfant qu'elle adorait. On a beaucoup dit, sur la foi des cavaliers, qu'elle exhortait son père à rendre la couronne aux
Stuarts; on a répété qu'elle lui reprochait le régicide, et que,
dans des accès fréquents, elle lui prophétisait la vengeance.
Nul témoignage de quelque valeur ne confirme ces calomnies.
Qui avait entendu le père et la fille dans l'intimité? Y a-t-il
une indiscrétion un peu imposante de cette intimité orageuse?
Aucune. Toutes les révélations par les lettres, tous les documents authentiques prouvent la tendresse mutuelle entre le
père et la fille. Il y avait même dans leurs conversations une
onction de théologie mystique dont le lord protecteur était
heureux, et qui consolait lady Claypole dans ses souffrances.
« Elle cherche, disait Cromwell ; après ceux qui trouvent,
c'est elle qui a la meilleure part. »

A cette heure de sa vie, lady Claypole, qui n'eut, je l'ai dé-
montré, ni amour pour le docteur Hewet, ni impatience déna-
turée contre son père, le consultait, au contraire, sur Dieu et
sur l'immortalité. Elle était au bord de l'éternité et elle la
sondait timidement. Elle inclinait vers les épiscopaux. Cromwell ne la contraignit pas sur le culte. Il croyait que le meilleur est celui qui germe, qui naît en nous, celui que nous
créons, que nous fécondons, celui qui étant plus nôtre est plus
vif en nous et nous est plus cher. Le lord protecteur donc,
sans attaquer le culte de lady Claypole, inondait le cœur de
sa fille de sévères délices en lui ouvrant des perspectives d'immortalité. Il lui prêchait le Christ et il dut lui promettre
qu'elle reverrait son enfant et son père dans une existence
future. Si l'on ne sait pas les paroles textuelles* de cet homme
biblique, on sait qu'elles furent non moins suaves que celles
d'une mère, car lady Claypole en vivait. La maladie cependant,

malgré les médecins, malgré les prêtres, malgré Cromwell lui-même, empirait de crise en crise. Le lord protecteur souffrait de ces crises de lady Claypole plus que de tout; il souffrait aussi de l'exaltation de lady Fleetwood, de l'apathie de Richard, du bon sens un peu étroit de sa femme; il souffrait de l'orgueil de lady Marie, sa troisième fille, qui avait épousé lord Falconbridge, et des vanités de lady Francis, qui s'était alliée à la haute aristocratie par son union avec Robert Rich, petit-fils du comte de Warwick; Cromwell souffrait des afflictions et des défauts de tous les siens, mais il jouissait encore plus de leurs qualités et de leur dévouement.

Telle était la situation de Cromwell dans le monde, dans sa patrie et dans sa famille en 1658. Son immense prestige s'accroissait toujours. Au milieu de tant de bruit de complots, pas un n'avait reçu un commencement d'exécution sur sa personne. Aussi sa sécurité était plus grande que ne le racontent des écrivains crédules d'après des anecdotes satiriques. Qu'il portât des armes sur lui, selon la coutume des guerres civiles, cela est certain; mais qu'il ne couchât pas deux nuits de suite dans la même chambre, qu'il redoutât ses amis et ses gendres, qu'il se privât de sortir, qu'il variât et mêlât sans cesse les heures et les routes de ses promenades, qu'il tremblât dans ses palais comme la feuille sur les arbres de ses parcs, ce sont là des fables que de frivoles cavaliers inventèrent dans les orgies de tavernes et que de graves historiens ont répétées dans leurs récits. Après avoir prouvé le néant de l'amour attribué mensongèrement à lady Claypole pour le docteur Hewet, l'invraisemblance et même l'impossibilité des reproches de régicide adressés par une fille si tendre et si respectueuse à un père si bon et si grand, je n'aurai pas beaucoup de difficulté à dissiper les tressaillements de femme nerveuse imputés à ce terrible soldat, dont le danger, depuis trente ans, était l'habitude et la fête. Vraiment, pour s'être copiés les uns les autres, les annalistes les plus distingués, du reste, ont fait de Cromwell, ce héros d'histoire, un héros de roman et de mélodrame. Restituons-le à la lumière des sources, des événements et de la nature. Puisque, parmi les meurtres médités, nul ne fut tenté sur lui, qu'avait-il besoin de s'épouvanter, cet homme intrépide qui respirait si à l'aise au milieu des embûches et des armes ? Dans les occasions, il n'était jamais effrayé, et c'est toujours lui qui rassurait les autres. Justement en cette année 1658, un étranger venu d'Italie lui apportait une lettre de la reine Christine. Tout le conseil s'émut. Rome était le centre des poisons subtils et soudains. Le lord protecteur n'avait qu'une manière prudente d'agir : c'était de désigner un de ses colonels aides de camp pour recevoir l'envoyé énigmatique et suspect de la reine. Cromwell (*Mém.* de Whitelocke, p. 647) rit dans sa barbe de son rire héroïque et familier. Il répondit à ces belles peurs en affrontant lui-même avec sérénité le messager inconnu de Christine. Ce messager n'avait aucun dessein sinistre, et sa mission se bornait à justifier la reine de Suède de son attentat sur Monaldeschi.

Je voudrais bien avoir déchiré les nuages de la légende accumulés sur lady Claypole et dissipé ce conte des effrois puérils de Cromwell. Il prenait ses précautions contre ses ennemis ; mais des précautions d'homme, et il vivait ensuite insouciant du poignard, confiant dans le Seigneur, à White-Hall, comme autrefois sous la tente. Je rougirais d'insister, et je passe. Il est une chose seulement qu'il éprouva sans doute. Quand il eut vidé toute la coupe des grandeurs humaines, la lie était au fond, et l'amertume lui resta. J'ai souvent songé pour Cromwell à ce siége de Tredagh, où il entra par la brèche et qu'il noya dans le sang. Ses soldats, après avoir tué le gouverneur de la place, le brave Ashton, coururent, je l'ai raconté, à sa jambe artificielle. Ils la croyaient d'or, elle était de bois. Cromwell eut un mécompte analogue, et il en fut de même de son sceptre. Ce sceptre, au faîte de sa fortune, ne fut pas le souverain Bien. Il avait néanmoins, par intervalles, d'intenses moments de bonheur, comme lorsqu'il reçut, par exemple, la première dépêche de Lockart datée de Dunkerque.

William Temple, l'un des gentilshommes les plus littéraires et des diplomates les plus habiles de la restauration, assure que Cromwell, après avoir pris par les Français Dunkerque aux Espagnols, aurait changé d'alliance, afin de prendre par les Espagnols Calais aux Français. Le lord protecteur était bien capable de cette tactique, mais la mort ne lui mesurait plus aucune conquête; elle planait déjà sur White-Hall et sur Hampton-Court.

Dans ces demeures splendides, Cromwell se montrait plus que majestueux avec les ambassadeurs étrangers, et simple avec les sectaires. Les sectaires l'attiraient, et s'il avait de l'astuce, il n'avait pas moins de bonhomie avec eux. Il avait soin de les rencontrer et de les faire venir près de lui. Alors il affectait l'humilité au milieu du luxe de ses palais. Il priait ces petits de s'asseoir et de garder leur chapeau sur leur tête. Il leur disait : « Voilà l'égalité fraternelle qui me plaît. Ah ! quelle consolation ce sera pour moi de substituer « la gaule du « berger, » à l'épée du lord protecteur! Je le ferai, vous en serez témoins, lorsque l'anarchie du pays me permettra de déposer le pesant fardeau du pouvoir, « trop lourd pour un « homme. » Beaucoup s'en allaient touchés, et proclamaient l'ingénuité de Cromwell avec les saints.

George Fox, le père démocratique des Quakers, le précurseur de Barclay et de Penn, était l'un de ces sectaires qui se présentaient quelquefois aux résidences royales de Cromwell pour lui recommander « les amis. » Cromwell causait avec le pauvre vagabond, réparait des injustices, et prescrivait, en retour de sa bienveillance, le respect des lois. Par instants, il raillait; mais le plus souvent il était attentif et miséricordieux.

Vers le temps où nous sommes, quelques semaines après la soumission de Dunkerque, « les frères » étant persécutés, Fox s'adressa au lord protecteur. Il l'aborda pendant qu'il faisait sa promenade, le soir, dans son grand carrosse à Hyde-Park. Les gardes repoussèrent d'abord cette sorte de mendiant, mais Cromwell, reconnaissant Fox, le fit approcher et l'ajourna cordialement au lendemain.

Ce n'était pas la première fois que le protecteur était doux au candide sectaire. Dans les oppressions précédentes contre les quakers, Fox avait obtenu une audience de Cromwell. « La paix soit dans cette maison, » dit Fox en passant le seuil de la chambre où l'on habillait le protecteur. — Merci, George, répondit affectueusement Cromwell. — Je viens t'exhorter, reprit Fox, à ne pas rejeter la crainte de Dieu, ce qui pourra t'acquérir la sagesse si nécessaire à ceux qui gouvernent. — *Amen*, repartit le protecteur. » — « Il m'écouta très-bien, écrit Fox dans son journal, je lui parlai longuement et hardiment de Dieu et de ses apôtres d'autrefois, de ses prêtres et de ses ministres d'aujourd'hui, de la vie et de la mort, de l'univers sans limites, du rayon et de la lumière... Le protecteur m'interrompait pour me dire : C'est bien, c'est très-vrai cela, et il me montra autant de modération que d'affabilité... Son œil devint humide, et comme plusieurs personnes, de celles qui s'intitulent nobles et seigneurs, entraient dans la chambre, il me serra la main : « Reviens me voir, me dit-il ; va, toi et moi, si nous « passons une heure ensemble, nous nous rapprocherons fort. « Je ne te souhaite pas plus de mal qu'à mon âme. » (*Journal* de Fox.)

Il y a, dans cette entrevue ancienne, de la politique, mais il y a certainement encore plus de bonté.

Fox se souvenait de cette bonté lorsque le protecteur, dans l'été de 1658, lui marqua de son carrosse un rendez-vous. Le sectaire fut ponctuel ; mais au lieu de parler des quakers au lord protecteur, il s'évertua follement à le convertir. « Cromwell se moqua de moi, dit-il, et me traita lestement. » L'entretien finit mal, et les quakers furent oubliés.

Au mois de juillet, Fox, impatient de réparer sa faute, retourna au palais de Hampton-Court, afin d'implorer pour « le frères » le lord protecteur. « Je l'aperçus dans le parc, raconte Fox. Il était à cheval, à la tête de ses gardes. Avant même de le distinguer, je sentis un souffle de mort qui fendait l'air contre lui. Il était pâle comme un trépassé. Je lui exposai les détresses « des frères » et l'avertis selon l'inspiration de Dieu. Il me dit : « A demain ! » Le lendemain, on me dit qu'il était indisposé et je ne le revis plus. »

Voici ce qui était arrivé : lady Claypole baissait de plus en plus. Cromwell, qui ne voulut pas entendre Fox, abrégea un entretien avec l'ambassadeur de Hollande et ferma sa porte. Il ne s'occupa plus ni de Dunkerque ni d'affaires publiques. Chaque jour et chaque nuit, il s'asseyait de longues heures au chevet de lady Claypole. Elle se mourait d'une maladie de femme et d'une douleur de mère. Elle ne pouvait se consoler d'avoir perdu un enfant en bas âge. Triste du trépas de son ami le comte de Warwick, Cromwell fut accablé de l'agonie de sa fille. Cette agonie, qu'il allégeait par des soins, des tendresses et des mots sortis du cœur, cessa le 6 août 1658. Tout ce que Cromwell aimait le mieux n'était plus. Son angoisse fut inexprimable. Il avait eu un accès de goutte et plusieurs accès de fièvre. La fièvre s'aggrava. Les médecins le firent transporter et l'accompagnèrent jusqu'à White-Hall. Il fit son testament. Le 25 août, tandis que tous le croyaient au plus mal, il mit la main dans la main de sa femme et dit : « Nos prières ont percé le ciel ; j'ai reçu de Dieu lui-même l'espérance de guérir et d'être encore utile. » Ces paroles furent électriques, et chacun crut le protecteur sauvé. L'un de ses chapelains, Goodwin, s'écria : « O Seigneur, nous ne te demandons plus sa guérison, tu nous l'as déjà accordée ; mais ce que nous te demandons, ô mon Dieu, c'est sa prompte guérison. »

La sécurité ne dura pas. Le protecteur diminuait et la fièvre augmentait ; elle se compliquait de délire. A l'époque de son inauguration, Cromwell avait nommé son successeur par un acte ; mais cet acte, favorable à Richard, ne se retrouva pas. Thurloe s'engagea à lui proposer de faire une seconde nomination. Le 30 août, Cromwell y fit une allusion rapide, mais il ne réalisa rien, tant son abattement était invincible !

Quoiqu'il se souciât peu de politique, les instincts et les circonspections du pouvoir ne l'avaient pas abandonné. Ayant appris que Ludlow passait sur la place de White-Hall, il en eut de l'ombrage, jusqu'à ce que Fleetwood, après une conversation avec le voyageur, eût donné l'assurance à Cromwell que Ludlow ne songeait pas à soulever l'armée et n'était à Londres que pour une raison de famille.

Le 2 septembre, le lord protecteur eut une détente. On pensa qu'il allait définitivement et dynastiquement désigner son héritier. On s'abusait. Il fut tout entier à l'éternité. Sans ressentir et sans témoigner nul remords, ni de son régicide, ni d'aucune témérité de sa vie, il appela près de lui M. Sterry, de ses chapelains le plus savant. « Présumez-vous, dit-il, Sterry, vous qui êtes un théologien, qu'il soit possible de décheoir de l'état de grâce? — Cela n'est pas possible, répondit Sterry. — C'est aussi ce que je crois, et c'est pourquoi je suis tranquille ; car j'ai la certitude d'avoir été une fois en état de grâce. » Alors, ne jugeant pas nécessaire de prier pour lui, c'est pour le peuple qu'il pria. « Seigneur, dit-il, de quelque manière que tu disposes de moi, et quelle que soit ma place dans tes tabernacles, veille sur les hommes de cette nation que tu m'as ordonné de gouverner, et, qu'ils soient mes amis ou mes ennemis, comble-les tous de ton esprit. « Ainsi, s'écrie Ludlow étonné (*Mém.*, t. II, p. 400), ses dernières paroles furent plutôt celles d'un médiateur que d'un pécheur. »

Le 3 septembre 1658, anniversaire des batailles de Dunbar et de Worcester, le 3 septembre, son grand jour, il fut comme foudroyé. Il entreprit avec la mort une lutte sourde entrecoupée d'éclairs d'espérance. Il chercha le Seigneur pour la dernière fois, et il expira dans l'ardeur de son désir, vers les deux heures de l'après-midi, au milieu des sanglots de sa famille, de ses amis et de ses serviteurs. Sa femme et ses filles criaient ; Richard, Fleetwood, Falconbridge et Claypole pleuraient. Les officiers et les soldats se lamentaient à l'envi. « Séchez, séchez vos larmes, s'écria Sterry, votre protecteur ici-bas le sera en haut désormais, maintenant qu'il est avec le Christ à la droite du Père ! » L'enthousiasme et l'attendrissement gagnent jusqu'à Thurloe, un vieux politique, un rusé jurisconsulte, un sophiste de la tyrannie tout blasé de combinaisons et tout glacé de calculs. « On ne peut, écrivait-il à Henri Cromwell, on ne peut exprimer l'affliction de l'armée et du peuple. Le nom de votre père est déjà consacré. Jamais monarque n'a été l'objet d'autant de bénédictions. Il est monté au ciel embaumé dans les pleurs de l'Angleterre et porté sur les ailes de la prière des saints. »

Whitelocke raconte que beaucoup tinrent Cromwell pour empoisonné. Rien n'était plus faux, mais la multitude ne se résigne pas à la mort naturelle des hommes extraordinaires.

L'imagination des masses fut encore allumée par la tempête de feu qui éclata la nuit du 2 au 3 septembre et qui sembla un présage. Cette tempête brisa le toit des maisons, déracina les arbres centenaires, souleva les flots de l'océan et entraîna les falaises dans l'abîme des eaux. Les partisans de Cromwell virent dans cette prophétie de la nature un hommage des éléments envers le plus grand des capitaines, des chefs d'État et des théologiens, tandis que les cavaliers déclaraient que tous les princes de l'enfer et de l'air s'étaient réunis pour surprendre l'âme du protecteur et la porter en triomphe à Satan. Tous ces bruits, tous ces contes, toutes ces légendes, toutes ces passions d'amour et de haine n'étaient, au fond, que de la gloire.

La gloire, qui avait élevé Cromwell aussi haut que le trône, le célébra jusque dans les obscurités du sépulcre.

Il était né gentilhomme. Il se fit fermier et administra bien sa fortune privée. Il aima sa femme et ses enfants, qui le consolaient dans ses tristesses et dans ses gouffres de mysticisme. L'action l'arracha tout palpitant aux rêveries fatales où son génie sombre le plongeait et où sa raison aurait peut-être succombé. Le calvinisme avait besoin de lui pour se transformer, et le calvinisme élut en lui son capitaine et son législateur. Cromwell contint toute la réforme, et ce monde anarchique, il le résuma et lui communiqua l'équilibre. Luther, Calvin et Knox sont comme fondus dans ce vaillant d'Israël, dans ce puritain dictatorial si affectueux aux siens et quelquefois si clément à ses ennemis. Il est à lui seul la tête, le cœur et le bras de la réforme. Par lui, elle combat, gouverne et s'affermit ; par elle, il devient un grand théologien, un grand général, un grand homme d'État.

Le plus éloquent des historiens de Cromwell, c'est Cromwell lui-même. Ses lettres et ses discours le peignent au vif. Il est son biographe orateur et l'annaliste, soit de la réforme, soit de la révolution d'Angleterre. Il est de plus l'arbitre et le prophète des sectes. Que lui manque-t-il ? peu de chose. Il a plus de force que de charme, mais sa force est d'un Titan.

Olivier Cromwell mourut plus respecté qu'un roi ; il mourut lord protecteur, honoré, admiré du peuple anglais de l'Europe et du monde. Le trait qui le distingue profondément, c'est la piété. Il est le plus pieux des despotes, comme Coligny et Gustave-Adolphe sont les plus pieux des héros. Malgré ses trames, et ses artifices, et son crime, le régicide Cromwell a toujours vécu en la présence de Dieu. Dieu est sans cesse au fond de son âme, au commencement, au milieu, à la fin. Quoique beaucoup trop d'alliage fût mêlé à son or, il portait sur sa conscience l'effigie du Seigneur. Moitié lion et moitié serpent, Cromwell n'était pas complétement de mauvaise foi, même dans les piéges qu'il dressait.

Cet homme de la Bible, mystérieux à lui-même, était très-multiple; il était hypocrite, ambitieux, et avec cela religieux jusqu'à l'extase. Je le répète pour le mieux graver, il agitait dans une confusion formidable les intérêts de Dieu et les siens, qu'il regardait comme identiques. Par là, il abusait les autres et il s'abusait lui-même. Son désir secret lui paraissait souvent une inspiration divine. Son esprit avait des illuminations qui lui donnaient de merveilleuses surprises. Puisque les événements qui s'accomplissaient et qu'il accomplissait tenaient du surnaturel, ses pensées devaient être miraculeuses. Il était donc l'instrument du Seigneur. Il se trompait, mais il ne pouvait se tromper qu'à demi dans cette voie où tous les oracles qu'il rendait préparaient sa grandeur personnelle, toujours inséparable de la grandeur de son île et de la grandeur de Dieu. Lorsqu'il avait douté de lui-même, de sa moralité, de sa sainteté, il se rassurait vite. N'était-il pas indispensable à l'Angleterre dont il avait deviné les destinées futures et au Seigneur dont il propageait la loi dans tout l'univers? Par le mouvement qu'il imprima à la marine, Cromwell acheva Élisabeth, et il fut un précurseur prodigieux en réalisant les deux tendances incommensurables de sa patrie. Il l'institua la reine de la ligue protestante des contrées septentrionales, et il lui facilita la prise de tant de Gibraltars à l'aide desquels se développèrent ses colonies dont le réseau s'étendit jusqu'à l'Amérique, jusqu'à l'Inde. De la sorte, Cromwell fonda l'influence morale et la richesse matérielle de son pays; et du petit peuple anglais, il fit l'une des plus grandes nations de l'histoire. Voilà, je crois,

le rôle de Cromwell, et voilà Cromwell. Il consomma le
schisme irréconciliable de l'Angleterre et de la papauté, non
pas qu'il faille le juger dans des proportions quelconques avec
Henri VIII. Ses affinités sont ailleurs. Il est dans l'ordre de la
politique, de la guerre et du gouvernement ce que Luther,
Calvin et Knox ont été dans l'ordre de la pensée, de la parole,
de l'éloquence et de la théologie. Il est le colossal homme d'action de ces puissants initiateurs.

Si l'on ajoute à cela que Cromwell sema comme un germe de
vie la liberté religieuse toujours croissante, une liberté qui dépassa le protestantisme et atteignit jusqu'à la philosophie, on
comprend toute l'œuvre du lord protecteur. Œuvre d'homme
et de grand homme! Et cependant il n'aura pas l'admiration
entière des âmes tendres, le régicide, ni des âmes fières, le
despote ; mais il défie la postérité de le méconnaître dans son
abbaye de Westminster, où il va être déposé, où il tiendra plus
de place que toutes les dynasties de l'Angleterre, et où, supérieur aux princes, il n'aura d'égaux que Milton, Shakespeare
et Newton !

LIVRE DOUZIÈME

Jugement sur Cromwell. — Proclamation de son fils Richard comme lord protecteur (4 septembre 1658). — Convocation du parlement (29 janvier 1659). — Division de l'armée. — Dissolution du parlement (22 avril 1659). — Restauration du long parlement (6 mai). — Coup d'État de l'armée contre le parlement. — Anarchie militaire. — Reconstitution du parlement (26 juillet). — Monk soutient le parlement. — Son retour à Londres (3 février 1660). — Banquet de la Cité à Monk. — Monk nommé généralissime (2 avril). — Rappel de Charles II par le nouveau parlement. — Son débarquement à Douvres (26 mai). — Vengeances de Charles II. — Mort de Harrison, de Vane, de Hutchinson (1662). — Milton. — Sa mort (novembre 1674). — Mort de lord Russell et d'Algernon Sidney (1683). — Charles II vend Dunkerque à la France. — Les exilés. — Ludlow. — Tentatives d'assassinat. — Lisle assassiné à Lausanne. — Clarendon proscrit. — Maîtresses de Charles II. — Sa mort (6 février 1685). — Jacques II. — Persécutions. — Débarquement du prince d'Orange (5 novembre 1688). — Mort de Ludlow (1693). — Convocation du parlement. — Guillaume III.

J'ai fait ma tâche, j'ai raconté Cromwell. Mais de même que j'ai éclairé par les origines la révolution qu'il représente dans son ensemble, de même je dois indiquer les traces de cet homme prodigieux sur toute la ligne de cette révolution jusqu'à Guillaume III. Le génie de Cromwell survécut à Cromwell, identifié qu'était ce génie au génie anglais.

La plus grande prépondérance de Cromwell fut religieuse, et c'est là son auréole. Le gentilhomme fermier, qui avait remué tant de choses égoïstes, mit la main à une chose bien généreuse : la tolérance mutuelle des cultes. La bataille de Naseby où il vainquit Charles Ier, la bataille de Worcester où il triompha de Charles II ne sont rien auprès des combats qu'il combattit pour affranchir la conscience. Lorsqu'il sortit de son brouillard, le papisme, l'épiscopat et le presbytérianisme se disputaient la prééminence, afin de persécuter. Cromwell observa le déchaînement de l'opinion contre le papisme, et s'il le réprima toujours, ce ne fut que politiquement et avec l'ampleur de son vaste principe qui n'excluait personne du droit de se choisir son Dieu, ni même les catholiques, ni même les juifs. Politiquement encore, Cromwell désorganisa les presbytériens, ces calvinistes de Knox, qui avaient abattu les épiscopaux. Il fut alors l'initiateur des indépendants, qui professaient toutes les sectes. En se déclarant l'apôtre des indépendants, il se posa comme l'apôtre de la liberté des âmes.

Une religion aurait tout opprimé, deux, trois religions se seraient dévorées entre elles ; — cent, deux cents religions et plus, autant de religions qu'il y a de peuples, d'associations ou même d'individus, ne pouvaient vivre ensemble qu'à une condition : la tolérance réciproque. C'est la grande originalité de Cromwell d'avoir deviné cela, c'est sa gloire durable d'avoir fondé la liberté de la conscience sans préjugé et sans restriction ultérieure; si bien, que le mouvement de liberté protestante sous Guillaume III et les mouvements de liberté philosophique au dix-neuvième siècle se rattachent très-logiquement au lord protecteur. Au-dessus de toutes ses autres fortunes que j'ai décrites, il eut cette singulière fortune, cette haute mission, ce bonheur inouï d'être le libérateur de l'esprit humain. Oui, l'esprit humain gémissait enchaîné comme un Prométhée moderne, et c'est Cromwell qui a le plus travaillé à le délivrer. Que chacun avoue librement son Dieu, voilà le principe de Cromwell et voilà sa plus belle page, la page dont toutes les lignes sont immortelles, la page qu'on a trop négligé de déchiffrer et que je voudrais avoir gravée en lettres d'airain.

Le 4 septembre 1658, le lendemain de la mort du lord protecteur, par un élan involontaire de tradition monarchique, le fils aîné du grand homme qui n'était plus, Richard Cromwell, fut proclamé à son tour lord protecteur de la république d'Angleterre, d'Écosse et d'Irlande. Le conseil d'État s'aida pour cette hardiesse d'une habitude invétérée, de l'autorité encore persistante de Cromwell, du concours des magistrats de la cité, des bourgeois de Londres et des officiers de l'armée. Richard Cromwell fut installé solennellement comme l'avait été son père, dont l'ancien gouvernement continua, avec cette différence qu'il était dominé par Cromwell et qu'il dominait Richard. Des adresses arrivèrent de partout, de la flotte, des régiments, des villes et des villages pour féliciter le nouveau lord protecteur. Ce fut une émulation de servitude qui cachait deux sentiments profonds : la crainte vive de l'anarchie et le désir prompt d'un gouvernement régulier.

Ce gouvernement s'empressa de nommer un comité pour présider aux funérailles de celui qui fut Cromwell. Le comité, tenant à être magnifique, eut l'étrange idée de s'adresser à M. Kinnersly, grand maître de la garde-robe de Charles Ier, et que nous avons vu défendre obstinément autour du roi l'étiquette jusqu'à l'échafaud. Or c'est ce serviteur de l'ancienne monarchie, cet officier de blason très-royaliste et presque papiste qu'on pria de régler le cérémonial funèbre de Cromwell. M. Kinnersly s'exécuta en conscience et se conduisit en artiste héraldique. Il appliqua au défenseur des libertés religieuses le même programme qui avait été inventé pour l'oppresseur de ces libertés, pour Philippe II. Le monarque espagnol avait été pendant des mois exposé dans une chambre obscure tendue de velours noir qui figurait le purgatoire, le lieu de l'expiation ; puis il avait été transporté dans une autre salle tapissée de velours cramoisi qui représentait le paradis et qui était illuminée de cinq cents cierges. Telle est la parade méridionale qui, sous les auspices de M. Kinnersly, fut imitée pour Cromwell au palais Somerset. Le protecteur fut couché là en effigie, la couronne sur la tête, le sceptre dans la main gauche. Le corps, malgré l'embaumement, n'avait pu attendre. On avait été obligé de le transférer de nuit à Westminster, dans le caveau de son cénotaphe. Lors des obsèques, les restes de Cromwell étaient donc déjà ensevelis, et le 23 novembre, on n'inhuma en grande pompe que son effigie. Le cortége n'en était pas moins immense. Les soldats et les matelots agitaient symétriquement des branches de cyprès. Les généraux, les amiraux, les officiers, les juges, les aldermen, le lord maire, les députés et les pairs du parlement convoqué par Richard, les ambassadeurs, les conseillers d'État marchaient en grand costume dans un océan de peuple. Aux degrés de Westminster, dix gentilshommes du palais portèrent le cercueil dans la chapelle de Henri VII où était déjà le corps. Ce qui frappa, ce qui émut le plus la foule, ce fut le cheval de guerre de Cromwell tout caparaçonné de noir, ce cheval qui rappelait vingt batailles et que menait au pas Claypole, un des gendres du protecteur. La légende se mêlant ici à l'histoire, et l'imagination colorant la sensibilité des masses, — au retour même de cette procession lugubre, des hommes affirmaient avoir ouï sangloter devant l'abbaye le coursier qui hennissait si bien à Dunbar et Worcester ; des femmes attestaient qu'elles l'avaient entendu aussi se lamenter et qu'elles avaient vu de grosses larmes tomber de ses yeux.

Les cours étrangères avaient toutes accepté Richard ; toutes s'étaient mises en deuil du protecteur. Il n'y eut que la grande Mademoiselle qui refusa cette déférence au meurtrier de Charles Ier et qui affecta de paraître en habits de fête dans les salons du château de Saint-Germain, au scandale et à la consternation du cardinal de Mazarin, qui tremblait encore devant une ombre.

Le 13 janvier 1659, Richard, pour conjurer le danger de l'armée qui, par les officiers, menaçait de le tenir en tutelle, convoqua un parlement, un autre danger, mais un danger nécessaire. Le protecteur ouvrit le parlement le 27 janvier 1659. Le parti de Richard composait la moitié de la chambre des communes et défendait le gouvernement avec le concours des deux chambres. Le parti républicain ne voulait ni protecteur ni chambre des lords et comptait une cinquantaine de membres redoutables par leur éloquence ou leur caractère, tels que Lambert, Ludlow, et surtout Haslerigh, Vane, Bradshaw et Scott. Fairfax avait reparu, et, quoique royaliste dans le cœur, il votait avec Haslerigh. Ce parti peu nombreux était soutenu d'ailleurs à l'occasion par les neutres, dont beaucoup étaient des cavaliers. Malgré d'incroyables manéges, la chambre des communes reconnut le protecteur et provisoirement *l'autre chambre* sur le pied de l'égalité.

L'armée cependant était jalouse du parlement. Elle avait trois réunions d'officiers généraux : la première à White-Hall, le palais de Richard ; la seconde à Wallingford-House, la résidence de Fleetwood ; la troisième à Saint-James, sous la présidence de Desborough et sous l'influence secrète de Lambert. Cromwell mort, il y eut soudain trois anarchies : celle de la nation, celle de l'armée et celle de la famille du lord protecteur.

Desborough, l'oncle de Richard, et Fleetwood, son beau-frère, deux brouillons intimes poussés par Lambert, un intrigant en épaulettes de général, forcèrent le pauvre protecteur inexpérimenté à dissoudre le parlement. Thurloe, par prudence personnelle, laissa faire, et Richard accomplit son coup d'État contre la représentation nationale (22 avril 1659), à l'exemple de son père et de Charles Ier.

C'en était fait de Richard. Il ne pouvait gouverner seul ; Lambert, Desborough, Fleetwood ne le pouvant pas davantage s'abouchèrent avec les républicains du parlement dissous, et ils consentirent, eux les chefs de l'armée qui leur échappait, à restituer le long parlement. Le long parlement, si grossièrement appelé *croupion*, cet illustre parlement où brillèrent tant de grandes âmes et tant de grands talents, cette assemblée de tant de souvenirs, ressaisit le pouvoir d'une prise hardie. D'abord, le 6 mai, quarante-deux députés étaient à Westminster. Lenthall en tête, ils passèrent de la chambre peinte dans la chambre des séances et s'y établirent. Les anciens presbytériens exclus et presque tous devenus royalistes ne furent pas admis. Bientôt les députés, n'étant pas moins de soixante-dix, s'affermirent et s'organisèrent. Ils créèrent un conseil d'État et une forme de gouvernement sans roi, sans protecteur et sans chambre des pairs.

Le général Monk s'inclina devant le long parlement. L'ambassadeur Lockart et l'amiral Montague lui envoyèrent leurs hommages. Henri Cromwell, après beaucoup d'hésitations et même un peu d'hostilité, vint rendre compte à ce parlement de l'état de l'Irlande, et obtint de lui (4 juillet) la permission de se retirer dans sa terre de Swinney-Abbey, près de Soham. Cette

terre du comté de Cambridge pouvait valoir cinq cents livres
de revenu. Henri Cromwell s'y fixa en 1659 et y mourut
en 1674.

Les officiers de Wallingford-House demandèrent, le 12 juillet,
que la chambre pourvut à la fortune « de Son Altesse douairière » et de Richard Cromwell. Le parlement garda le silence
sur la veuve d'Olivier et assigna un revenu annuel de dix mille
livres sterling à Richard. Les dettes de ce protecteur éphémère furent aussi déclarées dettes nationales. Sur tant de bienveillance de la part du parlement, Richard promit de quitter
White-Hall qu'il habitait encore.

Fleetwood avait été salué par les officiers commandant en
chef de l'armée en Angleterre. Le parlement consentit à lui con-
férer aussi ce grade, mais par l'ascendant d'Algernon Sidney
et d'Haslerigh, Fleetwood fut déclaré révocable, et tous les
officiers furent obligés de tenir leurs brevets du parlement. Le
colonel Hacker, le colonel Ludlow se soumirent à recevoir
leurs brevets de la main du président, et tous les autres successivement se résignèrent à cette formalité. C'était une victoire pour les républicains, mais elle fut courte. Les officiers
de Wallingford-House s'érigèrent en parlement. Lambert, qui
avait apaisé une petite insurrection de cavaliers à Namptwich,
marcha sur la chambre et obtint que le long parlement ces-
serait de s'assembler. Le conseil des officiers se chargea de
maintenir la tranquillité publique et de convoquer un parlement
avec l'aide de Lambert, major général des armées et de Fleetwood leur commandant en chef.

Ce fut le comble de l'anarchie militaire, et ce dernier attentat
fut le plus insupportable de tous. La nation était-elle assez humiliée? Une caserne avait remplacé un parlement, et cette
soldatesque de Wallingford-House se substituait impudemment
aux députés de Westminster. Les cavaliers donnaient la main
aux presbytériens, ces révolutionnaires de la première heure,
et les deux partis, autrefois si hostiles, désiraient presque
également le retour des Stuarts. Charles II· était l'espérance
de tout ce qui avait lu l'*Eïkôn Basilikê*, de tout ce qui
désirait l'ordre, de tout ce qui abhorrait l'épée, ce qui

n'empêchera pas le peuple anglais, après des vicissitudes nouvelles, de se ressaisir lui-même. Il s'est donné aux presbytériens, aux indépendants et à Cromwell, il va peut-être se donner à Charles II ; mais il secouera tous ses tyrans successifs, et il ne sera fidèle qu'au droit. Or, le droit, c'est le parlement indélébile, imprescriptible. Le parlement, voilà donc le gouvernement futur de l'Angleterre. De cette île battue des tempêtes, le type, le chef-d'œuvre de la liberté organisée, en d'autres termes le gouvernement parlementaire envahira peu à peu le monde. Ce gouvernement, monarchie ou république, vivra malgré les fraudes, les usurpations, les travestissements; il vivra, car il mérite de vivre par sa sainteté, lui qui relève la tribune, qui sauvegarde la presse, lui qui couvre du bouclier de la loi l'homme et la famille, le citoyen et la cité, la pensée, la sûreté et la propriété de tous. Avant d'avoir la réalité d'un si noble gouvernement, l'Angleterre, et c'est sa vraie gloire, en eut toujours dans l'âme l'idéal. Voilà pourquoi, plus tard, elle vaincra.

En attendant, la dictature prise par les officiers de Wallingfort-house réveilla Monk. Olivier Cromwell l'avait fait à peu près vice-roi d'Écosse. Monk, le plus avisé des généraux anglais, n'aurait jamais trahi Cromwell qu'il redoutait; mais Cromwell couché à Westminster, au lieu d'être debout à White-Hall, Monk ne craignait plus personne. Il écrivit à Lenthall et s'engagea, par des promesses ambiguës, à soutenir le long parlement. Le général Lambert fut envoyé contre Monk, dont le génie était de temporiser. Il usait par là les obstacles, et il acheminait son dessein. Tandis qu'il négociait à Édimbourg, à Londres les soldats qui n'avaient pas embrassé les ambitions de leurs chefs pénétrèrent dans la maison de Lenthall et réclamèrent le long parlement. Desborough se sauva à l'armée de Lambert. Fleetwood, à genoux devant Lenthall, remit au représentant du parlement son brevet de commandant en chef. Le 26 juillet 1659, le long parlement était reconstitué à Westminster. Lambert fut destitué, et l'ordre fut expédié de l'arrêter. Les affaires de Monk allaient bien. N'ayant plus Lambert à combattre, il prépara lentement ses trappes. Enfin il joignit à York lord Fairfax, s'entendit avec lui pendant cinq jours et continua sa route vers Londres. Il y arriva le 3 février 1660. Il fut logé à White-Hall par ordre du parlement. Il n'y avait plus dans le palais un seul Cromwell. Cette famille, soulevée par son héros militaire et politique au faîte de la grandeur, — ce héros disparu, avait glissé tout à coup dans l'obscurité.

Monk et le long parlement une fois en présence s'observèrent avec une attention anxieuse. Ils se méfiaient l'un de l'autre. Le parlement, très-impopulaire dans Londres, se servit de cette circonstance pour compromettre Monk. Il lui ordonna de briser les portes de la cité hostile (9 février). Les apprentis, les marchands et les presbytériens huèrent et sifflèrent. Après avoir obéi si malencontreusement, Monk sentit sa faute, et, changeant de tactique, il provoqua une assemblée de ces bourgeois qu'il avait offensés à regret. Il leur exprima son dévouement, leur dit d'un accent très-ferme qu'il était prêt à leur être utile, et que ce serait quand ils voudraient. Les acclamations succédèrent aux outrages. La cité invita Monk à Guildhall. Il y eut un banquet splendide (10 février). Des feux sillonnèrent les rues, et on y brûla des croupions de toutes sortes d'animaux. Insulte grotesque, sauvage, mais énergique dans son ignobilité contre le parlement! Monk adopta les membres presbytériens exclus de la chambre en 1647 et en 1648. Ces membres, parmi lesquels on remarquait Denzil Hollis, rentrèrent sous les auspices de Monk au parlement, qu'ils modifièrent à leur image.

Ce fut un grand coup que cette réparation tardive. Le parlement ainsi recomposé choisit un conseil d'État royaliste, nomma Monk généralissime des armées dans les trois nations, détermina sa propre dissolution au 15 mars et fixa au 25 avril l'inauguration d'un nouveau parlement.

Au terme indiqué, ce parlement était à son poste. Il allait être l'instrument de la restauration des Stuarts. Il reçut du roi la déclaration de Breda, qui annonçait l'amnistie pour tous les coupables, la liberté de conscience, la sanction des propriétés révolutionnaires et le payement des arrérages de l'armée. Le parlement répondit à Charles II que le gouvernement de la Grande-Bretagne, restitué selon la constitution ancienne, aurait désormais un roi, des lords et des communes. La chambre engageait donc le prince à se hâter de prendre possession du trône de ses pères. Charles II quitta Breda pour la Haye, d'où il s'embarqua sur la flotte de l'amiral Montague. Le 25 mai 1660, il posait le pied sur la chaussée du port de Douvres. Monk, à la tête de toute la noblesse d'Angleterre, reçut Charles II sous les arcs de triomphe de ce beau rivage. Le peuple ignorant, les bourgeois imbéciles, sans souvenir et sans prévoyance, étaient ivres de joie à l'aspect d'un général apostat livrant trois royaumes fatigués de troubles à un Stuart libertin, effronté, perdu d'honneur, dont l'héritier, un autre Stuart, un papiste aveugle, attendait son heure. Son heure sonnera, en effet, puis une heure plus glorieuse, l'heure de Guillaume III.

C'en était fait à jamais du *long parlement*. Il avait été précédé du *court parlement*, convoqué pour le 3 avril 1640 et dissous le 5 mai suivant. Par contraste avec ce parlement éphémère, le parlement inauguré le 3 novembre 1640 et brisé définitivement le 21 février 1660 fut appelé le *long parlement*.

Ce parlement, diffamé par la restauration qui le remplaça, avait été très-grand, et l'Angleterre lui doit sa liberté.

Chassé par Olivier Cromwell, le 20 avril 1653, le long parlement fut réinstallé sous le protectorat de Richard Cromwell, le 7 mai 1659. Flétri du sobriquet de *Rump : croupion*, il fut étouffé dans des embrassements de Judas, dans les étreintes de Monk, dont nous n'avons pas assez creusé les piéges.

Monk est un personnage de haute comédie. Sans scrupule religieux d'aucun genre, sans préférence politique d'aucune sorte, désabusé de tout, il dirigea comme une évolution militaire la restauration de 1660, qu'il avait préparée et qu'il acheva.

Il avait des amis indépendants et il en avait d'anglicans. Ses deux chapelains étaient d'opinions diverses. Price était épiscopal et cavalier, Gumble était presbytérien, et ils répondaient de leur maître à chacun de leur parti. Monk souriait à tout le monde, parlait peu, ne jetait pas même une espérance ; furtif, impénétrable toujours. Sa taciturnité était un mystère perpétuel, et comme il ne s'était jamais trahi par une indiscrétion, ses changements à vue étaient d'autant plus attachants et surprenants. Il tenait beaucoup à avoir Fairfax pour confédéré, et il l'eut. Le vainqueur de Naseby, le vieux capitaine qui avait tant contribué, sans le savoir et sans le vouloir, à précipiter Charles Ier, aida Monk, peut-être par un secret repentir, à restaurer Charles II. Un fait curieux, c'est que le cheval du nouveau roi à son couronnement, c'est Fairfax qui le lui donna. Monk tenait aussi beaucoup à gagner le clergé écossais, et il le conquit par le presbytérianisme.

« Il était grand temps, dit Price, l'un des chapelains de Monk, que le général cherchât à se pourvoir d'une religion pour lui-même. Sa femme lui en trouva une. « M. Monk, dit-« elle, est presbytérien, et mon fils Kit est pour le long parle-« ment. » Monk, avec les autres hommes, gardait le silence et mâchait des feuilles de tabac, écoutant ceux qui parlaient et qu'il faisait parler au besoin. Il se servit surtout des presbytériens, les anciens patriotes devenus contre-révolutionnaires par haine des indépendants pour acheminer la restauration. Il importait qu'on le crût presbytérien. « Or le général, continue Price, depuis le commencement de son entreprise et même auparavant, s'était donné pour presbytérien, et sa marraine, que j'ai connue, y avait fait ce qu'elle pouvait. »

Quand une grande tâche est finie, l'attendrissement gagne parfois les plus corrompus. Après la restauration, Monk demeurait au Cockpit. Son chapelain Price alla l'y féliciter. Il tomba à deux genoux, baisa la main du général, qui le releva et qui se mit à fondre en larmes, disant : « Non, monsieur Price, ce n'est pas moi qui ai accompli cela. J'ai été un instrument de Dieu ; c'est lui qui a tout fait. » Il ne faudrait pas trop se fier cependant à cet éclair de sensibilité. Le coquin, même en robe de chambre, exagérait son rôle providentiel. Le diable était pour plus que Dieu dans la conduite de Monk.

Cromwell avait agi contre le long parlement en usurpateur et en tyran. Il provoqua la colère et l'indignation. Monk, lui,

recueillit son véritable salaire, le mépris. Ce n'est pas le plus
odieux, mais le plus vil des hommes. C'était un laquais en uniforme de général. Il mentit toujours sans pudeur. Charles II,
qui lui devait tout, ne pouvait rien lui refuser. Monk s'était
vendu très-cher. Il fut fait membre du conseil privé, chevalier
de la Jarretière et duc d'Albermale. C'était plus qu'il ne valait;
mais il était le maître de la situation. Il avait naturellement des
prétentions exagérées qui devenaient fabuleuses par l'ascendant
de sa femme, insatiable d'or et de rapines. Ce scélérat de bassesse, dont la conscience était nulle et qui ne craignait pas
Dieu, avait peur de sa femme. Sa cupidité y gagna.

Après avoir tout trompé, Monk avait tout pris sous sa sauvegarde. Il s'était engagé par mille protestations avec les patriotes. Il avait juré à Ludlow et aux amis de Ludlow que pas
un cheveu ne tomberait d'une tête de régicide. Mais le bonheur
d'un serment pour Monk, ce n'était pas seulement que ce serment le tirait d'embarras, c'était surtout le pressentiment qu'il
avait de le violer infailliblement tôt ou tard. Il mentait comme
on boit. La fourberie était son ivresse. Il était un escroc en
épaulettes, comme Charles II fut un débauché auguste et
Jacques II un jésuite laïque sous la couronne.

Aussi l'Angleterre souffrira vingt-huit ans, de 1660 à 1688;
elle souffrira dans toutes ses libertés, dans tous ses instincts,
avant de se revendiquer elle-même. Elle sera pillée, moquée,
outragée, mutilée, et l'on pourra suivre aux traces de son sang
qui ruissellera des échafauds les progrès de son affranchissement.

Les régicides furent d'abord recherchés. La parole de Monk
fut rétractée impudemment. La clémence de l'*Eikôn Basilikè*,
dont on avait fait tant de bruit, était oubliée, et Charles II
accomplit à coups de hache par le bourreau, ou bien à coups
de mousquetons par des meurtriers gagés le pardon de son
père Charles Ier.

Cromwell était mort, son fils Richard avait abdiqué, la
double influence du long parlement et de l'armée s'était changée en une double impuissance. Monk avait pu escamoter l'Angleterre au profit des Stuarts.

Leurs partisans accoururent. Charles II, qui était le plus ingrat des princes, en éloigna beaucoup. Il en accueillit un très-petit nombre. Il se souvint cependant par exception de quelques-uns de ses libérateurs de 1651, après la bataille de Worcester. Cinq des frères Penderell (l'un d'eux était mort) vinrent saluer le roi à White-Hall. Charles les reçut en ami (15 juin 1660) et les récompensa en roi. Ils s'en retournèrent heureux, après avoir contemplé sous le manteau royal à Londres celui qu'ils avaient si bien déguisé en bûcheron et dérobé sous les ombres du bois de Boscobel. Charles fit assigner par les deux chambres à mistriss Lane, qui l'avait conduit chez mistriss Norton à travers les hasards de la guerre civile, la somme de mille livres sterling, à laquelle il ajouta d'autres présents. Par allusion au chêne royal où ils s'étaient cachés ensemble, le monarque conféra aussi au major Careless pour armoiries un chêne surmonté de trois diadèmes, et pour cimier une couronne des feuilles de cet arbre avec une épée et un sceptre en sautoir.

S'il se rappelait un petit nombre de ses serviteurs, il n'oubliait aucun de ses ennemis. Il lança contre les régicides sa police acharnée. Elle arrêta le major général Harrison, John Carew, le grand juge Cook, Hugh Peters, Thomas Scott, Grégoire Clément, le colonel Adrien Scroop, le colonel John Jones, le colonel Francis Hacker et le colonel Daniel Axtell. Ces *dix* furent aussitôt destinés à servir d'hécatombe aux haines de la nouvelle cour, non moins cruelle que voluptueuse. Des jurés furent choisis; des commissaires, parmi lesquels on regrette de trouver Denzil Hollis et le comte de Manchester, furent nommés. Orlando Bridgeman, un ancien espion de Cromwell, poursuivit les prévenus. Il essaya de démontrer qu'ils avaient mérité l'échafaud pour avoir exercé un mandat criminel, au nom d'un parlement et d'un peuple qui n'avaient nul pouvoir coërcitif sur un roi d'Angleterre.

Toutes les atrocités furent commises contre les accusés. On les interrompait, on les raillait, on les insultait en face. Eux, sans se déconcerter, répondaient avec un calme imperturbable qui exaspérait les juges dans leur salle lugubre d'Old-Bailey.

Ces vaillants régicides, constitués en tribunal par le long parlement, croyaient avoir rendu devant Dieu une sentence aussi juste qu'elle était légale devant les hommes. Hors des *dix*, c'était la même conviction. Le colonel Hutchinson ne cessa de dire : « Moi et mes collègues, nous avons fait notre devoir, et je ne m'en suis jamais repenti. » Le colonel Ludlow dira aussi dans sa maison de Vevey : « C'est bien à messieurs de Berne, et aussi équitables que généreux, de protéger comme ils le font les régicides anglais dont j'ai l'honneur d'être. »

Lorsqu'au mois d'octobre 1660 Harrison parut dans la salle d'Old-Bailey, tout le monde fut frappé de la dignité douce du captif. Il dit qu'il avait été juge par l'autorité du parlement et qu'il avait condamné avec l'approbation du Seigneur un roi qui avait déclaré la guerre à son peuple et fait couler le sang. Ni les colères, ni les menaces, ni les outrages ne troublèrent le major général Harrison. Il était tranquille et même souriant, comme autrefois sur les champs de bataille. Après avoir entendu son arrêt, il dit d'un accent pénétré : « Béni soit le nom du Seigneur ! » Sa poitrine était pleine de mots admirables. Ils tombaient de ses lèvres avec simplicité ou avec sublimité. Ses gardes s'avançant pour lui mettre les fers aux pieds : « Soyez les bienvenus, s'écria-t-il ; que sont mes souffrances auprès de celles dont le Christ fut victime pour moi ? — Nous devons, disait-il, accepter docilement de notre Père la tâche difficile comme la tâche aisée. » Il murmurait tout bas : « Mon Dieu suffit à tout. — Quelle grâce, reprenait-il plus haut, le Seigneur m'accorde de m'employer à cette épreuve d'opprobre où je suis ! »

Sur le point de quitter le vestibule de la prison pour le supplice, une femme l'abordant, lui dit : « Je loue le Dieu des armées de ce qu'il vous accorde la force de rendre ainsi témoignage. » Les gardes repoussant cette femme, Harrison dit : « Ménagez-la, car ses intentions sont bonnes et elle parle la langue des Écritures. » Passant devant des bandits incarcérés pour crimes, il les exhorta, se laissa lier, monta sur le traîneau fatal qui traversa lentement la foule. Harrison priait et s'écriait par intervalles : « Je vais donc mourir pour la bonne vieille cause! » Quelqu'un, haussant les épaules et poussant un éclat de rire, répondit de la rue : « La bonne vieille cause! Ah! tu fais bien d'en parler. Où est-elle maintenant? — Là, reprit pieusement Harrison en mettant la main sur son cœur, et tout mon sang va couler pour elle. » Parvenu à la potence, un domestique fidèle, aussi fervent que son maître, lui dit : « Monsieur, je vois dans le ciel une couronne préparée pour vous. — Je la vois aussi, » repartit Harrison. Il serra contre sa poitrine ce serviteur tout en larmes, se dégagea de cette étreinte, atteignit l'échafaud, et là, sans lenteur, sans impatience, il continua un dialogue intérieur avec Dieu. Il fit un discours au peuple, un signe d'affection à son domestique, ôta son habit militaire et s'abandonna au bourreau. Chose horrible! il n'était pas encore expiré lorsqu'on lui ouvrit le ventre. Par ce raffinement de cruauté il sentit l'arrachement de ses entrailles, et il put voir l'exécuteur les jeter au feu toutes sanglantes. (*State trials*, t. V.)

M. John Carew, un gentilhomme de Cornouailles, ne se rétracta pas plus que Harrison, son ami. Il fut interrompu aussi au tribunal, empêché dans sa défense, traité en tout avec une brutale colère. C'était, disaient les partisans de la restauration, un de ces opiniâtres qui ne reconnaissaient d'autre roi que Jésus. Il mourut avec intrépidité, plein de cette double foi : que la république renaîtrait en Angleterre et que son âme à lui ressusciterait au ciel. Il fut exécuté à Charing-Cross, le 15 novembre 1660, deux jours après le major général Harrison.

John Cook, grand juge d'Irlande, l'ancien procureur général dans le procès de Charles Ier, et Hugh Peters, ministre de l'Évangile, furent placés sur deux traîneaux. Ils furent ainsi conduits le même jour au même supplice. On avait fixé sur le traîneau de John Cook, afin de l'épouvanter sans doute, la tête de Harrison ; Cook en fut plutôt consolé. « Puissé-je, dit-il, retrouver bientôt ce juste à la droite du Seigneur! »

Le 16 octobre 1660; M. Thomas Scott, un gentilhomme très-littéraire, et M. Grégoire Clément, un spéculateur de Londres qui fit une immense fortune dans son commerce avec l'Espagne, avaient été dirigés sur un seul traîneau à Charing-Cross. Scott eut de grandes tristesses dans sa prison, mais il les surmonta toutes et affermit son courage jusqu'à écouter stoïquement la fin tragique de Harrison. « La chair et le sang frémissent en moi, dit-il, mais mon âme n'est pas troublée. » Il fut digne de ses plus héroïques amis, et il n'abaissa point son drapeau. M. Grégoire Clément, qui s'était laissé entraîner par sa famille à « plaider coupable » pour toucher ses juges, ne se pardonnait point cette faiblesse. Ce scrupule d'honneur, qu'il éprouvait amèrement, rehaussait sa défaillance d'un moment et l'effaça.

Le colonel Adrien Scroop et le colonel John Jones, illustres par leur brillante valeur, tous deux d'une naissance distinguée, de belles manières, d'un caractère chevaleresque, touchèrent les cœurs par la sérénité de leurs derniers instants. Ils furent joints l'un à l'autre sur le traîneau de M. Thomas Scott et de M. Grégoire Clément. En attendant que ce traîneau revînt de Charing-Cross, afin de les y mener à leur tour, ces deux héros en cheveux blancs ne trahirent aucune impatience. Scroop, qui était fatigué, dormit paisiblement, et Jones médita sa Bible. Lorsque le traîneau roula jusqu'à la grille de la prison pour cette nouvelle fournée, on fut obligé de réveiller les captifs, l'un de son sommeil, l'autre de sa lecture.

Daniel Axtell et Francis Hacker, deux autres colonels de l'armée, avaient été très-durs, Axtell surtout, pour Charles Ier. Hommes de révolution, ils portèrent à Charing-Cross leur indifférence habituelle du danger. L'échafaud fut leur dernier champ de bataille, un champ de bataille de guerre civile. Ils s'embrassèrent en amis avant de mourir en braves et en citoyens. (*State trials*, t. V.)

Outre les *Dix*, des régicides, comme Henri Martyn, ne furent pas exécutés, mais détenus toute leur vie. D'autres furent livrés par les pays étrangers, comme M. Miles Corbet, le colonel John Barkstead et le colonel Okey, lesquels tombèrent fièrement tous trois dans cet abattoir de la Tour de Londres. D'odieux qu'ils étaient pour la plupart, ces régicides implacables, la restauration les rendit intéressants par sa férocité.

Elle leur adjoignit un homme qui n'était pas des leurs, et l'un des plus grands esprits de la révolution anglaise. Ce fut

Henri Vane. Il comptait parmi les meilleurs gentilshommes du
comté de Durham. Son adolescence avait été orageuse. Sa jeunesse et son âge mûr rachetèrent de courtes passions par l'austérité, les labeurs et les dévouements. Vane avait parcouru
l'Amérique et le continent européen. Il avait séjourné à Genève
et s'y était adonné à une sorte de théologie philosophique. Ce
qui m'intéresse profondément dans ce républicain, aussi incorruptible à Cromwell qu'à Charles Ier et à Charles II, c'est qu'il
fit de la tolérance un dogme. Il ne fut d'aucune secte. Il jugeait
de haut, quoique sans orgueil, toutes les sectes. Plus transcendant et plus large qu'elles, aucune ne le contentait. Il espérait et il appelait la vérité sans voiles. Lui et ses disciples
étaient connus sous le plus beau des noms, sous le nom de
chercheurs. N'est-il pas, ce nom, celui de l'élite intellectuelle
de tous les siècles? Et pour mériter de trouver dans une existence future, ne devons-nous pas chercher sans cesse ici-bas?
Chercher et chercher toujours au delà du nuage obscur ou du
nuage sanglant, au delà de la superstition ou du fanatisme,
chercher, à travers une inquiétude divine, n'est-ce pas notre
meilleure destinée sur cette terre? Henri Vane cherchait avec
ardeur, avec persévérance. Il plaçait la souveraineté dans le
parlement, la religion dans la conscience, le bonheur dans le
sacrifice. La restauration ne pouvait l'épargner.

Il s'était réfugié, au retour de Charles II, dans sa maison
de Hampstead. Il y vivait fort solitaire. C'est là qu'on l'arrêta,
lui si paisible, sous l'accusation banale de complot. Son instal-
lation à la Tour fut une double infamie. Car ce noble Henri
Vane, qu'on poussait vers l'échafaud, il était innocent, et non-
seulement il n'avait point participé au régicide, mais il l'avait
combattu.

Vane était une très-haute intelligence. Il avait toujours eu
de la circonspection dans ses hardiesses. Il proportionnait son
courage aux difficultés, sans le prodiguer au delà. Il savait se
ménager pour sa cause. Il avait voulu la servir en patriote, en
orateur, en publiciste, en politique, se réservant de la servir
en héros, et, au besoin, en martyr. Il eut toutes ces bonnes
fortunes, même la dernière.

La Tour de Londres fut pour lui une citadelle de gloire et un piédestal. Tandis que le général Lambert se flétrissait et se sauvait par des concessions lâches, lui Vane s'immortalisait et se perdait par des obstinations généreuses. Il demeura libre penseur avec une teinte biblique et républicain opiniâtre. Il n'avait plus qu'un but, celui de rendre témoignage aux principes en s'immolant. Il fut intrépide devant ses juges. Il ne désavoua rien. Son caractère grandit près du dernier supplice comme l'ombre vers le soir.

En 1660, sur une pétition du parlement pour sir Henri Vane, le roi avait déclaré que, le prévenu n'étant pas régicide, grâce lui serait faite de la vie, même s'il était condamné. Vane rappela cet engagement de Charles II. Il lui fut répondu que le roi ne pouvait pardonner au pécheur impénitent. Charles II était plus irrité encore que son chancelier de la fermeté de Vane. Il existe de cette époque une lettre royale dont j'ai vu l'original et qui est fort curieuse. Charles II s'adresse à Clarendon et lui écrit : « Il m'a été rendu compte de la défense de sir Henri Vane, hier au tribunal. Si l'on ne m'a pas trompé, il a eu l'insolence de justifier tout ce qui a été fait, ne reconnaissant en Angleterre de pouvoir suprême que le parlement, et soutenant d'autres choses pareilles. On vous aura aussi rapporté la séance. Si Vane a donné quelque nouveau motif de le pendre, c'est bien certainement un homme trop dangereux à laisser vivre, pour peu que nous puissions nous en défaire honnêtement. Pensez-y... » Placé entre une abdication de sa conscience et la mort, sir Henri Vane ne balança pas; c'est la mort qu'il choisit.

Il dédaigna, soit de rétracter le passé, soit même d'avoir recours à la clémence royale. « Charles Stuart, dit-il, a promis au parlement de m'épargner ; c'est assez. S'il ne tient pas à son honneur, moi je ne tiens pas à ma vie ; qu'il la prenne. »

Sir Henri Vane n'eut pas un abattement ni un trouble. Il se fortifia sans effort dans la méditation et dans la prière. Le matin de son exécution, il dit à un ami : « Ne t'afflige pas. Je vais dans un monde meilleur. Dieu, qui a dit à Moïse d'aller sur le sommet du mont Pisgah et de mourir, m'a dit à moi d'aller sur le sommet de Tower-Hill et de mourir. J'obéis. »

La douceur d'être accompagné sur l'échafaud par ses domestiques fut accordée, puis retirée à Vane. Il ne se plaignit pas. Son calme était si parfait, que le shériff s'étant présenté à l'heure fixée pour le supplice, sir Henri Vane se leva et dit froidement : « Je suis prêt. — Il me faut encore une demiheure, répondit le magistrat. — C'est votre affaire, repartit Vane, et il se rassit paisiblement. » Il attendit sans aucune impatience ; puis, au signal du shériff, il monta sur un traîneau qui le porta lentement à Tower-Hill. Il salua sur sa route les spectateurs qui l'accueillaient et qui lui criaient : « Le Seigneur soit avec vous ! » Parvenu sur l'échafaud, il commença une harangue qu'il ne put achever. Le gouverneur de la Tour, sir John Robinson, insulta Vane, et le traita d'imposteur lorsqu'il aborda les illégalités de son jugement. Le shériff vint au secours du gouverneur, en étouffant cinq ou six fois à propos la voix sainte du martyr par le son métallique des trompettes et par le sourd battement des tambours (juin 1662).

Un témoin indigné écrivait en Suisse à Ludlow : « Sir Henri Vane s'est honoré à jamais en soutenant jusqu'à la fin les libertés mourantes de son pays. Il est clair que tous ceux qui semblaient avoir part au bénéfice de l'amnistie seront punis en sa personne, et cela parce qu'il a entrepris de justifier sa conduite en se fondant sur l'autorité du grand parlement. » Pour sir Henri Vane, cette autorité était la première, et il ne craignit pas de lui subordonner l'autorité royale. Il paya son audace de sa vie. Mais ses bourreaux furent déçus, malgré leur triomphe. Car le sang de Vane cria mieux vers le ciel que n'eussent fait même ses éloquentes lèvres sans les roulements de caisse et les bruits de clairons de la tyrannie.

Dans tous ses portraits, Vane a la figure lumineuse. Ses yeux regardent au loin, sa bouche sourit légèrement. Les joues palpitent à la surface. Les tempes battent. Rien n'étonne cette physionomie patiente avec sérénité, intrépide avec douceur. Elle exprime dans l'éclat d'une fièvre intérieure l'harmonie ardente du génie et de l'âme. Au delà de ce visage expressif, on ne sait ce qui brûle le plus de la vertu ou de l'intelligence, ni ce qui brille le plus dans ces traits stoïques de la grandeur intellectuelle ou de la grandeur morale.

Le colonel Hutchinson ne pouvait être épargné comme régicide. C'était l'un des hommes les plus éminents du Nottinghamshire. Sa famille, fort considérée, était originaire du comté d'York. Très-jeune encore, il avait épousé par amour miss Allen Apsley, dont le père était lieutenant de la Tour de Londres. Miss Allen était charmante à l'ombre du monument tragique, semblable à ces fleurs qui éclosent pour égayer les prisonniers entre les pierres sombres des cachots.

A l'époque de son mariage (1638), sir John Hutchinson était doué de toutes les qualités du rang, de l'éducation, de la nature et de la fortune. Sa taille était souple, sa démarche légère, son maintien noble, sa physionomie d'une fermeté imperturbable. Il avait le teint animé, les cheveux bruns, les yeux pleins d'éclairs, la bouche énergique, le menton en pointe comme sa barbe, le front harmonieux, le nez fin, mais un peu trop en l'air, ce qui était la seule dissonance de cette figure, dans tout le reste des traits, grave et réfléchie. Ce jeune homme, si bien fait pour l'amour, dépassait par le dévouement le cercle du foyer domestique. Patriote ardent, chrétien sévère, il paraissait marqué d'avance pour l'héroïsme, peut-être pour le martyre.

Pendant les deux premières années qui suivirent son mariage, il étudia profondément la théologie. La révolution le prit ensuite et la restauration le tua.

Mistriss Hutchinson, qui a retracé l'âme de son mari dans des mémoires très-saisissants, était une madame Roland puritaine. De madame Roland elle avait le talent, la verve, l'intelligence, le style, — avec une grandeur de plus : la piété.

Le colonel Hutchinson, lui, était bien au-dessus de Roland. Il était un Roland patricien, héroïque, hébraïque, et, par surcroît, beau, élégant, séduisant dans son austérité. Il ne fut jamais le second, ni même l'égal de sa femme, il en était le premier et le supérieur. Ennemi des Stuarts et de Cromwell, favorable aux niveleurs modérés, aux hommes de la cinquième monarchie dont il était un peu lui-même, il fut surtout un républicain sincère et religieux.

Quoique régicide, il vécut sans peur et mourut sans regret de son verdict sur Charles Ier. Tous ces juges croyaient à la légitimité du long parlement qui les avait constitués et à la culpabilité du prévenu royal qu'ils décapitèrent.

Hutchinson subit onze mois de captivité, soit à la tour de Londres, soit au fort de Deal, sur la côte orientale du comté de Kent. Cette captivité, du reste fort meurtrière, fut charmée par la femme du colonel, par sa fille, par son frère et par un seul livre, la Bible, ce livre des Anglais autant que des Hébreux. Le colonel Hutchinson malade se traînait au bord de la mer, le plus souvent qu'il pouvait, accompagné d'un gardien qu'il oubliait, puis il rentrait et se recueillait sous les voûtes malsaines de la citadelle, toujours méditant le livre sacré. Il priait plus qu'il ne dormait, domptait ses souffrances, son agonie même. Lorsqu'on lui demandait de ses nouvelles, quelques heures avant le dernier soupir, il répondait, la main sur sa Bible : « Je suis bien, et rempli de foi. » Sa plus grande amertume fut de n'avoir pas au chevet de ses suprèmes douleurs sa femme et sa fille. Même de cette angoisse du cœur, il fit le sacrifice. « Qu'il en soit ainsi, s'écria-t-il, puisque Dieu ne l'a pas voulu ! » Cette âme guerrière, si tendre à tous les siens, si secourable aux malheureux, si miséricordieuse aux vaincus, fut douce envers la mort (11 septembre 1664).

Le colonel Ludlow et les survivants des régicides erraient en exil. La proscription pour eux, lorsqu'ils trouvaient un abri, s'éclairait d'un rayon fugitif. Plus l'hospitalité de tous les pays leur était perfide, plus celle de Berne leur inspira de reconnaissance. Après les sables mouvants de la Hollande, où ils s'engouffraient, le sol granitique de la Suisse les porta comme une patrie nouvelle.

Milton avait cinquante et un ans à l'époque de la restauration. Il fut remis à la garde d'un sergent d'armes pendant deux mois. Davenant, le poëte cavalier qui avait été lieutenant général de l'artillerie dans l'armée du marquis de Newcastle durant la guerre civile, s'acquitta envers Milton avec une généreuse sollicitude. En 1650, Milton avait usé de son influence auprès de Cromwell pour délivrer Davenant de prison ; en 1660, Davenant employa toutes ses séductions à la cour de Charles II pour rendre la liberté à Milton. Il eut le bonheur de réussir. Ce Davenant était un charmant aventurier, adonné au vin, aux vers et à l'amour. Il avait été page de la duchesse de Richmond, et il se fit catholique pour plaire à la reine Henriette, la femme de Charles Ier. On assurait, et il ne s'en défendait pas, que Shakespeare était son père. Il était né de la belle hôtesse d'Oxford, qui recevait sous son toit la plus haute noblesse d'Angleterre. Shakespeare s'y arrêtait aussi lorsqu'il allait de Londres à Stratford. Ce fut dans un ces séjours à Oxford qu'il eut Davenant de l'hôtesse très-renommée qui résistait à plus d'un lord et qui céda au grand William. Cette tradition et cette généalogie, nous en convenons, sont incertaines. On voudrait qu'elles fussent vraies ; on voudrait que Milton eût sauvé le fils de Shakespeare, et que le fils de Shakespeare eût sauvé Milton, afin qu'une communication affectueuse et en quelque sorte personnelle eût rattaché l'un à l'autre d'une rive de l'éternité à une rive du temps les deux plus merveilleux poëtes des Trois-Royaumes.

Sa liberté recouvrée, Milton se cacha dans un faubourg de Londres. Les cruautés de la restauration sévissaient, et sans ses mâles prudences, le secrétaire de Cromwell n'aurait pas été épargné, quoiqu'il fût seulement un régicide de plume, non de hache. C'est dans la douleur du citoyen et dans l'extase du poëte qu'il continua le *Paradis perdu*, commencé un peu avant la mort du protecteur et fini en 1665.

Un bonheur et une habileté de Milton, c'est le sujet de son poëme. Notre destinée à tous s'y relie à nos premiers pères d'une façon admirable. C'est notre sort, notre avenir qu'ils décident, et nous nous intéressons autant à nous qu'à euxmêmes. Et puis ce n'est pas le poëme d'un peuple comme l'*Iliade* et l'*Énéide*, c'est le poëme de tous les peuples, le poëme du genre humain.

Satan, l'Ulysse de l'Enfer, mais un Ulysse hautain, jette

beaucoup de pathétique sur le drame entre Adam et Ève dans les magnificences de l'Éden.

Adam et Ève s'éveillent dans le jardin des fécondes délices, se reposent sur des mousses et marchent sur des herbes que nul pied n'a encore foulées. Ce jardin devient le champ de bataille de l'enfer et du ciel. Satan et les démons, Dieu et les anges se disputent le couple primitif. Ève succombe et donne raison à Satan. Adam, qui a été faible, et Ève, qui a été coupable, sont conduits par l'archange saint Michel hors du jardin. Avant de partir vers le sombre inconnu, ils se retournent et voient l'épée de feu de l'Éternel qui leur interdit le retour. Ils sont consolés par les visions. L'étoile des rois mages et des bergers brille, et le berceau de la Rédemption apparaît à l'horizon lointain. Le doux Messie est le dénoûment futur du poëme, et répand une lueur d'espérance sur la détresse d'Adam et d'Ève lorsqu'ils franchissent, tout enveloppés de hasards et d'angoisses, le seuil d'un monde nouveau.

Le Satan de Milton, plus fier que le Prométhée d'Eschyle, est une création incomparable; elle est, de plus, une création nationale. Car Satan, c'est le plus splendide des vices, c'est l'orgueil; et ce vice grandiose est le nom même de l'Angleterre. La révolte de ce superbe et des démons contre Dieu, l'univers déchu par la séduction de la femme séduite elle-même et par l'entraînement de l'homme, l'intercession du fils de l'Éternel auprès de son père, et le monde racheté par le Christ après avoir été perdu par Satan : voilà certes un beau sujet d'épopée; et, pour comble de gloire, l'exécution égale la conception de ce plan prodigieux.

Les vers de Milton sont électriques. Une âme sort des signes alphabétiques dès qu'il les emploie, et ses rhythmes sont si véritablement divins, que chacune de ces notes musicales recèle une vertu. Ce style a toute l'intensité du génie saxon, et en même temps, la grâce, la simplicité, l'harmonie, le parfum du génie antique. Si la perfection du style fut atteinte dans l'île révolutionnaire des puritains, ce fut par le secrétaire de Cromwell, qui était bien plus le secrétaire des muses. Jamais Dieu ne trouva un plus grand métaphysicien, ni Satan un plus grand artiste pour les révéler : jamais Éden, avec les transports du premier amour, ne fut peint d'une telle main de maître. Et pourtant ce ne furent ni Dieu, ni Satan ni les anges de l'enfer et du ciel qui inspirèrent le mieux Milton, ce fut la femme ! Pour lui façonner une demeure, il fut d'abord le plus grand paysagiste du matin du monde, puis il la créa elle-même dans le mystère, la montrant et la dérobant à demi à travers une vapeur d'idéal. Cette Ève de Milton défie tous les songes des poëtes. Baignée dans le crépuscule et dans les rosées qui précèdent l'aurore, elle est la plus chaste comme la plus belle de toutes les femmes voilées de pudeur.

Le type d'Ève pour Milton fut la femme anglaise. Il avait été marié trois fois. Sa première femme, Marie Powell, lui donna trois filles qui grandirent comme trois grâces sévères autour du poëte, du patriote et du pamphlétaire intrépide. La seconde femme de Milton, Catherine Woodcock de Hackney, n'eut pas d'enfants. La troisième, Élisabeth Menshlal, fut une autre mère pour les filles de Marie Powell, qu'elle aidait dans leurs soins assidus auprès du vieillard aveugle. Ces quatre femmes, encouragées, soutenues par le jeune quaker Elwood, le meilleur ami de Milton, se succédaient, soit pour lire au poëte tantôt l'*Iliade*, tantôt l'*Odyssée*, soit pour écrire sous sa dictée cet autre poëme digne d'Homère : le *Paradis perdu*.

Ce fut au milieu de ces douceurs de la famille que Milton expira (novembre 1674), à l'une des extrémités de Londres, dans une maison modeste dont les fleurs couvraient l'indigence.

Il mourut stoïquement, en républicain persévérant. Il n'exprima nul remords ni de ses opinions, ni de sa justification du régicide. C'était un homme d'État convaincu. Sa grande âme n'avait eu qu'une erreur, et cette erreur qui n'avait point été une action, quoique peut-être plus désastreuse par sa portée, ne lui pesa point.

Il n'était pas si oublié qu'on l'a dit. Les courtisans frivoles du débauché et vil Charles II, ces fats amusés par Waller, par Rochester et Cowley, raillaient Milton, et lui, qui avait une concentration formidable de passion, il les objurguait de haut en bas comme l'eût fait un prophète.

« Ce sont des chiens, disait-il, qui ont tous un collier au cou. Mille contre un, ils se décideront peut-être à mordre ; en attendant, ils aboient après le vieux lion et le harcèlent de loin.

« Ils m'accusent d'être pauvre, écrit-il encore : c'est que je n'ai pas estimé la richesse. Ils m'accusent d'être aveugle : c'est que j'ai usé mes yeux au service de la liberté. Ils m'accusent d'être lâche ; et l'épée au côté, en face de mes ennemis, jamais je n'ai craint personne. Ils m'accusent d'être difforme ; et quand j'étais dans l'âge de l'amour, nul ne fut plus beau que moi.

« J'accepte tout ; j'accepte même ma cécité. Ne serait-elle pas l'ombre de Dieu qui semble me couvrir avant que la lumière m'apparaisse ? »

Milton avait commencé avec Charles Ier par la haine ; il finissait avec Charles II par le dédain. L'amertume de ce sentiment, il est vrai, se noyait dans l'amitié, dans les tendresses du foyer et dans un océan d'inspiration. Milton avait vécu dans les luttes du citoyen ; il exhala son dernier soupir dans des symphonies épiques, et son esprit s'envola sur les ailes des cantiques sacrés qui vibraient de Dieu en lui et de lui en Dieu.

Son poëme du *Paradis perdu* est aux poëmes antiques ce que l'âme est à l'imagination, ce que la Judée et l'Angleterre sont à la Grèce et à Rome, ce qu'est la Bible à Virgile et à Homère. Aussi monumental que la *Divine Comédie*, le *Paradis perdu*, égal à l'*Iliade* et à l'*Odyssée*, est supérieur à la *Jérusalem délivrée*, car l'épopée du Tasse n'est qu'un jeu ravissant, et celle de Milton est une théogonie, un évangile, une prière. Le protestantisme dépassé, mais par son propre jaillissement, avait eu son poëte dramatique dans Shakespeare, son philosophe dans Bacon, il aura plus tard son poëte lyrique dans Byron. En 1665, il avait dans Milton son poëte épique.

Il eut aussi en lui son écrivain politique.

Les grands instincts de l'Angleterre avaient besoin d'être burinés par un tel homme. Ses pamphlets sont des manifestes. On voit mieux la route de la révolution à la clarté des charbons de feu qui brûlaient les lèvres de Milton qu'à la lueur de l'épée de Cromwell. Non moins que la volonté du dictateur, il fallait à cette révolution le génie du poëte. Quand Cromwell avait la main à l'œuvre et que Milton disait : « Notre exemple répandra dans le monde asservi une semence nouvelle plus bienfaisante aux mortels que le grain de Triptolème, c'est la semence de la raison et de la liberté ; » lorsqu'il disait cela Milton, au sein des luttes terribles, on comprenait quelle mission s'accomplissait par les puritains d'Angleterre. Les brumes se dissipaient comme sous un éclat de soleil. De sa colline crayeuse, dans son île révoltée, Milton faisait un Sinaï.

Et quand la lumière fut éclipsée sous la restauration, quand il n'y eut plus de grands caractères, mais des hommes corrompus semblables à des morts ; comme dans la contagion de Londres, en 1665, ce musicien rustique jeté par erreur sur une voiture entre les cadavres et qui, à son réveil, se prit à jouer de la cornemuse, au grand effroi des conducteurs du char funèbre ; ainsi Milton, parmi ces libertins de cour pareils à des pestiférés, fit entendre des chants divins qui épouvantaient les orgies des cavaliers en leur rappelant l'Homère aveugle de la révolution, les prodiges de Cromwell, des indépendants et des républicains.

Les plus illustres victimes de la restauration avec celles que nous avons désignées furent, en 1683, à vingt-quatre ans de distance du retour des Stuarts, le lord Russell, fils du comte de Bedfort, et le lieutenant général Algernon Sidney, fils du comte de Leicester.

L'un et l'autre étaient aimés et admirés de l'Angleterre ; l'un et l'autre étaient haïs du roi Charles et du duc d'York. Ils furent accusés et condamnés sur la déposition de quelques faux témoins, dont le plus exécrable fut le lord Howard d'Escrick, un courtisan ruiné qui voulait acheter avec le sang le plus pur iniquement versé un renouvellement de fortune et de faveur.

Les juges feignirent de croire et les jurés crurent peut-être que ces généreux patriotes avaient résolu de faire assassiner le roi et son frère à leur voyage de Newmarket, près de la ferme de *la Rye*, habitée par Richard Rumbold, et par où passait ordinairement Sa Majesté.

Lord Russell était le plus honnête homme de l'aristocratie britannique. Ce fut son vrai crime. Le comte de Bedford offrit vainement pour lui une rançon de cent mille livres sterling. Il eut l'angoisse de survivre à ce fils incomparable, l'honneur de sa maison et de sa patrie. Il ne se consola jamais.

La conduite de lord Russell avant et pendant la prison fut d'un philosophe stoïque et chrétien. Je ne veux pour lui d'autre oraison funèbre que le journal de sa dernière semaine sous les verrous de sa geôle lugubre. Le noble captif travaillait les matinées, et il rédigea un discours dans lequel il démontra que l'autorité du souverain est limitée par la loi et que les sujets ont le droit de l'insurrection contre les violateurs des chartes nationales. Il n'éprouvait aucun trouble à la pensée de la mort. Il inclinait à la religion anglicane. Il était plein d'espérance en l'immortalité. Il avait une sérénité d'âme voisine de la gaieté, à laquelle il cédait par moments.

Son plaisir, après avoir écrit ou dicté jusqu'à midi, c'était de s'entretenir presque toujours jusqu'à minuit, soit avec Burnet, soit avec Tillotson, l'un le plus philosophiquement littéraire, l'autre le plus éloquemment théologien des ministres épiscopaux. La veille de son supplice, il fit ses adieux à ses enfants et à sa femme, qu'il aimait tendrement. « L'amertume de la mort est passée avant la mort, » dit-il en sortant de cette pathétique entrevue. Il avait reçu, ce jour-là, le Saint-Sacrement. Il chanta des psaumes en allant au supplice entre ses deux prêtres de prédilection, Tillotson et Burnet. Il dit à lord Cavendish, qu'il chérissait : « Devenez plus pieux, mon cher ami, en voyant combien la piété me fortifie à cet instant suprême. » Il regarda la hache sans pâlir, affirma n'avoir jamais attenté à la vie du roi, et pria Dieu de veiller sur le protestantisme en péril. Il déclara que son vrai crime était d'avoir voté l'exclusion du duc d'York, ce dont il se vantait. Il pria de nouveau, d'abord avec Tillotson, puis seul; puis il se déshabilla sans nulle émotion de faiblesse. Enfin, dans un héroïsme tranquille, ce grand patricien s'étendit sur le parquet semé de sciure de bois et livra sa tête au billot; elle roula au second coup du bourreau.

Algernon Sidney ne fut pas décapité avec lord Russel, le 23 juin; il fut exécuté quelques mois plus tard, le 7 décembre 1683.

Indépendamment de sa complicité supposée dans l'attentat prétendu sur Charles II et sur le duc d'York, un manuscrit intitulé *Discours touchant le gouvernement* lui était avec raison imputé. Il n'était pas un meurtrier, mais il était un héros et un publiciste. Son livre, qui servit de second témoin après lord Howard, réfutait énergiquement l'ouvrage du chevalier Philmer. Cet ouvrage, *Patriarcha*, étant la glorification du despotisme, Algernon Sidney appelait Philmer et ses pareils « des docteurs de mensonge » et il leur opposait des maximes telles que les suivantes :

« Toute autorité civile dérive originairement du peuple. »

« Il y a un contrat mutuel, tacite ou exprès, entre le roi et ses sujets; si le roi n'accomplit pas son devoir envers eux, ils sont déliés de leur devoir envers lui. »

« La souveraineté en Angleterre est dans les trois pouvoirs : le roi, les lords et les communes. Le peuple est le pouvoir antérieur et supérieur. »

Ces maximes et d'autres analogues étaient l'Évangile des patriotes anglais. Sidney, qui les scella de son supplice, les avait méditées et célébrées dans ses lettres, dans ses discours et dans son livre. Il ne s'était laissé corrompre ni par les préjugés de naissance ni par les dignités. A vingt-cinq ans, il avait été gouverneur du château de Dublin. Les habitants de cette capitale et de l'Irlande, inquiets de tant de jeunesse, demandèrent un chef plus expérimenté. Sidney fut magnanime de modestie et d'abnégation. Il loua les Irlandais de leur prudence, et il les recommanda vivement à son successeur. Appelé au commandement du château de Douvres, un poste de confiance, et nommé à la haute cour de justice qui prononça la mort de Charles Ier, Sidney, bien que très-hostile à la monarchie, se refusa au régicide.

Il vécut à Copenhague les années où, sous le titre de protecteur, Cromwell régnait à Londres. J'ai suivi avec intérêt les traces d'Algernon Sidney à travers les pierres ruhniques de la Seeland, et j'ai contemplé avec émotion le rivage où l'exilé volontaire se promenait rêveur le long du Sund. Avant de quitter Copenhague, il inscrivit sa grande âme sur l'album de l'Université dans ce fier distique :

Manus hæc inimica tyrannis
Ense petit placidam sub libertate quietem.

A la mort de Cromwell, il se chargea de fonctions diplomatiques et tenta de négocier la paix entre le Danemark et la Suède. Destitué de tout emploi par le fait seul de la restauration, qu'il abhorrait, il erra dix-sept ans loin de l'Angleterre, en Italie, en Suisse, en France, partout respecté et invoqué, secourant les proscrits à Rome, soutenant les régicides à Berne, suscitant des ennemis aux Stuarts dans le palais même du représentant des Bourbons, du sultan de Versailles. Louis XIV raconte lui-même ses relations avec Sidney. D'une part l'orgueilleux monarque soudoyait les Irlandais pour les disposer à troubler l'Angleterre ; d'une autre part, il ménageait dans un but semblable les restes de la faction républicaine. « J'écoutai, dit le grand roi dans ses Mémoires (année 1666), les propositions de Sidney, gentilhomme anglais, lequel me promettait de faire éclater dans peu quelques soulèvements en lui fournissant cent mille écus. » Quelques historiens ont pris de là occasion de conclure que Sidney était le complaisant de Louis XIV et son pensionnaire. Rien n'est plus faux. Personnellement d'une intégrité superbe, le patriote anglais consentait à faire du roi de France son instrument, et voilà tout.

Un trait montrera bien de quelle sorte était cet étrange courtisan. Il accompagnait un jour le roi à la chasse sur un magnifique cheval que Louis XIV désira. Le roi exprima son goût et pria un grand seigneur de sa cour d'acheter pour lui à un prix fabuleux le cheval de l'Anglais. Sidney entendit de fort bonne grâce les offres de Louis XIV, puis il saisit un de ses pistolets, et, l'appliquant dans l'oreille du cheval, il l'étendit raide à ses pieds. Le grand seigneur français s'étonnant de cet acte barbare, Sidney lui dit froidement : « Il ne conviendrait pas que le cheval d'un républicain comme moi devînt le cheval d'un roi absolu comme lui. » Hautain défi d'un patriote à l'adresse de Louis XIV, mais attentat du cœur contre un compagnon intime de la maison, de l'exil et de la gloire ! N'eût-il pas mieux valu que Sidney répondît simplement au négociateur : « Je ne vends pas un ami, je le garde. Portez donc au roi mon respectueux refus ? »

Rentré en Angleterre vers 1677 pour embrasser son père mourant, le comte de Leicester, Algernon Sidney fut élu membre du parlement. Chef des whigs avec sir William Russel et le comte de Shaftesbury, il s'attira l'inimitié de Charles II, dont il combattait les dilapidations, et du duc d'York, dont il voulait très-énergiquement l'exclusion dynastique à cause du papisme que professait le prince. Or le papisme était le seul culte que Sidney rejetât pour un temps, comme agressif et absorbant, comme incompatible à ce moment de l'histoire avec la tolérance.

De là le procès d'Algernon Sidney. Lord Russel avait été immolé ; lord Essex, le fils de lord Capel, s'était coupé la gorge dans la Tour. D'autres étaient menacés. Dans cette extrémité, Sidney fut sublime. Il dépouilla toute colère, tout emportement, et inaccessible aux insultes, aux provocations, il accueillit d'un front imperturbable son arrêt tragique. Indifférent aux scélérats comme lord Howard et Jeffreys, tout en les toisant de haut pendant qu'il en était harcelé et calomnié, il montra presque de l'intérêt pour ceux de ses détracteurs qui étaient plus faibles que pervers. « Mes amis, dit-il aux shérifs, je ne vous adresse aucun reproche en mon nom, le monde ne m'est plus rien ; mais c'est pour votre âme que je vous parle. Quels remords ne devez-vous pas éprouver, vous qui avez livré le juste à de mauvais jurés, à des jurés vendus ? » L'un des shérifs fondit en larmes. Sidney, qui avait été miséricordieux pour Charles Ier, et pour qui les fils de Charles Ier étaient atroces, eut une fermeté, une onction, un héroïsme admirables devant l'échafaud. Tandis que ses ennemis rugissaient, lui, aussi calme qu'ils étaient furieux, disait : « J'ai servi la bonne cause presque dès le berceau. Après avoir vécu pour la patrie, c'est bien profondément que je remercie Dieu de permettre que je meure pour elle. Je le conjure d'arracher l'Angleterre à la domination du papisme. »

Il avait mandé dans son cachot des ministres indépendants et républicains. Il les entretint de Dieu et de l'immortalité. Il détesta ses fautes. Il marcha à Tower-Hill comme s'il fût allé à la promenade. Le péril semblait l'élément naturel de cette grande âme. Il conserva près du billot toute la sérénité de son esprit, et par son intrépidité sans effort il fut l'étonnement même des plus braves.

Algernon Sidney croyait à Dieu, à la morale, à une existence future. Pour lui, c'était assez. Il disait que les sectaires étaient heureux de pouvoir digérer les dogmes comme les autruches digèrent le fer. Lui s'avouait plus délicat dans les choses divines, et sa foi rejetait tout ce que réprouvait sa raison. Il était un théiste sans culte. Il avait pris Marcus Brutus pour modèle. Non moins platonicien que le Romain, Algernon n'était pas moins que lui, sobre, persévérant, passionné pour le peuple et pour les lois. Il aspirait aussi à la gravité et à la brièveté du langage, recherchant la concision latine et le tour spartiate. Il aurait pu dire à l'exemple de Brutus : « Je donnay, aux Ides de Mars, ma vie à mon pays pour laquelle j'en vivrais une autre libre et glorieuse. » Tous deux furent doux et forts ; Sidney eut cet avantage cependant de ne point mettre la main à la hache contre Charles Ier, comme Brutus avait mis la main au poignard contre César.

La mort d'Algernon Sidney et celle de lord William Russel eurent la beauté du martyre. Eux, les grands citoyens et les plus grands seigneurs de l'Angleterre, ils préparèrent par leurs trépas magnanimes le règne de la liberté politique et de la liberté religieuse, menacées par les Stuarts, incurablement dévoués à la tradition du moyen âge, au double despotisme de la tiare et de la couronne.

Dans cette famille infortunée, coupable et rétrograde, sur la mémoire de laquelle flotte encore un prestige, l'auréole tra-

gique de la belle reine Marie, — Jacques Ier fut un presbytérien modéré ; — Charles Ier, un anglican sincère ; — Charles II,
comme roi un protestant, comme Stuart un papiste, comme
homme un déiste railleur ; — Jacques II fut un catholique et
même un jésuite laïque. Tous les quatre étaient infatués du
droit divin, et c'est ce qui les inclina plus ou moins vers
Rome.

Cette double tendance explique leur destinée. Car le peuple
anglais avait les tendances contraires, et l'abîme se creusa de
plus en plus entre la nation et la dynastie.

Ces quatre monarques blessèrent l'Angleterre dans ses intérêts et dans ses opinions ; ils la blessèrent surtout dans sa fierté.
Elle rougit d'eux, et ce fut leur plus grand malheur.

Charles II, qui aurait pu tout réparer, compromit tout par sa
bassesse, avant que Jacques II perdît tout par son fanatisme.
Toujours avide d'argent, Charles se laissa pensionner par la
France. Ce roi épicurien n'avait pas même le sentiment de
l'honneur. Ce que l'Angleterre lui pardonna le moins peut-être,
ce fut la honte que ce prince ne cessa de lui infliger. L'Angleterre était humiliée de son roi. Elle n'oublia jamais la vente de
Dunkerque et de Mardik. Ces deux villes, dont les Anglais
s'étaient emparés avec du sang et de la gloire, furent cédées
ignominieusement à la France pour de l'or. Ce marché fut
l'une des causes nombreuses de la chute des Stuarts.

Pendant que les horreurs légales et illégales sévissaient à
l'intérieur, un grand nombre de proscrits s'étaient réfugiés à
l'étranger.

Edmond Ludlow les représente assez bien dans l'exil. Après
Cromwell, qu'il avait bravé, et les événements qui suivirent la
mort du protecteur, Ludlow ne s'était pas pressé de fuir. Seulement, quand il se fut rendu compte de sa situation et de celle
de ses amis lors de l'entrée triomphale de Charles II dans
Londres (29 mai 1660), il se décida sans balancer à mettre la
mer entre ses ennemis et lui.

Beaucoup de cavaliers lui portaient un vif intérêt. Ludlow
avait été brave parmi les plus braves. Il avait été intègre, désintéressé, austère, magnanime, humain dans la paix et dans la

guerre. On ne pouvait lui reprocher que la condamnation capitale de Charles Ier, et cette condamnation même, il l'avait crue juste et nécessaire. Il était toujours prêt à l'avouer sans hésitation, sans forfanterie et sans faiblesse. « Je ne vois point de motif, disait-il, pour parler de cette affaire, à moins d'y être contraint ; mais alors, m'en dût-il coûter la vie, il m'est impossible de biaiser. »

Cet homme-là était un caractère. Né et élevé dans l'aristocratie, il avait toujours été un stoïcien de la noblesse et un chevalier de la république. Il joignait à l'inflexibilité des principes la courtoisie des manières. Il avait une grande loyauté, un grand courage et une grande âme. Malgré la tache de sang de Charles Ier qui offusquait en lui, telle était sa vertu, qu'il inspirait d'irrésistibles sollicitudes. Les royalistes les plus ardents l'avertirent du péril où le plaçait la haine de Charles II contre tous les juges de son père. « Gardez-vous, lui avait fait dire le secrétaire d'État, sir William Morrice ; car la prison, c'est le billot. » Le fils aîné du meilleur ami de Charles II, du marquis d'Ormond, lord Ossery, qui avait connu et admiré Ludlow en Irlande, lui donna le même conseil. Ludlow ne fut pas sourd à ces avertissements. Il partit pour le comté de Sussex, loua son passage sur un navire marchand et attendit tranquillement dans le bâtiment à l'ancre, près de l'embouchure de l'Ouse.

Au moment d'appareiller, le patron du navire dit inopinément au proscrit : « Le lieutenant général Ludlow n'est-il pas en prison avec les autres juges du roi ? — Je n'ai rien entendu de cela, » repartit avec sang-froid Ludlow que le moindre trouble pouvait trahir.

Débarqué à Dieppe, il gagna la Suisse par la Normandie, l'Ile-de-France, le Mâconnais et le Lyonnais. Il s'établit successivement à Genève, puis à Lausanne. Il s'installa dès 1662 à Vevey.

« Je suis entré dans la maison morne de Ludlow, ai-je dit quelque part. Le régicide passa trente ans au milieu des plus beaux sites sans les regarder. Il vécut là indifférent à la nature, qui l'aurait adouci, tout entier à la politique, ce formidable écueil contre lequel il se brisa obstinément. Homme malheureux et fort, toujours rongé dans ses rancunes, toujours trompé dans ses espérances et jamais découragé; granit nébuleux comme ceux de la côte, stoïquement impassible dans le double orage du ciel et des flots! »

Ludlow n'était pas le seul régicide d'Agleterre qui eût accueilli l'hospitalité helvétique. Il y en avait neuf autres qui s'étaient placés aussi sous la protection du gouvernement de Berne. Les patriciens des Alpes furent grands comme leurs montagnes. Ils ne repoussèrent pas ces fiers suppliants des discordes civiles. Un refuge inviolable fut accordé aux proscrits. Les descendants de Guillaume Tell admirent à leur foyer les juges de Charles Ier et veillèrent sur eux par des bienveillances innombrables. Ludlow et ses amis n'avaient pas trop des lois, des magistrats, des gardes qui leur étaient fournis au besoin pour se défendre contre les vengeances de la restauration. Ils étaient entourés d'espions et de meurtriers dépêchés par la maison des Stuarts. La reine mère, veuve de Charles Ier, ne fut point étrangère à cette chasse d'hommes, mais Charles II et la duchesse d'Orléans l'y surpassèrent. « L'assassinat n'était pas au dix-septième siècle, dit M. Guizot, le privilége des seules passions anarchiques; les haines royales y recouraient encore... Charles II, et surtout sa sœur, madame Henriette, poursuivirent avec acharnement, sur les bords du lac de Genève, les régicides... Ludlow et les autres proscrits vécurent en proie à une perplexité continuelle, sans cesse avertis que de nouveaux assassins les menaçaient. » Et voilà comment cette veuve, ce fils et cette fille de Charles Ier, à qui l'on pardonne les amants et les maîtresses, mais à qui l'on ne pardonne pas les *bravi* sanguinaires, accomplissaient l'ordre du roi qui avait dit à Juxon : « *Remember*, souviens-toi. » — Souviens-toi de recommander en mon nom la clémence à tous les miens!

De 1662 à 1668 particulièrement, la condition des régicides fut très-cruelle. Ils étaient sans cesse menacés de la balle ou du poignard. Le 11 août 1664, M. Lisle, l'ex-chancelier de Cromwell, fut atteint mortellement à Lausanne. Deux assassins firent le coup et s'échappèrent au galop de leurs chevaux.

« Ils laissèrent, écrivait le résident de France en Suisse, à la date du 26 août, ils laissèrent une lettre avec un grand cachet pour le bourgmestre de la ville. On croit que c'était une sauvegarde ou quelque communication du roi d'Angleterre. »

Le lieutenant général Ludlow redoubla de précautions. Barricadé dans sa maison de Vevey avec quatre valets, ainsi qu'il résulte d'un passe-port du comte d'Estrades, il vivait comme dans une forteresse. Il sortait et rentrait bien armé. Il était fort estimé des habitants de Vevey, du bailli et des patriciens de Berne. Tous l'auraient secouru au moindre appel. Il avait un beffroi dont il était autorisé à sonner la cloche d'alarme en cas d'attaque. « Autrefois, disait Ludlow, j'étais un soldat contre des soldats, et maintenant je suis un soldat contre des meurtriers. Cela m'oblige à la vigilance qui est une vertu. Je tâche d'être prêt contre mes ennemis et devant le Seigneur. » Il écrivit ses mémoires jusqu'en 1668. La présence de sa femme, qui partageait son exil, lui fut une grande douceur.

Au reste, Charles II, qui, des bras de la débauche, tuait les régicides par des bandits à ses gages, tuait ses amis par la disgrâce.

Sa plus illustre victime fut Edward Hyde, comte de Clarendon, le grand chancelier d'Angleterre. Aimé de Charles Ier, il s'était voué tout entier à Charles II pendant la révolution ; et pendant la restauration le duc d'York était devenu son gendre.

Malgré ces souvenirs et malgré cet appui, Clarendon fut sacrifié. Il se contentait de servir, il ne flattait pas. Il avait de la raideur, et non-seulement celle de la conscience, mais celle de l'orgueil. Il reprenait Charles II de ses vices. Il attaquait les maîtresses et les favoris du roi. Il avait trop souvent raison. Il déplut et devait déplaire. Ce ministre si hautain néanmoins, si peu accessible, si intraitable, était modeste aussi. Il avait un inviolable respect pour le rang des familles aristocratiques, et particulièrement de la famille royale. Rien ne put contenir son indignation lorsqu'il apprit le mariage de sa fille avec le duc d'York, frère de Charles II, mariage d'abord secret d'où naquirent les princesses Marie, femme de Guillaume III, et Anne, sa sœur, qui, toutes deux, régnèrent. « Ce mariage, s'écria Clarendon, est un crime de lèse-majesté. J'aimerais mieux que cette audacieuse fût la maîtresse que la femme du prince. Car, maîtresse, elle ne déshonorerait qu'elle et moi ; femme, elle déshonore la dynastie des Stuarts. Mon avis est qu'on l'enferme à la Tour, et qu'après une juste condamnation, on lui fasse couper la tête. »

Charles II fut obligé de l'exhorter au pardon, et ce ne fut pas sans peine qu'il amena le chancelier à ne pas s'opposer à la validité d'un mariage qui le soudait si étroitement, lui, un simple jurisconsulte d'origine, à la maison royale.

Il supporta la proscription en homme austère et religieux.

Jeté hors de son île natale, il se perfectionna dans le français et dans l'italien, médita la Bible, burina l'histoire de la rébellion (1640-1660), fit ses mémoires et s'enchanta des consolations de l'étude. Il vécut soit à Montpellier, soit à Moulins, avec la dignité d'un grand personnage supérieur à l'infortune. Dans ce grand chancelier d'Angleterre, il y avait une âme stoïquement chrétienne et un esprit sévèrement artiste à l'aide desquels le lord Clarendon oublia ses avantages officiels, ses moindres titres devant la postérité. C'est là son originalité éclatante.

Une page vraiment pathétique dans cette belle vie fut sa dernière prière à Charles II. Clarendon, las du bannissement, se sentant près du terme, désirait finir dans son île sacrée, au milieu de ses enfants. Il se rapprocha de l'Angleterre jusqu'à Rouen, d'où il écrivit au roi de ne pas lui fermer plus longtemps la patrie et la famille. Pour s'éviter l'ennui d'un voisinage importun, Charles II refusa. Déjà bien malade, Clarendon mourut de cette froide et nonchalante barbarie.

Il éprouva quel inexprimable malheur c'est à une âme profonde de se donner tout entière, soit à une âme sèche qui la paye par l'abandon, soit à une âme inconstante qui la contraint de se reprendre peu à peu, et de mettre des bornes à une affection qui n'en avait pas.

Dans l'hiver de 1669, le prince d'Orange fit un voyage en

Angleterre. Il avait à peine vingt ans. Observateur déjà très-profond, il avait remarqué avec curiosité, peut-être même avec un secret pressentiment, que Charles II, sous son masque philosophique, était absolutiste et papiste au milieu d'un peuple libéral et protestant.

La France était l'idéal du roi, lorsque à Douvres, en 1670, Henriette d'Orléans offrit à son frère l'alliance de Louis XIV. La condition était la guerre contre les Hollandais ; la double récompense, — une pension et une maîtresse. La pension était considérable et fut stipulée ; la maîtresse était charmante, et la princesse ne daigna pas conclure ce marché-là, mais elle présenta tout simplement à son frère qu'elle connaissait l'une de ses filles d'honneur, mademoiselle de Kerkouent. Charles n'était pas homme à refuser beaucoup d'argent et une très-jolie femme. Le pouvoir absolu et l'imitation de Louis XIV tentaient d'ailleurs le léger Stuart. Charles se sentait offensé et dégradé de la majesté de roi par l'existence seule des parlements, qui lui demandaient compte de ses dépenses. Il n'était ni épiscopal ni presbytérien ; il était papiste dans le cœur, le catholicisme étant, selon lui, la religion naturelle d'un prince et même de tout homme comme il faut. Il espérait bien amener peu à peu la nation au papisme par un rapprochement avec la France, et au pouvoir absolu par une habileté persévérante. Ces tâches, du reste, n'étant pas faciles, les débauches, les orgies et tous les raffinements de la volupté lui faisaient prendre patience.

Il eut d'innombrables maîtresses et d'innombrables bâtards. Les deux maîtresses principales, l'une du commencement et l'autre de la fin, furent plus reines que la reine, et même plus rois que le roi. Ces deux maîtresses sont la duchesse de Cleveland et la duchesse de Portsmouth.

La duchesse de Cleveland était née Villiers. Elle épousa un M. Palmer, qui reçut le titre de comte de Castlemaine. Après sa séparation d'avec son mari, la comtesse de Castlemaine devint la duchesse de Cleveland. « C'était, dit Burnet, un monstre de vices. »

La duchesse de Portsmouth fut primitivement cette séduisante mademoiselle de Kerkouent, que Charles II aima dès l'entrevue de Douvres. Elle ne cessa pas d'être, auprès du roi d'Angleterre et dans son alcôve, l'ambassadrice énigmatique de la politique française. Ce fut une Astarté de chancellerie. Elle permettait au roi, pourvu qu'il fût bien obéissant, une maîtresse de théâtre, une actrice, — la Gwyn, qui avait un talent de charge admirable et qui amusait le prince blasé.

Après son abandon par le roi, la duchesse de Portsmouth se livra à d'incroyables excès. Elle parlait de Charles II avec tant de mépris qu'elle ajouta encore au mépris public. Les beaux esprits n'épargnaient pas non plus Charles II dans leurs libelles. Le comte de Dorset y mettait le stylet de sa raillerie, Sidley les torrents de sa verve, Rochester surtout le tranchant et l'éclat de ses satires. Le duc de Buckingham, « ce grand seigneur tout infiltré de mercure, » dit l'évêque Burnet, était le premier à rire des ironies de ces libertins sur son maître. En voici une qui lui plaisait d'autant plus qu'elle le vengeait comme auditeur obligé. Le roi contait à merveille, mais il se répétait beaucoup, ce qui assommait ses partisans absolus. « Je ne puis trop m'étonner, disait Rochester, de voir un prince qui possède une assez bonne mémoire pour redire la même anecdote sans oublier le moindre détail, oublier toujours qu'il l'a répétée la veille aux mêmes personnes. »

Charles II monta sur le trône en 1660. Il avait trente ans. Sous son règne, la peste sévit (1665), et l'incendie de Londres jeta une lueur sinistre (1666) ; mais la peste passa, et la capitale de l'Angleterre renaquit de ses cendres, plus belle, plus monumentale. Ce qui ne revint pas, ce fut le respect pour le roi, car le roi était le vassal de Louis XIV, l'esclave de l'argent français et d'une maîtresse française. Il remplissait son trésor particulier des budgets de l'Angleterre et des subventions du plus fastueux des Bourbons. Il ne sut pas fermer le chemin de Chatam à Ruyter, qui brûla dans le port les glorieux vaisseaux de Blake. Il ne réprima pas la conspiration inventée par Oatès, cette conspiration dite des papistes qui devaient tuer le roi pour décerner la couronne à son frère le duc d'York, cette conspiration fausse qui fit décapiter Stafford et couler tant de sang innocent. Il fut impitoyable pour Russel, Algernon Sidney. Il épuisa le peu qu'il avait d'énergie à garantir le duc d'York de l'exclusion votée presque unanimement contre ce frère ultramontain par la chambre des communes. Il vécut de débauches et il en mourut le 6 février 1685.

Il n'osa pas s'avouer papiste, comme il se vantait quelquefois de l'être. Il refusa la communion des évêques anglicans et n'accepta que leur bénédiction. Il expira à petit bruit en catholique. C'est portes fermées qu'il reçut l'Eucharistie des mains du père Hodlestone, en présence des comtes de Bath, de Feversham et du duc d'York. L'hostie s'embarrassa dans sa gorge et il fallut un verre d'eau pour la précipiter. Il recommanda à son héritier, avec une sorte de sensibilité, la duchesse de Portsmouth et son fils le duc de Richmond. Il se tut sur tout le reste. Pas un mot de la reine, pas un mot ni de ses officiers, ni de ses serviteurs, ni de ses créanciers, ni de ses courtisans, ni de son peuple. Il n'eut guère la mémoire du cœur et n'eut pas du tout la mémoire de la conscience. On lui trouva un trésor privé de quatre-vingt-dix mille guinées grapillées sur le trésor public et sur les largesses de Louis XIV.

Du moins Cromwell avait relevé l'honneur de l'Angleterre chez toutes les nations. Il châtiait l'hostilité et même l'irrévérence. L'orgueil anglais était fier de la considération que le plus humble sujet britannique obtenait dans les contrées lointaines. Cette hauteur de Cromwell avec l'étranger fut l'une des habiletés qu'il déploya et peut-être sa séduction la plus puissante. Le rôle de Charles II était entièrement contraire. Dédaigné de tous, il fit dédaigner la Grande-Bretagne. Lockart, qui avait été ambassadeur de Cromwell et qui fut ambassadeur de Charles II, avoua à Burnet qu'il ne retrouva plus ces égards dont on entourait le représentant du protecteur et dont on se dispensait envers le représentant du roi. Lord Denzil Hollis, l'un des chefs de l'opposition contre Charles Ier et l'un des diplomates de Charles II, n'avait pas trop de toute sa dignité pour se garder de l'insulte à la cour de Versailles. Comment s'en étonner? Il était l'homme d'un prince que pensionnait Louis XIV, l'homme d'un prince que l'Angleterre même ne pouvait nommer sans rougir depuis qu'il avait vendu Dunkerque à la France. Que faisait-il de l'or dont on le payait, ce Stuart qui eut pour maître de morale le pervers duc de Buckingham, et pour maître de politique religieuse l'abject philosophe Hobbes? Ce qu'il faisait de son or, Charles II? Il le distribuait immédiatement à ses maîtresses ou aux favoris de ses maîtresses, et ce qui est plus ignominieux, il l'économisait dans une bourse particulière, à la façon d'un avare.

Beaucoup d'indices prouvent que Charles II était catholique dès avant la restauration. Il dissimulait une foi qui aurait pu lui nuire. Il n'était ni épiscopal ni presbytérien, et il fomentait la division entre les deux Églises, parce qu'il espérait que de cette perturbation jaillirait le catholicisme. Avait-il pour cela une conviction, un cri de conscience? Je l'ai supposé un moment et j'étais près d'estimer un peu cet auguste drôle, mais mon erreur n'a pas duré. Je n'ai pas tardé à lire dans Burnet (*Mém.*, t. I, p. 234) : « Le comte de Lauderdale m'a assuré que le roi lui conseilla un jour de renoncer au presbytérianisme, attendu que ce n'était pas une religion pour des gens de qualité. » Charles II ne fut donc pas plus un croyant qu'un politique. Pour le résumer en un mot, il ne fut qu'un débauché sur le trône. Il manqua toujours à ses devoirs d'homme, à ses devoirs de roi, et il n'eut jamais de remords, ou, s'il en eut, le voluptueux les repoussa comme une fatigue.

Jacques II, lui, consterna la Grande-Bretagne en persécutant le protestantisme partout et en favorisant ouvertement le papisme. Il se prosternait à Saint-James devant un nonce du pape, s'environnait de capucins, emprisonnait les évêques anglicans, restreignait les priviléges de la ville de Londres et sollicitait pour son confesseur jésuite, le père Peters, le chapeau de cardinal.

Si Charles II avait inspiré peu de regrets, Jacques II éveilla peu d'espérances. Catholique ardent, soutenu par sa seconde femme d'une dissimulation italienne, encouragé par son confesseur Peters, par sa petite cour de prêtres romains, arbitres des serments et des parjures, il épouvanta d'abord l'Angleterre. Il ne l'apaisa qu'en promettant son appui à la religion épiscopale, qui était la religion de l'État. Tout se soumit, et un parlement nouveau vota une liste civile. Mais la sécurité n'était qu'illusoire. Le duc de Montmouth et le marquis d'Argyle furent exécutés. Jacques ordonna à mistriss Sidley, sa maîtresse, de quitter White-Hall, et il alla publiquement à la messe. Il permit en même temps beaucoup de cruautés.

Le colonel Kirk, qui avait servi à Tanger, parcourait les comtés, faisant pendre tous les soldats de Montmouth qu'il rencontrait. Il observait en riant le mouvement des jambes des suppliciés, demandait du vin, buvait avec son état-major, puis s'écriait : « Les voilà qui dansent, qu'on amène les violons. » Jeffreys surpassait encore, s'il est possible, ces barbaries. Le roi approuvait. Au retour de Jeffreys de cette atroce campagne judiciaire, Jacques le créa baron et lui accorda la pairie.

Jeffreys condamna cinq cents personnes à mort. Une moitié à peine de ces victimes fut épargnée. C'était à force de guinées qu'on se sauvait. Jeffreys, millionnaire et cyniquement effronté, se vantait de ses férocités et de ses richesses. Il disait qu'il n'était pas le plus pauvre des chanceliers, et qu'à lui seul il avait donné plus de besogne aux bourreaux que tous les juges suprêmes d'Angleterre ensemble depuis Guillaume le Conquérant.

Jacques II était presque aussi libertin que son frère et il n'avait pas moins d'égoïsme. Cet égoïsme était monstrueux et quelquefois il allait jusqu'au crime. Entre autres exemples de cette personnalité féroce, en voici un qui suffira. Dans un voyage que Jacques fit en Écosse pour y rejoindre sa femme, la frégate qu'il monta sombra. Lui était descendu à temps sur la chaloupe. Il y recueillit d'abord ses chiens, puis ses prêtres, et s'éloigna, laissant périr cent cinquante passagers, quand la chaloupe aurait pu en contenir quatre-vingts de plus (Burnet, *Mém.*, t. III, p. 244).

Il s'était proposé, même avant son avénement, un grand duel avec l'Angleterre. L'Angleterre était parlementaire et protestante ; il avait résolu de la ranger au pouvoir absolu et au catholicisme. Encouragé par son confesseur et par Louis XIV, il combattit et irrita les communes, les lords et le peuple. Il envahit jusqu'aux universités de Cambridge et d'Oxford, qu'il destinait à être la proie des jésuites. Tous les élèves de ces universités depuis quarante ans, et c'était toute l'élite de l'Angleterre, prirent parti. Leur mécontentement devint un véritable danger politique. Ce n'est pas ainsi qu'agissait Cromwell. Ce grand homme d'État, qui connaissait la clientèle des universités, les ménagea toujours avec la plus habile sollicitude. Jacques II se les aliéna.

Une chose qu'il essaya d'imiter de Cromwell, ce fut la tolérance ; mais la tolérance de Cromwell n'effrayait point, parce qu'elle s'alliait avec l'interdiction contre le papisme. Au contraire, la tolérance de Jacques II, même lorsqu'il était duc d'York, était suspecte ; car elle impliquait le retour du catholicisme, c'est-à-dire de l'intolérance suprême. Le parlement anglais, dès le règne de Charles II, comprenait si bien cette différence, qu'il se prémunit contre Rome par le serment du *test*. Ce serment était une épreuve, une pierre de touche pour discerner les papistes. Les fonctionnaires catholiques ne pouvaient le prêter, puisqu'il prescrivait de renier la transsubstantiation. Le duc d'York lui-même, plutôt que de s'y soumettre, avait donné sa démission de grand amiral d'Angleterre (1678).

Le premier *test* est de cette date 1673; le second *test*, celui de 1678, est plus sévère. Au reniement de la transsubstantiation, il ajoutait la réprobation contre ce qu'il appelait le culte idolâtrique de la Vierge et des saints.

Ces deux *tests* anglais, le duc d'York, couronné roi, se jura de les anéantir. Mais il avait en face de lui l'Angleterre. Protestante, elle voulait rester protestante. Elle s'affirmait par les *tests*. Si les catholiques en eussent été dispensés, alors ils auraient occupé toutes les places, concentré toute la puissance ; établis dans tous les postes par un prince ultramontain comme eux, ils auraient extirpé la réforme. La chapelle du roi serait devenue la grande Église de la nation. C'en était fait de toutes les religions du peuple anglais. Persévérant, quoique rebuté, Jacques se ranimait dans la galanterie. Malgré l'influence de la reine et en dépit de tout, il revoyait mistriss Sidley ; il la fit même, au grand scandale des prêtres, comtesse de Dorchester. Mais l'indignation des jésuites n'était pas tyrannique ; les bons pères se montraient cléments, et le roi reprenait son œuvre religieuse avec beaucoup plus d'ardeur. Il fallait bien qu'il rachetât son péché. Indépendamment de son plan général, sans cesse il tentait autour de lui des conversions individuelles. Un matin, Jacques pria le duc de Norfolk de porter devant lui l'épée de l'État. Le roi allait à sa chapelle, et le duc s'arrêta à la porte. Jacques lui dit : « Milord, votre père aurait été plus loin. — Et le vôtre, sire, qui valait bien le mien, ne serait pas venu si avant. »

Jacques aurait désiré compromettre avec l'Angleterre le prince d'Orange, son gendre. Il employa comme négociateur auprès de lui le quaker Penn, fils du vice-amiral de ce nom. Penn approuvait la tolérance en théorie et il pressa le prince d'Orange de se rallier à cette belle cause. Il tendait un piége, sans le savoir. Jacques était un fanatique, Penn un utopiste. Le politique Guillaume répondit au sectaire étrange et naïf qui le suppliait : « Je suis aussi tolérant que vous. Je pense que ni prince ni prêtre ne doit s'interposer entre Dieu et la conscience. Je donne donc mon assentiment à tout ce qu'entreprendra le roi Jacques pour la liberté religieuse. Seulement je tiens les *tests* pour des garanties nécessaires au protestantisme, surtout avec un roi catholique, et ces garanties, je les défendrai toujours. » L'Angleterre était de l'avis de Guillaume. Elle ne doutait pas que le papisme ne se manifestât par la persécution lorsqu'il se serait introduit par la tolérance. Elle réclamait non moins que le prince d'Orange la stabilité des *tests*.

Le roi Jacques remercia Penn, ne s'emporta point contre Guillaume et poursuivit sa conspiration. Quoique le pape ne fût pas assez zélé à son gré et au gré des jésuites, il lui envoya un ambassadeur qui fut Palmer, comte de Castlemaine, le mari de la maîtresse de Charles II. Le pape envoya aussi un nonce au roi. Jacques offensait l'Angleterre de plus en plus. Il ne montrait pas simplement sa haine contre la réforme, il l'étalait. Il ne craignit pas de s'affilier à la société de Jésus, déterminé à succomber martyr pour elle, si par elle il ne réussissait pas à convertir ses royaumes. En attendant, le père Peters était « son supérieur » et son premier ministre. Le roi en arriva, sous cette direction, à se dispenser des parlements et à dispenser des lois, des *tests*, du serment. Il fit une déclaration en ce sens et ordonna aux évêques de la lire en chaire. L'archevêque de Cantorbery, Sancroft, dix-huit évêques et tout le clergé inférieur résolurent de ne pas obéir. C'était le sentiment de toute l'Angleterre. Une remontrance au roi fut rédigée. L'archevêque, étant malade, l'expédia par six évêques. Le roi les fit enfermer à la Tour. Les acclamations, les larmes du peuple, des soldats, des femmes, quand ces évêques passèrent prisonniers sur la Tamise, annonçaient une révolution.

Certes, je n'approuve pas Jacques II. Sa conduite est d'un insensé. Il n'est ni un homme d'État ni un homme de raison ; il est un homme de parti et un homme de foi. Sa logique est absurde, aveugle, mais sa conviction est profonde, invincible. Les *tests*, qu'il s'efforce de révoquer en 1688, ne seront abolis qu'en 1828, et cette abolition lointaine était dans l'esprit, soit de Cromwell, soit de Guillaume d'Orange, qui voulaient à mesure toute la tolérance compatible avec l'Angleterre protestante. Pour Jacques II, qui voulait une Angleterre catholique, il joua dans un noble élan de cœur, quoique sans portée d'intelligence, sa destinée sur une carte impossible. Cela est fou, mais cela est beau. Moralement, sur cet acte contradictoire de leur vie, j'estime moins notre Henri IV qui gagna un royaume pour une messe, qu'il ne croyait pas, que son petit-fils Jacques II qui perdit trois royaumes pour une messe, qu'il croyait. Les hommes peuvent blâmer ou se moquer, — Dieu, lui, le Dieu de toutes les religions, tiendra compte à Jacques de son sacrifice, plus grand que son ineptie, et le dévouement de ce prince le rachètera, car ce dévouement pèsera plus que toutes ses fautes dans les bassins de la justice éternelle.

Les deux torts de la vertu de Jacques II, c'est qu'elle était idiote et qu'elle s'arrogeait le privilége d'être machiavélique. Elle aspirait par tous les moyens au catholicisme et à l'arbitraire. Ces dogmes du moyen âge précipitèrent les Stuarts.

28

L'Angleterre démêla l'intention de Jacques II, qui, afin de remplacer le protestantisme par le papisme, offrait la liberté religiéuse. C'était une perfidie de Jacques, des jésuites et des nonces. Elle s'insurgea, l'Angleterre, contre les intrigues et les tyrannies du Vatican et de White-Hall. Pour y échapper, elle accueillit Guillaume d'Orange comme un libérateur. C'est lui qui apportait en effet la liberté religieuse et la liberté politique. C'était l'équilibre que la nation anglaise avait cherché vainement dans l'intervalle sombre et grandiose qui sépare Charles Ier de Charles II. Cet intervalle, que je voudrais avoir ressuscité en le racontant, cet intervalle tout rempli du nom et du génie de Cromwell, prépara l'ordre que la restauration faussa et que la révolution de 1688 réalisa.

La révolution de 1688, qui substitua Guillaume d'Orange à Jacques II sur le trône d'Angleterre, a été tracée familièrement, jour par jour, et c'est le lord Henri Clarendon qui a tenu le crayon rapide. Il est d'accord avec sir John Revesby et Burnet, deux historiens de mémoires, deux autres témoins.

L'opinion est irrésistible. Cette révolution est mûre. Elle tombe de l'arbre de la nécessité comme un fruit. Le prince d'Orange débarque à Torbey, le 5 novembre 1688 ; personne ne lui résiste et tout le monde l'acclame, le peuple, l'armée, les évêques, les lords. Le fils du lord Henri Clarendon, le petit-fils du grand chancelier, passe au prince avec son régiment. Lord Churchill, le major général du roi, qui s'était installé à Salisbury comme le centre vivant de l'armée, lord Churchill, suivi de toute une escorte de grands personnages, va trouver tout à coup Guillaume d'Orange. Le roi consterné se replie sur Andower, où il soupe, le 24, avec deux hommes du moins qui ne le trahiront pas : c'est le prince de Danemark, son gendre, et c'est le duc d'Ormond, son ami. Mais, ô fatalité ! ils n'eurent pas plutôt quitté la table du roi qu'ils se dirigèrent avec de nombreux partisans vers le prince d'Orange. Le 25, le lendemain, la princesse Anne de Danemark, la propre fille du roi, partit pour Nottingham. Jacques fut si troublé de cette désertion, qu'il perdit un instant l'esprit. Il ne se remit que peu à peu. Jacques II se sentit vaincu par l'opinion, qu'il avait blessée. Il dit, avant de fuir vers la France : « Vous aurez dans le prince d'Orange un homme pire que Cromwell. »

Voilà le mot du roi. Voici la prière de la multitude qui entourait le prince d'Orange à son arrivée : « Dieu protége Votre Altesse ! » Le prince, qui avait passé d'un vaisseau sur un cheval, ôtait son chapeau de moment en moment et disait : « Je vous remercie, bonnes gens ; je suis venu pour affermir la religion protestante et pour vous affranchir du papisme. »

Les régicides s'attendaient à tout de Charles II et de Jacques II. Leur cruelle déception fut à la chute des Stuarts, en 1688. Ludlow, à l'avénement de Guillaume d'Orange, courut en Angleterre. Il croyait que les *nouveaux* allaient le porter en triomphe dans les rues de Londres. Il ne rencontra que froideur et hostilité. Le régicide n'était pas amnistié par les patriotes de 1688. L'un d'eux, sir Edward Seymour, au nom de la chambre des communes, sollicita du roi Guillaume l'arrestation de Ludlow.

Le vieux proscrit, indigné, se déroba clandestinement à la révolution, comme il s'était caché de la restauration trente ans auparavant. Il retourna en Suisse, où il mourut en 1693, dans sa ville adoptive de Vevey. J'ai visité avec intérêt la maison transformée en citadelle où sa femme lui ferma les yeux et l'église où le régicide repose enfin.

Il subit l'arrêt moral prononcé contre lui par l'Angleterre de 1688 ; mais cet arrêt, il ne le comprit pas plus que Jacques II ne comprit le sien.

J'ai regretté que le portrait de Ludlow, coulé en bronze, ne fût pas incrusté sur sa tombe. Tel qu'il subsiste en estampe, ce portrait ne saurait être oublié. La tête est attentive ; les oreilles écoutent, les yeux épient, la bouche retient une imprécation ; le front pense, et toute la physionomie est calme dans la guerre ou dans l'exil, à deux pas d'un ennemi ou d'un assassin. Le danger et la conscience sont l'état naturel de cet homme, qui puise sa force dans l'immutabilité de ses principes.

L'Angleterre de Guillaume ne se rouvrit pas à Ludlow. Elle repoussait tous les excès, même ceux qui avaient été commis par le peuple. Rien n'est plus indiqué par le cours des événements et par la destinée des hommes, que le triomphe de la modération, au commencement et à la fin de la révolution anglaise.

En 1640, les presbytériens réclamèrent une liberté sage que fondèrent, en 1688, les whigs, ces presbytériens de la dernière heure, ces presbytériens habiles, aristocrates de sentiments et de manières, patriotes de principes.

Les représentants absolus du droit divin des rois, Charles Ier et ses fils, et les représentants absolus du droit divin des peuples, Ludlow et ses amis, furent exclus par le bon sens anglais. Il n'y eut de définitivement national pour l'Angleterre que la souveraineté de la raison publique et pratique. Cette raison, qui maudissait les violences, les conspirations soit monarchiques, soit républicaines, inscrivit dans la constitution la liberté politique, inévitable conséquence de l'affranchissement religieux.

Ce fut un beau spectacle, et cela suffisait aux âmes, et les choses s'acheminèrent sans effort, sans charlatanisme, sur le courant vaste et pur de l'opinion.

Le parlement fut convoqué par le stathouder, et le parlement, s'intitulant convention, déclara le trône vacant, « attendu que Jacques II avait violé le pacte primitif entre le souverain et son peuple, attendu qu'il avait attaqué les lois et déserté le royaume. »

Le prince d'Orange, toujours stathouder et rien que stathouder, se logea modestement à Saint-James, dans le palais le moins somptueux des résidences de la couronne. Pendant les débats qui précédèrent son élection, il ne voyait presque personne et ne se mêlait d'aucune intrigue. Il écoutait beaucoup et parlait peu, selon son habitude. Il ne jouait pas à la popularité, s'abstenait de toute brigue, de toute démonstration. Seulement il avait un air de grandeur, de prédestination et d'avenir qui frappa tout le monde. Il était marqué du signe de ceux qui ont quelque chose de providentiel à faire, de ceux qui ont une étoile au ciel et une mission sur la terre.

Quand on eut bien discuté et qu'on s'égara dans les systèmes et les arguties, le prince réunit les orateurs et les grands seigneurs du parlement. Il leur dit : « Je souhaite, messieurs, que vous ayez liberté entière dans la délibération qui vous occupe ; ce que je souhaite aussi, c'est que vous sachiez bien mes intentions. Je suis accouru d'après vos vœux au secours de votre constitution et de votre foi. Je ne demande aucun salaire. Quelques-uns d'entre vous désirent un régent; je les préviens de ne pas compter sur moi pour ce rôle, ni pour le rôle de mari de la reine, ni pour le rôle de roi temporaire. Roi à vie, à la bonne heure. Malgré mon estime et ma tendresse envers la princesse Marie, je ne suis pas fait pour être le second de ma femme. A défaut de nos enfants, ceux de la princesse Anne devraient être préférés à ceux que je pourrais avoir d'un autre mariage.

« Voilà, messieurs, mes idées sur les questions du jour. Ne vous contraignez point du reste à les accepter. Soyez les maîtres de prendre d'autres mesures. Ce cas échéant, content de vous avoir été de quelque utilité, je retournerais en Hollande, où je rentrerais, ainsi qu'il me conviendrait, dans mes fonctions accoutumées. » (*Mém.* de Burnet, t. IV, p. 447 et suiv.)

Ces considérations exposées noblement, d'un ton grave et aisé, en présence de lord Hallifax et de quelques autres personnages influents, le parlement, comme si ses irrésolutions étaient fixées, déféra la couronne au stathouder, qui fut désormais Guillaume III. Guillaume fut proclamé roi, et Marie, sa femme, reine. Le *veto* et la sanction des *bills* furent attribués à Guillaume seul. La succession fut dévolue au survivant du roi ou de la reine, puis à leur postérité, puis à la princesse Anne et à ses enfants. Guillaume accepta la suprématie avec le sceptre et se soumit aux conditions nationales qui lui furent imposées. Le papisme fut une impossibilité de règne. La liberté religieuse et la liberté politique furent mises sous la sauvegarde de la foi jurée, de la tribune et de la presse. Le moyen âge fut définitivement vaincu, et le droit des rois fut subordonné au droit des peuples. Le véritable droit divin, le droit de la raison, fut promulgué pour toujours sous le ciel. Les parlements triomphèrent à jamais.

J'ai dès longtemps éprouvé que l'on contracte en histoire

des amitiés. Il suffit d'un nom, d'un événement pour les réveiller.

Quelle joie n'est-ce donc pas pour moi de me dire, en terminant ces récits, que Guillaume III est le petit-fils du fils de Guillaume d'Orange et le petit-fils du petit-fils de Coligny. Oui, Guillaume III avait pour bisaïeul le Taciturne et pour trisaïeul le grand-amiral de Chatillon, moralement le plus grand peut-être de tous les grands hommes.

La parenté de Coligny communique du fond de la tombe au gendre de Jacques II un prestige singulier. Je reconnais et je salue en lui ses ancêtres. Guillaume III méritait par son génie de résumer la plus mémorable date de l'Angleterre : 1688 ; il méritait aussi par sa tradition cet immense honneur. Tout en proclamant Guillaume III le roi de la liberté civile et religieuse, le roi d'une ère nouvelle, je me suis complu dans cette pensée qu'il fut préparé par ses ancêtres, le Taciturne et Coligny, à cette haute destinée d'être le monarque de la sainte cause dont ils avaient été les héros et les martyrs. J'ai senti d'autant mieux par là le charme intime de l'histoire qui, sous sa gravité, cache les tendresses, mais ne les désavoue pas.

Je m'incline donc devant Guillaume III, prince si sage, si généreux, que des libertés de l'homme, lesquelles sont toutes excellentes, il choisit spécialement la plus divine — la liberté de conscience, pour en doter son peuple ; prince si magnanime, que des bons gouvernements, lesquels sont la monarchie sans tyrannie, l'oligarchie sans exclusion, la république sans anarchie, il tira et accepta un gouvernement meilleur composé des éléments les plus exquis des trois autres pour le naturaliser dans son île ! Et c'est ce gouvernement essayé par Sparte, tenté par Rome, accompli au delà du détroit si glorieusement, qui nomme encore et qui sacre l'Angleterre entre toutes les nations !

Telle est cependant parmi nous la supériorité des apparences sur les réalités ; telle est, si je puis le dire, l'incurie du beau moral, que c'est être hardi de préférer Guillaume III à Louis XIV ! Louis XIV seul est appelé grand, Louis XIV, le persécuteur ignorant, le despote majestueux qui a répandu en maux ce que Guillaume a versé en biens dans le monde. C'est à l'histoire d'offrir à la postérité des balances équitables.

Avant de déposer la plume, je suis retenu par je ne sais quel charme sévère devant une estampe rare de Guillaume III. Il me semble qu'elle ajoute une lumière de plus à mes recherches. C'est Cromwell qui a rendu possible Guillaume. Cromwell avait été plus loin que Luther, plus loin que Calvin, plus loin que Henri VIII et que Knox ; il avait été jusqu'au socinianisme, jusqu'au théisme, puisqu'il avait laissé ses amis déraciner la liturgie, retrancher les prêtres du milieu d'eux, réduire le culte à la prière. Serait-on jamais arrivé à la tolérance, si la théologie n'eût été ainsi labourée, retournée et remuée en tous sens par les sectes? Cromwell, qui les favorisa, était fidèle en cela à sa mission la plus haute. Il eut par là surtout sa raison d'être, le grand protecteur, digne d'avoir pour symbole la liberté de conscience, pour propagande la victoire, digne aussi d'avoir pour secrétaire Milton et pour successeur vraiment sérieux Guillaume III.

Le portrait de Guillaume, c'est lui-même. Froide et austère est sa physionomie, mais imposante et profonde. Une énergie suprême pénètre les yeux réfléchis, la bouche forte, les plis des joues creux comme des sillons. Le travail, la politique ont dévasté ce visage protestant, orageux comme la lutte dans les traits inférieurs, calme comme le triomphe par tout le front, avec l'arrière-mélancolie d'un devoir accompli contre la nature. Cette figure songe certainement à Guillaume le Taciturne et à l'amiral de Coligny. Elle leur dit : « Êtes-vous contents? » Quelle que soit la réponse et quels qu'aient été les succès, la coupe de cette vie a été amère à Guillaume III; elle a communiqué à ses lèvres un frémissement et un dégoût. Il est triste, le roi Guillaume, sous sa couronne, sous son rêve. Le diamant lui-même n'est pas exempt d'ombre ; malgré son éclat incorruptible, il suffit d'une larme pour le ternir !

DOCUMENTS ÉCRITS

—

RAPIN DE THOYRAS, neveu de Pélisson, né à Castres en 1661, mort à Wesel en 1725.

Son *Histoire d'Angleterre* est un excellent ouvrage. Ce qui lui donne plus de prix encore, ce sont les notes de Nicolas Tindal et un abrégé très-bien fait des Actes de Rymes.

THOMAS MAY, secrétaire du parlement.

Il avait entrepris l'*Histoire du long parlement*, mais ses récits (2 vol.) n'embrassent la révolution que de 1640 à 1643. Thomas May est un grand esprit et un écrivain éminent.

HALLAM. *Histoire constitutionnelle de l'Angleterre*.

Ce livre, le meilleur de Hallam, doit être consulté et approfondi. Hallam a du coup d'œil, des aperçus. Ses recherches sont curieuses, son style naturel. C'est un publiciste fort distingué, une sorte de Tocqueville anglais. M. Royer-Collard les surfit beaucoup l'un et l'autre à leur apparition, mais en les surfaisant il les mit à la mode en France.

LINGARD. *Histoire d'Angleterre*.
Journaux des deux chambres.
Œuvres de Louis XIV, publiées en 1806.

GUIZOT. *Histoire de la révolution d'Angleterre* (6 vol.).

MONK (1 vol.).

VILLEMAIN. *Histoire de Cromwell* (2 vol.).

PHILARÈTE CHASLES. *Olivier Cromwell* (1 vol.).

Entre autres services rendus à l'histoire d'Angleterre par MM. Guizot, Villemain et Chasles, le premier si politique, le second si littéraire, le troisième si pittoresque, il faut compter leurs traductions soit de renseignements, soit de discours, soit de lettres, traductions si heureuses, qu'elles sont devenues des pièces originales de notre langue.

THOMAS CARLYLE. Il appelle la révolution d'Angleterre *la Cromwelliade*. C'est un enthousiaste de Cromwell, un détracteur de Hume et de Lingard, de Clarendon et de Rushworth, de tout et de tous, un seul excepté, son héros régicide. Si Thomas May, trop officiel, est singulièrement un historiographe, Carlyle, lui, qui du reste a été fort utile en découvrant beaucoup de lettres inédites de Cromwell, n'est ni un historiographe, ni un historien. C'est tantôt un fanatique, tantôt un satirique pamphlétaire. Il adore ou il outrage. La vérité n'est rien pour lui, le paradoxe est tout. C'est un annaliste humoristique. Le caprice est son génie. On ne saurait le lire assez, ni assez s'en méfier.

CLARENDON (Edward Hyde). *Histoire de la rébellion,* — en anglais, 3 vol. in-fol. ; en français, 6 vol. in-12.

Mémoires sur sa vie privée et sur son ministère, 4 vol. in-8°.

Clarendon eut des commencements énigmatiques. Il était à la fois dans la confidence des parlementaires et dans les secrets de Charles Ier, auquel il se voua en homme de parti. Il était ambitieux et très-passionné. Il a su dans l'exil jusqu'à des plans d'assassinat contre Cromwell, et il ne s'y est point opposé. Sir Symonds d'Ewes a laissé des manuscrits qui l'inculpent beaucoup, mais la noble originalité de Clarendon est de ne perdre à aucune époque le sentiment moral. Ce sentiment a chez Clarendon des éclipses très-courtes, au delà desquelles on retrouve toujours la conscience.

Le comte de Clarendon est un homme d'État un peu trop jurisconsulte et anglican. Sa grande supériorité est sa supériorité d'écrivain. Même lorsqu'il ne persuade pas il intéresse, et ses histoires vivent. Ses portraits sont de main de maître, et on ne les oublie pas plus que les portraits de Saint-Simon.

BURNET, évêque de Salisbury. *Histoire de mon temps* (4 vol.). Ces mémoires sont certainement l'un des livres les plus spirituels et les plus judicieux de toute la littérature anglaise.

THURLOE, né en 1616, mort en 1668. *Ses Papiers d'État* (7 vol. in-folio), publiés par Birch. Documents indispensables.

Le major HUNTINGTON. *Mémoires*. Ces petits mémoires sont un acte de courage. Ils tendent à prouver, par le récit d'un témoin, que le but d'Ireton et de Cromwell est de gouverner tyranniquement, à l'aide de l'armée, Londres, le parlement, le roi et le royaume. Ce fut une dénonciation à ciel ouvert. Huntington ne pouvant en saisir le parlement, la livra au public par la voie de la presse. Ce livre, que beaucoup ont appelé un pamphlet, je l'appelle, moi, une magnanime page d'histoire.

EDMOND LUDLOW. *Mémoires* (3 vol.). Ces mémoires abondent en révélations curieuses, variées, inattendues. Ludlow, à qui l'on souhaiterait souvent plus d'horizon, fut brave, sincère, incorruptible. C'est un républicain et un régicide de bonne foi. *Procès de Charles Ier*. *Journal de la haute cour*. *Relation imprimée par ordre du parlement*

Eikōn Basilikè, ou *Image royale*.

Sir THOMAS HERBERT. *Mémoires*.

WHITELOCKE. *Mémoires*. Les mémoires de Whitelocke sont un chef-d'œuvre d'expérience, comme les mémoires de sir Thomas sont un chef-d'œuvre de sentiment.

Mistriss HUTCHINSON. *Mémoires.*

Ce sont des mémoires admirables de cœur, d'imagination, d'honnêteté et de talent. Ils peignent avec un grand charme la physionomie des temps.

Mémoires de la famille Cromwell, par MARC NOLLE.

Fragment de M. Say, Lettre du docteur Brooke, Opinion de M. Hewling Luson sur mistriss Bendysh, petite-fille de Cromwell.

Charles II. Mémoires par lui-même. Très-authentiques.

Mémoires de Price, chapelain de Monk.

Vie de Monk, par GUMBLE, autre chapelain du général.

Mémoires de Henri Clarendon sur la révolution de 1688.

Récit sur la révolution de 1688, par le duc de BUCKINGHAM.

Ce troisième duc de Buckingham n'était pas même parent du favori de Charles Ier, ni du favori de Charles II, sir George Villiers et son fils. L'auteur de ce récit est John Sheffield, qui fut comte de Mulgrave avant d'être créé duc de Buckingham par la reine Anne. Il épousa en troisièmes noces une fille naturelle de Jacques II, ce qui le faisait beau-frère de la reine, quoique de la main gauche.

Mémoires de Philippe de Warwick.

Ils contiennent des détails fort curieux sur la révolution. Philippe de Warwick est homme de cour et n'est point homme d'État. Il écrit à bâtons rompus. Là où il est le plus intéressant, c'est sur la captivité de Charles Ier, beaucoup moins intéressant toutefois que sir Thomas Herbert.

Mémoires de Fairfax.

Mémoires de Denzil Hollis.

Lire ce livre tout palpitant d'âme avec précaution. Tout en applaudissant à l'éloquence presbytérienne et aristocratique de

Hollis, il faut se tenir en garde contre les excès où l'entraîne sa passion politique.

Mémoires de sir John Reresby.

Sir John Reresby était un député ministériel à tout prix. Il raconte naïvement ses simonies. C'est un député et un fonctionnaire qui ne rougit plus, et qui avoue sans honte comme beaucoup d'hommes de son temps ses trafics intimes, soit avec le roi, soit avec les ministres. Par là, comme indice, comme *criterium* des corruptions de l'Angleterre après la restauration, sir John Beresby est instructif.

State Trials.

DOCUMENTS FIGURÉS

—

J'ai dit dans mon *Histoire de la liberté religieuse* comment je ne séparais pas les documents figurés : les châteaux, les églises, les monuments, les portraits, des documents écrits : les livres, les manuscrits, les grands recueils officiels ou particuliers. **Ma** méthode est toujours la même. Je connais vingt-sept portraits de Cromwell et trois ou quatre de la plupart des personnages de cette histoire. Si je ne les répète pas ici, c'est que je les ai déjà indiqués à mesure dans le cours de ces récits.

Pour ne parler que des plus attachants de tous les documents figurés, — les portraits, j'ai continué à les explorer soit en Angleterre, soit en Écosse, soit en Allemagne, soit dans les villes hanséatiques, soit en Danemark. La Suisse est le pays que j'ai trouvé le plus pauvre en objets d'art. La nature y est si grande qu'elle semble exclure tout ce qui n'est pas elle. J'ai feuilleté des dessins innombrables apportés de l'Espagne et de l'Italie. J'ai ajouté à l'étude des musées l'examen des collections privées. J'ai appliqué aux portraits une critique de plus en plus sévère. Elle est plus nécessaire là que partout ailleurs.

A tout prendre, c'est encore notre cabinet des estampes, établi par Colbert, qui est le plus riche du monde. Formée et augmentée des collections individuelles de l'abbé de Marolles, de Gaignères, de Clément, de Beringhen, de Fevret de Fontette, sans compter les autres, notre collection publique était de quatorze cent mille pièces. Dernièrement elle s'est augmentée par surcroît de soixante-deux mille portraits, qui appartenaient à M. de Bure, l'aîné. Elle ne sera jamais close, jamais achevée, et s'accroîtra toujours.

S'il est vrai que l'historien doit être peintre, politique et philosophe, c'est à la condition indispensable d'être érudit. Qu'il plonge d'abord ses racines dans les événements, dans les sources, dans les mémoires, dans la portraiture, dans les recueils parlementaires, académiques et artistiques ! Plus l'historien aura fait de recherches spéciales, sans se laisser absorber, plus, par ce don suprême et délicieux de la réaction intérieure, il sera coloré, entraînant, — plus il sera spontané et réfléchi tout ensemble, — plus il sera complet.

FIN

TABLE DES SOMMAIRES

—

LIVRE PREMIER

ssance de Cromwell, 1599. — Sa famille, son enfance, ses origines. — Son ma-
age, 1620. — Sa vie privée à Huntingdon, à Saint-Yves. — Sa nomination au
arlement, 1628. — Sa situation en 1640. — Charles Iᵉʳ. — Son mariage. — Buc-
ingham en France. — Arrivée d'Henriette à Douvres. — Rencontre du roi et
e la reine. — Voyage à Cantorbéry. — Arrivée à Londres. — Pierre de Bérulle.
— Instructions de Richelieu à la reine. — Opposition du parlement à Buckingham, 1625. — Couronnement du roi, 1626. — Dissolution du second parlement.
— Emprisonnement de John Elliot, Hampden, Thomas Wentworth. — Doctrine
de l'arminianisme. — Parlement de 1628. — Pétition des droits. — Lutte de l'impôt. — Remontrance au roi contre Laud et Buckingham. — Troubles à Londres
et en province. — Mort de Buckingham. — Ses funérailles 3

LIVRE DEUXIÈME

ohn Selden. — Laud. — Thomas Wentworth, lord lieutenant d'Irlande. — Son
apostasie. — Soumission du roi à la reine. — Condamnation de Prynne (1632). —
Déportation de Bastwick et Barton. — Opposition de Hampden au *ship money*. —
Son procès. — Son portrait. — Voyage du roi en Écosse (1633). — Il veut lui
imposer la liturgie anglicane. — Le Covenant écossais (1638). — Marche du roi
vers Berwick. — Lesley. — Charles traite avec l'armée écossaise (1639). — Le
parlement refuse les subsides. — Sa dissolution (1640). — Combat de Newburn.
— Le long parlement. — Ses illustrations : Hampden, Saint-John, Denzil Hollis,
Pym, Henry Vane, Selden, E. Hyde, sir Kenelm, lord Falkland, Cromwell. —
Chambre des lords. — Le comte d'Essex. — Milton. — Sidney. — Les cavaliers.
— Les têtes rondes. — Les puritains. — Les presbytériens. — Retour de Prynne
(1640). — Le parlement fait arrêter lord Strafford et Laud. — Procès de Straf-
ford. — Son jugement. — Sa mort (1641)......................... 35

LIVRE TROISIÈME

Progrès du parlement. — Sa garde. — Voyage du roi en Écosse, novembre 1641. —
Insurrection d'Irlande. — Tentative d'arrestation du comte d'Argyle et du marquis
de Hamilton. — Colère du parlement. — Sa lutte avec le roi. — Il fait accuser

Pym, Hampden, Hollis, Strode, Halerigh. — Entrée du roi au parlement et à la Cité. — Conseillers du roi : Falkland, Hyde, Colepepper. — Le parlement obtient la sanction du bill sur l'expulsion des évêques de la chambre des lords. — Départ de la reine. — Lord Digby conseille la guerre civile. — Départ du roi pour le Nord, York, 1642. — Préparatifs de guerre. — Marche du roi vers Hull. — Le parlement nomme Warwick et Essex au commandement de la flotte et de l'armée, 12 juillet 1642. — Politique de Cromwell. — Le roi proclame la guerre à Nottingham, 24 août 1642. — Armée du parlement. — Bataille de Keynton, 23 octobre 1642. — Escarmouche de Brentford, 14 novembre 76

LIVRE QUATRIÈME

Situation de l'Angleterre. — Retour de la reine en Angleterre, 22 février 1643. — Pym l'accuse de trahison. — Trahison de Waller. — Complot. — Son arrestation. — Mort de Godolphin. — Succès de Waller, général puritain. — Sa défaite à Bath. — Succès des cavaliers. — Rappel d'Essex à l'armée. — Rencontre de Hampden et de Rupert, 18 juin 1643, à Chalgrave. — Mort de Hampden. — Siége de Glocester par le roi. — Essex marche au secours de Glocester. — Ses succès à Chichester. — Combat de Biggs Hill et Newbury. — Sa retraite sur Londres. — Retraite du roi sur Oxford. — Mort de lord Falkland, 1643. — Rentrée triomphale d'Essex à Londres. — Cromwell à Grantham et Gainsborough. — Mort de Pym. — Mort des Hotham. — Convocation du parlement à Oxford, 22 février 1644. — Second covenant écossais. — Siége d'York par l'armée parlementaire. — Bataille de Marston-Moor. — Victoire de Cromwell. — Prise de Newcastle. — Catastrophe d'Essex. — Fuite de la reine en France. — Presbytériens et indépendants. — Discours de Cromwell au parlement, 9 décembre 1644. — Bill du *Self denying*. — Procès de Laud. — Sa mort, 16 janvier 1645. — Fairfax, général en chef de l'armée parlementaire. — Conférences d'Uxbridge. — Bataille de Naseby, 14 juin 1645. — Prise du château de Basing 98

LIVRE CINQUIÈME

Déroute du roi. — Défaite de Montrose à Philiphaug. — Retraite du roi à Oxford. — Sa fuite en Écosse, à Newark (mai 1646). — Sa retraite à Newcastle. — Le roi livré par les Écossais (16 janvier 1647). — Sa captivité au château de Holmsby. — Ireton, gendre de Cromwell. — Prise de Holmsby par Joyce. — Enlèvement du roi. — Ses marches, ses stations. — Mécontentement de l'armée. — Sa marche sur Londres. — Terreur du parlement (26 juillet 1647). — Chute du parti presbytérien. — Mort d'Essex (14 septembre 1647). — Translation du roi à Hampton-Court. — Tactique de Cromwell. — Harrison. — Fuite du roi à l'île de Whigt (13 novembre 1647). — Son emprisonnement au château de Carisbroot. — Le roi traite avec les Écossais. — Il reconnaît le presbytérianisme. — Convention. — Il rejette les bills du parlement. — L'*Eikon Basilikè*. — Insurrection. — Seconde guerre civile. — Siége de Pembroke par Cromwell. — Prise de Maidstone par Fairfax. — Expédition de lord Holland (juillet 1648) 153

LIVRE SIXIÈME

Prise de Pembroke par Cromwell. — Bataille de Preston (20 août 1648). Cromwell à Edimburgh. — Reddition de Colchester. — Pression de l'armée sur le parlement. — Coup d'Etat de l'armée contre les presbytériens. — Retour de Cromwell (7 décembre). Translation de Charles Ier au château de Hurst, à Windsor, à Saint-James, à White-Hall (janvier 1649). — Son procès, sa mort 191

LIVRE SEPTIÈME

Portrait du roi. — Publication de l'*Eikón Basilikè*. — Réponse de Milton. — Apologie du régicide. — Le parlement supprime la pairie, abolit la royauté, 6 février 1649. — Exécution du duc de Hamilton et de lord Capel, 9 mars. — Les niveleurs. — Lilburne. — Le parlement d'Édimburgh proclame roi Charles II. — Expédition de Cromwell en Irlande. — Prise et sac de Tredagh. — Retour de Cromwell en Angleterre. — Sa résidence à Cockpit. — Sa famille. — Levée de Montrose en Écosse, mars 1650. — Rencontre avec David Lesley. — Sa mort. — Charles II. — Son débarquement en Écosse. — Cromwell général en chef en Écosse, juin 1650. — Combat de Dunbar, 3 septembre 1650. — Reddition du château d'Édimburgh, 24 décembre 1650. — Couronnement de Charles II à Scone, 1er janvier 1651. — Son entrée en Angleterre. — Bataille de Worcester, 3 septembre. — Fuite de Charles II, ses aventures. — Son débarquement à Fécamp. — Henriette d'Angleterre en France... **239**

LIVRE HUITIÈME

Élévation de Cromwell au retour d'Écosse. — Acte de navigation. — Blake. — Guerre avec la Hollande. — Mort d'Ireton. — Entretien de Cromwell et Whitelocke. — Bataille des Dunes, 28 février 1653. — Coup d'État de Cromwell. — Dispersion du parlement, 10 avril 1653. — Cromwell au conseil d'État. — Fière réponse de Bradshaw. — Conseil militaire. — Parlement Barebone, juillet 1653. — Ses travaux, sa démission. — Résistance de Harrison. — Cromwell nommé lord protecteur, 16 décembre 1653. — Victoire navale de Blake, 30 juillet 1653. — Mort de Tromp.. **297**

LIVRE NEUVIÈME

Le protestantisme. — Cromwell inaugure la tolérance religieuse. — Hauteur de Cromwell devant les gouvernements étrangers. — Sa politique extérieure. — Christine de Suède. — Traité de paix avec la Hollande, 5 avril 1654. — Grandeur de Cromwell. — Il convoque un parlement, 3 septembre 1654. — Son discours. — Il impose le serment. — Sa vie à White-Hall. — Il dissout le parlement, 22 janvier 1655. — Conspiration républicaine. — Détention d'Overton et d'Harrison à la Tour. — Conspiration royaliste à Salisbury, mai 1655. — Expédition en Amérique. — Prise de la Jamaïque. — Cromwell secourt les Vaudois. — Traité avec la France, 1656.. **325**

LIVRE DIXIÈME

Guerre contre l'Espagne. — Nouveau parlement, 17 septembre 1656. — Secte des quakers. — Cromwell défend la liberté religieuse contre le parlement, 25 décembre 1656. — Le parlement lui offre la royauté. — Complot contre sa vie, 9 janvier 1657. — Blake incendie la flotte espagnole à Ténériffe. — Sa mort. — Division du parlement en deux chambres. — Cromwell le dissout, 1658. — Complot royaliste. — Siége de Dunkerque. — Bataille des Dunes, 4 juin 1658. — Cession de Dunkerque aux Anglais.. **349**

LIVRE ONZIÈME

Situation de Cromwell en Europe, en Angleterre et dans sa famille. — Mort de sa fille lady Claypole. — Maladie de Cromwell. — Sa mort (3 septembre 1658).   379

LIVRE DOUZIÈME

Jugement sur Cromwell. — Proclamation de son fils Richard comme lord protecteur (4 septembre 1658). — Convocation du parlement (29 janvier 1659). — Division de l'armée. — Dissolution du parlement (22 avril 1659). — Restauration du long parlement (6 mai). — Coup d'État de l'armée contre le parlement. — Anarchie militaire. — Reconstitution du parlement (26 juillet). — Monk soutient le parlement. — Son retour à Londres (3 février 1660). — Banquet de la Cité à Monk. — Monk nommé généralissime (2 avril). — Rappel de Charles II par le nouveau parlement. — Son débarquement à Douvres (26 mai). — Vengeances de Charles II. — Mort de Harrison, de Vane, de Hutchinson (1662). — Milton. — Sa mort (novembre 1674). — Mort de lord Russell et d'Algernon Sidney (1683). — Charles II vend Dunkerque à la France. — Les exilés. — Ludlow. — Tentatives d'assassinat. — Lisle assassiné à Lausanne. — Clarendon proscrit. — Maîtresses de Charles II. — Sa mort (6 février 1685). — Jacques II. — Persécutions. — Débarquement du prince d'Orange (5 novembre 1688). — Mort de Ludlow (1693). — Convocation du parlement. — Guillaume III...........................   391

FIN DE LA TABLE

PARIS. — IMPRIMERIE L. POUPART-DAVYL, 30, RUE DU BAC.

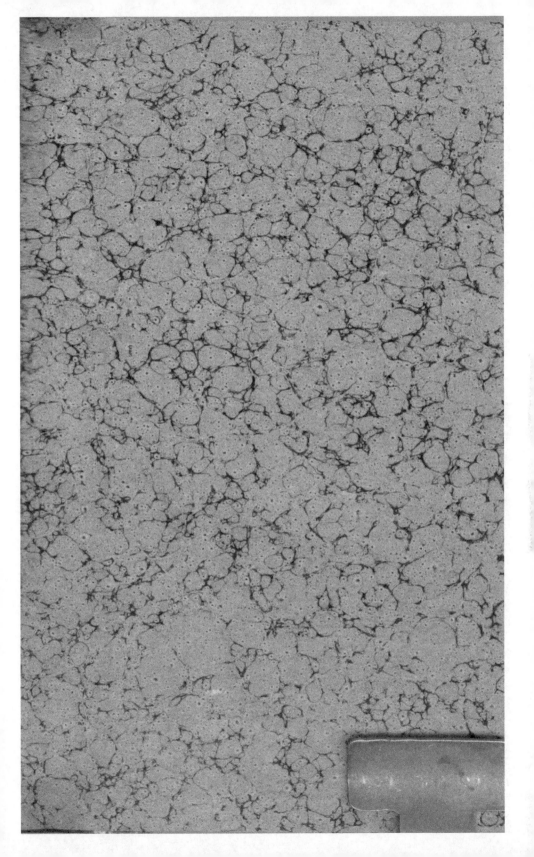

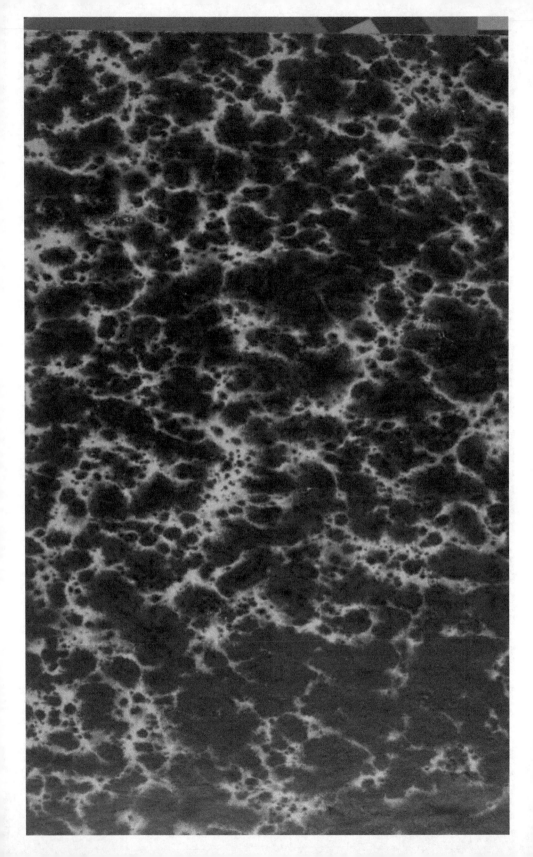

CPSIA information can be obtained
at www.ICGtesting.com
Printed in the USA
BVHW081616220819
556561BV00018B/3912/P

9 781318 521531